美国名校学生喜爱的心理学教材

Industrial and
Organizational
Psychology
Research and Practice,
Seventh Edition

工业与组织心理学

（原书第7版）

［美］保罗·E. 斯佩克特（Paul E. Spector）著
孟慧 等译

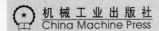

机械工业出版社
China Machine Press

图书在版编目（CIP）数据

工业与组织心理学：原书第7版 /（美）保罗·E. 斯佩克特（Paul E. Spector）著；孟慧等译 . -- 北京：机械工业出版社，2021.10

书名原文：Industrial and Organizational Psychology: Research and Practice, 7th Edition

美国名校学生喜爱的心理学教材

ISBN 978-7-111-69163-1

I. ①工… II. ①保… ②孟… III. ①工业心理学 - 组织心理学 – 教材 IV. ①F406.13

中国版本图书馆CIP数据核字（2021）第196985号

本书版权登记号：图字 01-2021-4750

Paul E. Spector. Industrial and Organizational Psychology: Research and Practice, 7th Edition.

ISBN 978-1-119-30470-8

Copyright © 2017 by John Wiley & Sons, Inc.

This translation published under license. Authorized translation from the English language edition, Published by John Wiley & Sons. Simplified Chinese translation copyright © 2021 by China Machine Press.

No part of this book may be reproduced or transmitted in any form or by any means, electronic or mechanical, including photocopying, recording or any information storage and retrieval system,without permission, in writing, from the publisher. Copies of this book sold without a Wiley sticker on the cover are unauthorized and illegal.

All rights reserved.

本书中文简体字版由John Wiley & Sons公司授权机械工业出版社在全球独家出版发行。

未经出版者书面许可，不得以任何方式抄袭、复制或节录本书中的任何部分。

本书封底贴有John Wiley & Sons公司防伪标签，无标签者不得销售。

本书是工业与组织心理学领域的一本极具科学价值的教科书。作者凭借自己深厚的研究基础和独到的视角，为读者展现了工业与组织心理学领域的全貌和最新发展，涵盖了从帮助组织评价和获得有效的人力资源到促进组织员工的健康与幸福等内容。

本书适用于高校工业与组织心理学专业学生。

出版发行：机械工业出版社（北京市西城区百万庄大街22号　邮政编码：100037）

责任编辑：朱婧琬　　　　　　　　　　　责任校对：马荣敏

印　　刷：北京诚信伟业印刷有限公司　　版　　次：2021年10月第1版第1次印刷

开　　本：214mm×275mm　1/16　　　　印　　张：18.75

书　　号：ISBN 978-7-111-69163-1　　　定　　价：99.00元

客服电话：（010）88361066　88379833　68326294　　投稿热线：（010）88379007

华章网站：www.hzbook.com　　　　　　　　　　　　读者信箱：hzjg@hzbook.com

版权所有·侵权必究

封底无防伪标均为盗版

本书法律顾问：北京大成律师事务所　韩光 / 邹晓东

译者序 | The Translator's Words

工业与组织心理学自19世纪末20世纪初诞生以来，随着心理学其他领域以及社会的发展，其对科学原理的探索与应用取得了辉煌而卓越的成就。工业与组织心理学经历了百年发展历史的洗礼，直至今日已经成为备受关注，也是最重要的心理学应用学科之一。其最大的特点是运用科学原理来审视和解决工作中有关人的问题。该学科聚焦于工作心理学，关注组织和员工的工作效率与福祉，因而工业与组织心理学家的工作不但为组织的进步带来了福音，而且与个体的整个职业生涯相伴而行。从进入组织，到退出工作领域，在长达几十年的职业生涯中，几乎每个人都受到了工业与组织心理学家所提供的各类解决策略的深刻影响。

我国作为一个迅速腾飞的发展中国家，经济与科技的高速发展给组织和员工都带来了极大的挑战，工作场景日新月异。工业与组织心理学在我国的引进与发展，助推了我国各类组织和员工的健康发展。可以预见的是，在未来，我们必将遇见朝气蓬勃的中国工业与组织心理学。

保罗·E.斯佩克特博士基于其多年积淀深厚的理论与实践经验撰写了《工业与组织心理学》这本书。该书从第1版至今，历经多次修订，目前已经是第7版了。早在10年前，我已经翻译过本书的第5版。其第5版用平实的语言清晰地阐述了该领域中各种深奥的理论以及实践应用，使人易于理解且印象深刻。所以，我曾把第5版推荐给那些对工业与组织心理学感兴趣的朋友和学生们，我的研究生们也将其作为在读期间的必读好书。当机械工业出版社华章公司邀请我承担该书第7版的翻译工作时，我欣然应允了。

目前，国内翻译出版的工业与组织心理学书籍已经林林总总，但在阅读过大量的该领域图书以及教材后，我认为，斯佩克特博士的《工业与组织心理学》一书的优势更为突出，该书主要有如下特点：

第一，系统介绍了工业与组织心理学的各个领域，探讨了这些领域的前沿研究方向。

本书通过5个部分共14章来全面而系统地介绍工业与组织心理学及其在组织中的应用。从该领域的历史与性质着手，逐一阐述了工业与组织心理学研究方法的基本原理、对工作和工作者的评估及方法、员工培训与发展、员工的工作动机、工作态度与情绪以及行为、职业健康心理学以及诸如群体、领导、组织发展等工作的社会情境中的问题。此外，在第7版中，作者新增或更新了一些内容，如经验取样、计算机自适应测验、辱虐管理等，也在书中增加了超过100篇最新的参考文献，以适应时代发展的需要。同时，作者删除或简缩了一些旧主题。本书为工业与组织心理学的初学者提供了一本了解该领域的详尽教材，也为工业与组织心理学的专业人士打开了若干个新的窗口，展示了该学科最新的研究成果。

第二，在基于理论的前提下，更加注重实践。

本书的一大特色就是遵循了"科学家-实践者"模式，即在各章都深入探讨了工业与组织心理学的理论与研究，并以此为基础，运用不同的方式体现了这一学科的应用价值。以下4点充分体现了其理论与实践紧密结合的特点：（1）在每章的学习之后，都有"做中学"的练习，学生可以通过练习加深对各章内容的理解；（2）除前两章，每章还从主要的工业与组织心理学期刊上选取了一个研究案例，进行详细介绍，为各章的内容增加补充的见解；（3）增加了除美国之外的其他国家的研究成果介绍；（4）为了表明工业与组织心理学家工作的领域范围之广，各章还会呈现一个工业与组织心理学家帮助解决组织问题的实践案例，并列出了讨论问题，以帮助学生更好地理解工业与组织心理学在实践中的应用。

第三，语言通俗易懂，便于读者理解与应用。

这也许是除了内容的丰富性、系统性与实践应用的拓展性之外，本书最大的一个特点了。我个人认为，撰写此书不仅仅是为了使具有心理学专业背景的学习者对本领域产生更清楚、深刻的认识，以便能够掌握该领域的最新动态，也是为了向那些缺乏心理学知识和训练基础的初学者，引介这一越来越受欢迎、理论与实践相结合的学科，使他们能够对该领域研究与实践密切相关这一事实有更深刻的认识。此外，本书无论从大的方面如内容的结构安排，还是细节方面如案例和问题的选取等，都在为读者学习本书的方便和价值考虑。

以上本书的各种优点，也仅仅是为读者提供一个参考。如果你在仔细阅读完本书之后，的确领悟到了本书的价值，或者说它确实使你了解了什么是工业与组织心理学，我将备感欣慰。

关于本书的翻译，我要特别感谢我的学生们。他们是：张玉青（术语表，以及第1、2章）、韦玮（第3、4章）、张东一（术语表，第5章）、董浩然（第6、12章）、何煜倩（第7、8章）、祖拉亚提·阿不列孜（前言、第9章）、徐莹（第10、14章）、张弘弛（第11章）、蒋洋洋（第13章）。他们也同时参与了本书初译稿的前两轮交叉审校，全书所有内容由我最后逐章审校定稿。在此，我特别感谢张玉青在整个翻译过程中做了大量的整理和协调工作。此外，我要感谢李静一对全书各章翻译内容给出了许多好建议。以上就是翻译本书的工作团队，这个团队的高效工作确保了译稿的顺利交付。在此，我再一次向团队成员们表示衷心的感谢。同时，本书的翻译一定存在些许瑕疵之处，期待和感谢读者们的包容与指正。

最后我也要感谢机械工业出版社华章公司的编辑朱婧琬。她使我有机会再次荣幸地成为斯佩克特博士著作的中文译者。她一直关心本书的翻译情况，对我们的工作给予了许多支持与包容。

孟慧于上海
2020年9月

Preface | 前言

　　工业与组织（I/O）心理学是一个令人振奋的领域，它在美国以及工业化世界里拥有近百年的发展历史，并不断取得进步。实际上，美国劳工部在2015年已将工业与组织心理学列为美国发展最快的专业。该领域从一个只被少数实践者、人力资源专家和教授知晓的很小的心理学分支，如今已经发展成为心理学界的主要应用专业之一。它之所以如此引人注目，是源于两个因素。首先，工业与组织心理学关注工作场所，因此它的研究结果和原理与每一个工作者息息相关。其次，工业与组织心理学开发出了许多对组织很有价值且行之有效的方法。工业与组织心理学家们经常应邀帮助组织培养更加健康和高效的员工。

　　工业与组织心理学领域具有双重性质。首先，它是关于工作中的人的科学。这使得它与其他心理学领域相联系，如认知心理学和社会心理学。其次，工业与组织心理学是心理学原理在组织和工作场所中的应用。在心理学各个领域中，很少有像工业与组织心理学这样的领域，在应用与科学之间建立了如此紧密的联系，并成为心理学研究造福社会的一个很好的例子。

　　工业与组织心理学是一个包罗万象的领域，从招聘员工的方法到组织运作的理论，它涵盖了许多主题。它不仅致力于帮助组织最大限度地发挥员工或人力资源的效能，也助力组织关心员工的健康、安全和幸福。正因为如此，单单一本教科书只能提供工业与组织心理学家的主要研究成果及其研究方法的概述。本书的宗旨就是提供该领域的概览和全貌，其涵盖了工业与组织心理学的各个方面。

　　本书的第一部分阐述了工业与组织心理学领域的概况。第1章介绍了该领域的性质及其发展历史，并从兼具实践与科学的角度加以讨论。这一章也描述了和工业与组织心理学相关的职业，以及成为一名工业与组织心理学家所需要的条件。第2章则是对工业与组织心理学研究方法的基本原理的概述。

　　本书的第二部分聚焦于评估。第3章讨论了对工作的评估，即工作分析；第4章聚焦于员工的工作绩效评估；第5章探索了测量员工个体特征的方法。第三部分包含两章，其中第6章讨论了组织雇用新员工的方法，第7章论述了对新员工以及有经验的员工的培训。

　　第四部分的四章讨论了个人与组织之间的关系。第8章涵盖了动机理论，第9章聚焦于人们对工作的感受——对待工作的态度以及在工作中体验到的情绪。第10章的主题是生产与反生产工作行为。第11章讨论了职业健康心理学，这一迅速兴起的领域关注的是员工的健康、安全和幸福。

　　本书的最后一部分——第五部分，关注工作的社会情境。第12章探讨了小型工作群体与工作团队及其对个体的影响。第13章讨论了工作场所中的领导力与管理。第14章是最后一章，从组织的视角出发，涵盖了组织发展及组织理论。

特色板块

本书的每一章中都包含"做中学"的练习，让学生积极参与每一章的内容学习。练习要求学生讨论一个和工业与组织心理学相关的议题或者回答一个特定的问题。有的练习要求学生采访在职者以了解工作的某一方面；有的练习要求学生观察公共的工作场所，如零售店或餐馆；有的练习则需要在线上完成。设计这些练习是为了提高学生利用信息解决问题的能力。

除了前两章，每一章中都有三个特色板块。首先是对来自工业与组织心理学主要期刊的一些研究的详细摘要。每个"研究案例"与对应每章所涵盖的主题相关，为主题提供了补充见解。本书也讨论了这些研究对工业与组织心理学的实践意义。其次，每章还包括一个描述工业与组织心理学家如何帮助组织解决实际问题的案例。这些"工业与组织心理学实践"案例用以展示工业与组织心理学家所处工作场景的广泛多样性。

在每个"工业与组织心理学实践"案例的最后都有一些讨论问题，这些问题旨在鼓励学生思考本书所讨论的原理，并要求学生将这些原理运用到真实情境中。这些问题的使用方法多种多样，教师可将这些问题以课堂辩论、讨论、口头报告或者书面作业的形式布置给学生小组或者个人。这些个案本身有助于向学生展示工业与组织心理学研究与实践之间的关联。学生们往往很难发现大学里所学的知识与生活之间的联系，而工业与组织心理学是一个几乎与所有人都相关的领域。

第七版的改变

我七次改版的目的都是尽最大的可能及时更新，提供一本适用于当时社会发展的教科书，它既包含该领域的传统核心内容，又包含令人兴奋的新议题及研究结果。在改版时，我的第一个主要工作就是更新材料并补充一些重要的新进展。工业与组织心理学这门科学正在迅速发展，几乎每天都有新的发现和见解。我补充了100多篇新的参考文献，几乎都是发表于2011年及以后的文献。本书的总体结构仍然保留了原来的14章。

第七版的内容变化

尽管前六版所包含的主题在第七版中都有所涵盖，但是也扩充或修改了一些主题，还有一些主题是新增的。特别需要注意的是以下新增或者大幅更新的主题：

- 辱虐管理（第13章）
- 计算机自适应测验（第5章）
- 信用调查（第5章）
- 经验取样（第2章）

- 不合规任务（第 11 章）
- 组织公平氛围（第 8 章）
- 研究诚信（第 2 章）
- 休假（第 11 章）
- 退伍军人重返社会（第 7 章）
- 不充分就业（第 9 章）

为了给新材料腾出空间，我删除了一些旧主题。在第 1 章中，我删除了有关互联网资源的部分。在我编写第 1 版时，互联网还是新事物，因此关于如何寻找在线资源的指南犹如及时雨。时过境迁，今天的学生能够接触到大量的在线信息，这是 20 世纪 90 年代早期的人们无法想象的。我删除了功能性职务分析和对《职业名称词典》的冗长讨论，它们大多具有历史意义，取而代之的 O*NET 则更加重要。在第 7 章中，我简缩了过度学习这一节，主要关注一些新发现——过度学习并不一定会产生长期记忆。在第 10 章中，我删除了有关劳资纠纷的内容。尽管该主题很重要，但是它在工业与组织心理学文献中很少被提及。在第 11 章中，我删除了有关噪声暴露的内容，因为它更多地与生理问题有关，而不是心理问题。另外，我删除了有关机器定速的内容，该内容已经过时，如今很少受到关注。最后，我删除了有关申请研究生院的附录，该部分可以在 Wiley 教科书支持网站上找到。

致谢

在创作本书的七个版本的过程中，我很幸运地得到了许多人的帮助和建议。在此，我向曾经帮助过我的同事和学生致以最真挚的感谢，同时感谢 Wiley 出版社的工作人员的卓越努力。

首先是在南佛罗里达大学工业与组织心理学教研室的成员们，他们就领域内的各类问题提供了十分有价值的想法和信息：

- Tammy Allen
- Wendy Bedwell
- Walter Borman
- Michael Brannick
- Michael Coovert
- Russell Johnson（现就职于密歇根州立大学）
- Edward Levine
- Carnot Nelson
- Winny Shen（现就职于滑铁卢大学）
- Steve Stark

以下是世界各地的同事和朋友们，他们为本书提供了许多有用的反馈和信息：

- Seymour Adler，Assessment Solutions 公司
- Julian Barling，加拿大皇后大学
- John Bernardin，佛罗里达州大西洋大学
- Stephen Bluen，南非戈登商业科学研究所
- Peter Chen，奥本大学
- Eunae Cho，新加坡南洋理工大学
- Yochi Cohen-Charash，巴鲁克大学
- Steven Cronshaw，加拿大圭尔夫大学
- Donald Davis，欧道明大学
- Dov Eden，以色列特拉维夫大学
- Barbara Ellis，查尔斯顿，南卡罗来纳州
- Michael Frese，新加坡国立大学
- Yitzhak Fried，德州理工大学
- Barbara Fritzsche，中佛罗里达大学
- Joan Hall，美国海军空中作战中心培训系统部门
- Alexandra Ilie，伊利诺伊州立大学
- Paul Jackson，英国谢菲尔德大学
- Richard Jeanneret，Valtera 公司
- Steve Jex，博林格林州立大学
- Boris Kabanoff，澳大利亚新南威尔士大学
- Chee Wee Koh，南佛罗里达大学
- Filip Lievens，比利时根特大学
- Laurenz Meier，弗里堡大学
- Lakshmi Narayanan，迪拜
- Maura Negrao，巴西
- Brian O'Connell，ICF 国际
- Mike O'Driscoll，新西兰怀卡托大学
- Richard Perlow，莱斯布里奇大学
- Laura Petitta，罗马大学
- Mark Peterson，佛罗里达大西洋大学
- Ivan Robertson，英国曼彻斯特理工大学
- Juan Sanchez，佛罗里达国际大学
- Oi-Ling Siu，香港岭南大学
- Dirk Steiner，法国尼斯大学
- Paul Taylor，新西兰怀卡托大学

- Zhiqing Zhou，佛罗里达科技大学

另外，12 位工业与组织心理学家为"工业与组织心理学实践"栏目提供了案例：

- Joan Brannick, Brannick HR Connections 公司
- Jonathan Canger，万豪国际集团
- Janis Cannon-Bowers，中佛罗里达大学
- Jeanne Carsten，摩根大通银行
- Amy Carver，美联银行
- Stephen Cohen，战略领导力合作项目（Strategic Leadership Collaborative）
- Anna Erickson，奎斯塔公司
- Chuck Evans，杰克逊领导力系统公司
- Charles Michaels，南佛罗里达大学
- Stacey Moran, Moran 房地产公司
- Lynn Summers，北卡罗来纳州人事部门
- Tom White，澳大利亚畅联公司

以下是参与书稿审读工作的评审员，他们付出了卓越的努力，每位评审员的评论都为本书提供了巨大的帮助。

- Robert B. Bechtel，亚利桑那大学
- John Binning，伊利诺伊州立大学
- Valentina Bruk Lee，佛罗里达国际大学
- David V. Day，宾夕法尼亚州立大学
- Janet Barnes Farrell，康涅狄格大学
- M. Jocelyne Gessner，休斯敦大学
- Sigrid Gustafson，美国研究学会
- Jane Halpert，德保罗大学
- Leslie Hammer，波特兰州立大学
- Joseph Horn，得克萨斯大学奥斯汀分校
- David Kravitz，乔治梅森大学
- Marjorie Krebs，甘农大学
- Karl Kuhnert，佐治亚大学
- Dan Landis，密西西比大学
- Terese Macan，密苏里大学圣路易斯分校
- Karen Maher，加州州立大学长滩分校
- Patrick McCarthy，中田纳西州立大学

- John Meyer，西安大略大学
- Susan Mohammad，宾夕法尼亚州立大学
- George Neuman，北伊利诺伊大学
- Kimberly O'Brien，中央密歇根大学
- Diana Odom-Gunn，加利福尼亚大学
- Stephanie Payne，得克萨斯农工大学
- Gerald L. Quatman，泽维尔大学
- Ann Marie Ryan，密歇根州立大学
- Steven Scher，东伊利诺伊大学
- Susan Shapiro，印第安纳大学东部分校
- Kenneth Shultz，加州州立大学圣贝纳迪诺分校
- Steven Stern，匹斯堡大学约翰斯顿分校
- Ladd Wheeler，罗切斯特大学
- H. A. Witkin，皇后学院

最后，我要感谢我的妻子 Gail Spector，她在许多方面为我提供了帮助，感谢她在写作期间帮我合理安排时间，使我能更好地投入到工作中。

Brief Contents | 简明目录

译者序
前　言

第一部分　导论 /1
第1章　工业与组织心理学导论 /2
第2章　工业与组织心理学研究方法 /19

第二部分　评估工作、绩效和人 /41
第3章　工作分析 /42
第4章　绩效评估 /59
第5章　选拔与安置的评价方法 /78

第三部分　员工的选拔与培训 /101
第6章　选拔 /102
第7章　培训 /124

第四部分　个体与组织 /141
第8章　员工动机理论 /142
第9章　对工作的感受：工作态度与情绪 /158
第10章　员工的生产和反生产行为 /178
第11章　职业健康心理学 /196

第五部分　工作的社会情境 /217
第12章　工作群体和工作团队 /218
第13章　组织中的领导和权力 /235
第14章　组织发展和组织理论 /255

术语表 /270

参考文献 /283

目录 | Contents

译者序
前　言

第一部分　导论 / 1

第 1 章　工业与组织心理学导论 / 2
1.1　工业与组织心理学是什么 / 4
1.2　工业与组织心理学家的工作活动与场所 / 4
1.3　作为职业的工业与组织心理学 / 5
1.4　作为科学的工业与组织心理学 / 6
1.5　工业与组织心理学的历史 / 7
1.6　世界各地的工业与组织心理学 / 10
1.7　如何成为一名工业与组织心理学家 / 12
1.8　工业与组织心理学领域的伦理问题 / 16
1.9　人道主义的工作心理学 / 17
本章小结 / 17

第 2 章　工业与组织心理学研究方法 / 19
2.1　研究问题 / 20
2.2　重要的研究设计概念 / 21
2.3　研究设计 / 24
2.4　测量 / 28
2.5　统计 / 31
2.6　研究伦理和诚信 / 36
本章小结 / 38

第二部分　评估工作、绩效和人 / 41

第 3 章　工作分析 / 42
3.1　什么是工作分析 / 43
3.2　工作分析的目的 / 45
3.3　怎样收集工作分析信息 / 47
3.4　工作分析的方法 / 49
3.5　工作分析信息的信度和效度 / 53
3.6　工作评价 / 55
本章小结 / 56
工业与组织心理学实践 / 57

第 4 章　绩效评估 / 59
4.1　为什么要评估员工 / 60
4.2　绩效准则 / 61
4.3　评估工作绩效的方法 / 64
4.4　360 度反馈 / 74
4.5　科技对绩效评估的影响 / 74
4.6　绩效评估中的法律问题 / 75
本章小结 / 76
工业与组织心理学实践 / 76

第 5 章　选拔与安置的评价方法 / 78
5.1　与工作相关的特征 / 79
5.2　心理测验 / 80
5.3　其他测验 / 88

5.4 履历信息 / 89
5.5 面试 / 90
5.6 工作样本 / 92
5.7 评价中心 / 93
5.8 电子评估 / 95
本章小结 / 97
工业与组织心理学实践 / 98

第三部分 员工的选拔与培训 / 101

第 6 章 选拔 / 102
6.1 规划人力资源需求 / 103
6.2 招募应聘者 / 104
6.3 选拔员工 / 106
6.4 使应聘者接受录用并留任 / 112
6.5 科学选拔的效用 / 114
6.6 选拔实践的国际化差异 / 117
6.7 法律问题 / 118
本章小结 / 122
工业与组织心理学实践 / 122

第 7 章 培训 / 124
7.1 需求评估 / 125
7.2 目标 / 126
7.3 培训设计 / 126
7.4 实施培训项目 / 134
7.5 评估培训项目 / 134
本章小结 / 139
工业与组织心理学实践 / 140

第四部分 个体与组织 / 141

第 8 章 员工动机理论 / 142
8.1 什么是动机 / 143
8.2 工作动机理论 / 143

8.3 需要理论 / 144
8.4 期望理论 / 146
8.5 自我效能感理论 / 147
8.6 公正理论 / 149
8.7 目标设置理论 / 151
8.8 控制理论 / 153
8.9 行动理论 / 154
本章小结 / 155
工业与组织心理学实践 / 156

第 9 章 对工作的感受：工作态度与情绪 / 158
9.1 工作满意度的性质 / 159
9.2 人们对自身工作的感受 / 159
9.3 工作满意度的评估 / 161
9.4 工作满意度的成因 / 163
9.5 工作满意度的潜在影响 / 170
9.6 组织承诺 / 172
9.7 工作中的情绪 / 174
本章小结 / 176
工业与组织心理学实践 / 176

第 10 章 员工的生产和反生产行为 / 178
10.1 生产行为：任务绩效 / 179
10.2 组织公民行为 / 187
10.3 反生产工作行为：退缩 / 188
10.4 反生产工作行为：攻击、蓄意破坏和偷窃 / 192
本章小结 / 193
工业与组织心理学实践 / 194

第 11 章 职业健康心理学 / 196
11.1 职业健康与安全 / 197
11.2 工作时制 / 203
11.3 职业压力 / 205
11.4 工作 – 家庭冲突 / 211
11.5 倦怠 / 212

本章小结 / 213

工业与组织心理学实践 / 214

第五部分　工作的社会情境 / 217

第 12 章　工作群体和工作团队 / 218

12.1　工作群体与工作团队 / 219

12.2　与群体和团队有关的重要概念 / 220

12.3　群体和团队绩效 / 223

12.4　群体多样性 / 229

12.5　对工作群体的干预 / 230

本章小结 / 233

工业与组织心理学实践 / 233

第 13 章　组织中的领导和权力 / 235

13.1　什么是领导 / 236

13.2　影响力和权力的来源 / 236

13.3　管理权的滥用 / 238

13.4　领导理论 / 241

13.5　领导岗位上的女性 / 250

13.6　领导的跨文化问题 / 251

本章小结 / 252

工业与组织心理学实践 / 253

第 14 章　组织发展和组织理论 / 255

14.1　组织发展 / 256

14.2　组织理论 / 261

本章小结 / 267

工业与组织心理学实践 / 268

术语表 / 270

参考文献 / 283

第一部分

导　论

Rob Melnychuk./Getty Images, Inc.

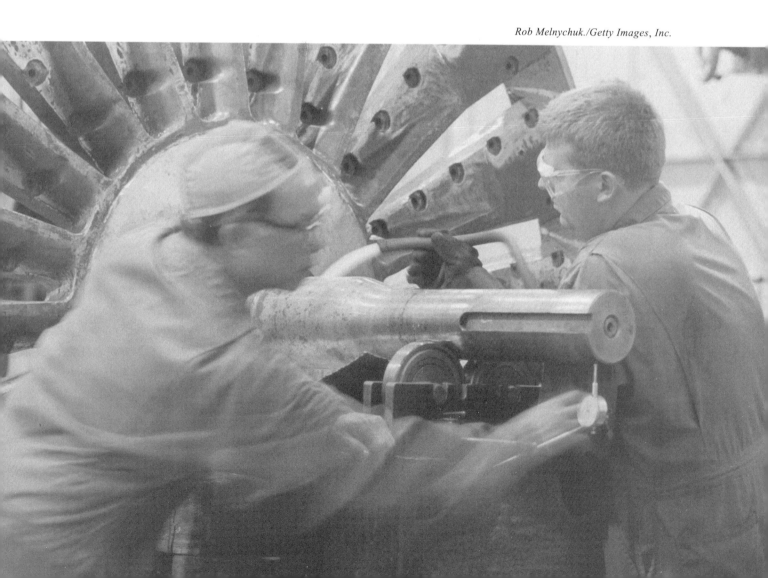

第1章

工业与组织心理学导论

第1章 概要

工业与组织心理学是什么
工业与组织心理学家的工作活动与场所
作为职业的工业与组织心理学
作为科学的工业与组织心理学
工业与组织心理学的历史
世界各地的工业与组织心理学
如何成为一名工业与组织心理学家
工业与组织心理学领域的伦理问题
人道主义的工作心理学
本章小结
做中学

在工业化社会,大多数人每天都会与组织产生直接或间接的联系。如果你去某个超市买东西,这个超市本身就是组织的一部分。你每一次去都可能遇到一些员工,比如帮你找到新鲜葡萄的农产品部经理、帮你结账的收银员,以及帮你打包所有物品的服务员。为了保证你能够在每个商店都买到想要的商品,组织需要雇用成千上万名员工为这些商店提供源源不断的供应,甚至需要跨越多个国家进行协调合作。毫无疑问,管理一家如此复杂的企业是极其困难的,因此经理们需要雇用许多专家协助工作。他们经常请工业与组织心理学家协助解决与员工相关的多种问题。例如,工业与组织心理学家曾经协助以下几家大型组织解决其存在的问题:

美国电话电报公司(**AT&T**)开发了评价中心技术以选拔最佳经理

通用电气公司开发出反馈系统对员工提供绩效反馈

美国军队使用心理测验以将员工安置到最适合的岗位上

美国邮政局制定了一系列措施来减少员工的攻击行为

如果你在一家大型组织工作，那么你的职业生涯将很有可能受到工业与组织心理学的影响。工业与组织心理学家可能已经设计好了你应聘时所填的职位申请表、岗位的薪酬和福利组合、接受的培训以及工作的任务结构。工业与组织心理学家的工作不仅涉及员工的健康、工作绩效、动机、安全、选拔（雇用）及培训，还包括参与仪器或工作任务的设计。本书将讨论以上所有领域以及更多的内容。

工业与组织心理学涉及两个同等重要的方面。一是对组织中的"人"的科学研究。许多工业与组织心理学家，尤其是大学教授，致力于研究工作中的人。二是对研究的原理和发现的应用。大多数工业与组织心理学家都参与到应用领域实践中，担任咨询顾问或作为组织的一名雇员。在实践方面，工业与组织心理学与其他领域的区别就在于它是一个以证据为基础的领域，即实践者是基于科学方法和原理进行工作的。本书旨在阐述工业与组织心理学领域中的重要发现及其在组织情境中的应用。

工业与组织心理学从其他许多学科中借鉴和扩展了一些概念、思想、技术以及理论，因而它也是一门综合性学科。实验心理学为工业与组织心理学提供了历史基础，一些早期的实验心理学家将其原理和技术（比如心理测验等）用于解决组织问题。本章随后将提到美国最早的案例之一：心理学家罗伯特·耶基斯（Robert Yerkes）在第一次世界大战中说服军方开始使用心理测验。工业与组织领域不仅受到心理学的影响，还受到工效学、工业工程学、管理学和社会学的影响。尽管工业与组织心理学基本起源于美国和英国，但是现在它已经发展成为国际化的领域，尤其是在一些工业化国家中。

本章主要是对工业与组织心理学进行概述，简要介绍了工业与组织心理学家的主要工作范畴、雇用情境以及该领域的历史；阐述了成为一名工业与组织心理学家所需要接受的培训，以及在美国及全球其他国家中提供此类培训的机构；讨论了工业与组织心理学的研究过程并列举了主要的研究出版途径；总结了和工业与组织心理学家密切相关的道德原则。

第2章论述了工业与组织心理学的研究方法。从第3章到第14章涵盖了工业与组织心理学领域的主要研究主题，第3章到第5章着眼于对工作和人的评估，第6章到第7章涉及有关培养生产型（productive）员工的两个主要领域——选拔优秀员工和培训他们出色地完成工作任务。第8章到第11章聚焦于组织情境中的个体，包括动机、工作满意度、员工行为以及员工健康与安全（职业健康心理学）。第12章到第14章涉及组织内部社会情境中的员工，包括群体和团队、领导力、组织变革技术以及组织理论。

目标

学习本章后，学生应该能够：

1. 定义工业与组织心理学；
2. 描述工业与组织心理学家的主要活动；
3. 总结工业与组织心理学领域的历史；
4. 解释研究的重要性及其与实践的关系。

1.1 工业与组织心理学是什么

心理学是一门关于人（和动物）的行为、认知、情感和动机的科学，它可以进一步被划分为许多不同的具体学科。其中某些学科（如实验心理学）主要涉及心理学的科学研究，而其他应用心理学类的学科，则关注心理科学及其在除研究情境之外的现实问题中的应用。与临床心理学和人因工程一样，工业与组织心理学属于后者，即它兼顾了心理科学及其应用。

从字面上来看，工业与组织心理学包括两个主要分支：工业（或人事）心理学和组织心理学。尽管这两个分支相互重叠不易区分，但二者却具有不同的历史起源。工业心理学是较早出现的分支，也是工业与组织心理学最初的名称。它倾向于通过合理利用人力资源或人事来提高组织效率，包括高效的工作设计、员工招聘与选拔、培训和绩效评估。组织心理学由组织中的人际关系运动发展而来，涉及理解工作场所中的员工行为以及提高员工在工作中的幸福感。组织心理学的研究专题包括员工的态度、行为、工作压力和领导力。然而，该领域中的一些主要问题并不能严格地被划分到工业心理学（I）或组织心理学（O）范畴。以动机为例，它既与工业心理学关注的员工的工作效率和绩效相关，又与组织心理学关注的员工幸福感相关，同时与理解组织情境中的人类行为相关。尽管工业心理学与组织心理学并不能被明确划分，但二者却共同揭示了工业与组织心理学领域的广泛性。

在应用领域，临床心理学家的人数最为庞大，他们的主要工作是研究与解决心理障碍和心理问题。领域相对较窄但发展更为迅速的**工业与组织心理学**（industrial/organizational psychology）则更关注与工作场所相关的科学原理的发展和应用。例如，工业与组织心理学家并不直接解决应该由临床心理学家处理的员工情绪或个人问题，但是他们可能会建议组织雇用临床心理学家来解决诸如员工酗酒或创伤后应激障碍（PTSD）等问题。

1.2 工业与组织心理学家的工作活动与场所

工业与组织心理学家在各类场所中从事多种不同的工作。我们通常将这些工作情境划分为应用实践型和科学研究型两类。应用实践型就是运用心理学原理解决在现实中存在的问题，例如过大的工作压力或不良的工作绩效等，科学研究型则为工业与组织心理学的应用实践提供科学的原理。因此，在工业与组织心理学领域，二者具有同等重要的地位。工业与组织心理学的一个主要目标就是帮助组织更有效地运作。为此，心理学家必须提供一些研究结果以指导实践应用。然而，并不是所有的研究都与实践密切关联。一些心理学家研究工作行为仅仅是为了了解人们在工作中表现出某种行为的原因。和所有形式的基础研究一样，此类研究的结果往往能够用于解决重要的人类问题。

尽管工业与组织心理学的工作情境可分为应用实践型与科学研究型两类，但二者依然存在相当多的交集。许多从事科学研究的工业与组织心理学家也会参与实践活动，而从事应用工作的心理学家有时也会进行科学研究。更何况，不是所有的问题都有现成的解决方案，有些现实问题往往需要通过研究来找到最佳的解决方法。事实上，工业与组织心理学家通常并没有现成的问题解决方法，但他们知道找到解决方法的途径。

大多数从事科学研究的工业与组织心理学家都是在大学里任教的教授，而从事应用实践的工业与组织心理学家则通常在咨询公司、政府部门、军队以及私营企业中工作。组织雇用咨询公司为其提供相应的服务，而大型的咨询公司可能有上百名员工为全世界的组织提供服务。实际上，工业与组织心理学家在政府部门（城市、省区、国家）、军队（通常作为民事专员）、私营企业等场所从事着类型基本相同的工作。图1-1显示了工业与组织心理学家在这些主要工作场所从事工作的比例。

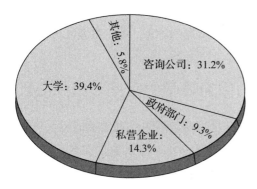

图1-1　在不同工作场所工作的工业与组织心理学家的比例

资料来源：From *Society for Industrial and Organizational Psychology 2011. SIOP 2011 Membership Survey Report. Bowling Green, Ohio.*

许多工业与组织心理学家都是大学教授，而其中绝大多数是在心理学系任教，也有一些任教于商学院或其他院系。尽管他们大多数时间在做科学研究和教学工作，但是也会兼任组织的咨询顾问，有些甚至创办了自己的咨询公司。以下列出教授参与的主要工作：

- 教学
- 做研究
- 撰写论文并在学术会议上报告论文
- 在科学期刊上发表论文
- 为组织提供咨询服务
- 编写教科书
- 指导学生
- 为公众提供信息
- 拓展课程
- 保持研究领域的前沿性
- 协助学校管理教学工作

上述各项工作都与教授职位的基本职能——知识创新和传道受业相关。

和其研究领域的同行一样，实践型的工业与组织心理学家也要做研究并教授大学课程。不同的是，实践工作主要关注对研究结果和原理的应用。以下列出应用实践型工业与组织心理学家参与的主要工作：

- 分析工作的本质（工作分析）
- 为找到解决组织问题的方法而进行必要的分析
- 调查员工的感受与意见
- 设计员工绩效评估系统
- 设计员工选拔系统
- 设计培训项目
- 编制心理测验
- 评估一项活动或项目的效能，如培训效果评估
- 实施组织变革，如对表现优秀的员工实施新的奖酬系统

工业与组织心理学家的多数努力就是为了提高组织的效能和运作效率，因此他们的工作主要包括选拔更适合某个岗位的员工、培训人们更好地完成工作、设计更易胜任的工作或者设计组织结构使其更有效地运营。有时工业与组织心理学家也意欲改变组织，以使组织能够为员工提供更加健康安全的工作环境，即使这样做并未提高组织的效能。

1.3　作为职业的工业与组织心理学

根据美国劳工统计局2015年的数据，工业与组织心理学是美国增长百分比最快的职业。像会计或法律一样，工业与组织心理学也是一种形式多样的职业。在美国，有些州要求工业与组织心

理学家和临床心理学家一样，必须拥有相应的许可执照，但在另一些州，只要求临床心理学家拥有许可执照。同样，有些国家要求工业与组织心理学家拥有许可执照（比如英国），而另一些国家则没有这样的要求。许多工业与组织心理学家任职于为组织提供有偿服务的咨询公司，而这些服务的方式与会计师事务所或律师事务所的大致相同。

工业与组织心理学家隶属于几个专业或科学学会。作为美国心理学会（American Psychological Association, APA）的分会，工业与组织心理学会（Society for Industrial and Organizational Psychology, SIOP）是美国由工业与组织心理学家组成的最大的组织。该组织大约有8 684名会员，其中学生会员占46%。尽管工业与组织心理学会是一个美国的协会（绝大多数会员是美国籍），但它正迅速走向国际。其有约12%的会员来自其他国家（非美国籍），这意味着自2006年以来国际会员的数量翻了一倍。美国管理学会（Academy of Management）的规模大于美国工业与组织心理学会，其大部分成员并非心理学家，而主要是一些对更宽泛的管理领域感兴趣的人。这些人中大部分是大学商学院的教授。该学会中的许多工业与组织心理学家，主要是大学教授，在学会中扮演着积极的角色。除了全国性机构之外，还有许多地区性（例如南方管理协会）和市级的工业与组织心理学家协会。市级的这类协会分布在密歇根州、纽约市、渥太华、旧金山和华盛顿特区等多个地区。在美国，最新成立的与工业与组织心理学相关的学会是成立于2006年的职业健康心理学会（Society for Occupational Health Psychology, SOHP）。该学会中大约一半的成员是关注员工的健康、安全以及幸福感的工业与组织心理学家。

同样地，许多其他国家或地区也设有工业与组织心理学家的专业协会。澳大利亚拥有组织心理学家学会，加拿大拥有自己的工业与组织心理学会，英国心理学会拥有职业心理学分会。许多类似的协会遍布整个欧洲，其中的十几个协会共同组成了欧洲工作与组织心理学会（European Association of Work and Organizational Psychology, EAWOP）。此外，与工业与组织心理学家密切相关的是国际应用心理学联合会中最大的一个分会——组织心理学分会，由来自世界各国的，尤其是对跨文化或国际化问题有浓厚兴趣的工业与组织心理学家组成。

1.4 作为科学的工业与组织心理学

研究是工业与组织心理学家的主要任务之一。通过研究可以开发一些诸如选拔或培训员工的新方法与程序。此类研究往往是为解决特定组织的特定问题（如某公司员工离职率较高）而定制的，但也有些研究是为了理解某些组织现象，例如员工偷窃的原因或工作态度的影响。这类研究的结果最终会在专业会议上呈现并被发表于学术期刊上。

之前我们提到的全国性的和国际协会，通常每年都会举办年会，而各种研究结果就会在这类会议上进行展示。例如，美国工业与组织心理学学会的年会就吸引了几千名实践者和研究者，他们通过分享与讨论其研究成果和思想来相互学习。实践者发现，这种会议能使他们学到解决组织问题的新方法，而研究者可以在最新成果正式发表之前就掌握其来龙去脉，同时发现实践心理学家关心的问题。

学术期刊是呈现工业与组织心理学领域研究结果的主要途径。其中一些期刊是由专业协会创办发行的，另外一些则是由私营机构发行的。例如，《应用心理学杂志》由美国心理学会出版发行，《职业与组织心理学杂志》由英国心理学会出版发行，《组织行为学杂志》则由出版本书的约翰威立国际出版公司（John Wiley & Sons）发行。表1-1列出了发表工业与组织心理学研究的主要期刊。大多数的期刊每年发行4~6期。

表 1-1　发表工业与组织心理学研究与理论的期刊

期刊名称	期刊名称
《管理学院报》	《商业与心理学杂志》
《管理学评论》	《管理学杂志》
《管理科学季刊》	《职业与组织心理学杂志》
《应用心理学：国际评论》	《职业健康心理学杂志》
《人的因素》	《组织行为杂志》
《人际关系》	《职业行为杂志》
《人力资源管理评论》	《组织行为与人类决策过程》
《选拔与评估国际杂志》	《组织研究方法》
《工业与组织心理学国际评论》	《人事心理学》
《应用心理学杂志》	《工作与压力》

工业与组织心理学研究者（绝大多数是大学教授）会向这些期刊提交研究论文。之后，他们的论文会由该领域的专家进行评审。之后，这些论文需要根据评审结果进行修改。通常，该论文在被录用之前，需要进行多次修改与提交。对于最好的杂志，一般在提交的论文中，仅有5%~10%可以通过严格的同行评审过程，最终被发表。同行评审确保了论文发表的高质量，进而保证只有最好的研究才会被发表。

发表研究论文是一件既具有竞争性，又需要付出大量努力的事情。大学教授为了在论文发表上取得一定的成果，往往承受着巨大的压力，而那些任职于研究型大学且尚未获得终身教职的教授更是如此。多数大学的工业与组织心理学教研室均存在一个定律——"不发表就完蛋"，这就要求教授们更积极地投身研究，并对丰富本领域的基础知识做出贡献，这一点也是绝大多数大学中科学研究原则的真正核心。在顶尖期刊上发表论文的数量，是衡量教授职业成功与否的主要决定因素，它反映了教授找工作、获得终身教职、晋升和加薪的能力。即便如此，我们也应该谨记，大学的一项主要职能就是创造与传播有益于社会的新知识，这也正是大学注重科学研究的主要原因。

1.5　工业与组织心理学的历史⊖

工业与组织心理学是20世纪的产物。它起源于19世纪末20世纪初，几乎伴随着心理学的诞生而产生。那些最早从事工业与组织心理学工作的、对运用心理学原理解决组织问题感兴趣的是实验心理学家。美国早期的工业与组织心理学主要关注工作绩效和组织效能等问题，而英国同期则主要关注员工的疲劳和健康问题（Kreis, 1995）。随着该领域在20世纪上半叶的成熟，工业与组织心理学开始逐渐向如今它所涵盖的各个领域发展。图1-2列出了本领域范围内外的重大事件，这些事件促进了美国工业与组织心理学的发展。

1990年	美国残疾人法案通过
1970年	美国心理学会（APA）将第14个分会更名为工业与组织心理学分会
1964年	民权法案通过
1941年	在第二次世界大战中获得发展
1924年	霍桑实验开始
1921年	授予了第一个工业与组织心理学博士学位；美国心理公司成立
1917年	开发了用于工作安置的心理测试
1913年	第一本工业与组织心理学教材出版

图 1-2　美国工业与组织心理学主要历史事件时间表

⊖ 除非有注释，否则此部分的大多数有关工业与组织心理学历史的论述均是Katzell和Austin（1992）对该领域历史的观点。

美国工业与组织心理学的两位先驱是实验心理学家并兼任大学教授的芒斯特伯格（Hugo Münsterberg）和斯科特（Walter Dill Scott）。他们致力于运用心理学原理来解决组织中的问题。从德国移民到美国的芒斯特伯格是哈佛大学的心理学家，他对员工选拔和新兴心理测验的应用特别感兴趣。兰迪（Landy, 1992）认为，芒斯特伯格不能获得哈佛同事的尊重是其投身新兴的工业心理学领域的动力。而斯科特除了对芒斯特伯格所关注的许多方面都感兴趣之外，还热衷于广告心理学，并出版了广告心理学领域的开山之作《广告理论》（1903）。芒斯特伯格则出版了美国第一本工业与组织心理学教科书《心理学与工业效率》（1913）。

工程师弗雷德里克·W.泰勒（Frederick Winslow Taylor）对工业与组织心理学也有着重要的影响。从19世纪末到20世纪初，他致力于研究员工的生产效率，并发明了用于管理一线生产工人的方法，他称之为**"科学管理"**（scientific management）。"科学管理"包含用以指导组织实践的几项原则。泰勒（1911）在其著作中写道：

1. 应该对每一份工作都进行仔细分析，以便确定完成工作任务的最佳方法。
2. 应该依据与工作绩效相关的特征来选拔（或雇用）员工。管理者也应该对现有员工进行观察研究，以发现与工作绩效相关的重要个人特征。
3. 员工应该获得完善的培训以完成工作任务。
4. 应该对生产效率高的员工进行奖励以激励高水平的绩效表现。

尽管多年来这些观点不断完善，但是直至今天，这些观点依然被认为是极具价值的。

工程学对工业与组织心理学的另一个影响，源自弗兰克·吉尔布雷斯和莉莲·吉尔布雷斯夫妇（Frank and Lillian Gilbreth）对有效完成任务之方法的研究。他们结合了工程学（弗兰克是工程学家）与心理学（莉莲是心理学家）来研究人们是如何完成工作任务的。在他们两人所做的贡献中，最为有名的就是**时间和动作研究**（time and motion study）。该研究通过测量并计算执行每个任务动作的时间以发现更有效的工作方式。尽管这一研究思想来自泰勒，但吉尔布雷斯夫妇完善了泰勒的思想，并使用新的技术来帮助许多组织解决问题（Van De Water, 1997）。多数历史学家认为，在1921年获得博士学位的布鲁斯·穆尔（Bruce V. Moore）是第一位工业与组织心理学博士，但也有些历史学家认为，在1915年获得博士学位的莉莲才是获得美国工业与组织心理学博士学位的第一人（Koppes, 1997）。吉尔布雷斯夫妇的研究为后来的人因工程奠定了基础，人因工程主要研究如何为人类设计最好的技术。后来莉莲转向设计消费品并发明了脚踏垃圾桶、冰箱门架和其他一些物品（Koppes, 1997）。而吉尔布雷斯夫妇最为人津津乐道的是1950年拍摄的自传影片《一打更便宜》（Cheaper by the Dozen），该片讲述了他们在工作的同时还养育了12个孩子的生活。

第一次世界大战期间，英国和美国开始使用工业与组织心理学来辅助战争。1915年军需健康委员会（Health of Munitions Committee, HMC）的成立标志着英国工业与组织心理学的开端。该委员会负责处理员工的健康、安全和效率问题，而这些问题因战争导致的生产力需求而凸显（Kries, 1995）。另一方面，美国于1917年参加第一次世界大战，罗伯特·耶基斯率领一大批心理学家服务于美国军队。该团队最著名的成就是开发了用于军队的α和β智力测验（又称陆军甲种测验和陆军乙种测验）。当时美国军队面临的最大问题是如何将新人安置到最合适的岗位上，α和β测验就成为解决该问题的一种有效方式。这也是第一次大规模地运用心理测验来解决员工的安置问题,同时为此后在美国教育(例如学习能力倾向测验,the Scholastic Aptitude Test, SAT)与雇用领域中使用团体测验奠定了基础。

查尔斯·迈尔斯
(Library of the London School of Economics & Political Science, NIIP Collection)

雨果·芒斯特伯格
(Stock Montage/Contributor/Getty Images)

沃尔特·迪尔·斯科特
(Science Source Images)

弗雷德里克·W. 泰勒
(Jacques Boyer/Roger-Viollet/The Image Works)

罗伯特·耶基斯
(Bettmann/Getty Images, Inc.)

在两次世界大战期间的数十年内,工业与组织心理学扩展到了我们今天所知道的大多数领域。随着其规模的不断扩大,组织开始雇用工业与组织心理学家来解决日益增加的员工问题,尤其是与生产效率相关的问题。与此同时,和工业与组织心理学相关的研究课题开始积累。1921年,心理学家查尔斯·迈尔斯(Charles Myers)在英国成立了国家工业心理学研究所(National Institute of Industrial Psychology, NIIP),致力于提高英国员工的工作效率和改善其工作条件。这一组织对员工福利的关注沿袭了早期军需健康委员会的工作,同时体现了英国以及欧洲的工业与组织心理学的早期发展特征(Kwiatkowski, Duncan, & Shimmin, 2006)。正如前面提到的,宾夕法尼亚州立大学在1921年将第一个工业与组织心理学博士学位授予了布鲁斯。此后,工业与组织心理学家开始进入咨询公司,并为组织提供有偿服务。其中最为著名的是由詹姆斯·麦基恩·卡特尔(James McKeen Cattell)在1921年创办的美国心理公司,后改名为哈考特测评公司(Harcourt Assessment)。这期间发生的最为重要的事件,就是在美国西方电气公司开展的长达10年的霍桑实验。

弗兰克和莉莲夫妇
(UPI/Corbis Images)

在霍桑实验之前,美国的工业与组织心理学家几乎只注重员工的生产效率和组织效率,包括对员工能力的评估和对工作的有效设计。霍桑实验的研究者同样打算研究此类问题,但是他们很快便发现了英国同事之前已经发现的现实(Kwiatkowski et al., 2006):很难抛开组织内部的社会因素去研究员工的生产效率。他们对管理和工作群体的研究为组织心理学的开创奠定了基础。

霍桑实验中最为著名的就是对照明强度效应的研究(Roethlisberger & Dickson, 1939)。该研究的目标是找出工厂作业中能产生最佳工作绩效的照明强度。在实验中,一群员工被带到一间能改变照明强度的特殊房间,研究者通过将光照调亮或调暗来考察照明强度对生产效率的影响。令研究者惊讶的是，在整个实验过程中，员工的生产效率的确提高了，但是这样的结果与照明强度没有太大的关联。对结果的解释引起了广泛的争论，其中被大多数人认同的观点是，员工对正在进行实验的认知才是提升其工作绩效的关键因素，也就是所谓的**霍桑效应**（Hawthorne Effect）。不管结论如何，显而易见的是，社会因素有时比物理因素对员工绩效的影响更大。

第二次世界大战对大西洋两岸的国家，尤其是美国和英国的工业与组织心理学的发展，产生了巨大的刺激作用（Warr，2007）。心理学家解决了几乎涉及工业与组织心理学全部领域的现实问题，包括员工选拔与安置、培训、鼓舞士气、绩效评估、团队发展以及仪器设备设计。在第二次世界大战之前，美国心理学会的研究兴趣仅局限于实验心理学，不接受工业与组织心理学家将实践作为其研究使命的一部分，认为实践是不科学的。然而，作为第二次世界大战的一个结果，美国心理学会对应用心理学敞开了大门，1944年其第14个分会——工业与商业心理学分会成立（Benjamin，1997）。战争结束之后，工业心理学与组织心理学这两大领域继续发展壮大。例如，阿瑟·科恩豪泽（Arthur Kornhauser）研究了工作环境如何影响员工的心理健康和个人生活，这也是现在我们称为职业健康心理学（Zickar，2003）的早期研究工作。在1970年，工业与商业心理学分会更名为工业与组织心理学分会，如今我们称其为**工业与组织心理学学会**（Society for Industrial and Organizational Psychology，SIOP）。该学会的网站（www.siop.org）是本领域相关信息的重要来源，囊括了工业与组织心理学的研究生院、岗位招聘以及学会事务等方面的信息。

1964年，美国《民权法案》（Civil Right Act）的通过也促进了工业与组织心理学领域的形成。这项法案的实施强烈影响了组织雇用与对待员工的方式，而这种影响力并不只存在于美国。当歧视少数族裔与女性权益已经变得不再合法时，组织就必须改变其现行的许多雇用惯例。此时，工业与组织心理学家便被号召起来，协助开发各种程序以减少工作中的歧视现象。1990年《美国残疾人法案》（Americans with Disabilities Act）的通过，增强了反对歧视残疾人的力度，而工业与组织心理学家再次被号召起来去探寻减少不公正待遇的方法。

在工业与组织心理学的历史长河中，到处都是工业与组织心理学家如何改善组织和员工工作环境的案例。该领域已从原来单一地关注效率和生产力（尤其是在美国），拓展到了关注如今我们发现的众多主题。工业与组织心理学对组织的运营以及员工的幸福做出了巨大的贡献，同时组织始终需要解决员工问题，因而正如本书即将论述的那样，工业与组织心理学的前景必将是光明的。

1.6 世界各地的工业与组织心理学

工业与组织心理学的起源和大部分（但不是全部）早期发展都是在美国和英国，因此，我们对其历史的讨论主要集中在美国，也有少量的内容涉及英国。然而，工业与组织心理学遍布全球，并且其许多研究发现和原理都来源于其他国家。从《应用心理学杂志》（*Journal of Applied Psychology*）和《人事心理学》（*Personnel Psychology*）这两个美国顶尖期刊上发表过文章的作者的国籍不难看出，该领域正迅速壮大并走向全球化。Cascio和Aguinis（2008）发现，非美籍作者在这两个期刊上发表论文的数量增加了5倍，从20世纪60年代中期的5%发展到了2007年的25%。我们看到有越来越多的期刊文章来自澳大利亚、加拿大、中国、德国、以色列、韩国、荷兰、新西兰、丹麦、芬兰、瑞典和新加坡。这里提到的也只是其中一部分国家。工业与组织心理学在世界各地蓬勃发展的另一个迹象是，在美国和英国以外的工业与组织心理学的硕士项目和博士项目的数量在不断增加（见表1-2），本书也因此从第1版到第7版一直在更新表1-2的内容。另外，还有一个趋势是不同国家和地区的研究人员开始合作进行跨文化研究。由于在西方国家适用的原理在其他国家和地区或文化中并不一定适用，因而进行跨文化研究就显得极为重要。本书也会谈到此方面的一些研究。

表1-2 除美国以外提供工业与组织心理学研究生学位的大学示例

国家/地区	大学	国家/地区	大学
澳大利亚	科廷大学	中国香港	香港中文大学
	格里菲斯大学		岭南大学
	麦考瑞大学	爱尔兰	都柏林大学
	莫纳什大学		利默里克大学
	莫道克大学	以色列	巴依兰大学
	南澳大学		以色列理工学院
	新南威尔士大学	意大利	博洛尼亚大学
	昆士兰大学		帕多瓦大学
比利时	布鲁塞尔自由大学		罗马大学
	根特大学	韩国	湖西大学
	鲁汶大学		光云大学
	列日大学		成均馆大学
	天主教鲁汶大学		延世大学
巴西	米纳斯吉拉斯联邦大学	拉脱维亚	拉脱维亚大学
	圣保罗大学	立陶宛	维尔纽斯卡普苏斯大学
加拿大	皇后大学	荷兰	阿姆斯特丹自由大学
	圣玛丽大学		阿姆斯特丹大学
	卡尔加里大学		格罗宁根大学
	圭尔夫大学		奈梅亨大学
	麦克敦大学		蒂尔堡大学
	蒙特利尔大学		梅西大学
	魁北克大学	新西兰	奥克兰大学
	滑铁卢大学		坎特伯雷大学
	西安大略大学		怀卡托大学
	温莎大学	菲律宾	罗德里格斯理工学院
	劳里埃大学	葡萄牙	里斯本工商管理大学
中国大陆	北京师范大学	波多黎各	卡洛斯阿尔比祖大学
	北京大学		美洲波多黎各大学
	华东师范大学		天主教大学
	中国科学院心理研究所	罗马尼亚	亚历山德鲁·伊安·库萨大学
	华南师范大学		贝碧思鲍耶大学
	西南大学		布加勒斯特大学
	浙江大学		西部大学

(续)

国家/地区	大学	国家/地区	大学
哥斯达黎加	哥斯达黎加拉丁大学	俄罗斯	莫斯科国立大学
	蒙特雷自治大学	苏格兰	赫瑞瓦特大学/斯特拉斯克莱德大学
英国	埃克塞特大学		阿伯丁大学
	利物浦约翰摩尔大学	新加坡	新加坡管理大学
	贝尔法斯特女王大学	南非	斯坦陵布什大学
	格罗斯特郡大学		金山大学
	赫尔大学	西班牙	马德里康普顿斯大学
	伦敦大学伯克贝克学院		巴塞罗那大学
	曼彻斯特理工大学		圣地亚哥大学
	诺丁汉大学		瓦伦西亚大学
	谢菲尔德大学	瑞典	斯德哥尔摩大学
	萨里大学		隆德大学
法国	波尔多大学	瑞士	伯尔尼大学
	保罗·瓦莱里·蒙彼利埃大学		弗里堡大学
	普罗旺斯大学艾克斯马赛分校		纳沙泰尔大学
德国	德累斯顿工业大学		苏黎世大学
	法兰克福大学	中国台湾	政治大学
	吉森大学		台湾大学
	康斯坦茨大学	土耳其	科克大学
	美因茨大学		中东技术大学
	曼海姆大学		
	慕尼黑大学		
	波茨坦大学		

有趣的是,不同的文化、历史和政治条件使得不同国家和地区的工业与组织心理学在性质和研究问题上不尽相同,形成了各自独特的风格(Warr, 2007)。Zickar 和 Gibby(2007)指出,美国的工业与组织心理学历来关注员工的生产效率和可用于员工选拔的个体差异评估(见第5章和第6章)。Warr(2007)将美国和英国的视角进行了对比,指出英国更加注重员工的健康和幸福感。近几十年来,世界经济的迅速全球化和电子通信的广泛发展使得各个国家和地区在工业与组织心理学这一领域相互促进,思想和方法也有了更多的融合。一些大型的美国工业与组织咨询公司在世界各地设立了办事处,如美国智睿咨询有限公司和普德管理咨询公司,他们将美国工业与组织方法介绍到海外的同时,也将海外的方法引回美国。

1.7 如何成为一名工业与组织心理学家

在美国成为一名工业与组织心理学家最常见的途径,是获得工业与组织心理学的研究生学位(硕士或博士)。也有许多从事工业与组织心理学工作的人来自其他专业背景,例如心理学专业的其他分支领域或者工商管理专业。他们中的一些人视自己为工业与组织心理学家,并可能以此为业。在美国,工业与组织心理学的从业人员可能有硕士或者博士学位，而拥有博士学位的人会获得更好的就业机会和更高的薪酬水平。如果要成为大学教授，就必须要有博士学位。

在一些国家（如加拿大），这一情况基本和美国相似。而在包括欧洲大多数国家在内的另一些地方，博士学位并不像硕士学位那么普遍。其中硕士学位是应用实践型学位，而博士学位是研究型学位。如果一个人想要成为实践者，可能硕士学位就够了，如果一个人想要继续获得博士学位，那么他很可能对做研究感兴趣，并会到研究所或大学去工作。一名工业与组织心理学实践者也可能拥有博士学位，但这并不像在美国和加拿大那么重要。

表1-3列出了美国大学中工业与组织心理学的硕士和博士项目，表1-2则列出了部分其他国家的工业与组织心理学研究生项目（包括硕士和博士）。由表可以发现，虽然美国工业与组织心理学研究生项目的数量处于世界领先地位，但其他国家也有许多优秀的工业与组织心理学研究生项目。工业与组织心理学主要存在于拥有大型组织的发达国家，但已不限于此，它已经遍布世界各地。

美国研究生的入学竞争非常激烈，尤其是那些知名博士项目（你可以从学校网站 www.wiley.com/college/spector 获取申请研究生所需的准备和指南）。大多数学校主要，但不限于，考察申请者在本科阶段的平均绩点（通常是大三和大四）和美国研究生入学考试（GRE）成绩。先前的实践和研究经历对申请也很重要，对于申请顶尖博士项目而言尤其如此。大学老师的推荐信通常也是必不可少的。工业与组织心理学研究生项目是具有挑战性的，且要求申请者具备沟通（言语能力和写作能力）和数学方面的技能。因此，要想成功申请该项目，学生在本科阶段就应该做充分的准备。拥有扎实的基础数学（例如代数）和统计学知识是一个很好的开端，良好的基本沟通技能，尤其是写作能力对于申请也颇具价值。在做出追求这项职业的决定之前，先修读工业与组织心理学课程也不失为一个明智的做法。有趣的是，很多学生在进入研究生院前根本没有修读过这门课程。最后，拥有出色的心理学专业背景也将使申请更容易成功。那些来自其他专业或缺乏心理学背景的跨专业学生在入学后，尤其是第一学年，需要花大量精力来补充缺失的专业知识。

表1-3 美国大学中工业与组织心理学硕士和博士项目

州	硕士项目	博士项目
亚拉巴马州	亚拉巴马大学汉茨维尔分校	奥本大学
加利福尼亚州	加利福尼亚州立大学	阿兰特国际大学
	长滩分校	
	萨克拉门托分校	
	圣贝纳迪诺分校	
	金门大学	
	圣地亚哥州立大学	
	旧金山州立大学	
	圣何塞州立大学	
	索诺马州立大学	
科罗拉多州		科罗拉多州立大学
康涅狄格州	费尔菲尔德大学	康涅狄格大学
	哈特福德大学	
	纽黑文大学	

（续）

州	硕士项目	博士项目
哥伦比亚特区		乔治·华盛顿大学
佛罗里达州	卡洛斯阿尔比祖大学	佛罗里达理工学院
	佛罗里达理工学院	佛罗里达国际大学
	佛罗里达国际大学	中佛罗里达大学
	中佛罗里达大学	南佛罗里达大学
	西佛罗里达大学	
佐治亚州	瓦尔多斯塔州立大学	佐治亚理工学院
		佐治亚大学
伊利诺伊州	阿德勒职业心理学院	芝加哥职业心理学院
	芝加哥职业心理学院	德保罗大学
	艾姆赫斯特学院	伊利诺伊理工大学
	伊利诺伊州立大学	北伊利诺伊州大学
	罗斯福大学	罗斯福大学
	南伊利诺伊大学	伊利诺伊大学厄本纳-香槟分校
		南伊利诺伊大学卡本代尔分校
印第安纳州	印第安纳大学-普渡大学印第安纳波利斯分校	普渡大学
艾奥瓦州	北艾奥瓦大学	
堪萨斯州	恩波利亚州立大学	堪萨斯州立大学
肯塔基州	东肯塔基大学	
	北肯塔基大学	
	西肯塔基大学	
路易斯安那州	路易斯安那理工大学	路易斯安那州立大学
		路易斯安那理工大学
马里兰州	巴尔的摩大学	马里兰大学
马萨诸塞州	塞勒姆州立大学	
	春田学院	
密歇根州	底特律大学	中央密歇根大学
	韦恩州立大学	密歇根州立大学
	西密歇根大学	密歇根大学
		韦恩州立大学
明尼苏达州	明尼苏达州立大学	明尼苏达大学
	圣克劳德州立大学	
密西西比州	威廉·凯里学院	南密西西比大学
密苏里州	密苏里州立大学	圣路易斯大学
		密苏里大学圣路易斯分校
内布拉斯加州	内布拉斯加大学奥马哈分校	内布拉斯加大学奥马哈分校
新泽西州	菲尔莱狄更斯大学	
	肯恩大学	
	蒙特克莱尔州立大学	

（续）

州	硕士项目	博士项目
纽约州	巴鲁克学院	巴鲁克学院
	哥伦比亚大学，师范学院	哥伦比亚大学，师范学院
	霍夫斯特拉大学	霍夫斯特拉大学
	爱纳大学	纽约州立大学奥尔巴尼分校
	纽约大学	
北卡罗来纳州	阿巴拉契亚州立大学	北卡罗来纳州立大学
	东卡罗来纳州立大学	北卡罗来纳大学夏洛特分校
俄亥俄州	克利夫兰州立大学	鲍林格林州立大学
	阿克伦大学	俄亥俄大学
	莱特州立大学	美国联合大学
	泽维尔大学	阿克伦大学
		莱特州立大学
俄克拉何马州	塔尔萨大学	俄克拉何马大学
		塔尔萨大学
俄勒冈州		波特兰州立大学
宾夕法尼亚州	西切斯特大学	宾夕法尼亚州立大学
		坦普尔大学
南卡罗来纳州	克莱姆森大学	克莱姆森大学
田纳西州	中田纳西州立大学	孟菲斯大学
	田纳西大学查塔努加分校	
得克萨斯州	安杰洛州立大学	莱斯大学
	拉玛尔大学	得克萨斯A&M大学
	圣玛丽大学	休斯敦大学
	休斯敦大学清湖分校	得克萨斯大学阿灵顿分校
	得克萨斯大学阿灵顿分校	
弗吉尼亚州	乔治梅森大学	乔治梅森大学
	雷德福大学	奥多明尼昂大学
		弗吉尼亚理工大学
华盛顿州	中央华盛顿大学	西雅图太平洋大学
	西雅图太平洋大学	华盛顿州立大学
西弗吉尼亚州	马歇尔大学	
威斯康星州	威斯康星大学斯托特分校	

注：包含应用心理学、组织心理学和其他相关心理学项目。
资料来源：Retrieved May 23, 2013, from Society for Industrial and Organizational Psychology website: http://www.siop.org/gtp/ gtpLookup.asp.

工业与组织心理学家接受的培训包括实践和研究两个方面。对工业与组织心理学家的培训采用了科学家-实践者模式，即一名工业与组织心理学家既能做科学研究，又能运用相关原理解决组织的问题。学生们在培训项目中既要学习运用相关的原理，也要学习研究方法。只是不同的学校，尤其是不同国家的学校之间，在研究生培养的内容和侧重点上会有所不同。有许多很好的研究生项目为那些不愿意继续攻读博士学位的人提供硕士学位。这些项目设置的培训课程通常更侧重于实践应用，一方面是因为学生们没有充足的时间去深入学习这一领域的各个分支，另一方面是因为其培养目标就是让学生们毕业后能成为应用领域的从业者。博士项目更好地兼顾了实践和科学研究两个方面，这在一定程度上是因为博士生需要花费两倍的时间来完成学业（相对于硕士生来说）。最终博士生们既可以做应用领域的从业者，又可以做研究者。

完成硕士学业大约需要两年时间，而完成博士学业需要四到六年的时间。虽然这两个研究生项目有差异，但是硕士项目一般也开设研究方法课和本书所涉及的工业与组织心理学各领域内容的相关课程。博士项目不仅包括了硕士课程的所有内容，还包括心理学和更为广泛的方法论内容。美国工业与组织心理学会（1985 年）建议，博士课程的内容应该包括本书提到的所有章节。另外，硕士研究生项目和博士研究生项目也要求学生在读期间，既要有在组织中工作的实习经历，也要有在工业与组织心理学教授委员会指导下做研究的经历（比如完成硕士或博士论文）。

在美国，尽管工业与组织心理学家的就业市场会随着经济发展状况有所波动，但它始终保持着良好的态势。美国心理学会在过去几年中对工业与组织心理学家的调查显示，在那些希望工作的人中，只有不足 1% 的人失业。Khanna 和 Medsker（2010）对 2009 年美国工业与组织心理学家薪酬的调查结果显示：拥有硕士学位的人的年薪中值是 7.45 万美元，而拥有博士学位的人的是 10.5 万美元。薪酬因地区、工作类型和行业而异。例如，拥有自己咨询公司的个人收入的中值最高（18.4 万美元）。就职于心理学系的教授比商学院的教授挣得少，有博士项目的院系的教授比没有博士项目的院系的教授挣得多。博士刚毕业的起薪中值为每年 7.5 万美元，硕士刚毕业为 5.5 万美元。女性的平均薪酬比男性低 16.4%，但这种差异不是由性别本身造成的。与男性相比，女性中具有博士学位的更少，并且女性是后来才进入工业与组织心理学领域的，因而在本领域的工作经验也更少。最后，我们必须记住以上这些只是薪酬中值，这意味着有一半的人的收入高于这些数字，而另一半人的收入却低于它们。

工业与组织心理学领域的性别分布越来越均衡。在 20 世纪 60 年代只有 8% 的博士学位授予给了女性。有趣的是，1930 年之前，女性工业与组织心理学家中从事实践应用型工作的比例比 1960 年要高得多。尽管我们无法精确估计（Koppes, 1997），但在 20 世纪 20 年代，工业与组织心理学家中的女性可能已经占到了 25%。在过去几十年中，进入这一领域的女性在不断增加，现今美国工业与组织心理学博士学位有半数或以上是授予女性的。在 2006 年，美国工业与组织心理学会的会员中有 36.7% 是女性，这一比例相较于 20 世纪 60 年代有了相当大的增长。这一趋势在世界其他地区一样存在。

1.8 工业与组织心理学领域的伦理问题

心理学具有关心道德行为和人类福祉的传统。美国的工业与组织心理学家遵循美国心理学会多年来制定的伦理准则。这一准则既包括道德原则，也包括何为恰当的职业行为的说明。尽管美国心理学会除了有权终止心理学家的会员资格外，几乎没有任何其他的强制性权利，但是大多数工业与组织心理学家在其专业工作中都遵循这些准则。

该准则的基本理念是，心理学家在其专业工

作中应该尽最大的努力来避免对他人造成伤害。这意味着心理学家应该避免进行任何非法的或不道德的行为，这些行为可能会对他人造成身体上或心理上的伤害。此外，心理学家具有运用自身才智去帮助他人的社会责任。换句话说，这一职业的目标是运用心理学专业知识去改善人类的生存状态。而工业与组织心理学家的职业目标是，帮助改善组织状况以促进其更好地运行，并帮助提高员工的福祉。

表 1-4 列出了美国心理学会的伦理准则所包括的 6 个道德原则。从表中可以看出这些原则涉及诚实、正直、尊重他人和责任感等基本伦理标准。该准则详细地列举了恰当的和不恰当的行为，由于太长，此处不再罗列，详细内容可以在美国心理学会的网站 www.apa.org/ethics 中找到。

表 1-4　美国心理学会伦理准则中的 6 个道德原则

胜任能力：一个心理学家只做那些他有能力做的工作
正直诚实：心理学家在其专业工作中必须公正诚实地对待他人
专业和科学责任：心理学家必须保持高标准的职业行为
尊重人的权利和尊严：心理学家必须尊重他人的秘密和隐私权
关心他人福祉：心理学家必须通过其专业工作努力帮助他人
社会责任：心理学家有责任运用他们的技术造福社会

资料来源：From "Ethical Principles of Psychologists and Code of Conduct," by the American Psychological Association, 1992, *American Psychologist*, 47：1597-1611.

许多心理学家遵循美国管理学会的伦理准则。尽管该准则与美国心理学会的略有不同，但二者在本质上是一致的。美国管理学会的准则涉及其成员在实践、研究和教学这三个组织工作维度上的行为标准，其所遵循的原则也是不伤害他人和运用自己的才智造福社会。

1.9　人道主义的工作心理学

在很大程度上，工业与组织心理学是西方发达国家发展出来的一个领域，那里的组织有资源聘请工业与组织心理学家作为顾问。然而，在世界上的许多地方，人们还生活在贫困中，他们在不健康的条件下工作，并不能从工业与组织心理学知识或是工业与组织心理学家的专业技术中获益。**人道主义的工作心理学**（humanitarian work psychology）运动旨在动员工业与组织心理学家运用其提升组织效率方面的技能，帮助那些有大量人口无法获得经济收入和工作福利的国家减少贫困，提高人们的健康水平和工作幸福感（Thompson & Gloss, 2014）。人道主义工作心理学全球特别工作组（The Global Task Force for Humanitarian Work Psychology）由心理学家组成，他们正在寻找方法，将工业与组织心理学与联合国及发展中国家政府等机构联系起来，以便利用他们的专业知识和技能来解决上述问题（Berry, Reichman, Klobas, MacLachlan, Hui, & Carr, 2011）。Berry 等人（2011）解释说，工业与组织心理学家的专长可以为人道主义工作做出很大的贡献，包括评估人们对某些项目和干预措施的需求、评估项目的运作情况、制定项目实施的策略和确定如何最好地处理工作中与人相关的各种问题。这项工作的大部分内容包含了帮助人道主义机构更有效地工作。例如，选拔程序（见第 5 章和第 6 章）对于选择具有较高水平的心理弹性的志愿者非常有用，他们能够在恶劣环境下（如灾难发生后）作为救援人员完成外勤任务（Berry et al., 2011）。

本章小结

工业与组织心理学是心理学的主要学科之一，是涉及组织中的人的问题的一个分支。该学科可以分为两大主要领域。工业心理学关注通过评估、选拔、培训以及工作设计来提高组织效率，而组织心理学则关注、理解人们的工作行为并保护其健康、安全和幸福。

工业与组织心理学是兼顾实践应用和科学研究的学科。大多数工业与组织心理学家为组织工作时从事的是那些涉及人的问题的工作,这些实践者要么作为咨询顾问为多家组织提供服务,要么作为某个特定组织的员工进行工作。工业与组织心理学家中有超过1/3的人是大学教授(见图1-1),其中大多数教授通过研究来开发更好的方法和程序,以解决员工问题或理解员工行为。

一个工业与组织心理学家必须获得大学研究生院授予的工业与组织心理学研究生学位。在美国和包括澳大利亚、加拿大、中国、欧洲、以色列、新西兰和南非在内的其他工业化世界中,有许多这样能够授予学位的研究生项目。在其他地区,这样的研究生项目正在不断增加。尽管工业与组织心理学起源于美国和英国,但它已经迅速扩展到了世界上的大多数国家。本书所讨论的许多研究结果就来自全世界的组织和个人。

有许多工业与组织心理学家的学会(以及具有相似兴趣的学会),通过举办会议和出版学术期刊来传播领域内的观点和研究成果。这些学会也发展出了相应的伦理准则以约束其成员。例如,美国管理学会和美国心理学会都出版了相关的伦理标准。这些准则的基本理念是,工业与组织心理学家应该确保不伤害任何人并肩负起运用自身技术造福他人的社会责任。

做中学

工业与组织心理学中的研究生项目研究

登录美国工业与组织心理学会的网站,进入"研究生培训项目列表"并选择你想选的研究生项目(被某个大学列出的项目)。点击该大学的名称,同时登录该研究生项目的网站,查看其所提供的信息。回答下列问题:

1. 该项目的重点是什么(项目简介是如何描述该项目的)?
2. 该项目现有多少位教师?
3. 现有多少个学生?
4. 其中有多少位教师被本书引用了?

学会成员的优势

登录美国工业与组织心理学会的网站。从网站上的材料中总结并列出成为学会会员对心理学家和学生来说可能会有的优势。

第 2 章

工业与组织心理学研究方法

第 2 章 概要

研究问题
重要的研究设计概念
研究设计
测量
统计
研究伦理和诚信
本章小结
做中学

假如你是为某公司服务的实践型工业与组织心理学家，公司要求你去考察一个新培训项目能否提升员工的工作绩效。这项培训项目可能是训练员工使用一种新的网络系统，该系统有助于提高员工的生产效率。你会采用什么方法来考察培训的有效性？你是会回顾这个培训项目，检查其是否像其宣称的那样有效呢？还是会进行一项调查研究并搜集工作绩效数据以测定其效果呢？

第一种方法的问题在于看似有效的培训项目并不一定总是有效的。唯一能确定培训是否达到了其预期效果的方法就是进行调查研究。通过调查研究来确定培训效果需要我们掌握有关研究的方法学知识。研究的方法学知识也是今天的工业与组织心理学家必须要接受的系统训练之一。无论工业与组织心理学家从事的工作是研究型的还是实践型的，他们都需要掌握用于开展研究的科学方法。

研究是工业与组织心理学的理论和实践的基础。在很多实际工作中，工业与组织心理学家受聘以运用其研究技能，来对项目是否有效之类的问题提供科学的回答。这不但对评价诸如培训项目之类的组织实践的有效性非常重要，也对诸如招聘之类的新业务的开发非常重要。

工业与组织心理学之所以是一门科学，是因为其用来拓展有关组织现象的知识的方法是科学的。这就意味着，工业与组织心理学家针对其所感兴趣的研究问题，会采用系统的方法来搜集资料和信息。例如：

"培训项目有效吗？"

"新的考勤制度会带来更高的员工出勤率吗？"

每一项科学研究都起始于一个用来界定研究目的的研究问题。接着是制订研究计划，采用特定的设计或结构来收集数据。例如，在检验培训项目有效性的简单实验中，你可以把员工样本分为两组，只安排其中一组接受培训。培训结束后，对两组员工的工作绩效进行比较。这种最基本的实验代表了一种最简单的研究设计。之后是收集员工的绩效数据，采用统计检验来进行分析。在这个例子中，可以采用 t 检验（见本章随后部分有关推断统计的讨论）。在这一研究设计情境下，依据统计结果就可以得出有关培训效果的结论。就这个培训项目而言，我们期望受训组在培训结束后的绩效优于非受训组。如果确实得到了这样的结果，一个可能的结论就是：培训是有效的。然而，就任何特定的研究而言，对其结果都可能存在许多有争议的解释，需要进一步的研究来深入考察。在上述例子中，受训组的成绩更好可能只是因为他们觉得自己得到了管理层的关注，而不是因为培训在起作用。这类似于在第1章中提到的霍桑实验。在组织研究中（与其他科学研究一样），我们并不总是能确定结果产生的原因，但通过恰当的研究设计，我们可以排除有争议的解释。

本章涉及一项研究的四个主要内容。一是讨论研究问题的本质以及如何从中提取出可以检验的研究假设；二是回顾研究设计的几种类型，并将其作为组织研究的基础，介绍其具体运用策略；三是论述测量的基本原则，这些原则决定了如何收集我们感兴趣的现象的观测值；四是论述如何利用统计方法从研究数据中获得结论。此外，本章也对研究伦理的主要原则进行了回顾介绍。

目标

学习本章后，学生应该能够：

1. 解释研究设计的主要概念；
2. 说出研究设计的主要类型，列出其优缺点；
3. 讨论信度和效度的类型；
4. 解释如何使用推断统计从数据中获得结论；
5. 叙述研究伦理的主要原则。

2.1 研究问题

每项研究都始于一个研究问题。对于实践型的工业与组织心理学家而言，他们的研究所关注的都是与特定组织有着直接利害关系的问题，比如程序或方案的有效性等。对于研究型的工业与组织心理学家而言，他们的研究所关注的是具有科学重要性的问题，即使这些问题与特定组织之间不存在直接的利害关系。

研究的问题可以是一般性的，也可以是具体的。一般性的问题如：

"导致人们喜欢或不喜欢自己的工作的原因是

什么？"

影响人们喜欢工作的可能因素实在是太多了，由于此类问题不够具体，因而使得研究者难以着手研究。一个有价值的研究问题应该能够非常具体地指明研究的内容所在。更好且更为具体的问题是：

"薪酬水平会影响人们对工作的喜欢程度吗？"

这一问题明确了人们是否会喜欢一项工作的具体影响因素。它能够明确地告诉研究者，应该把什么当作影响人们喜欢工作的可能原因来进行研究。要探讨这个问题，研究者就需要对人们的薪酬水平以及他们对工作的感受进行评定。

正如我们在第9章将要看到的，薪酬本身并不及薪酬政策的公平性来得那么重要。当人们相信他们得到了公平的薪酬待遇时，他们更倾向于满意；相反，如果他们认为薪酬待遇不公平，即使薪酬很高，他们也会不满意。因此，薪酬的高低并不是最重要的因素。

除了提出问题之外，很多研究还会针对研究结果提出一个具体的理论观点或假设。**假设**（hypothesis）是研究者对于研究结果的最佳猜想。假设不仅是提出问题，更是一种理论性的答案。因此，我们可以做如下假设：

"高薪者比低薪者更喜欢自己的工作"或者"获得公平薪酬的人比未被公平对待的人更喜欢自己的工作"。

假设是对研究者期望得到的结果的一种表述，而进行研究正是为了验证假设，即判断研究结果是否如假设预测的那样。

大部分假设和研究问题都来自先前的研究和理论。尽管研究者偶尔也会突然迸发出研究灵感，但大部分研究和理论都来自对某一领域的研究文献的认真研读。前人的研究会成为后人研究的基石，这是所有科学进步与演化的途径。对于一个研究的新手而言，最好的建议就是去查阅他人的研究文献，从中获得新的假设和研究问题。

假设和研究问题是研究的基础，并且在某种程度上来说是最关键的方面。如果没有一个具体且结构合理的问题，就很难设计出能充分解决这个研究问题的研究。研究问题限定了研究的目标或目的以及感兴趣的现象。当二者都已知时，相较于一个不明确的想法，研究者可以更轻松地设计研究并选择测量技术。

2.2 重要的研究设计概念

研究设计明确说明了该项研究的结构。组织研究中经常用到大量通用的设计方法。每种设计方法都有其特定的优缺点，因此没有哪一种设计方法必定优于别的设计方法。在讨论各种设计类型之前，我们先来界定几个你必须知道的概念。

2.2.1 变量

变量是一项研究设计的基本组成部分。**变量**（variable）是个体或事物可以发生变化（取不同的值）的属性或特征。人的能力（例如智力）、态度（例如工作满意度）、行为（例如缺勤）以及工作绩效（例如周销售额）都是组织研究中常见的变量。每一个被试在每一变量上的位置都会被量化（转化成数字），以便于统计分析。

变量可以分成两类。在实验中，**自变量**（independent variable）是那些由研究者操纵的变量，而**因变量**（dependent variable）是随着自变量的变化而变化的变量。换句话说，自变量被假定为引起因变量变化的原因。在前述培训项目的例子中，员工被分配到受训组或非受训组，分组（受训或非受训）就是自变量。之所以说这个变量被操纵，是因为研究者创设了培训并决定谁受训与否。培训后的工作绩效没有被研究者操纵，因此它是因变量。换句话说，因变量"依赖于"自变量。

2.2.2 研究情境

研究情境可以分为现场情境和实验室情境两类。**现场情境**（field setting）是指研究者感兴趣的现象自然发生的情境。组织就是研究员工行为的一个现场情境。**实验室情境**（laboratory settings）是研究者创设的情境。在这种情境中，某个现象不会自然发生，其发生是研究者创造的结果。同一个物理场景既可以服务于现场情境的研究，也可以服务于实验室情境的研究，这取决于我们研究的内容。在研究学生的学习时，大学教室是现场情境，而在研究个体对工作条件的反应时，它就是实验室情境。

大部分工业与组织心理学的研究是在组织的现场情境中进行的，但也有很多是在实验室中进行的。Dipboye（1990）报告说，发表在核心期刊上的工业与组织心理学研究有29%是在实验室情境中完成的，同时 Shen、Kiger、Davies、Rasch、Simon 和 Ones（2011）发现，在一本工业与组织心理学的顶级期刊中，有40%的研究以大学生作为被试。其中，大部分的大学生样本进行的是实验室研究。实验室研究可以用于研究工作的许多方面。例如，研究者有时会创设模拟的工作条件来检验个体的反应。总之，把现场研究和实验室研究的结果结合起来可以更好地帮助我们理解组织中的现象（Dipboye, 1990）。

2.2.3 可推广性

研究结果的**可推广性**（generalizability）是指一项研究的结论可以推广到另一个群体、组织、情境或条件中的程度。可推广性通常与实验室研究有关，因为我们不能确定研究的结果是否也适用于组织情境。开展研究的条件和被试与组织的实际情境差距越大，研究者对于研究结果的可推广性的信心就越低。唯一能确保可推广性的方法就是在现场情境中进行重复研究。如果实验室的结果在现场情境中也得到了验证，我们就会对实验室结果的可推广性更有信心。

在现场研究中也应当关注可推广性。在一个组织或一组被试中研究得到的结果也许会与在另一个组织或另一组被试中得出的研究结果不同。例如，同样的研究在护士群体里得出的结果可能与在内科医师群体里得出的结果不同。进一步而言，来自医院的研究结果可能会与来自工厂的结果不同。对于可推广性，更值得关注的是研究结果跨国家和跨文化的可推广性。我们很难确保来自美国的研究发现可以推广到其他具有不同文化背景的国家中，比如中国或印度。最后，即使我们希望在单一组织中的单一职业里推广研究的结论，研究的条件也可能只是适用于进行该研究时的情境。作为研究的一部分而进行的培训项目可能会与在组织中贯彻实施的培训项目存在某种程度上的差异。正如我们在第1章中所讨论的霍桑实验，受训者与培训者可能会因为知道自己是一项研究的被试而受到影响。和出于其他目的的培训相比，这会激励培训者采取更为有效的方式来完成他们的培训任务。因此，可能出现的情况是，培训项目在研究阶段的效果良好，但在贯彻实施阶段的效果却很一般。

2.2.4 控制

对于研究结果发生的原因，每项研究都会提出几种可能的解释。**控制**（control）是研究者使用的一种手段，它让研究者能够排除假设以外的对结果产生影响的其他可能解释。例如，假设我们希望了解薪酬是否会影响人们对工作的喜好程度，我们可以在不同的组织中进行一项调查，询问员工们的薪酬水平以及他们对工作的喜好程度。我们可能会发现，薪水越高的人越喜欢自己的工作。但是，此类研究设计中存在很多不可控制的变量，而它们可能是人们喜欢工作的真正原因。例如，高薪者和低薪者很可能从事的工作不同。如果高薪者都是专业运动员，而低薪者都是销售职员的话，我们就很难得出结论说是薪酬水平影响了人们对于工作的喜好程度。因为研究者没有对被试的工作类型加以控制，而工作类型很可能是对研究结果的替代性解释。

控制可以通过很多方法来实现。在大部分情况下，可以保持变量恒定，也可以系统地改变一个或多个变量的水平。以薪酬调查为例，我们可以保持工作类型不变，把要调查的对象限定在某种职业之中。如果研究的被试都来自同一种职业的话，工作类型就不会对研究结果有影响，因为它被控制了。我们也可以通过系统性变化工作类型来对其加以控制，在每一种工作类型中，都选取同等数量的高薪和低薪的被试。例如，研究可以限制在演员和运动员群体中进行，每个群体中都选取同样数量的高薪和低薪的被试。

在实验研究中，控制可以通过设置**控制组**（control group）来实现。控制组是一组被试的集合，他们接受的条件或操纵与研究者关注的条件或操纵不同。在检验培训项目有效性的研究中，与接受培训的实验组进行比较的未受训的那一组，就是控制组。为了控制特定变量的影响，控制组有时可能会受到一些特殊的操纵。例如，在培训研究中，培训可能会产生非特定性的影响或霍桑效应。个体一旦知道其处于培训中，就会因增加的努力而非提高的技能而表现得更好。弄清楚这一点非常重要，因为如果达不到预期的效果，就没有必要把人送去接受昂贵而费时的培训了。为了控制霍桑效应，研究者会给控制组提供虚假的培训或安慰剂培训。如果知道自己正在参加培训，而实际上没有接受实质性培训内容的控制组与实验组表现得一样好的话，研究者就能够确定培训没有达到预期的结果。

在工业与组织心理学中，实验室研究因为对可能影响结果的许多变量都进行了最为严格的控制，因而常为学者们所采用。尽管实验室研究缺少现场研究的可推广性，但研究者还是倾向于选择这种控制较为严格的研究途径。常见的情况是，研究者在实验室中开展新课题的研究，因为他们可以看到，在严格控制的条件下，研究假设是否成立。研究假设在实验室研究中一旦成立，现场研究就随之跟进，确保将研究结果推广到我们最关注的情境——组织之中。

2.2.5 随机分配与随机选择

随机是指研究中消除对被试接受处理的那些系统性影响的过程。常用的随机方法有两种——随机分配和随机选择。

随机分配（random assignment）是指以非系统性的方式把被试分配到自变量的不同处理条件或水平上，即研究中的每个被试都有均等的机会被分配到每个处理条件上。在培训有效性的研究中，参与研究的每个员工都有均等的机会被分配到受训组或控制组中。在研究中，随机分配过程是一个控制与实验无关的被试变量的有效方法。我们期望两组被试在其各方面的特性上都大致相同。例如，他们具有近似相同的能力、年龄、动机和工龄。

随机选择（random selection）是指以一种非系统性的方法去选择调查的被试，即每一个潜在被试被挑选加入研究的机会都是均等的。如果我们想对整个群体得出精确的结论，随机选择是十分重要的。如果要了解一个既定组织里的员工对工作的感受，却又不能将所有人都纳入研究之中，我们就需要确保所选择的被试是总体的随机样本。否则就有一定的风险使我们选择到那些与大部分员工对工作感觉不同的员工。对一个大型组织进行调查时，只关注高层管理者，并非明智之举，因为高层管理者的感受很可能无法反映那些低层员工的感受。

随机分配是通过确保被试组之间在无关变量上保持大致相同的方法来达到控制的目的，这在诸如培训有效性之类的实验研究中是一种非常有力的控制方法。随机选择则是通过选择更具有代表性的被试来提高研究的可推广性，这就意味着可能要从既定组织的所有员工或整个国家的所有工作人员中选择**样本**（sample）。

2.2.6 混淆

当两个及以上的变量纠缠在一起，而不能得出有关其中一个变量的结论时，就会产生**混淆**（confounding）。例如，年龄与工龄（人们从业的时间长度）经常纠缠在一起，这是因为只有当个体年龄较大时，他才可能在某个工作上待较长时间。一个 25 岁的人不可能在一个工作上干了 20 年之久。如果你要找到年龄与工作绩效的关系，那么你很难确定工龄不是一个重要的变量。年龄与绩效的相关可能只是因为年龄大的员工有更长的工龄而已。

对于获得佣金的销售工作，绩效决定薪酬。销售量最多的员工也会得到最高的工资，这就混淆了薪酬与绩效。如果你把其中的一个变量与别的变量联系起来，就很难知道哪一个因素更重要。例如，如果把工作满意度与绩效联系起来，你就不能确定薪酬和绩效中的哪一个才是工作满意度的原因。

为了使变量不混淆，我们常使用控制程序。例如，只在新员工样本中研究年龄与绩效的关系。通过把被试限定在那些工龄大致相近的员工范围内，可以实现在工龄上的控制目的。通过把被试限定在那些没有佣金的销售或其他非按劳分配系统的员工中，就可以研究绩效与工作满意度的关系。

统计过程也可以用来控制混淆。尽管不是我们这里讨论的范围，但很多复杂的统计方法可以帮助我们对可能产生混淆的变量进行控制。在工业与组织心理学的文献中，很多研究的重点都是检验变量之间的混淆效应。通常，这些研究能够帮助我们理解为什么两个变量之间会存在相关，比如绩效与满意度之间。

2.3 研究设计

研究设计（rescarch design）是一项科学研究的基本框架。从对条件的主动操纵（实验）到相对被动的观察，研究设计的划分可以沿着这一连续体来进行。不同的设计各有其优点与不足，几乎没有什么特定的研究设计能够帮助我们获得关于研究问题的确定结论。因此，需要研究者采用多种设计方法来获得相似的结论。

2.3.1 实验

实验（experiment）就是一项包含一个或多个自变量和因变量并将被试随机分配的设计。一个自变量包含两个或更多的水平或条件。以下是组织实验中常用的自变量：

- 每日上班的时间长度（以小时计）
- 薪资类别（以美元计）
- 接受培训与否
- 工作目标的设置或未设置

因变量是研究者未操纵而只是对其进行测量的变量。通常假定因变量的变化是由自变量的变化引起的。在组织研究中，研究者常用的因变量有：

- 工作缺勤率
- 工作满意度
- 工作绩效
- 离职情况

实验因具有两个方面的特征而明显不同于其他类型的研究设计。第一，在实验研究中，被试被随机分配到两个或多个代表自变量水平的处理中。尽管在其他研究设计中也可能会存在不同的自变量水平，但只有在真实验中，研究者才必须将被试进行随机分配。第二，研究者通常会在实验中创设不同的自变量水平，例如研究者会自己设计实验的培训项目。有时，自变量本身就存在不同的水平，研究者只需要把被试分配到这些水平中去，例如研究者把被试随机分配到不同的培训项目中去。

在工业与组织心理学的文献中，实验研究是少数，并且其中大部分实验都是在实验室里进行的（Schaubroeck & Kuehn, 1992）。实验也可以在更为自然的情境中进行。**现场实验**（field experiment）就是在组织的真实情境中而不是在实验室里进行的。很多现场实验只是近似于真实验，因而被称作准实验（Shadish, Cook & Campbell, 2002）。在**准实验设计**（quasi-experiment design）中，真实验的一个或多个特性被折中。常见的情况是，被试不是被随机分配到自变量的不同水平上。在培训有效性的研究中，一个工作小组的成员参加了培训，而另一个工作小组的成员只是被当作控制组来处理。因为没有随机分配被试，所以两组成员之间的（绩效）差异可能来自群体差别而非是否参加了培训。换句话说，在培训条件和工作组成员之间出现了混淆。

实验设计最主要的优势就是可以得出因果关系的结论。如果实验操纵恰当，我们就有理由相信，自变量的变化是导致因变量变化的原因。然而，如果实验是在实验室里进行的，我们就不能确保研究结论可以推广到现场情境之中。如果进行的是现场实验的话，研究结论的可推广性就更高。

即使在实验研究中，也可能存在对研究结果的其他解释。自变量也会经常与其他的变量相混淆。例如，你想去了解员工接受培训课程的次数是否会影响其工作绩效。一组被试接受了5次培训，另一组被试接受了10次培训。因为第二组比第一组多出了一倍的培训时间，因此，总的培训时间与培训次数可能会混淆。我们可以控制总的培训时间的影响，安排参加5次培训的员工每次接受的培训时长是参加10次培训的员工的2倍。不幸的是，这样又使每次课程的时间长度与课程次数混淆在一起了。因此，很难对每次课程的时间长度、课程次数与总的培训时间的效果进行区分，从而使研究者必须通过多项研究才能得出确切的结论。

2.3.2 调查设计

调查设计是最简单、最容易开展的主要研究设计之一。**调查设计**（survey design）采用编制好的一系列问题对一个或多个变量进行研究，并要求被试在某一个或多个时间点上对这些问题进行回答。调查问卷可以以多种形式呈现，其中最有效的方式是纸笔**问卷**（questionnaire），要求被试完成问卷后返回给研究者，或者利用互联网进行线上问卷发放。最近几年，包括 Qualtrics、SurveyGizmo、SurveyMonkey 和 Zoomerang 在内的在线调查公司，为研究人员提供付费的网络调查服务。这项服务允许研究人员将问卷调查的链接发布在网络上，调查对象可以在任何地点进入链接并完成调查问卷。问卷调查还可以通过电话或面对面访谈的形式进行。

调查最为普遍的形式是从被试那里直接获取

所需要的数据，但有些研究也使用其他来源的数据。例如，在调查员工工作情况的同时，也可以从其同事或主管那里获得额外的信息。在有关工作绩效的研究中，绩效数据经常来自被调查者的主管，而不是被调查者自己。要求顾客或同事提供工作绩效评价的方法也十分常见。例如，一些餐厅要求顾客通过填写卡片的形式来对服务的质量进行打分。如果可以确定是哪一位服务员的话，这个分数就可以作为其服务绩效的测量值。

大部分调查都是**横断设计**（cross-sectional design），即所有的数据都是在单一时间点收集的。**纵向设计**（longitudinal design）的研究数据是在多个时间点收集的。例如，收集新员工有关工作感受的数据，一年后再收集有关其工作绩效的数据。这种设计能够帮助我们了解员工最初的工作感受能否预测随后的工作绩效。关于员工离职情况的许多研究都是纵向的，离职行为的评定都是在最初调查的一年或多年后进行的。这类研究涉及调查和其他类型的数据，比如组织记录的离职情况。

采用调查设计研究组织现象有两个方面的优势。第一，调查是一种快速而又相对经济的了解个体工作感受的方法；第二，在调查过程中，通常要询问员工关于其自身工作的情况，这就意味着在调查设计中，可推广性不会像实验室实验那样成为一个大问题。

调查研究有两个主要的缺点。第一，对于所关注的变量，员工并不总是合适的信息来源。例如，工作绩效的自我评价通常会朝有利于员工自身的方向偏移（Harris & Schaubroeck, 1988）。换句话说，个体总是高估自己的绩效。第二，大部分调查研究采用横断设计，而横断设计的特征使得我们很难确定哪个变量是因，哪个变量是果。例如，关于教师的调查研究发现，教师报告的工作压力与其自评的工作绩效相关。但仅从这一点来看，我们很难知道是压力导致了绩效，还是绩效导致了压力，或者是第三变量（如工龄）导致了这两种情况。采用纵向设计更有助于获得因果关系的结论。例如，用员工工作感受预测随后离职行为的纵向研究就提供了充足的证据，证明工作态度是离职行为的原因（Gerhart, 1990）。

进行调查研究时，最大的难题可能是确保足够高的反应率。**反应率**（response rate）是被调查者同意参与的比率。如果只有很小比例的人愿意参加调查，导致反应率很低的话，调查结果的可推广性就会遭到质疑。尤其是在你要确定一个变量的平均水平，比如动机的平均水平时，情况就更严重了。这些少数参与者的反应可能不同于那些未参与者。人们已经设计出一些方法来提高反应率，比如避免有威胁性的问题、寄送提醒函等（Fowler, 1988; Kalton, 1983）。

2.3.3 经验取样

大部分调查询问的是员工相对持久的性格和经历。例如，一项调查研究可能会询问工作任务的性质以及人们对工作任务的感觉。纵向研究设计通过进行重复测量引入时间，但是通常以月为单位进行测量，较少进行5次以上的测量。不同的是，**经验取样**（experience sampling）研究会在短时间内进行重复测量。一个典型的研究是要求员工在10天或更长的时间内每天完成3～4次问卷调查。问卷调查通常会在工作前、午餐时间、工作结束后和睡觉前进行。不同于调查个体之间的差异，经验取样研究可以重复调查同一个人在若干天里的反应。例如，某一研究可能会试图了解工作负荷较重的人是否会经历更多的头痛。而使用经验取样法进行的研究会使研究者理清人们是否在工作繁重而非在轻松的日子里更容易头痛。通过将头痛与日常事件联系起来，并证明头痛是在工作量大的日子之后（而不是之前）出现的，研究者可以提供更有力的证据，说明较高的工作量可能会导致头痛。

与更传统的调查设计相比，经验取样法的主要优点之一是，它会在个体遗忘之前对其认知和经验进行评估，从而更有助于控制由错误记忆引起的偏差（Fisher & To, 2012）。经验取样法最大的缺点可能是，如果不提供某种激励措施，很难让员工配合每天完成多次调查。一般来说，员工参与研究是有报酬的，但这通常需要研究人员有经费，比如研究基金，来支持这项研究。

2.3.4 观察设计

在**观察设计**（observational design）中，研究者在组织情境中对员工进行观察。观察可以在员工知道的情况下进行（公开的），也可以在员工不知道的情况下进行（隐蔽的）。采用**公开性观察法**（obtrusive method），研究者可以在一段时间内对员工的工作进行系统的观察，员工知道观察者正在对他们工作的某个特定方面进行研究。采用**隐蔽性观察法**（unobtrusive method），被试可能知道研究者的存在，但不会知道自己正在被研究。

在一些公开性观察研究中，观察者会对特定的行为或事件进行评价。例如，观察者可能会记录工人休息的次数。在其他的公开性观察研究中，观察者会评估被观察者的工作条件或他们对工作的反应。例如，Glick、Jenkins 和 Gupta（1986）就曾要求观察者在观察员工 2 个小时后，评估员工对工作的喜欢程度。

隐蔽性观察研究可以通过多种方式来进行。一项设计完美的研究可以很简单，但在想出合理的方法对变量进行评估时，却要求具有创造力和灵活性。在开展这类研究时，研究者通常会安排一个人假装去做某件事，同时记录被观察者的行为。在研究员工的拖沓行为时，研究者可以安排办公楼入口处的门卫记录员工到达工作单位的时间。此类数据也可以从入口处带有时间记录的录像设备上获得。

公开性观察研究的一个不足之处是研究者可能会影响被研究现象的自然呈现。回想一下，在霍桑实验中，不论选择什么样的照明强度，被观察者的工作绩效都能保持上升的趋势（见第 1 章）。员工的工作动机受到了研究过程的影响，使得照明强度看起来对工作绩效没有影响。因此，尽管基于道德和法律对尊重隐私的要求，研究者不能总是使用隐蔽性观察法，但该方法还是很有价值的。只有在没有隐私限制的公共场合（如公共街道上）且无法识别被观察者的个人信息时，我们才应该使用隐蔽性观察法。

2.3.5 定性研究

目前为止，我们讨论了定量研究的方法。在定量研究中，研究者定义变量，对这些变量进行定量测量，并使用统计分析得出推论。而研究的另一途径是用非定量方法来研究组织现象。**定性方法**（qualitative methods）有许多不同的类型（Strauss & Corbin, 1990），包括案例研究、参与观察（研究者在组织中对员工进行观察）和访谈。纯粹的定性研究包括对组织中的行为进行观察，然后以叙事的方式对观察内容进行记录。通过对这些没有量化结果的同类现象进行重复观察，研究者就可以得出结论，并加以推广。定性研究是对组织情境中发生的现象进行观察，从中获得研究假设和理论的好方法，它不受研究人员对要评估变量的先验决定的约束。

其他定性研究方法涉及对访谈、被试对开放式问题的回答和书面材料的内容分析。此类定性研究要求受过训练的评价者将材料进行归类，并给每一类别起一个描述性名称，然后，计算每个类别的频率。此类研究的一个范例就是 C. Liu、

Spector 和 Shi（2007）所做的有关工作压力的跨国家比较研究。他们要求美国和中国的员工分别对工作中的压力事件进行描述。评价者阅读这些事件，并对其进行归类。在不同国家间，对压力事件类型被提及的频率进行比较。结果表明，与中国员工相比，美国员工更多地把缺乏控制当作压力，而更少把犯错误当作压力。

2.4 测量

测量（measurement）是为人或物的特性赋值的过程。除定性研究外，每项研究中的变量都必须被测量或量化，以便进行数据分析，得出结论。在设计一项研究时，最关键的步骤之一就是决定如何对每个变量进行测量。测量的本质部分地决定了可以进行的数据分析的类型。

测量可以分为类别测量和连续测量。在**类别测量**（categorical measurement）中，变量的值代表着离散的种类而非变量特征的数量。数值任意地分配给人或物，因此，低的数值并不意味着在变量特征上比高的数值低。运动队队员的号码是类别数值，因为它们只是用来代表运动员名称的。在实验中，研究者会对自变量的不同水平进行编号，但这些编号不代表数量。例如，你可以将控制条件记为 1，将治疗条件记为 2。

在实验中，当自变量的水平不代表潜在的可以被连续测量的特征时，我们就通过任意赋值，来对其进行类别测量。例如，在培训项目中，信息呈现方式这一自变量就不是一个连续的量化维度。可以将其分为 4 种不同的呈现水平，例如：

- 1 = 书
- 2 = 电脑
- 3 = 讲座
- 4 = 录像带

这就是被任意赋值的 4 个离散项。

当数值代表变量特征的数量关系时，我们就使用**连续测量**（continuous measurement）。高的数值比低的数值代表着更多的变量特征，因此可以依据变量的值来进行推论。通常情况下，大部分因变量都是连续的，因为连续测量允许采用一系列复杂的数据分析方法对数据进行分析。工业与组织心理学的实践者和研究者的很多工作都涉及对人和工作的评价或测量。培训的课时数或者每月的总销售额都是连续测量值。

2.4.1 经典测量理论

根据**经典测量理论**（classical measurement theory），每一个变量的观测值都可以分为两部分：真分数和误差。真分数被假定为变量的真实值，**误差**（error）由作用于观测值的随机影响组成，这些随机影响独立于真分数。因为误差是随机的，所以它们减小或增大变量的观测值的可能性相同。因此，如果对同一个人或物进行多次测量，误差的平均值就会趋近于零，误差会消失。假定你想用一台反应不够灵敏的体重秤来称自己的体重，在每次测量中会随机呈现一个过高或过低的重量值。如果你多次测量自己的体重，并对测量值进行平均的话，结果就很可能会接近你的真实体重。例如，假设你的体重为 54 公斤，观测到的分数是 50、52、56、58。因为误差部分的存在，每一个观测值都是不准确的，误差部分的大小分别是 -4、-2、2、4。这 4 个误差值的平均数是零。也就是说，如果你对 4 次的测量结果进行平均的话，误差就会消失，最终的结果就是你的真实体重值 54 公斤。

心理测验通过多项目测量来消除误差的影响，提高测量的准确度。每个项目都包含真分数和误差两部分。把这些带有随机误差的项目进行合并，误差就会相互抵消，从而得到一个更为准确的真分数。

但是，即使采用多项目测量的方法消除误差，也难以保证我们评估的内容正是我们想要评估的内容。在目标变量和误差之外，很多因素都会对观测值产生影响，这种影响在不同的测量过程中有所不同。例如，在要求人们对其工作特征进行评价时，评价分数就可能会受到被试的认知过程、工作感受、情绪和人格的影响（Spector, 1992）。观测值受到众多因素的影响是导致我们难以解释单一研究得出的结果的意义的原因之一。

大部分工业与组织研究都是在工作场所中进行的。

2.4.2 信度

信度（reliability）是指对同一被试的同一变量进行重复测量时，所得结果的一致性。在经典测量理论中，它反映了误差与真分数之间的相对大小。当误差部分很小时，同一被试的不同观测值之间，几乎没有差异。随着误差部分的增大，被试每次被评估时的观测值都会有所不同，因此测量过程是不可靠的。

信度的类型通常可以分为内部一致性信度和重测信度。正如我们在前一部分讨论的那样，我们经常对每个被试进行变量的多重测量，通过求取平均数消除误差的方法来提高测量的准确性。**内部一致性信度**（internal consistency reliability）指的是同一主题的多重测量之间的一致性。如果假定每个测量评估的均是相同的真分数，那么每个测量结果之间的差异反映的是误差或不可靠性。

最常采用的多重测量工具是心理测验，它把多个项目的测量结果合并为变量的总分。为了保证测验的内部一致性信度，项目之间必须存在相关。通常，一个测验包含的项目越多，其内部一致性信度就越好。本书中涉及的很多变量，包括能力、工作态度、工作环境知觉和人格等都能使用多项目测量的方法进行评估。

当要求被试对被评价者的特点进行评定时，也可以采用多项目测量技术。例如，要求主管评定下属的表现以评价员工的工作绩效。下面是一个主管评定下属绩效水平的量表项目举例：

你会如何评价你的助理的绩效水平？

- _____ 优秀
- _____ 良好
- _____ 一般
- _____ 很差

绩效评定类似于教师给学生打分。出于研究的目的，研究者可能会要求两个或更多的人对每个员工的绩效进行评定。评定的结果会进行合并，合并的方式与测验中的多项目合并的方式相同。**评估者一致性信度**（inter-rater reliability）指的就是两个或两个以上的评估者的评定结果之间彼此相关的程度。

重测信度（test-retest reliability）是指当测量在不同时间点重复进行时，测量结果之间的一致性程度。如果你计划连续几次对一个人的工作满意度进行评估的话，可靠的量表每次都会提供给你相同的分数。当然，这得假定个体的满意度是恒定的。与之相似的是，在真分数不发生变化的情况下，心理测验或其他测量工具对同一被试的多次测量结果应该是相同的。评估重测信度的时间跨度取决于测量变量的稳定程度。人的某些特质，比如智力，在数十年的时间跨度里仍有较高的重测信度。

对于一个有用的测量工具而言，内部一致性信度和重测信度都是必需的。如果一次测量包含太多的误差，它就不能提供足够准确、有利用价值的测量。一个测量工具需要具备的首要特性就是信度，然而，仅有信度是不够的。测量工具具有稳定性并不意味着它所测量的就是研究者想要测量的变量。对测量工具的分数的解释代表的是其效度，这也是我们接下来要讨论的问题。

2.4.3 效度

效度（validity）与观测值测量或代表了什么的推论有关。在经典测量理论中，它指的是我们对真分数部分的解释。因此，效度不是测量工具本身的特性，而是对测量工具以及测量分数代表了什么的推断。例如，在理论上需要智力参与的任务中，如果智力测验的高分者比低分者表现更好（比如在大学课堂表现良好并可以解决逻辑问题），则说明测验是有效的。**结构效度**（construct validity）指的是我们能够对测量的分数提供一个良好的解释（见表2-1）。测量具有结构效度意味着我们对测量结果的解释具有足够的信心。我们认为标准化智力测验具有良好的结构效度，原因就在于数十年的研究结果表明这些测验的分数能够预测个体在学校和工作中的表现。

有几种不同类型的效度也对建立结构效度有所助益。所有这些效度都涉及依据测量结果所能做出的推论（见表2-1）。**表面效度**（face validity）是指测量工具从表面上看，评估了其想要评估的内容的程度。评价人们工作感受的量表项目，如"你喜欢你的工作吗"可能会被认为具有表面效度，因为它看起来评估了其想要评估的内容。对于表面效度，人们关注的一个问题是评判者的视角。有时，研究者会请某个领域的专家对测量的表面效度进行评判。工业与组织心理学家可以作为专家来对组织变量的测量进行评判。

表2-1　测量效度的4种类型及其意义

类　型	意　义
表面效度	测量看起来评估了想要评估的内容
内容效度	测量评估了完整的变量
效标关联效度	测量与预期变量的相关程度
结构效度	对测量的意义的解释

表面效度不能提供十分有力的证据来支持结构效度。一个测量工具可能会看起来具有表面效度，但其实并没有评估其想要评估的内容。"你曾偷过公司的东西吗？"这一问题对于测量诚实是有表面效度的，但如果不诚实的员工在回答时撒谎，这个问题就不是诚实的有效测量方法。尽管我们有时会依赖表面效度对测量进行解释，但这对于结构效度的建立而言，还是远远不够的。

内容效度（content validity）是指变量的多项目测量充分地涵盖了该变量的整个内容领域。最常见的例子是评估课程考试中的问题是否充分地涵盖了要求学生学习的所有材料的内容。通常情况下，单个问题是难以充分涵盖教科书中某一章的所有内容的。"什么是内容效度？"这一问题对于本章的内容来说，并不是一个充分并具有良好内容效度的题目。一个具有良好内容效度的测验会问及很多问题，这些问题涵盖了本章的诸多话题。正如表面效度一样，内容效度也是采用专家评判的方法来加以确定的。

效标关联效度（criterion-related validity）是指测量分数与理论上应该与该测量相关的其他测量的相关程度。正如前面所提到的，有效的智力测验分数应该与理论上要求智力参与的任务表现相关，比如大学课程的考试成绩。研究表明，智力测验得分与包括工作绩效和学习成绩在内的很多变量相关，这使我们对智力测验所代表的意义的解释更有信心了。智力测验成绩对工作绩效的良好预测能力也使它成为组织选拔员工的有效工具（见第5章）。尽管效标关联效度对建立结构效度很重要，但仅有效标关联效度仍然不够。有时，我们会因意料之外的原因而找到支持预测效力的证据。

表2-1对4种类型的效度进行了总结。表面效度、内容效度和效标关联效度代表了对效度进行评价的方法，它们都为第四种效度——结构效度提供了依据。结构效度是基于研究证据推断出来的，是对测量所代表的内容的最佳猜测。

2.5 统计

工业与组织心理学家开展的大部分研究都需要运用统计方法来对数据进行分析。统计方法有两种类型。描述统计主要用于对研究结果进行概括，而推断统计则通过一系列统计检验来帮助我们对研究结果进行解释。在这一节，我们将对描述统计和几种推断统计检验方法的用途进行讨论。

2.5.1 描述统计

本章所讨论的研究设计都要求对一些个体或工作的样本数据进行收集。在研究中，数据收集之后，如果不对其进行概括分析，就无法理解数据所代表的意义。**描述统计**（descriptive statistics）提供了把大量数据简化成概括性的统计量的方法，比如平均值或方差。与原始数据相比，这些统计量要容易解释得多。

1. 集中趋势和离中趋势的测量

几个不同的统计量都可以用于对一组数据的集中趋势进行测量。**算术平均数**（arithmetic mean）等于观测值的总和除以观测的次数。例如，假定5名员工一年内的缺勤次数分别是2、3、4、5、6。这5个数值的平均数是每年4次。其计算方法就是用5个数字的总和（20）除以员工人数（5）。**中数**（median）是把一组观测值从小到大排列后，处于最中间位置的那个数值。在本例中，4就是中数，因为在这个数值的前后各有两个观测值。

测量集中趋势，可能会找出一组数据的中间数值，但它并不能为观测值之间的差异提供任何有用的信息。例如，观测值"48、49、50、51、52"与"0、1、50、99、100"具有相同的平均数50，但是第二组观测值之间的差异更大。离中趋势的测量能够表明观测值之间的差异程度。

方差（variance）是表明离中趋势的一个统计量。它等于每个观测值与算术平均数之差的平方和的算术平均数。例如，缺勤次数分别为2、3、4、5、6，其算术平均数是4。每个观测值与平均数4的差分别为-2、-1、0、1、2，这些差值的平方是4、1、0、1、4。

这些数值的算术平均数是2（10除以5），即方差。**标准差**（standard deviation）是方差的平方根。在此例中是1.4。在研究论文中，因为其易解释性，研究者经常对标准差（而不是方差）进行报告，将其作为离中趋势的测量结果。

工业与组织心理学研究者使用计算机分析研究数据。

2. 相关

集中趋势和离中趋势的测量在对单一变量的各组观测值进行概括时是非常有用的。而**相关**（correlation）是用来表示两个连续变量之间关联程度（量值）及其方向的统计量。因为很多研究问题关注的都是变量之间的关系，所以"相关"这一统计量很重要。例如，针对"薪酬水平与工作绩效是否相关"这一问题，就可能需要通过计算薪酬和工作绩效的测量值之间的相关统计量才能找到答案。

最常用的评价相关的描述统计量是**皮尔逊积矩相关系数**（Pearson product-moment correlation）。在任何样本中，当每个被试都有两个不同的变量的观察值时，就可以计算皮尔逊积矩相关系数。表2-2中是某组织12名员工的薪酬和工作绩效的假定观测值，每名员工在每个变量上都有一个观测值。表中包含了两个配对变量的观测值之间的3种可能的关系形式。图2-1用散点图的形式对每种可能的关系形式进行了直观呈现。

表2-2　薪酬和工作绩效之间三种可能关系的假定数据

正相关		负相关		零相关	
工作绩效	薪酬	工作绩效	薪酬	工作绩效	薪酬
1	1	1	12	1	1
2	2	2	11	2	12
3	3	3	10	3	3
4	4	4	9	4	10
5	5	5	8	5	5
6	6	6	7	6	8
7	7	7	6	7	7
8	8	8	5	8	6
9	9	9	4	9	9
10	10	10	3	10	4
11	11	11	2	11	11
12	12	12	1	12	2

在第一种情况中，薪酬与工作绩效之间存在正相关。低薪的员工具有较低的工作绩效，高薪的员工具有更高的工作绩效。图2-1a是两个变量关系形式的散点图，其中纵轴为工作绩效，横轴为薪酬水平。观测值在图中形成了一条从左下角到右上角的直线，表明薪酬水平与绩效之间存在正相关，相关系数为1.0。

图2-1b呈现的是负相关。低薪的员工具有较高的工作绩效，而高薪的员工却具有较低的工作绩效。观测值在图中形成了一条从左上角到右下角的直线，表明在薪酬水平与绩效之间存在负相关，相关系数是-1.0。

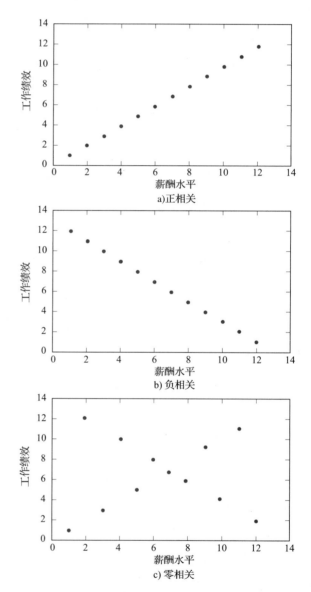

图2-1　薪酬水平与工作绩效之间的三种可能关系形式：a）正相关、b）负相关、c）零相关

图2-1c表明薪酬水平与绩效之间没有相关。在低薪员工中，一些人的工作绩效低，而另一些

人的工作绩效高；在高薪员工中，也是一些人的工作绩效低，而另一些人的工作绩效高。观测值没有形成一条直线，而是广泛地散落在整个图形之中，这表明此时的相关系数近似于 0。

图 2-1a 和 2-1b 呈现的是完全相关的情形，所有的观测值在图中呈现为一条直线。在几乎所有的研究中，变量之间的相关程度可能都要比此小得多，相关系数的绝对值更接近于其下限 0，而远离其上限 1。在工业与组织心理学的研究中，相关系数很少超过 0.50。在很多领域里，相关系数可能会更小。图 2-2 是相关系数约为 0.50 的两个变量的 50 个观测值的散点图。散点从左下方到右上方形成了一个椭圆形。散点的方向表明，这是一个正相关。如果观测值的分布是从左上方到右下方的话，那么表明其相关水平是一样的，只不过呈现的是负相关而已（-0.50）。

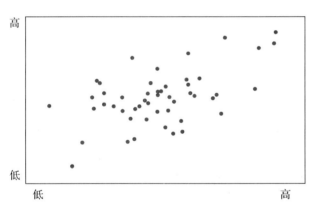

图 2-2　相关约为 0.50 的两个变量的 50 个观测值的散点图

2.5.2　回归

相关变量的一个重要的副产物就是你可以运用其中一个变量去预测另一个变量。依据图 2-1a，我们就可以预测低薪的员工会有较低的工作绩效，而高薪的员工会有较高的工作绩效。我们可以依据薪酬的数值来准确地预测员工工作绩效的数值。这一计算过程可以通过使用从一组数据中获得的回归方程来完成。

回归方程（regression equation）为我们提供了由一个变量预测另一个变量的数学公式。如果你在方程中输入一个变量（**预测因素**，predictor）的数值，你就可以得到另一个变量（**效标**，criterion）的数值。几乎在所有的情况下，两个变量并不是完全相关的，因此依据预测变量对效标进行的预测也不会是完全准确的。然而，在很多情况下，即使预测结果并不那么准确，研究结果也是非常有用的。举例来说，心理测验（例如学习能力倾向测验）通常被用于大学和专科学校的招生工作，因为研究已经证明，该测验能够预测个体在大学里的平均绩点。尽管预测结果不是那么完美，但心理测验的运用能够保证那些基于测验分数而被录取的学生具有更为理想的学业成绩。

为了对效标变量进行准确的预测，我们也可以把两个或更多预测变量的数据进行合并。**多元回归**（multiple regression）就是一种帮助研究者把多个预测变量对效标变量的预测效力进行合并，从而提高预测准确性的技术。例如，可以用个体的高中学业成绩与学习能力倾向测验的得分共同预测其大学时的学业成绩。我们可以根据一个被试样本的数据来建立回归方程，然后在方程中输入预测变量（例如高中学业成绩和学习能力倾向测验的分数）的数值，就可以对效标变量（例如大学成绩）进行预测。

2.5.3　推断统计

仅仅使用描述统计不可能对大部分研究的假设和所要探索的问题进行充分表述，因为从有限被试样本中获得的数据必须要推广到更大的群体中去。换句话说，来自小样本群体的数据必须要推广到这个组织的所有员工或所有组织的员工中去。我们不满足于只获得有关研究被试群体的结果，而是希望获得有关更大群体的结论。只有这样，我们才能对所关注的研究变量做一般性的陈述。

推断统计（inferential statistics）使我们能够基于概率进行推断，把从研究样本中获得的结论推广到所有目标人群中去。通过基于概率的**统计检验**（statistical tests）方法，我们可以把从较小样本的研究中获得的结果推广到其他的被试群体中去。

例如，假定我们进行一个培训实验，并希望把实验结果推广到更大的员工群体中去。20 名组织员工被随机分配到两组中，每组 10 人。一组接受培训；另一组作为控制组，不接受培训。因变量是工作绩效。表 2-3 中是此研究的假定数据。即使每组中的每个被试都接受了相同的实验处理，他们的绩效分数也互不相同。实验中接受相同处理的被试间的变异叫**误差方差**（error variance）。误差方差的存在使得我们很难仅仅根据描述统计的结果就得出结论。因为同组（接受相同处理的）被试之间的变异会导致组与组之间的平均数产生差异。即使被试是随机分组的，我们也不可能保证两组被试在研究变量上具有相同的平均分。而从同一组织中随机抽取多个不同的被试群体，这些被试群体的平均绩效也不可能是完全相同的。样本与样本之间会存在变异。对研究结果进行解释就意味着要去判定观测结果的差异是由误差方差引起的，还是由实验处理引起的。

如果每组中的绩效分数相同，得出了相同的平均数，那么很明显培训是无效的。另外，如果受训组被试的绩效分数都高于控制组的被试的分数，那么说明培训达到了预期的效果。而在实际研究中，这两种情况都不太可能会发生。这就使得仅仅依据平均数来对研究结果进行解释变得十分困难。表 2-3 所列出的数据是常见的典型结果。尽管培训组的平均数高于控制组，但两组被试的分数存在交叉。控制组部分被试的绩效要好于培训组的部分被试，而且绩效最好的个体也在控制组之中。要对这些结果进行解释，你必须判定，两组之间是否存在充分的差异以证明培训是有效的，又或者说这些差异仅是由误差方差引起的。

表 2-3 某项实验受训组和控制组的假定数据

控制组成绩	受训组成绩
1	2
1	4
2	5
2	5
3	6
3	6
4	7
4	8
5	8
10	9
平均数 3.6	平均数 6.0

推断统计或统计检验能够帮助我们判定，上述结果是由误差方差引起的，还是由实验处理引起的。我们可以运用这些检验方法来计算观测结果，在上面的例子中即为平均数之间的差异不是由误差方差引起的概率。如果由随机因素导致平均数之间存在差异的概率小于 1/20（0.05），我们就可以得出结论说，这种差异是由培训引起的，而不是由误差方差引起的。这就是**统计显著性**（statistical significance），即统计检验的观测结果仅由随机因素单独引发的概率小于 0.05。

有多种不同的统计检验方法，每种方法适用的条件不同。一些方法适用于各种实验设计，另一些方法适用于非实验设计，很多方法则同时适用于上述两种情况。一些方法只限于两个变量的情形，比如在上面的例子中，就只有一个自变量和一个因变量；另一些方法则没有变量数目的限制。表 2-4 列出了工业与组织心理学研究中最常用的几种统计检验方法。尽管它们的研究目的各不相同，但都基于一个相同的判定准则，即所检验的统计量的出现概率是否达到了统计显著性水平。

表 2-4　5 种常用的推断统计检验方法及其应用

独立组 t 检验：用于判定两组被试在一个因变量上是否具有显著性差异

方差分析（ANOVA）：用于判定两组或多组被试在一个因变量上是否具有显著性差异

多因素方差分析：用于判定两个或多个自变量在一个因变量上的效应是否显著

相关的 t 检验：用于判定两个变量间的相关绝对值是否显著大于零

多元回归：用于判定两个或多个预测变量对一个效标变量的预测是否显著

在上述例子中，可以采用独立组 t 检验（t-test）方法来考察两组被试在因变量上的差异是否达到了统计显著性水平。如果有两个或两个以上的组，就要采用**方差分析**（analysis of variance, ANOVA）。这样就可以比较在对照组中两种不同的训练方法。然而，在大部分实验中，总会有两个或两个以上的自变量。例如，假定你希望在男性和女性被试中，分别比较受训组和控制组的差异。你可以随机分配 10 名男性被试到控制组，10 名男性被试到受训组；同样地，你也可以随机分配 10 名女性被试到控制组，10 名女性被试到受训组。这就形成了一个包括培训变量和性别变量的多因素实验设计，每个变量有两个水平。**多因素实验设计**（factorial design）有两个或两个以上的自变量。**多因素方差分析**（factorial ANOVA）就是用于对多因素实验设计的研究数据进行分析的统计检验方法，它能够告诉我们，不同组被试在因变量上的差异是否达到统计显著性水平。

对于相关系数的检验是为了判定其是否显著地不等于零。这可以采用 t 检验的变式来得以实现。显著性相关意味着两个变量之间存在显著的关联性，也就是说，比起随机因素，用一个变量能够更好地预测另一个变量。当两个以上的变量与第三个变量相关时，就可以采用多元回归技术。通过显著性检验可以考察回归分析中的两个或多个预测变量与效标变量之间的相关是否显著。例如，结合高中的平均绩点和学业能力倾向测验分数可以显著地预测大学的平均绩点。同样，显著性意味着用预测变量而不是偶然因素能够更好地预测效标变量。

2.5.4　元分析

针对一个研究问题，单独的一项研究无法提供确定的答案。为了提高对某个现象的研究结论的可信度，我们需要进行多个研究以表明一个特定的研究结果具有可重复性。然而，通常的情况是，多个研究的结果之间会存在一定的差异。从同一人群中进行多次取样时，由于抽样误差的存在，会带来不同样本平均数上的差异，而这会致使推断统计检验的结果产生差异。要从不同研究相互冲突的结果中了解事物的真相，就需要使用一种特殊的分析技术，即元分析。

正如我们对不同个体的研究结果进行统计上的概括一样，**元分析**（meta-analysis）是一种对多个研究的结果进行整合的定量方法（Hunter & Schmidt, 1990; Rosenthal, 1991）。工业与组织心理学家可以用元分析的方法对某个领域里的不同研究结果进行统计上的概括。这样的分析过程可以是对研究结果的简单的描述性概括，也可以是复杂的数学和统计程序。

元分析的最简单形式就是采用描述统计量的平均数来对多项研究的结果进行概括。元分析的结果可能会报告说，两个变量之间的平均相关系数会是一个确定的值，如 0.40。例如，假定你发现 5 个研究得到的工作满意度与薪酬水平的相关系数如下：

- 0.20
- 0.22
- 0.24
- 0.26
- 0.28

对这 5 项研究进行最简单的元分析可以得出两个变量之间的平均相关系数为 0.24 的结论。研究者也可以采用更为复杂的分析技术对这些研究的其他方面进行深入探索。例如，如果有些研究是在管理者和非管理者人群中进行的话，我们就可以进行检验，看看在两种类型的员工中的相关系数是否有所差异。

本书经常提到采用元分析技术来对研究的结果进行概括。这样的分析在工业与组织心理学的研究文献中已变得非常流行。如果没有诸如元分析之类的方法，我们对多项研究结果的阅读和深入理解就会变得十分困难。在经常被研究的大部分领域里，元分析技术能够帮助我们对那些分散的研究所得到的结果进行解释和概括。

2.5.5　中介变量和调节变量

不论是实验设计或是非实验设计，研究都有助于我们了解两个或更多的变量之间的相关程度。然而，也有一些研究的目的是探索变量之间更为复杂的关系。中介变量（mediator）是两个变量之间的中间过程的一部分。换句话说，它解释了两个变量相关的原因。例如，我们知道能力与绩效相关，因此如果你在学习能力倾向测验的数学部分的得分很高，你的统计学课程的成绩就可能很好。但这个事实不能告诉我们，为什么这些变量之间会有相关。一种可能就是能力提高了动机，动机导致了更大的努力，因此有更好的成绩。那些在学习能力倾向测验中得分高的学生对自己的能力更加自信，对计量相关课程学习的动机更强，

他们在统计课程的学习中更加努力，这些努力导致了更好的成绩。在这个例子里，动机就是中介变量。

调节变量（moderator）是影响另外两个变量之间的关系的变量。处于调节变量不同水平上的被试，在其他两个变量之间的关系上也有所差别。如果两个变量间的关系在不同性别的学生间有所不同，那么性别就是一个调节变量。例如，假定对于女生而言，学习能力倾向测验成绩与统计成绩之间的相关系数是 0.50，而男生只有 0.10，那么性别就调节了学习能力倾向测验成绩与统计成绩之间的关系。连续变量也可作为调节变量。例如，学习能力倾向测验与学业成绩之间的相关在年长的学生中比在年轻的学生中更高。这种情况下，年龄就调节了学习能力倾向测验与学业成绩之间的关系。

即使在期刊文章中，中介变量与调节变量也经常被混淆。我们只需要把握一点，中介变量是一个干预变量，它能够对另外两个变量之间的关系进行解释。它关注的是事件之间的因果链条，一个变量的变化引起了中介变量的变化，继而引起了另一个变量的变化。调节变量是改变了其他两个变量之间的关系的变量，即在调节变量的不同水平上，其他两个变量之间的关系有所差异。

2.6　研究伦理和诚信

2.6.1　研究伦理

工业与组织心理学家的伦理原则对于研究者和实践者都适用。需要多加考虑的最重要的伦理问题就是研究者必须保护被试的福祉。也就是说，如果知道实验的操作（如实验性的培训程序）可能会对被试造成危害的话，就不应该采用这样的

实验操作。即使在非实验研究中，如调查研究，研究者也必须适时地对被试的身份进行保护。如果被试提供了有关其主管的负面反馈，主管就应当无法查出是谁提供了这个反馈。这样就可以避免下属因为说了一些主管不喜欢的话而招致报复。

然而，有时彼此冲突的需求使得我们难以从伦理上判断什么是正确的。侵犯隐私、泄露被调查者的身份是不道德的。但是，为某个组织进行工作的心理学家对该组织也有着道德上的责任，正如他对个体所承担的责任一样，对组织的责任可能包含要求其找出那些可能会制造麻烦（如偷上司的东西）或需要帮助的员工。心理学家可能会不得不在个人的福祉和组织的利益之间进行权衡。相互对立的需求摆在心理学家面前，就造成了伦理道德上的两难局面。在这种情况下，我们很难知道怎么做才是正确的。在采取不同的行动时，工业与组织心理学家必须对各方利益进行认真衡量。为了做出一个符合道德原则而又令人满意的决策，一个讲究道德原则的心理学家应该与其他的心理学家或更有经验的人进行深入的讨论。在一些情况下，心理学家可能会被迫要么站在组织这一边，要么冒被解雇的风险。

最好的办法就是努力去预见这种情况，从而避免其发生。如果你估计主管可能会要求知道员工的身份，你就进行匿名调查。如果你不知道员工的身份，也就不会透露了。即使这样，在实践和研究工作中还是会出现伦理两难问题。这个问题很难解决，因为不论采取什么行动，某些人都有可能会受到伤害。例如，心理学家可能得知一名员工违反了公司政策，如果他什么也不说，公司就可能遭受损失，如果他上报了这件事，这名员工就有可能被解雇。

另一个伦理原则是被试在参与研究之前应该被告知研究的实质和目的。所有的风险都应该向被试说明，被试随时可以退出研究。即使参与研究可能给被试带来微小的身体或心理伤害，都应该要求每个被试签订一份说明研究目的和风险的**知情同意书**（informed consent form）。尽管在现场研究中使用这些表格可能会比较麻烦，但签署知情同意书可以证明被试被告知了可能存在的风险。一旦被试声称受到伤害，不管是真实的还是假想的，这些知情同意书都能从法律上对研究者进行保护。请记住，工业与组织心理学的实践者也要关注伦理问题，但是当要求员工去做的事情是其工作的一部分或雇用活动的一部分，而不是为了研究的目的时，则较少使用知情同意书。

2.6.2 研究诚信

最近，广为公开的不正当研究行为的案例引起了人们对科学诚信的关注。在心理学领域，最近最著名的案例之一是荷兰社会心理学家 Diederik Stapel 因其 55 篇已经发表的文章数据被证明是伪造的而被解雇（Bhattacharjee, 2013）。随后的调查显示，他的研究不诚信不仅在于伪造数据，还可能涉及破坏已发表的研究结果的准确性。出于对研究诚信的担忧，专注于出版过程的期刊编辑呼吁采取行动（Tsui & Galaskiewicz, 2011），同时美国国立卫生研究院（National Institutes of Health）等研究资助机构要求所有获得研究资助的学生接受诚信培训（2009）。

研究诚信涉及研究事业的各个方面，从数据收集到发布数据结果再到出版。美国国立卫生研究院（2009）列出了 9 个值得关注的领域（见表 2-5）。真实性和可信是一项有效的科学事业的基础（Horner & Minifie, 2011）。真实性是指从完整地报告所做的工作到避免伪造数据。结果可能被歪曲的一种方式，比如 **p 值篡改**（p hacking），即研究人员可能会尝试许多不同的方法来分析数据，直到结果有统计学意义，或者虽然研究人员进行了大量的统计检验，但只报告具有统计学意义的一小部分结果。这样的做法可能导致产生无法复制的错误的结果。可信意味着科学家们是真诚地在工作，他们并没有以某种特定的方式从得到的结果中获得利益（Horner & Minifie, 2011），无论是经济、政治还是其他个人利益。

真实性也涉及出版过程。研究人员必须避免剽窃，并正确地引用他人的观点。研究人员及其同事的行为必须合乎道德，教授不应该利用他们的学生，将学生的研究成果据为己有，比如一个导师发表了学生的论文，而学生并没有被署名。研究人员必须小心谨慎，所有有资格获得已发表作品的作者身份的同事都应该得到合作作者身份，否则就是不诚实的。

表 2-5 研究诚信关注的领域

利益冲突
安全人体实验
导师/带教对象或教授/学生关系
研究人员和组织之间的协作
同行评审
数据问题：收集、管理、所有权和共享
研究不当行为处理
版权和发表
研究的社会影响

资料来源：*National Institutes of Health* (2009). *Update on the Requirement of Instruction in the Responsible Conduct of Research Retrieved May* 24, 2013.

本章小结

工业与组织心理学是一门科学，因为其采用的研究方法是科学的方法。也就是说：工业与组织心理学家通过收集和分析数据来对组织的课题与问题进行解释。一项工业与组织心理学的研究始于一个研究问题，该问题定义了研究目的。由研究问题推及的研究假设是研究者对研究结果的最佳猜想。具体的假设构成了研究设计的基础。

工业与组织心理学的研究可以在现场情境中进行，也可以在实验室情境中进行。在现场情境中，研究所关注的现象自然发生；在实验室情境中，研究所关注的现象是被创设出来的。可推广性是指特定研究的结果可以被推广到其他情境和条件中的程度。控制是研究中的一个重要环节，它可以帮助我们对研究结果的备择性解释进行排除。在研究中，有很多不同的方法可以用于实现控制的目的。随机分配是指以一种非系统性的方法来选择被试，以便每个个体都有相同的概率被分配到不同的处理条件中去。随机选择是指每一个潜在的被试被选择参与研究的机会均等。当两个或两个以上的变量混合在一起，两者之间的相关导致我们很难得到关于其中一个变量的结论时，混淆就产生了。

研究设计可被分为实验设计和非实验设计。在实验设计中，研究者随机分配被试到研究创设的不同条件中去；非实验设计则主要是进行观察，不需要进行被试的分配和实验条件的创设。

测量是指量化人或事物的特征的过程。信度是指测量的稳定性，而效度是指依据测量的内涵进行推论的程度。可以运用统计方法对研究数据进行分析。描述统计主要用于对研究数据进行概括，而推断统计能够帮助我们对研究结果进行解释。

工业与组织心理学家在研究中要遵循伦理原则。一般来说，研究者应当确保他们的研究不会对任何人构成伤害。通常通过确保研究程序对被试没有危害来达到上述目的。研究者应该通过让被试阅读和签订知情同意书来确保其了解实验的真相，允许他们有拒绝参加实验的机会。当被试提供的信息可能会以某种不利于被试的方式被使用时，我们要保护好被试的身份。

做中学

工业与组织心理学研究中使用的方法

从表 1-1 所列的工业与组织心理学期刊中，找到一篇描述研究的论文。回答以下问题：

1. 该研究关注的是什么问题？
2. 该论文的假设是什么（至少指出一个）？
3. 该研究采用了什么类型的设计？
4. 该论文提供了哪些有关测量信度的信息？
5. 该论文中作者报告的一种推断统计是什么？
6. 该研究得出的最重要的结论是什么？

第二部分

评估工作、绩效和人

Hero Images/Getty Images, Inc.

第3章

工作分析

第3章 概要

什么是工作分析

工作分析的目的

怎样收集工作分析信息

工作分析的方法

工作分析信息的信度和效度

工作评价

本章小结

工业与组织心理学实践

做中学

你会如何描述警察的工作？警察的工作任务有哪些呢？完成这些任务需要多长时间？学习这些任务有多难，需要多久？完成每项任务以及整个工作需要个人具有哪些素质？要回答这些问题，我们就需要借助工业与组织心理学家称之为工作分析的诸多技术。

即使是面对那些我们非常熟悉的工作，进行工作分析也是很有必要的，它不仅可以为我们准确描述工作的各个方面，还能告诉我们做这份工作的人需要具备何种素质。举例来说，公众对警察的工作是非常熟悉的，然而这些认知大部分来自电影或电视剧，比如《法律和秩序：特殊受害者》《犯罪现场调查》等。这些电视剧集中展现了警察工作中戏剧性的一面，而这一面在现实生活中却很少发生。事实上，多数警察大部分时间在做例行巡逻和文书工作，而不是逮捕罪犯（Bernardin, 1988）。我们经常在电视剧里看到警察开枪的剧情，但在现实生活中，大多数警察很少会这样做。全面深入的工作分析可以准确描述警察的日常工作内容。目前人们已经用不同的方法和程序对警察的工作进行了细致透彻的分析，在接下来的章节里我们会展开介绍。

工作分析可以分为两类：工作导向和个人（或员工）导向的工作分析。工作导向的分析聚焦于工作任务，个人导向的分析则聚焦于工作所需的个人素质。换言之，前者描述的是工作内容，后者则关注完成这项工作的人所需要具备的特征。在描述工作内容及其要求方面，这两类工作分析同等重要。

本章我们会讨论工作导向和个人导向这两种工作分析及其各自的方法。除此之外，我们还会论述工作分析信息的用途和目的、工作分析的信息来源和工作分析方法的信度和效度。最后，我们会介绍工作评价技术，该技术可以用于设定薪酬水平。

目标

学习本章后，学生应该能够：

1. 列出工作分析信息的用途；
2. 描述用于工作分析的信息来源以及收集信息的方法；
3. 讨论不同的工作分析方法；
4. 描述工作分析方法的信度和效度的证据；
5. 解释如何利用工作评价技术设定薪酬水平。

3.1 什么是工作分析

工作分析（job analysis）是描述工作和胜任某项工作所需的个人特征的方法。Brannick、Levine 和 Morgeson（2007:8）认为，正式的工作分析应包含如下三个要素：

1. 系统的程序：分析人员需要事先制定好程序并依照程序进行分析。
2. 工作应该被分解为小的单元，我们描述的是工作的组成部分，而不是整个工作。
3. 需生成书面报告，电子版或纸质版都可以。

工作分析的方法并不是唯一的。不同的方法可以提供有关工作和胜任某项工作所需的个人特征的不同信息。如前所述，根据工作分析目的，不同的分析技术可以用来收集工作导向或个人导向的信息。

3.1.1 工作导向的分析方法

工作导向的工作分析（job-oriented job analysis）用以提供各项工作任务的性质方面的信息。一些分析方法描述了任务本身，而另一些则提供了任务特征的信息。例如，警察的任务之一是"逮捕嫌疑人之后完成报告"。这句话描述的是警察做什么，而关于工作特征的描述则是"使用铅笔和钢笔"。

工作特征不是某一项具体任务所特有的，而是不同任务所共有的特征。警察在多项任务中都需要进行书写，比如完成各种报告或者给驾驶员开罚单。工作分析的目的决定了哪种方法更有效。对任务的描述可以让我们了解人们需要在工作中做些什么，而对任务特征的分析可以用于比较不同工作的任务性质。警察和教师在某些工作任务上都要用到铅笔和钢笔，因此，即使两者的具体任务大相径庭，他们在某些任务类型上仍然具有一定的相似性。

运用工作分析描述警察的工作。

工作任务可以按层级来分解，高层次的任务可以分解为低一级的较小单元，以此类推。举例来说，警察的一项主要任务是逮捕嫌疑人。这个任务可以分解为以下具体的行为：

- 前往嫌疑人的家
- 敲门并表明身份
- 给嫌疑人戴上手铐
- 告知嫌疑人其所拥有的法定权利
- 将嫌疑人带上警车
- 开车将嫌疑人带回警察局

Brannick 等人（2007）提出了工作的五个层次：

1. 职位
2. 职责
3. 任务
4. 活动
5. 要素

职位由个体所担负的一系列职责组成。通常一个员工对应一个职位，当然也不排除一个人同时担任多个职位。此外，相似的职位可能具有同样的职位名称。例如，同一部门的警察们虽然都叫"巡警"，但他们的职位和相应的任务都不一样。某巡警可能在城市某区域开车巡逻，另一个巡警可能是步行巡逻，而第三个巡警则可能坐在警察局里办公。

职责是工作的重要组成部分。对警察来说，职责之一就是执法。职责是通过执行一个或多个相关任务来实现的。任务是为了达到特定目标而进行的一个完整的工作单元。与执法职责相关的任务之一是逮捕违法的嫌疑人。任务又可以分解为多种活动，即组成任务的单元。在这个例子中，逮捕嫌疑人这个任务包含的活动是"开车前往嫌疑人家中实施逮捕"。要完成这个活动，需要一系列的具体行动或要素，比如用钥匙启动警车。

绝大部分工作都有多种职责，每种职责与多项任务相关联，每项任务又与多个活动相关联，而每个活动又可以分解为多个行动要素。这就意味着工作分析包含了工作过程中的大量的细节信息。如果工作分析细致到行动要素层面，就会生成一份详细的长篇报告。

3.1.2　个人导向的工作分析

个人导向的工作分析（person-oriented job analysis）描述了胜任某一工作所必需的个人特征，我们称其为**胜任素质**（KSAOs）。胜任素质包括知识、技能、能力以及工作所需的其他个人特征。前三个素质主要与工作绩效相关，而"其他"素质则与工作适应、工作满意度和工作绩效均有关联。

知识（knowledge）是个体要完成某项工作需要了解的信息。比如，木匠应该熟悉当地的建筑法规，拥有电动工具安全性方面的知识。

技能（skill）是个体在工作中能做的事情。比如作为一个木匠，应该能读懂设计图和使用电动工具。

能力（ability）是个体完成某项工作或学习如何完成工作的能力，是个体发展技能的潜力。大多数技能需要一种或多种能力。使用电动工具的技能就需要包括手眼协调能力在内的多种能力。要建造屋顶，木匠必须具有良好的平衡感和快速工作的能力。

最后，**其他个人特征**（other personal characteristics）是指除了上述三方面的素质之外的，任何与工作相关的素质，比如木匠应乐于从事手工劳作和户外工作。

胜任素质和任务特征看起来有些重叠，但两者是截然不同的。任务是个体所做的事情，而胜任素质是个体完成一项或多项任务所要具备的个体特征。任务规定了工作的内容，而胜任素质则描述了这项工作需要什么样的人来完成。表 3-1 列举了几项任务及其相关的胜任素质。

表 3-1　任务和相关胜任素质的例子

胜任素质	任务
合法逮捕程序的知识	逮捕嫌疑人
使用手枪的技能	在射程范围内开枪
与他人沟通的能力	调解争端，避免暴力事件的发生
勇敢（其他个人特征）	进入黑暗的小巷里逮捕嫌疑人

许多工作分析方法可以用于工作导向的分析和个人导向的分析。有一些方法只侧重于某一种导向，还有些方法可用于任意一种导向或兼顾两者。至于选择哪种方法，需要根据工作分析的目的而定，我们接下来会讨论这一点。

3.2　工作分析的目的

工作分析是许多活动和职能的基础，因而工作分析信息的用途多种多样。Ash 和 Levine（1980）概括了工作分析的 11 种目的和用途。在这一节里，我们会讨论其中 5 种，另外还有 2 种不在这一列表中。在之后的"工作评价"一节中，我们还会讨论如何使用工作分析信息来确定薪酬水平。表 3-2 列出了工作分析的 11 种用途。

表 3-2　工作分析信息的 11 种用途

用途	描述
职业发展	确定对晋升来说必须具备的胜任素质
法律问题	展示胜任素质的工作相关性
绩效评估	设定绩效评估的标准
员工招聘和选拔	描述应聘者素质以作为雇用的基础
培训	给出培训建议
确定薪酬	确定工作的薪酬水平
效率/安全	设计工作以提高效率和安全性
工作分类	将相似的工作分为一组
工作描述	对工作进行简要描述
工作设计	设计工作内容
计划	预测对具备特定胜任素质员工的未来需求

资料来源：Based on "A Framework for Evaluating Job Analysis Methods," by R. A. Ash and E. L. Levine, 1980, *Personnel Psychology*, 57, 53-59.

3.2.1　职业发展

许多组织都有被称为**"职业梯"**（career ladder）的系统，该系统允许员工在具备必要技能和保持高绩效的条件下，逐步向上晋升。军队里的"职业梯"系统可能是最为人们所熟悉的。军人可以按照从中尉、上尉、少校、上校到将军这样的职业路径来发展。由于晋升机会有限，或者个体不具备必要的胜任素质，因此不是所有人都能爬到梯子的顶端。

近些年来，**胜任力系统**（competency systems）在组织中很受欢迎，它鼓励员工学习知识和技能以提高绩效和获得晋升（Levenson, Van der Stede, & Cohen, 2006）。胜任力系统要求组织能够识别关键胜任力，拥有学习和发展胜任力的方法以及评估胜任力的程序。

对职业发展来说，工作分析可以提供职业梯中各级岗位的胜任素质要求，明确岗位的关键胜任力。可以将与胜任素质要求相关的知识纳入员工发展和培训计划，以使培训内容能够聚焦于职业晋升所需的技能。对于员工来说，这是有益的，因为他们能够了解需要做些什么来获得晋升。组织也能从中获益，因为可以源源不断地获得适合更高层职位的人选。

3.2.2 法律问题

大多数工业化国家都有禁止歧视性雇用实践的法律，尤其是在员工招聘的过程中。例如，在加拿大和美国，因年龄、肤色、残疾、性别、种族或宗教等因素产生的歧视行为是违法的。虽然受法律保护免受歧视的特殊群体因国家而异，但人事决策应公平公正这一基本理念是全球通用的。雇用公正意味着雇用的决策应该基于工作绩效或工作潜力而不是与工作无关的个人特征。工作分析提供了一系列与工作相关的胜任素质，而非无关的个人特征作为招聘的依据。

美国就业法律中有一个重要的法律概念叫**基本职能**（essential functions），指的是工作中必须要做的事情，比如前台必须要接电话。而非基本职能是指工作中可能会做却不是必须要做的事情，比如管理员可能会时不时地接一通电话，但接电话并不是他工作的重要部分。

基本职能的概念在决定是否雇用一个残疾人时是非常重要的。在美国，如果一个残疾人在某些条件（见第6章）下无法完成工作的基本职能，组织有权利拒绝雇用他。但如果由于残疾人无法完成工作的非基本职能而拒绝雇用他则是违法的，这是因为这些非基本职能可以由他人轻易完成或者根本没必要去做。组织应该提供便利条件，让残疾人能够完成工作的基本或非基本职能（Cleveland, Barnes-Ferrell, & Ratz, 1997）。我们会在第6章用更多的篇幅来讨论这个问题。

通过工作分析可以确定基本职能和胜任素质（Mitchell, Alliger, & Morfopoulos, 1997），进而确保人事决策是基于与工作相关的个人因素而做出的。举例来说，一个法律上具有辩护力的雇用系统应该建立在与工作有关的胜任素质的基础之上。晋升决策也应将候选人的胜任素质作为其考量的部分因素。只有当个体具备相应的胜任素质时，组织才会考虑他们。当胜任素质信息源于严谨的工作分析时，基于此而做出的人事决策很可能是合法的，而且员工和职位申请人会认为他们得到了公平对待，也就不会提起歧视诉讼。

3.2.3 绩效评估

一个精心设计的绩效评估系统将以工作分析为基础。绩效准则定义了待评估的工作绩效的主要方面，开发绩效准则是工作分析信息的重要用途之一。工作导向的分析包含了工作的主要组成部分，这可以作为绩效评估的维度。

在本书第4章中提到的行为导向的绩效评估方法就是基于工作分析来做的。这种方法所涉及的特定行为是通过工作分析的**关键事件**（critical incidents）技术来收集的（Flanagan, 1954）。关键事件是反映由好到差不同绩效水平的行为实例，是绩效评估的重要内容。绩效欠佳的事件描述的是员工所做的无效的事情，如警察与市民发生口角最终引发了暴力事件。绩效优异的事件描述的则是员工所做的有效的事情，比如警察允许市民表达自己的观点，因此避免了一场潜在暴力冲突的发生。

3.2.4 选拔

要决定雇用谁，第一步就要确定能胜任这项工作的个体所必需的个人特征或胜任素质。也就是说，个人导向的工作分析应是设计员工选拔系统的首要步骤。一旦胜任素质确定下来，就能进一步选择合适的程序来检验应聘者是否与工作要求相契合。面试、心理测验等是常见的评估个体素质的程序和方法（见第5章）。

个人导向的工作分析可以帮助获得某一工作的胜任素质，这些胜任素质既包括应聘者在受雇时应具备的素质，也包括日后在工作中通过经验积累和培训发展起来的素质。举例来说，大型组织里的会计职位首先需要应聘者具有会计学的大学学位，这就保证了应聘者拥有足够的会计原理和程序方面的知识，而组织自身的政策和实践方面的知识则需要在工作中进行学习。这就引出工作分析的下一个用途——培训。

3.2.5 培训

工作的胜任素质为培训指明了方向。应聘者受雇之时尚未具备的素质就是其受雇之后需要培训的方面。在组织中，有效的培训计划应建立在对胜任素质详尽分析的基础之上。将工作的胜任素质要求与应聘者或员工的素质进行比较，如果应聘者或员工的素质存在不足，并且这些不足是可以通过努力来弥补的，那么这些不足就是需要进行培训的方面。但是当工作对应聘者的身高有要求时，应聘者是不能通过培训而增高的。

3.2.6 职业咨询

学校教育（包括大学阶段）的主要功能是帮助学生对今后的职业做出选择。大量的职业咨询工具可以将学生自身的素质与工作的胜任素质要求进行匹配。其中一些工具旨在将个人偏好、人格特征与他们可能喜欢的职业进行匹配，另一些方法则将个体能力与职业要求进行匹配。工作分析在匹配人的素质与职业胜任素质要求方面极为有用。

Converse、Oswald、Gillespie、Field、Bizot 和 Smither（2004）给我们示范了如何将工作分析用于职业咨询。首先他们采用工作分析获取特定职业的胜任素质要求。然后让一组被试完成一套能力测验，之后将个体的能力素质与职业的胜任素质要求进行匹配，计算得出的匹配值的高低指出了每个人最适合和最不适合的职业。比如，一个人的能力与诸如卡车司机或者地铁司机等驾驶相关的职业较为匹配，但他可能不适合做助理医师或医生这些与健康有关的职业；另一个人可能适合做工厂机械操作员，但不适合做生物学家。

3.2.7 研究

工作分析的另一用途是研究。我们将在本书中探讨从员工激励和绩效到健康安全等诸多组织现象，在这些组织现象中，工作要求或任务特征所起的作用是许多研究者热衷探讨的问题。比如，Elovainio 和 Kivimäki（1999）在工作压力的个体差异研究中就使用了工作分析数据。这项在芬兰进行的研究表明，厌恶变化和不确定性的人更可能在工作中体验到高水平的情绪压力（焦虑和紧张），但是这个结论只适用于那些被工作分析定义为复杂的工作。当工作很简单时，这些个体体验到的压力并不比那些喜欢变化和不确定性的人感受到的压力高。

3.3 怎样收集工作分析信息

收集工作分析信息的方法多种多样。这些方法的实施离不开训练有素、懂得如何量化工作特征和胜任素质的人。这些人将通过问卷的形式调查从事该工作的员工，亲自体验该工作的过程或者直接观察这项工作是如何完成的来收集信息。

3.3.1 谁提供信息

大多数工作分析信息来源于以下四个方面：

- 工作分析员
- 上级主管

- 任职者
- 训练有素的观察者

工作分析员和训练有素的观察者会亲自做某项工作，或者观察员工怎么工作，然后把这些经验转化为工作分析。任职者和上级主管被称为**领域事务专家**（subject matter experts, SMEs），他们对本职工作或下属的工作内容和要求了如指掌。通过访谈或工作分析问卷，这些专家就可以提供工作分析的信息。

3.3.2 收集工作分析信息的方法

收集工作分析信息的方法多种多样，最常见的有以下四种：

- 执行工作
- 观察员工如何工作
- 对领域事务专家进行访谈
- 对领域事务专家进行问卷调查

1. 执行工作

收集工作分析信息的方法之一是工作分析员去实际完成部分或全部的工作任务。分析员既可以像员工一样在现实情境中进行工作，也可以在模拟情境中执行任务。通过执行任务，分析员不仅可以了解工作的实质以及各项任务之间的关联，还可以增加对员工工作情境的了解。比如，同样是开车，保险销售员和警察开车的情境是迥异的。

尽管这种方法可以提供优质的信息，但并不常用。亲自去做某项工作需要投入较多的金钱和时间。分析员在上岗前需要进行大量的培训，此外，某些工作对于没有经验的人来说尤为危险。最后，这种方法无法清楚地区分拥有相同职位名称的员工之间的工作任务的差异。

2. 观察法

另一种收集工作分析信息的方法是观察员工如何工作。观察者可以是工作分析员或训练有素的观察员，他们需要完成与所观察工作有关的表格。表格里包含一系列活动，观察者需要标记被观察员工做各项活动的频率。与前一种方法类似，观察法可以让我们了解工作任务的情境。观察也需耗费大量的财力和时间，而且当员工得知自己被观察时，员工的表现可能与平时存在差异。

3. 访谈法

收集工作分析信息最常用的方法之一是采访那些熟悉工作的领域事务专家，这些专家通常是任职者和他们的上级主管。工作分析员或训练有素的访谈者负责访谈，并生成一份包含某职位上所有人做的所有任务和活动的清单。这个清单中的有些任务可能只有很少的员工做，而有些任务则人人都要做，但只在极少数场合需要做。

4. 问卷法

问卷法是收集工作分析信息最高效的方法。问卷可以包含数百个关于工作的问题，并易于同时对数千名员工进行施测。与其他技术相比，问卷法花费的精力最少，但能获得的信息最多。同样的问卷可以对同一职位的所有员工进行施测，这样我们就可以对职位相同但某些特征（比如工作地点）不同的小组进行比较。

5. 综合方法

在刻画工作方面，以上4种收集工作分析信息的方法各有优劣。表3-3列出了每种方法的优势和不足。在实际工作中，我们通常会综合使用各种方法，以互相取长补短。例如，工作分析员可以亲自去做某项工作来体验工作的情境，然后再对处在相同职位的大量员工进行问卷调查以获取更详细的信息。

表 3-3　4 种工作分析信息收集方法的优势和不足

执行工作	
优势	提供工作的环境信息
	提供工作的详尽细节
不足	无法发现相同职位的工作之间的差异
	昂贵且耗时
	分析者可能需要接受大量的培训
	对分析者而言可能会有危险
访谈法	
优势	提供了工作的多元视角
	可以找出相同职位的工作者之间的差异
不足	比问卷法更为耗时
	无法了解执行任务的环境
观察法	
优势	能对工作进行相对客观的描绘
	提供工作的环境信息
不足	耗时
	当员工知道自己被观察时，可能会改变其日常工作行为
问卷法	
优势	效率高、成本低
	可以找出相同职位的工作者之间的差异
	易于量化和进行统计分析
	可以在同一维度上对不同工作进行比较
不足	无法了解工作的环境信息
	限制了对问题的回答
	要求对工作有所了解以便设计问卷
	任职者可能不诚实作答以夸大其工作的重要性

3.4　工作分析的方法

人们已经开发了多种工作分析的方法，这些方法使用的信息来源和收集信息的技术不尽相同。有些方法关注工作，有些方法关注人，还有一些方法兼而有之。这些方法在如何运用不同的信息来源和信息收集技术方面各有千秋。多数方法会结合使用两个或两个以上的信息来源和信息收集技术。每种方法都有其适用的目的，这也是多种方法并存的原因。Levine、Ash、Hall 和 Sistrunk（1983）指出，工作分析员为不同的使用目的匹配了最适合的方法。

在本节中，我们会讨论诸多工作分析方法中的四种。职务因素调查表、职业信息网和职位分析问卷通常用于比较不同的工作。任务清单则主要用于描述单个工作的特定要素和任务。每种方法各有所长，都是为了特定目的而开发的。

3.4.1　职务因素调查表

职务因素调查表（Job Components Inventory, JCI）是在英国发展起来的，用于满足匹配职位要求和个体素质的需求（Banks, Jackson, Stafford, & Warr, 1983）。该方法可以对工作要求和个体素质进行同步评估，换言之，就是同时列出工作的胜任素质要求和个体的胜任素质，可以从两者之间的匹配程度看出个体是否适合该工作或需要额外的培训才能胜任。职务因素调查表已在学校课程开发和职业指导中投入使用。

职务因素调查表涵盖了 400 多项工作特征，均可以转化为技能要求。职务因素调查表将这些特征分成了 5 大类：

1. 使用工具和设备
2. 感知和身体要求
3. 数学
4. 沟通
5. 决策和责任

表 3-4 列举了英国的文员一职在 5 个因素上的技能要求。几乎任何工作都可以用职务因素调查表来分析，从而将工作的技能要求与那些潜在的员工进行匹配。如果你希望了解自己的技能与某个职业的匹配程度，你可以使用现有的数据库，来查询各种职业的工作要求。

表 3-4　英国文员职位在职务因素调查表的 5 个因素上的常用技能示例

因素	技能
使用工具和设备	使用笔
	使用电话

（续）

因素	技能
感知和身体要求	选择性注意 腕/手指/手的速度
数学	使用小数 使用整数
沟通	给他人建议或帮助他人 接收书面信息
决策和责任	决定工作顺序 决定工作标准

资料来源：From "Skills Training for Clerical Work: Action Research Within the Youth Opportunities Programme," by M. H. Banks and E. M. Stafford, 1982, *BACIE Journal*, 37, 57-66.

职业信息网

20世纪90年代，由美国劳动部发起，在各个研究公司和大学的众多工业与组织心理学家的帮助下，**职业信息网**（Occupational Information Network, O*NET）得以发展和完善。这一基于计算机的信息系统涵盖了近1 100个工作类别的工作信息，每个工作类别是由多个具有共同特征的工作组成的（Peterson, Mumford, Borman, Jeanneret, Fleishman, Levin et al., 2001）。

虽然职业信息网的许多初始资料来源于它的前身——**职业名称词典**（Dictionary Of Occupational Titles, DOT），但它内容的丰富程度已远远超过以往的任何资料。它提供了各种职业的工作内容和胜任素质的海量信息。职业信息网98版数据词典（美国劳工部，1998）列出了用于描述和评估工作的450多个不同的维度。表3-5（第一列）展示了职业信息网内容模块的6大领域：其中3个领域（经验要求、任职者要求和胜任者素质）是有关胜任素质的内容的，职业要求和职业特定信息与工作任务有关，职业特征涉及薪资和劳动力市场等信息。

你可以在职业信息网上查找某一职业在6个领域的描述和详细信息。虽然基础数据相同，但个人电脑版本和网络版本信息显示的格式略有不同。表3-5提供了警察这个职业在6个领域的信息。我们会发现这些信息与随后要介绍的职位分析问卷得出的信息有重合的部分（比较表3-5的第3列和表3-7），这并不奇怪。Jeanneret和Strong（2003）的研究显示，职业信息网与职位分析问卷在相对应的维度上的分数存在高相关。

表3-5 职业信息网提供的巡警的工作信息样例

领域	领域的内容	巡警信息样例
经验要求	培训、学习、证书	在职业学校中培训，相关的工作经验，副学士学位，也可能要求有学士学位
任职者要求	基本技能、跨职能技能、常识、教育	问题识别与口头表达技能；公共安全和法律知识
任职者素质	能力、兴趣、工作风格	反应灵敏、视力良好，对协助他人的工作活动感兴趣；成就导向
职业要求	一般工作活动、工作环境、组织环境	在公共场所工作，开车或使用其他工具
职业特定信息	职业知识、职业技能、任务、器械、工具与设备	在特定区域巡逻，维持秩序，逮捕犯人，监管交通
职业特征	劳动力市场信息、职业前景、薪资	就业预测显示，从1996年到2006年，就业增长了17.8%，全美平均工资为34 632美元

资料来源：O*NET98 Database files accessed with O*NET98 Viewer Version 1.0, U.S. Department of Labor.

3.4.2 职位分析问卷

职位分析问卷（Position Analysis Questionnaire, PAQ）是一种可以用于分析任何一项工作的工具（McCormick, Jeanneret, & Mecham, 1972）。该问卷包含了189个工作要求或工作要素。由这些要素可以生成工作的胜任素质剖面图。职位分析问卷的工作要素是通用的，可以基于相同维度或胜任素质对不同工作进行比较。

职位分析问卷将工作要素分为6类，每一类又可以进一步分为几个类别（表3-6）。工作要素涵盖了众多工作要求，包括信息输入与加工、使用设备和工具、一般身体运动、人际交往以及工作环境。这些要素可以转化为某一工作的胜任素质。例如，某工作要求使用数学计算，转化为胜任素质就是需要具有数学方面的技能。职位分析问卷生成的是一个标准化的胜任素质清单，因此可以比较不同工作的胜任素质要求。

表3-6 职位分析问卷的主要分类

类别	举例
信息输入	收集或观察信息
加工过程	决策与信息加工
工作输出	操作物体
人际活动	与他人沟通
工作情境与工作背景	物理与心理工作环境
其他	工作进度表

资料来源：From "A Study of Job Characteristics and Job Dimensions as Based on the Position Analysis Questionnaire (PAQ)," by E. J. McCormick, P. R. Jeanneret and R. C. Mecham, 1972, *Journal of Applied Psychology*, 56, 347-368.

职位分析问卷可以生成某个工作的任务要素和胜任素质的剖面图。剖面图将该工作与数据库中的数百种工作相比较，从而得出该工作的每个要素和胜任素质的百分位数。低分意味着某任务要素或胜任素质对这个工作的重要性低于平均水平。高分则意味着某任务要素或胜任素质对这个工作的重要性高于平均水平。百分位数等于50就意味着任务要素或胜任素质的重要性处于平均水平。

表3-7给出了警察这一工作中最重要的要素和胜任素质。如下表所示，警察的工作包括一般的人际交往以及穿着制服而非便装。表3-7还给出了警察的几个胜任素质，最重要的两项是远视敏度和简单反应时。在职业信息网站上，警察职业的胜任素质里也出现了这两项。

表3-7 职位分析问卷中警察的胜任素质和任务要素

胜任素质	任务要素
远视敏度	解释所感知到的东西
简单反应时	意识到环境状况
运动察觉	控制机器与/或过程
速度控制	进行一般的人际交往
听觉灵敏度	穿着制服而非便装

资料来源：Job Profile, PAQ Number 003127, used by permission of PAQ Services.

3.4.3 任务清单

任务清单（task inventory）是一份调查问卷，其中包含了被分析的工作中可能涉及的一系列特定任务。清单还包括了一种或多种任务评定量表，其评定维度如下：

- 完成该项任务所需的时间
- 该项任务对于出色完成工作的关键程度
- 学习任务的难度
- 任务的重要性

通常要求任职者针对他们自己的工作来完成问卷，之后对多个任职者的问卷进行汇总，以确定该工作中各项任务平均所需时间以及重要性。

当由多个人来完成任务清单问卷时，他们对同一维度的各项任务的评定必然会存在差异，这反映了个体对他们工作的判断是不同的。换言之，假如两个人在同一项任务上花费的时间相同，但其中一个人对时间花费的评定可能会高于另一个人。还有一种可能性就是人们评定上的差异反映了任务上的真实差异（Harvey & Wilson, 2000; Sanchez & Levine, 2000）。在同一组织中，相同职位名称的工作，其工作内容可能存在很大差异。举例来说，Lindell、Clause、Brandt和Landis（1998）

发现在应急部门中，工作团队中的员工数量会影响对不同任务耗时量的评定。这很可能是因为团队越小，每个人要完成的任务就越多。

从大多数任务清单的使用目的来看，我们并不太关注从事相同工作的人们之间的差异，但有两个例外。Conte、Dean、Ringenbach、Moran 和 Landy（2005）的研究显示，工作分析评定与对工作的感受有关。比起那些对工作不满意的人来说，满意自己工作的个体报告他们在各项任务上花费的时间更多。类似地，一项对股票经纪人的研究发现，对任务耗时的评定可以预测个人销售绩效（Borman, Dorsey, & Ackerman, 1992）。例如，那些花更多时间在外面见客户的股票经纪人的销售业绩更高（见"研究案例"部分）。上述研究中，花费时间的多少究竟是高绩效和高工作满意度的原因还是结果，尚不完全清楚。要确定任务清单的评定中存在个体差异的原因，还需要进一步的研究。

即使是一项简单的工作，其任务清单也可能包括数百项任务。为了更易于解释，通常会将任务放在不同的维度里。各个维度代表工作的主要内容。表3-8 显示了任务清单中警察工作的不同维度。每个维度都和几项特定任务有关。每项任务都由领域事务专家采用多个不同的量表进行评定。将任务放在主要维度中加以考虑，可以使人们更好地理解该工作。

表 3-8　任务分析中警察工作的主要维度

驾驶轿车或其他警用车辆	调查事故和相关问题
逮捕	开罚单和传讯，例如处理交通违章者
面谈目击证人和其他人	应对骚乱，如家庭口角
例行巡逻时保持警戒	向市民提供服务
撰写报告	

资料来源：From *Selection of Police Officers, Report Supplement No. 1: Job Analysis*, by R. M. Guion and K. M. Alvares, 1980, Bowling Green, OH: Bowling Green State University.

任务清单通常是综合性工作分析项目的一个重要组成部分，而这类项目主要用于收集工作和员工的多种信息。Edward Levine 的**整合性工作分析法**（Combination Job Analysis Method，C-JAM）（Brannick et al., 2007）就是这样的一种方法。整合性工作分析法同时使用访谈法和问卷法来收集胜任素质和任务信息，从而获得详尽的胜任素质和任务画像。表3-9 展示了用整合性工作分析法分析警察工作的几个胜任素质的例子。

表 3-9　用整合性工作分析法分析警察工作的胜任素质例子

法律、条例、法令（包括各种犯罪行为）的知识	使用和维修手枪/散弹枪的技能
何时/何地进行面谈/审问的知识	执行法律、条例、法令的能力
操作特殊设备（直升机、船、移动数据终端、语音广播等）的技能	掌控局面的能力
	正直（品行端正/有道德/诚实）
	勇敢

资料来源：From *Job Analysis of Deputy Sheriff in the Pinellas County Sheriff's Office*, by E. L. Levine and D. P. Baker, 1987, unpublished paper, University of South Florida, Tampa.

研究案例

一个任务清单的评定者之间缺乏一致意见，通常被认为是测量工具缺乏信度的表现。本研究中，作者从不同的视角看待这种差异。他们认为，相同岗位上的个体在各种任务上耗费的时间都是不同的。此外，他们相信，时间花费上的差异可能与股票经纪人的销售业绩相关。换句话说，高绩效者与低绩效者在工作中所花的时间可能不同。

为了验证这一想法，作者以 580 名股票经纪人作为领域事务专家进行了工作分析。每位经纪人填写了包括 160 项任务的任务清单，并评定了每项任务所花费的时间。此外还收集了每位股票经纪人上一年的销售业绩（销售金额）。

一些任务的耗时量与销售业绩显著相关。比如说，以下任务与高销售额存在相关：

- 与企业客户和非企业客户接洽
- 向其他股票经纪人提供建议并给予帮助

作者提到，研究结果可能意味着要想获得好的销售业绩，股票经纪人应该采取有效的策略。然而他们认为，这些策略是高绩效的结果而不是原因。拥有许多客户的股票经纪人，在办公室以外的情境中有很多与客户接触的机会。他们也很可能因较多的客户数量而获得高销售量。而那些只拥有少量客户的股票经纪人在办公室以外的地方与客户的接触或销售的机会也较少。因此，在办公室以外与客户打交道的时间可能并非高销售量的原因，而只是拥有诸多客户的副产品罢了。该研究的主要贡献在于表明了做相同工作的不同个体间可能存在诸多重要的差异。只有当工作分析员需要向组织提供信息以证明员工完成任务所需时间存在个体差异时，此项研究结果才可以提供参考。

资料来源：From "Time-Spent Responses as Time Allocation Strategies: Relations With Sales Performance in a Stockbroker Sample," by W. C. Borman, D. Dorsey, and L. Ackerman, 1992, *Personnel Psychology*, 45, 763-777.

3.4.4 选择工作分析的方法

我们讨论的只是许多工作分析方法中的几种。在诸多方法之中，人们又该如何选择呢？每种方法都有其优势和不足，也不是每种方法都适用于所有情况。Levine等人（1983）请工作分析专家评定了7种工作分析方法对于11种不同目的的有效性。每种方法都有其更适用的目的。职务功能分析被认为是对几乎所有目的都相对有效的一种方法，但也是最为耗时的方法之一。选择方法时要考虑包括成本和目的在内的诸多因素。

3.4.5 团队的工作分析方法

至此，我们已经讨论了针对个人工作的工作分析方法。然而组织中越来越多的工作是由团队而非个人完成的，这就要求使用特殊的工作分析方法。正如Brannick等人（2007）所指出的，团队工作分析和我们已经讨论过的方法类似，可以采用相同的来源和数据收集方式。但必须有特定的胜任素质和任务要素对应于团队成员间的沟通与合作。例如，Stevens和Campion（1999）提到，团队工作需要一些与成员之间的沟通、冲突解决、目标设定、问题解决和任务协作相关的特殊胜任素质（英文简称KSAs，不包含"其他个人特征"）。

3.5 工作分析信息的信度和效度

工作分析信息依赖于从事工作或观察他人工作的人的判断。人们的判断是不完美的，因此确定每种工作分析方法的可靠性和有效性显得极为重要。已经有研究针对某些分析方法讨论了这一问题。研究结果显示，一般由多人进行的评定较为可靠。换言之，对于某些工作分析的方法来说，不同个体对同一工作的评估之间的相关性会比较高。效度是更为复杂的一个问题，并且一些研究者已经开始研究工作分析评定到底代表了什么。也就是说，它们是真的反映了任务特征和胜任素质，还是反映了别的什么？

3.5.1 信度

Dierdorff和Wilson（2003）采用元分析（见第2章）的方法，综合了46项有关不同工作分析方法的信度研究结果。他们发现，平均重测信度为0.83，这意味着人们所做的工作分析评定具有较强的跨时间一致性。DuVernet、Dierdorff和Wilson（2015）对研究中的评估者一致性信度（不同评分者的评分之间的相关）进行元分析，发现平均评估者一致性信度系数为0.73，但该信度水平可能受到了一些因素的影响。比如评定能力的信度要高于评定个人特征的信度，评定任务频率的信度要高于评定任务重要性的信度，以培训为目的的评定的信度要高于以选拔为目的的评定的信度，主管评定的信度要高于任职者评定的信度。

一些研究检验了任务清单的信度。Wilson、Harvey和Macy（1990）发现重测信度随着评定量表的不同而产生较大的变化，例如，评定任务所需时间与任务重要性的重测信度就不同。尽管一些评定量表的信度系数很高，但另一些则低到难以接受。Sanchez和Fraser（1992）也发现，不同任职者的评估者一致性信度会随着评分量表以及岗位的不同而发生改变。

总而言之，研究表明工作分析评定还是比较可靠的。就像上文提到的，任务清单评定存在一些例外。当任职者作为领域事务专家并且需要决定使用哪种量表来评定任务时要格外谨慎。我们的下一个问题是工作分析评定是否有效。

3.5.2　效度

对于工作分析评定的效度最为有利的证据来自对不同的方法或信息来源的比较研究，例如任职者与上级主管之间的比较。Spector、Brannick和Coovert（1989）总结了9项研究的结果，报告了不同方法或信息来源的相关系数在0.47到0.94之间。这些结果表明，工作分析方法是有效的，但一项有趣的研究引发了对来源一致性的解释的质疑。Smith和Hakel（1979）比较了受过训练的分析员和只知道工作职位名称的大学生的职位分析问卷评定结果，发现学生和分析员的评分之间存在高相关。这看上去有些奇怪，因为分析员对任职者进行了深度访谈，而学生得到的关于工作的信息却很有限。Smith和Hakel想知道分析员的评定是否反映了对工作先入为主的观念，而非工作分析过程中收集的信息。若确实如此，工作分析评定的有效性可能比工业与组织心理学家想象的要低。

其他对学生和受过训练的分析员之间的评定一致性的研究得出了不同的结论。Cornelius、DeNisi和Blencoe（1984）认为学生对许多工作具有准确的知识，因此工作分析员和学生都可以提供有效的工作信息。尽管学生有准确的知识，但受过训练的分析员可以通过全面的工作分析收集更广泛的信息（Cornelius et al., 1984）。

Green和Stutzman（1986）进行了一次工作分析，他们让任职者完成一份任务清单。这份任务清单中包括对目标工作来说从来没有人做过的假任务。超过半数的任职者报告他们至少做了一项虚假任务。这一结果表明，许多人在完成任务清单时要么粗心大意，要么不那么诚实。这是否降低了任务清单的准确性，这点在该研究中并没有得以证实。然而Hacker（1996）继续做了一个类似的研究，将报告做了假任务的任职者和那些报告没做假任务的任职者比较，发现两组任职者对所有其他任务的评定以及在评定的可靠性上不存在差异。换言之，报告做了假任务的个体在其他实际做过的任务上的评定并没有表现出低准确性。

效度研究的结果显示，工作分析评定提供了有用的信息，但因为是基于人的判断，所以它并不完美并且具有潜在的主观偏差（Morgeson & Campion, 1997; Morgeson, Delaney-Klinger, Mayfield, Ferrara, & Campion, 2004）。Green和Stutzman（1986）的研究结果强调任职者在做评判时未必准确，而且不同类型的工作分析评定的准确性也不一致。Dierdorff 和 Morgeson（2009）指出，评定特定任务（比如记录病人的药物信息）的准确性要高于评定某一胜任素质（比如可靠性）的准确性。他们提出待评定的任务或素质越具体，就越容易被观察到，其评定的结果也更可靠、更准确。Sanchez 和 Levine（1994）试图通过训练任职者如何评估工作来改善工作分析的结果。虽然他们的研究只有一部分成功了，但是这样的训练可能会在将来被证明是有用的。尽管工作分析的程序有待改进，但对工业与组织心理学家来说，当前的各种工作分析方法都是重要的工具。

3.6 工作评价

工作评价（job evaluation）是指用于科学地决定工作的薪酬水平的一系列定量技术（Morgeson, Campion, & Maertz, 2001）。这些技术和我们已经讨论过的工作分析方法非常相似。实际上，工作分析方法有时就用于工作评价。比如，Robinson、Wahlstrom 和 Mecham（1974）使用职位分析问卷进行了工作评价。工作分析和工作评价最大的差别在于，工作评价的目的是通过数学计算来综合各种工作信息从而决定不同工作的相对薪酬水平。

最受欢迎的工作评价方法或许是点方法（Treiman, 1979）。点方法有 4 个步骤。第一，通常由经理人或其他组织成员组成专门小组来决定工作的报酬因素。**报酬因素**（compensable factors）是工作评价中作为分析基础的变量，包括工作失误的后果、责任心、学历和所需的技能。

第二，由专门小组（由新的人或原有的小组成员组成）决定每份工作具有各项报酬因素的程度。此项任务通过定量的量表来完成，以便于统计每份工作可以获得各因素的点数。举例来说，有一份工作在工作失误的后果的 20 点中可能取得 2 点，而在学历的 20 点中取得了 20 点。这就意味着这份工作对失误的后果的要求低，而对受教育水平要求高。

第三，各因素的点数相加便得到了每份工作的总分。在本例中，这份工作在两个因素上一共得到 22 点（2+20）。这些数字并不以金钱作为单位，故而也并不表示实际的薪酬水平。更确切地说，这些数字是相对的，数字越大，则这份工作的薪酬相对越高。

第四，根据每份工作的总点数绘制出每份工作的实际薪酬坐标图。如果薪酬制度是公平的（是按照报酬因素制定的），那么该图就应是一条直线，这意味着点数越高，薪酬也越高。如果某份工作的点不在这条直线上，就意味着这份工作的薪酬要么高了（点在线上），要么低了（点在线下）。可以采取上述步骤，将这份工作和与其总点数类似的工作放在一起。根据该制度，薪酬过高的工作应进行薪水冻结，而薪酬偏低的工作则应加薪。

尽管工作评价可以表明工作的相对价值，但也应该在决定薪酬水平时将其他因素考虑在内。最大的影响因素之一就是一份工作的市场工资。比如，医院很可能会发现，与护士相比，医生的薪酬过高。然而，对医院来说，完全按照报酬因素设定薪酬是不可行的。医院既不可能付给护士更高的薪酬，也不能降低医生的工资（导致无法雇用或留住他们）。因此，必须考虑到全国或各地区的工资水平。薪酬调查可用来了解其他组织付给每个职位的薪酬是多少。需要联系到该地区的所有医院才能进行这样的调查，进而才能决定护士和医生的薪酬水平。

点方法只是诸多工作评价法中的一种。点方法也有不同的形式，它们都可以通过估计相对价值来决定工作的薪酬水平。对各种方法的研究显示,不同的方法可以互换,而不同方法的结果通常也很类似(Gomez-Mejia, Page, & Tornow, 1982)。

可比价值原则

众所周知,在美国和其他国家,女性的平均工资要低于男性的平均工资。差异的部分原因是一些主要由女性来担任的职位(如秘书)的报酬,比起那些通常由男性担任的职位(如电工)的报酬要低(Allen & Sanders, 2002)。尽管美国国会在1963年通过的《同工同酬法》规定,对相同的职位,女性的薪酬低于男性的是违法的,但并没有法律可以禁止组织在相同职位上支付给女性的工资低于支付给男性的。

可比价值原则(comparable worth)是指不同但相当的工作应该有相同的报酬。如果以女性为主的工作对组织的贡献量与以男性为主的工作的贡献量一样多,那么二者的报酬也应该相同。困难在于找到一种通用标准来衡量工作的等值性,工作评价就是解决该问题的一种方法。

要通过工作评价进行可比价值研究,首先要在组织的工作中应用一种工作评价方法,将以男性为主的工作和以女性为主的工作进行比较。根据报酬因素,一些以女性为主的工作的工资很有可能偏低。采用数学方法就可以计算出工资偏低的工作应做出多大调整。实施这些调整便可以实现以女性为主的工作和以男性为主的工作的可比价值原则。

使用工作评价来实现可比价值一直备受批评(Eyde, 1983)。部分困难在于,工作评价的判断可能因女性薪酬向来比较低而存在偏差。比如,Schwab和Grams(1985)发现,对当前薪酬的了解会影响人们对组织中的工作给出的点数。因此,较低报酬的工作所得的点数比应得的要少,高收入的工作所得的点数也比应得的要多。工作评价法可能低估以女性为主的低收入工作,而高估以男性为主的高收入工作。

或许可比价值最大的障碍并不是工作评价存在的偏差,而是因提高以女性为主的职业(如文员和小学老师)的薪酬所产生的成本问题。除非部分工作的薪酬下调,否则调整这些女性职业的薪资的代价会非常高。此外,市场工资也是影响组织设置薪酬水平的一个主要因素。虽然美国在这方面已经获得了一些进展,但要在不远的将来实现可比价值是不太可能的。

本章小结

工作分析是描述工作和胜任某项工作所需的个人素质的方法。工作导向的工作分析法提供了关于工作性质和工作任务的信息。个人导向的工作分析法描述了工作中个体所必需的胜任素质(知识、技能、能力和其他个人特征)。有许多工作分析方法提供关于工作、人或两者兼而有之的信息。

工作分析信息有许多目的和用途,可用于员工的职业发展、法律事务(如确保人事行动的公平性)、绩效评估、选拔、培训、职业咨询以及研究。

大多数工作分析信息有4个来源,分别是工作分析员、上级主管、任职者、训练有素的观察者。他们获得信息的方式有以下4种:

- 执行工作
- 访谈做这项工作的人
- 观察工作中的员工
- 让任职者填写问卷

许多方法都可以用于工作分析,没有哪种方法比其他方法更高级,每种方法都有各自的优势和不足。工作分析员应该决定选择哪种方法,以下4种是最常用的方法：

- 职务因素调查表
- 功能性职务分析
- 职位分析问卷
- 任务清单

大多数工作分析法都比较可靠，但还需要对这些方法的效度做进一步的研究。现有研究表明这些方法的前景不错，但也有证据表明工作分析评定并不总是准确的。因此，如何提高工作分析信息的准确性应得到更多的关注。

工作评价是用于设定薪酬水平的诸多技术之一。工作评价过程和工作分析很类似，工作分析方法常用于工作评价。研究指出，对于同一工作，不同工作评价技术的结果往往相似。人们尝试使用工作评价来减少两性之间薪酬的不公平。可比价值原则是指对组织具有同等贡献的工作应该享有相同的报酬。

工业与组织心理学实践

这个案例是 Joan Brannick 博士进行超市仓库管理员选拔测验的有效性验证时所做的工作分析。Brannick 于 1987 年在鲍灵格林州立大学获得工业与组织心理学博士学位，她现在是 Brannick HR Connections 的总裁。Brannick HR Connections 是一家人力资源咨询公司，位于佛罗里达州的坦帕市，主要通过建立、执行以及评价选拔和晋升流程来评估工作匹配度及文化匹配度，帮助组织提高员工的稳定性。在 1995 年创办该公司之前，Brannick 就职于当时美国最大的连锁药房之一——Eckerd 公司。对工业与组织心理学家来说，这是一条常见的职业发展路径：在一家私企中服务若干年，之后再创办自己的咨询公司。

一家全国连锁超市聘请 Brannick 作为团队的一员，以开发针对仓库工作人员的选拔测验并对其有效性进行验证。选拔测验由一家专攻身体敏捷度测验的公司进行设计。客户想要一名独立咨询顾问来做初步的工作分析，以此了解到底需要什么样的测验，然后再对测验做效度研究以验证测验是否有效。如果由测验公司来做整个项目，尤其是效度研究，客户担心可能会存在利益冲突。客户聘用 Brannick 来提供客观的专业观点。不同公司的工业与组织心理学家一起工作，每人负责工作的一部分，这是很常见的事情。

要分析的工作包括处理每家分店的订单。超市每天都要提交不同产品的订单，仓库管理员要将货物装入仓库中的大塑料箱并用卡车将这些箱子送往各家超市。该工作要求员工有身体敏捷度，因为各种产品要从架子上取出，再用手装入箱子里。Brannick 使用工作分析的观察法。她参观了仓库，花了很多时间观察员工并记录了所要求的特定身体动作。有三个动作格外重要：抓（用单手的所有手指头和拇指提起物品）、提（用两只手提起物品）、捏（只用食指和拇指捏起物品）。在确定特定动作后，测验公司设计了心理运动测验（见第 5 章），以确定应聘者是否有能力完成要求的动作。

测验一经开发，就有 350 名员工参与了测试。Brannick 对评定员工绩效的主管进行了培训，还收集了关于旷工率和每人每天装箱量的客观绩效数据。之后她通过分析统计数据来查看测验是否可以预测员工的工作表现。研究取得了成功，测验被证明能有效地预测工作绩效。目前这一测验仍被用于选拔仓库管理员。

讨论问题：

1. 为什么在开发测验之前进行工作分析很重要？
2. 通过问卷询问员工或主管需要什么动作，这样一种工作分析法会是有效的吗？
3. 一旦公司被控告歧视残疾人，工作分析对公司有什么帮助呢？
4. 为什么进行效度研究很重要？

做中学
进行工作分析访谈

工作分析的一种方法就是对从事这项工作的员工进行访谈。选择一个你认识的人（熟人、家庭成员或朋友），此人正从事某项你自己从未做过的工作。采访他，询问工作情况，仔细记录你所听到的，你可以向他询问以下信息：
1. 职位名称
2. 该职位的简要介绍
3. 该工作中最重要的任务
4. 该工作所需的最重要的胜任素质

撰写一个简短的报告来描述你对该工作的认识。

第 4 章

绩 效 评 估

第 4 章 概要

为什么要评估员工

绩效准则

评估工作绩效的方法

360 度反馈

科技对绩效评估的影响

绩效评估中的法律问题

本章小结

工业与组织心理学实践

做中学

想象一下你是某大型组织的经理,你有一项任务是评判你的下属的工作做得如何。你会怎么来评价他们工作表现?是在一旁观察他们工作吗?如果是这样,你如何知道你需要观察些什么?有些人看似工作很努力,但实际上他们的工作对组织目标的贡献却很小。多数工作都不能单凭观察这一种方式就了解清楚某人的工作表现,你还需要对高工作绩效的构成有清楚的认识。评估一个人工作绩效的最佳方法就是将他的工作与准则或标准进行比较。

在本章中,我们会探讨与员工绩效评估相关的问题以及组织怎样建立系统对绩效进行评估和归档。首先是关于利用可比较的准则或标准来评判和测量绩效的问题。在绩效评估之前,我们必须对什么是高绩效有清晰的认识。之后就到了第二个问题——发展评估绩效的程序。因此,绩效评估是一个两步走的过程。第一步是定义什么是高绩效(建立绩效准则);第二步是实施绩效评估的程序,判定员工工作表现达标的程度。绩效评估可能比较耗时,在讨论其标准和程序之前,先让我们来看一下为什么要进行绩效评估。

目标

学习本章后，学生应该能够：

1. 列出工作绩效信息的用途；
2. 讨论绩效评估准则的重要性；
3. 描述不同的绩效评估方法及其各自的优势与不足；
4. 讨论如何进行合法的绩效评估。

4.1　为什么要评估员工

第一个问题是组织为何要开发系统对员工进行绩效评估？绩效评估是一件耗时且繁重的事情，在一个典型的评估程序中，主管需要准备书面的绩效报告并和每位下属就绩效评估问题进行谈话。Peretz 和 Fried（2012）发现，在美国和北欧国家（比如德国、荷兰、瑞士等），基本上所有大型组织都有绩效评估系统（类似的系统在希腊、葡萄牙这些国家则很少使用）。为何组织要建立这样的**绩效评估**（performance appraisal）系统呢？这是因为绩效信息可以用于管理决策、员工发展与反馈以及对组织实践和程序有效性的研究。进行绩效评估对员工和组织都有好处，接下来我们会逐一进行介绍。

4.1.1　管理决策

许多关于员工的管理决策至少部分是基于员工的工作绩效做出的。在美国和其他许多国家，大型组织把工作绩效作为员工奖惩的依据。惩罚措施包括降级和终止合同（解雇），而且一些组织有政策要求解雇绩效不良的员工。奖励措施包括晋升和加薪，而且许多组织设有**绩效工资**（merit pay）制度，将工资与绩效水平挂钩。

合同和法律都有规定将工作绩效作为管理决策的依据。一份劳动合同里往往会写明绩效评估如何进行，以及评估信息是否与加薪等管理决策相关联。美国政府的公务员会因不良的工作绩效或违反工作守则而被解雇。违反工作守则包括攻击同事、犯重罪、在工作时间睡觉或者缺勤。尽管如此，许多被解雇的公务员仍会因为一直以来的良好工作绩效而被复职。不仅美国在法律上要求管理决策应基于工作绩效，其他国家（比如加拿大）也有类似要求。加拿大的法律要求解雇员工必须基于工作绩效，这些要求不仅适用于政府员工，也适用于私营企业。

4.1.2　员工发展与反馈

为了维持和提高工作绩效与工作技能，员工需要获得来自上级主管的绩效反馈。主管的一项主要职责就是让下属知道公司对他们的工作期望以及他们多大程度上达到了期望。员工需要知道自己何时做得好，这样他们会继续保持下去，也要知道何时做得不好，这样他们可以去改变自己的行为。表现良好的员工同样能从反馈中获益，他们可以了解如何把事情做得更好。反馈还能告诉员工如何提升技能从而获得晋升。在组织中出现了一种新的趋势，即在设计综合的绩效管理系统时，不再局限于一年一次的评估，而是在此之外，增加了主管和员工之间的目标设定、定期辅导以及反馈环节。年度评估用于管理决策，而中期回顾仅用于提供反馈，这样可以降低员工面对加薪和晋升评估时产生的焦虑和防御心理。在本章的工业与组织心理学实践中将介绍美联银行的绩效管理系统。

4.1.3 研究

实践型工业与组织心理学家从事的许多活动都与提高员工的绩效有关，他们努力设计更好的设备、雇用更好的员工、激励和培训员工。工作绩效数据可以作为评判这些努力是否有效的标准。做法是设计一个研究。常见的研究设计是执行旨在提高绩效的新程序，然后比较员工在程序实施前后的绩效。更好的设计是采用实验法。在实验中，对实验组员工实施新程序，而对控制组不实施新程序，然后对比两组的工作绩效，看看实验组的绩效是不是好于控制组。类似于培训项目的评估，如果接受培训的小组拥有更高的绩效水平，那么可以很好地证明培训项目是有效的。

4.2 绩效准则

准则是评判包括人在内的任何事物的绩效的标准，它可以区分高绩效和低绩效。在没有准则的情况下去评估绩效就好比帮朋友找东西，但不知道东西是什么。除非你知道要找什么，否则你根本帮不上什么忙。同理，除非你知道绩效应该是什么样的，否则你也无法有效地评价一个人的工作绩效。绩效准则的建立是一项困难的任务。第一步是工作分析，了解工作应该做什么。一旦工作分析完成，你就可以选择不同的方法来评估绩效的各个方面。

4.2.1 准则的特征

1. 理论准则和实际准则

准则可以分为理论准则和实际准则。理论准则是高绩效的概念，而非测量。在研究术语中，**理论准则**（theoretical criterion）是一种理论构念，用来说明什么是高绩效。**实际准则**（actual criterion）是评估和操作理论标准的方法，即绩效评估的技术，比如统计销售人员的销售量。

表 4-1 展示了 5 种不同工作的理论准则和相应的实际准则。正如我们所看到的，对于有些工作而言，理论准则和实际准则的差异较大，而对另一些工作来说，这两种准则的联系较为紧密。比如，保险销售员的理论准则是销售保险，实际准则是卖出去的保险数量。而对艺术家来说，这两种准则的联系就不是那么紧密。艺术家的理论准则是创作伟大的艺术作品，实际准则是艺术领域的专家对作品的评价。由此绩效评估就会存在一定的主观性，这种主观性体现在谁可以称为艺术领域的专家以及专家对艺术作品优劣的评价两个方面。表格中的例子表明，不同工作的准则需要不同的方法来评估。

表 4-1 5 种工作的理论准则与实际准则的实例

工作	理论准则	实际准则
艺术家	创作伟大的艺术作品	艺术领域的专家的评价
保险销售员	卖保险	月销售额
商场店员	向顾客提供优质的服务	服务的顾客满意度调查
教师	教授学生知识	学生成就测验的分数
气象报告员	准确预测天气	比较预测情况与实际天气

2. 准则污染、缺陷和相关

实际准则是用来评估基本理论准则的。但实际上，实际准则并不是理论准则的理想指标。虽然实际准则可以反映理论准则的一部分，但是也很可能会忽略其中的某些部分。另外，实际准则可能存在偏差，反映的是理论准则以外的内容。因此，实际准则通常只是对理论准则的粗略评估。

我们用三个概念来理解上述问题：准则污染、准则缺陷和准则相关。**准则污染**（criterion contamination）是指实际准则反映了理论准则以外的一些内容。污染源于准则自身的偏差和不可靠性。在使用人们的评价和意见作为实际准则的情况下，偏差十分常见。比如，将艺术领域的专家的评价作为艺术作品质量的实际准则，可能会产生与作品本身较大的判断偏差。这是因为艺术品质不存在客观标准，如果将专家的判断作为绩效的实际准则，专家之间就会存在分歧。

实际准则的不可靠性是指评估过程中的测量误差。正如第 2 章所提到的，测量误差是在测量过程中产生的，包括导致测量结果不准确的随机误差。它表现为测量结果跨时间的不一致性。如果我们重复评估某人的工作绩效，即使绩效（理论准则）是保持不变的，其测量结果还是会变化。这就意味着实际准则的信度并不完美。

准则缺陷（criterion deficiency）是指实际准则不能完整覆盖理论准则。换言之，实际准则是理论准则的不完全表征。这一概念就是第 2 章中所提及的内容效度。例如，学生的数学成就测验分数可以作为小学教师绩效的实际准则，但这个准则存在缺陷，因为小学教师不仅仅教数学。相对无缺陷的准则应该是包含数学、阅读、科学和写作在内的综合成就测验成绩。

准则相关（criterion relevance）是指实际准则反映理论准则的程度，也被称为结构效度（见第 2 章）。实际准则与理论准则之间的关联越紧密，实际准则的相关度就越高。表 4-1 中的所有实际准则都与相应要评估的理论准则有一定程度的相关。理论准则可以很抽象，比如创作伟大的艺术作品，也因此准则相关很难确定。和任何一种评价方法的效度一样，准则相关涉及我们对绩效测量的意义所做出的推论和解释。

图 4-1 展示了准则污染、缺陷和相关。下面的圆圈代表实际准则，上面的圆圈代表理论准则，两圆的重叠部分（阴影处）表示的是实际准则反映理论准则的程度，即准则相关。下方的圆圈中与上方圆圈未重合的部分（未画阴影处）表示的是准则污染，是指实际准则反映了理论准则以外的内容，即偏差和测量误差。上方圆圈中与下方圆圈未重合的部分（未画阴影处）则是准则缺陷，即理论准则中未被实际准则反映的部分。

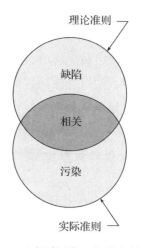

图 4-1　准则污染、相关和缺陷

3. 特异性水平

大多数工作都比较复杂，包含了许多不同的职能和任务。工作的绩效准则既可以用于评估单个的任务，也可以用于评估整个工作的绩效。就某些目的而言，评估单个任务可能较好，比如警察实施逮捕、销售员售卖产品等。而就另一些目的而言，整个工作的绩效评估才是关注的重点。从发展员工技能的角度来说，采用任务水平的准则进行评估更好，这样会使反馈更加明确、具体。员工可能会得到反馈说他的打字速度太慢或者错字太多，这种具体的反馈对那些希望提高绩效的员工大有裨益。而从管理的角度来说，应该关注总体的绩效评估。提拔一个员工可能是因为他的总体绩效最高。选择何种方法进行绩效评估要根据评估信息的使用目的来定。

需要细致的观察才能了解员工的工作表现出色与否。

4.2.2 准则的复杂性

由于大多数工作包含多项任务，而多数任务又可以从不同的角度进行评估，因此准则会变得十分复杂。即便是一个简单任务的工作绩效，也可以从质量（工作的好坏程度）和数量（工作量或工作速度）两个维度来进行评估。工作绩效的复杂性意味着需要测量多个绩效准则来对工作表现进行充分评估。这些准则可能涉及数量、质量或二者兼而有之。准则评估可以在单个任务的特异性水平上进行，也可以在总体工作的水平上进行。工作的性质和评估的目的决定了准则的性质以及特异性水平。

有些工作的性质要求评估关注质量，而对有些工作的评估可能更关注数量。在竞技体育中，数量或质量会作为判定比赛输赢的准则。体操运动是以质量为准则的。评委会根据质量维度来给每个体操运动员打分，得分最高的运动员赢得比赛。田径比赛则更关注数量——跳得最远、跳得最高、跑得最快或者投掷得最远的运动员赢得比赛，而跳的姿势或跑步的样子则没什么意义，因而不是评估的对象。一项工作的评估强调质量还是数量，通常取决于工作任务的性质。比如对销售工作的评估强调的是销售数量，而对教师的工作的评估关注的是授课质量。

除了工作的数量和质量，还有许多其他准则。表 4-2 是一个绩效评估表，包含 8 个与许多工作相关的一般准则。例如，如果某个工作很重视公众形象，那么在工作中保持职业化的形象就很重要。许多组织希望员工在接触公众时展示特定的形象。这可能包括着装要求，即在何种场合应穿着何种服装，比如西服。工厂的着装要求与公众形象无关，而与安全有关。工厂里通常禁止打领带，因为它可能被卷进机器里，造成重大事故和人员伤害。

表 4-2 包括 8 个准则维度的绩效评估表样例

	评定等级				
维度	差	一般	中等	良好	优秀
出勤	——	——	——	——	——
与他人沟通	——	——	——	——	——
服从指示	——	——	——	——	——
教导他人	——	——	——	——	——
激励他人	——	——	——	——	——
职业化形象	——	——	——	——	——
工作质量	——	——	——	——	——
工作数量	——	——	——	——	——

有两种方法来处理准则的复杂性。综合法是将各个准则综合成一个分数。如果员工在 4 个维度上分别得到了一个代表其绩效的分数，那么综合分就是这 4 个分数的平均分。例如，某员工在以下 4 个维度在 5 点量表上的绩效得分是：

出勤 =5
职业化形象 =4
工作质量 =4
工作数量 =5

那么员工的综合绩效分数就是 4 个分数的平均分，即 4.5 分，计算方法是 (5+4+4+5)/4。平均绩点就是学生在校表现的综合分。多维度法则不会把各维度的测量结果综合为一个分数。在上面的例子中，每个员工会有 4 个绩效分数。

综合法可以更好地比较不同员工的绩效。当每个员工只有一个绩效分数时，比较就简单得多。在给员工反馈时，多维度法更有优势。这种方法能够给予员工不同维度的绩效评估信息，而不是总体绩效的概括性反馈。

4.2.3 动态准则

准则通常被认为是在绩效评估时采用的常态或静态标准。然而有些工业与组织心理学家认为，工作绩效本身是会随着时间而变化的，这意味着在某段时间中工作绩效最高的人在另一段时间中的工作绩效未必是最高的。绩效在测量周期中的变化使评估变得困难。假如某员工在一年中的某段时间内绩效很好，但在其他时候的绩效较差，我们应该如何评估这个员工的绩效呢？

尽管变化的是绩效而非标准，我们还是将绩效的跨时间的变化称为绩效的**动态准则**（dynamic criterion）。工业与组织心理学家对动态准则的概念产生了争论，一些人认为绩效是稳定的，而另一些人则认为绩效是变化的（Schmitt & Chan, 1998）。一方面，Deadrick 和 Madigan（1990）提供了某服装厂缝纫工的绩效数据，数据显示绩效在短时间内（几周）是稳定的，但在长时间内（数月）是不稳定的。此外，Vinchur、Schippmann、Smalley 和 Rothe（1991）发现，制造工人的工作绩效在五年之内是比较稳定的。另一方面，Deadrick、

Bennett 和 Russell（1997）指出，员工绩效会随着时间流逝而逐步提高，至少在任职早期是如此，而且决定新员工绩效的因素未必和影响后期员工绩效提高的因素相同。因此，看一段时间内的员工绩效会发现绩效是在变化的，在某个时间段表现最好的员工从长期来看未必是绩效最高的。

4.2.4 关系绩效

大多数工作的绩效准则关注的是那些有明确要求的、罗列在工作分析中的任务。然而，人们已经认识到，员工为组织所做的远远多过组织所要求的，并且这些职责外的事情对于组织的平稳运作至关重要。**关系绩效**（contextual performance）是员工对同事和组织做出的职责之外的自愿的事情，比如主动承担额外的任务或帮助同事（Borman, Buck, Hanson, Motowidlo, Stark, & Drasgow, 2001）。尽管没有明确要求，管理者们也会关注并赞赏这些行为，他们对下属的绩效评估也会受此影响（Johnson, 2001）。这都表明关系绩效应被考虑在绩效评估的准则之内。我们会在第 10 章讨论组织公民行为时再次讨论关系绩效的问题。

4.3 评估工作绩效的方法

评估个体工作绩效的方法很多，最常见的方法有两种：客观测量和主观测量。客观测量是对各种行为（比如缺勤天数）或工作行为结果（比如月销售量）的计算。主观测量由对工作绩效非常了解的人进行评分。通常是由主管对下属的绩效进行评定。这两种方法都是有效的，但研究显示，同时采用这两种方法来评估个体的绩效，其结果却有可能不一致（Sundvik & Lindeman, 1998）。这表明两种方法可能反映了工作绩效的不同方面。接下来我们讨论客观测量和主观测量方法。

4.3.1 工作绩效的客观测量

组织会追踪员工的行为和行为结果。人力资源部门会记录每个员工的缺勤、事故、事件和迟到的次数，有些组织还会追踪员工的工作量信息。如果组织制定了诸如佣金或计件工资这类基于员工产出的薪酬**激励机制**（incentive system），就必须收集工作量方面的数据。

表 4-3 列出了 5 种常用的工作绩效的客观测量方法，每一种都是对工作行为或者行为产出的客观测量。我们通常可以在组织记录中找到这些数据，也可以为绩效评估专门收集这些数据。其中两种测量方式与出勤情况有关，即缺勤和迟到次数。事故可能是有意或无意的，比如被工厂的机器弄伤。事件是指个体卷入工作事件的次数，这些工作事件对于特定工作来说意义重大。比如，精神病院的住院病人事件报告中会记录工作人员被患者攻击的次数；警察的员工记录里会包含鸣枪事件报告。最后，工作量是个体的工作产出数量。

表 4-3　工作绩效客观测量的样例

绩效	测量
缺勤	每年缺勤天数
事故	每年发生事故的数量
工作事件（如攻击行为）	每年发生事件的数量
迟到	每年迟到的天数
工作量（如销售量）	销售额

由于大多数工作都有规定的工作时间，所以测量用出勤率来评估绩效通常是可行的。但对于工作时间比较自由的工作（比如大学教授）来说，出勤率就不能作为绩效评估的准则，当然，上课缺席或迟到的情况除外。至于其他 3 种客观测量的方法，都因特定的工作而有所不同。例如，记录的事件类型受工作性质和工作环境的影响。城市公立学校的教师遭到学生攻击的事件可能会被记录下来，而大学教授的类似事件却未必会被记录。这是因为在美国的大城市中常有公立学校的老师遭学生攻击的事件发生，大学教授则很少成为攻击的对象。测量工作量的方法同样需要符合工作的性质。表 4-4 列出了一些常见工作及其工作量的具体测量方法。如表所示，不同工作的工作性质相差甚远，因此很难对从事不同工作的人的绩效进行比较。

表 4-4　几类工作之工作量的客观测量样例

工作	测量
装配线工人	产出的部件量
大学教授	发表的论文数量
律师	胜诉的官司数量
销售人员	销售量
外科医生	实施的手术数量

使用客观测量法来评估绩效有几个优势。第一，客观测量结果的意义直观而易于解释。例如，过去一年内无缺勤记录很显然是优秀出勤率的良好指标，6 个月内发生 4 起交通事故显然是不良驾驶表现的指标。第二，其可量化的性质使得比较从事相同工作的不同个体的工作绩效变得容易。而只要有固定的工作时间，出勤率甚至可以用来比较从事不同工作的个体的绩效。第三，客观测量和组织目标直接联系在一起，比如生产产品或提供服务。第四，客观测量的数据往往可以在组织记录中找到，不用开发专门的绩效评估系统。这些数据通常出于绩效评估以外的原因而被收集和存储在电脑中，但这也使得绩效评估工作相对容易完成。

遗憾的是，绩效的客观测量也存在一些局限。许多客观测量的方法并不适用于所有工作。如果工作的产出无法量化，工作量就不是一个可行的评估指标。另外，数量达到多少代表高绩效并不总是显而易见的。比如，一年缺勤几次可以被视作高绩效呢？从记录中提取的数字可能是被污染的和不准确的。有时，行为和产出会归因在错误的人的名下或者没有被记录下来。人们也可能会歪曲记录，比如出于偏袒而瞒报某个人的恶劣事件，以及员工可能不报告意外事故和伤害。

将客观测量的结果作为绩效准则的指标往往是不够的。这类测量关注具体的行为，而这可能只是准则的一部分，其他同等重要的部分或许会被忽略（Borman, Bryant, & Dorio, 2010）。对工作量的测量关注的是数量而非质量。尽管对一些工作来说，数量可能很重要，但质量在工作中也是同等重要的。最后，客观测量的结果并不一定是由被评估者所控制的（Borman et al., 2010）。工厂工人的产量差异可能是由他们使用的机器不同造成的，销售量的差异可能是由销售区域的不同造成的。工作中被攻击的个体可能没犯任何错误，也无法避免事件的发生。警察使用武器也许是情势所逼，而并非工作绩效太差。在使用客观测量方法评估个体绩效时，这些因素都应该被纳入考虑范围。

4.3.2 工作绩效的主观测量

主观测量是评估工作绩效最常用的方法。绝大多数组织要求主管每年填写对每个下属的绩效评估表。不同组织用于评估员工绩效的评分表种类繁多。在这一部分，我们会讨论其中的几种。

1. 图尺度评定法

最常用的主观测量方法就是**图尺度评定法**（graphic rating form），它从不同维度来评估个体的绩效水平。图尺度评定法关注个体特征或个体绩效的特征。举例来说，大多数图尺度评定表要求对工作的质量和数量进行评定，还有许多评定表涵盖了某些个人特征，比如外表、态度、可靠性和动机。

如表 4-2 所示，图尺度评定表是包含多个维度的多点量表。量表描述了从低到高的连续的绩效水平，且通常使用 4~7 个评分点。表 4-2 中的量表是 5 点量表，反映了从"差"到"中等"再到"优秀"的不同绩效水平。表中还涵盖了多个工作绩效的评估维度，包括出勤率、工作质量等。管理者使用这个评定表，对员工在各个维度上的表现进行评分。

2. 行为导向评定法

上述的图尺度评定法关注的是特征导向的维度（比如可靠性）或绩效的一般方面（比如出勤率）。行为导向评定法关注个体已经做了或应该做的行为，并选择相应的行为来代表不同的绩效水平。例如，对出勤来说，良好的行为可以是"每天准时上班"，而不良行为则是"每周上班迟到数次"。评估者的工作就是指出被评估员工的行为是哪种特征的行为。计分的方式取决于评估表的类型。

有几种不同类型的行为导向评定表。我们将讨论其中的三种：

- 行为锚定等级评价法（Smith & Kendall, 1963）
- 混合标准尺度法（Blanz & Ghiselli, 1972）
- 行为观察量表（Latham & Wexley, 1977）

这三种量表描述的都是行为或表现，而不是特征，但它们在呈现这些描述和/或反应的方式上有所不同。

行为锚定等级评价法（Behaviorally Anchored Rating Scale, BARS）是用量表从行为方面来定义反应选项的评价方法。图 4-2 是大学教授的一个示例，该量表用于评估课堂内容的组织技能这一维度的绩效水平。评估者从量表中选择与被评估者的绩效表现最接近的行为。量表中的行为按自下而上的排序反映了由低到高的绩效水平。

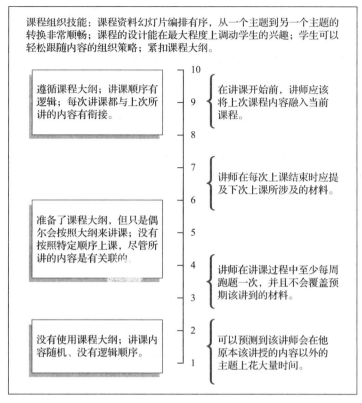

图 4-2　大学教授的行为锚定等级评价法示例

资料来源：From *Performance Appraisal: Assessing Human Behavior at Work*, by H. J. Bernardin and R. W. Beatty, 1984, Boston, MA: Kent. Reprinted with permission.

根据行为锚定等级评价法制定的量表包含几个分量表，每个分量表用于评估工作绩效的一个重要维度，它可以和图尺度评定法评估相同的维度，其主要差别在于前者使用代表不同行为的反应选项，而后者是要评估者给出个体在这个维度上绩效好坏的评分。因此，上述两种评定表可以用来对相同工作的同一绩效维度进行评估。

混合标准尺度法（Mixed Standard Scale, MSS）给评估者提供了一系列有效性不同的行为描述，对于每个描述，要求评估者指出：

1. 评估对象的表现是否优于该描述
2. 评估对象的表现是否与该描述相当
3. 评估对象的表现是否差于该描述

混合标准尺度法中的绩效有多个维度，每个维度又有几个与之相关的行为。表 4-5 展示了"与他人的关系"这一绩效维度的三种描述。这三种描述分别反映了在该维度上优秀、合格和差这三种水平的工作绩效。

表 4-5　混合标准尺度法中用于评估"与他人关系"维度的三个行为描述

优秀的绩效
与每个人都相处得很好；在与他人意见不一致时仍能够与之和睦相处
合格的绩效
与大多数人相处得很好；在工作上偶尔与他人发生冲突，且冲突程度较轻
差的绩效
容易与他人发生不必要的冲突

注：每个描述以下列尺度来进行评估，对于量表中的每个描述，请指出该员工是否
　　比该描述表现得好
　　和该描述表现得一样
　　比该描述表现得差

资料来源：From "The Mixed Standard Scale: A New Rating System," by F. Blanz and E. E. Ghiselli, 1972, *Personnel Psychology*, 25, 185-199.

在混合标准尺度法中，不同维度的描述出现的顺序是随机的。而且尽管量表中各行为的本质很清楚，但评估者不会被告知每个行为所对应的特定维度。Blanz 和 Ghiselli（1972）最先提出随机呈现行为描述，目的是比起其他形式的评定表，想让评估者在评定时更不易出现偏差。Dickinson 和 Glebocki（1990）比较了评估者对混合式和排序式（按照维度）的描述反应，结果发现，评估者在两种方式下的评定是相似的。因此，是明确行为描述的维度还是将不同维度的描述混合，看起来对绩效评估并没有什么影响。

行为观察量表（Behavior Observation Scale，BOS）的项目是基于关键事件的，和混合标准尺度法有些类似。**关键事件**（critical incident）(Flanagan, 1954) 是反映员工有效或无效行为的事件。对教师来说，不良事件的例子可能是"因学生的无礼言论而掌掴学生"。行为观察量表要求评估者指出员工从事某种行为所花费的时间。量表的开发者建议评估者使用下列百分数选项来代表员工从事每一行为所用时间所占的百分比：

- 0～64%
- 65%～74%
- 75%～84%
- 85%～94%
- 95%～100%

行为观察量表与混合标准尺度法的不同之处在于评估者指出的是每项事件的频次，而不是将员工的行为与行为描述进行比较。理论上来讲，评估者应该指出员工从事与绩效相关的行为的频次。

Kane 和 Bernardin（1982）对使用频次来评估绩效提出了批评。他们指出，行为的频次不是一个好的绩效评估指标，因为某一给定频次可能对某种行为而言反映了高绩效，而对另一种行为而言反映了低绩效。他们给出了警察的两个行为事例来说明。在获得逮捕令这一行为上，85% 到 94% 的频率是很优秀的，而对于为了正义而使用致命武器这一行为来说，这个频率就很可怕了。因此，在解释行为观察量表的频次等级的含义时，需要谨慎的判断。当然，解释工作绩效的很多测量结果都需要判断力。

3. 行为导向评定表的编制

编制行为导向评定表需要组织中较多人员付出大量努力。这是因为此类评定表关注的是具体行为，它必须针对某一具体的工作或某一组工作而开发。编制过程包含 4 个步骤且耗时良久，表 4-6 列出了各个步骤。

表 4-6　编制工作绩效的行为导向评定表的 4 个步骤

步骤 1	进行工作分析，定义绩效维度
步骤 2	从关键事件中形成对有效和无效的工作绩效的描述
步骤 3	专家把描述归入各个工作维度
步骤 4	专家对描述的有效性进行评定

步骤 1 是通过工作分析来界定绩效的具体维度，比如对于警察这一工作而言，逮捕犯人和写报告就是其中两个维度。步骤 2 是对工作中的有效和无效的行为进行描述。这可以通过从了解某项工作的领域事务专家那里收集关键事件来完成，这些专家通常是从事该工作的员工或他们的主管。关键事件可以为我们提供从极其有效到极其无效的绩效样例。

步骤 3 是请专家（工作知识丰富的人）将所得到的行为描述分类并归入各个维度，以确保行为描述反映了预期的维度。最后一步是请专家来评定这些行为描述，将其置于行为有效性的评定连续体上。如图 4-2 所示，在使用行为锚定等级评定法时，这些描述在量表中按照各个维度逐一呈现。在混合标准尺度法中，行为描述被评定为三种等级：优秀、合格和差。

4. 评估的内在认知过程

要开发出可靠的绩效评估方法，就需要对影响评估行为的认知加工过程有所了解。工业与组织心理学家对此进行了研究，并提出了相关模型来解释这一过程。其中有些模型关注人们如何利用信息来进行评估，有些则关注人们对工作绩效的看法如何影响他们对员工的绩效评估。

5. 评估的认知过程模型

关于影响绩效评估的认知过程有几个不同的模型（DeNisi, Cafferty, & Meglino, 1984; Feldman, 1981）。这些模型指出评定过程涉及几个步骤（Ilgen, Barnes-Farrell, & McKellin, 1993），分别是观察绩效、存储有关绩效的信息、从记忆中提取绩效信息、将信息转化为评定结果。

在这一过程中，首先是主管对员工的观察。要想做好绩效评估，主管必须有机会观察员工的工作。接下来，对绩效的观察信息被存储在主管的记忆里，也就是说主管注意到下属的工作表现并在记忆里存储相关的事件信息。等到绩效评估的时候，主管会从记忆中提取员工的绩效信息。最后，这些提取出来的信息会以某种方式转化为对员工每个绩效维度的评定结果。

不同的模型对每一步的信息加工都有所描述。一种观点是人们使用**图式**（schemata）（参照系或类别）来解释和组织他们的经验（Borman, 1987）。或许最为人们所熟知的图式是刻板印象（对一个群体的成员所具有的特征的信念）。这些特征可以是令人赞许的也可以是令人厌恶的。比如，对一个私营企业的经理的刻板印象是勤奋和努力。

另一种图式——原型是具有某些特征的人或某一类型的人的模型。提到优秀管理者的原型，有人可能会虚构一个人物，也有人可能想到一个真实人物，比如微软的创始人比尔·盖茨。具有该原型的典型特征的人会被认为是优秀的管理者。

如果原型的典型特征是金发（或看起来像盖茨），那么拥有一头金发（或看上去像盖茨）的管理者会被认为比那些拥有棕色头发（或看起来不像盖茨）的管理者的绩效更高。在这里，原型是将人们归入优秀管理者类别的标准。

图式可能会影响评估的整个过程。它会影响主管选择观察哪些行为，这些行为如何被组织和存储在记忆里，这些信息又是如何提取出来以及怎样用于绩效评估的。不过图式的使用并不意味着评定不准确。在许多情况下，使用图式可以简化经验，使之更容易被解释。基于图式对员工进行的绩效评估有可能是正确的（Lord & Maher, 1989）。

理论上，使用这些认知模型是有可能提高绩效评估的准确性的。Jelley 和 Goffin（2001）试图通过一项实验证明这一点。实验要求大学生使用行为观察量表对录像中的大学教师的绩效进行评定。尽管研究结果有和预期不一致的地方，但研究者还是发现，激活评估者的记忆后评估的准确率有所提高。他们通过让被试完成一些初步的总体评估来激活他们对所观察到的绩效的记忆。这一方法给改善绩效评估带来了希望，但这些模型最终是否有效还需更多的研究来证实。

6. 下属有效性的内容

如果图式会影响绩效评估，那么了解评估者的图式就很重要。换言之，如果能有效利用主管的图式来设计评估技术，那么该技术就能得到改善。如果评估表中的绩效维度与主管的绩效图式相符的话，评定工作对主管们来说会更容易。已有一些研究探讨了与此相关的问题。

Borman（1987）研究了美国军官关于下属绩效的图式。研究者要求军官描述高效士兵和低效士兵之间的特征差异，最终生成了189项描述性条目。经过复杂的统计分析，Borman 将这189个条目简化为6个维度。高效的士兵被认为具有如下特征：

- 工作努力
- 有责任感
- 有条理
- 了解工作的技术部分
- 善于管理下属
- 关心下属

Borman 的结论是，军官是用这些维度所代表的特征来评判士兵的绩效的。他还指出，在有经验的军官被试中，关于高绩效的组成这一问题是有共识的。这些结果表明，有经验的主管可能拥有可以准确反映高绩效的图式。这6个维度可以被用于之前我们所讨论的任何一种评定表。

Werner（1994）进行了一项研究，他让有经验的主管根据一系列的事件描述对秘书的绩效进行评估。研究的变量之一是主管用于评估的信息种类。Werner 发现下面这些维度被认为是最重要的：

- 出勤率
- 工作准确性
- 工作知识
- 工作量

Werner 认为这4个维度可能代表了主管的图式特征。他还建议，主管应该让下属了解他们的绩效认知图式的内容，这样，下属很可能在主管认为对高绩效有重要影响的方面努力表现。

7. 评估者偏差和误差

人的判断本就不完美。当主管或其他人做绩效评估时，他们可能会表现出评价偏差和误差。偏差和误差既存在于针对同一个体的评价，也存在于针对不同个体的评价中。这两种不同形式的偏差分别被称为晕轮误差和分配误差。

（1）晕轮（光环）误差

尽管个体在不同维度上的表现有所不同，但评估者却在所有评定维度上给出了相同的评分，此时就发生了**晕轮（光环）误差**（halo error）。换言之，一个人在某一方面被评定为优秀，那么他在所有方面都会被评定为优秀，即使在某些方面他的表现可能平平甚至更差。例如，一名警察在完成逮捕方面可能非常优秀（逮捕数量高），但他可能在书写方面表现并不好，而主管可能对这名警察的所有方面都给予较高的评价，尽管这名不副实。同样地，一个人如果在某方面被评定为较差，那么在所有方面都可能会被评定为较差，尽管他在某些维度上的表现是令人满意的。这种误差产生于对同一个体的评估当中，在针对不同个体的评估中不会产生这种误差。

表4-7展示了评估者所产生的晕轮（光环）误差。该表展示了对4位员工在5个绩效维度上的评定。评定分为5个等级，"1"为最差，"5"为最好。尽管对每个员工的评定存在差异，但对同一员工的评定在各个维度上却是相同的，这就是晕轮（光环）误差。这也表明评估者不能对各个维度进行区分，在他看来，员工在不同维度的表现是相同的。

表4-7　工作绩效评估中的晕轮（光环）误差

维度	员工1	员工2	员工3	员工4
出勤率	5	3	1	4
沟通	5	3	1	4
服从指示	5	3	1	4
工作质量	5	3	1	4
工作数量	5	3	1	4

尽管在不同维度上给予相同的评价可能暗示着评估误差的存在，但也可能是员工本身在不同维度上的表现确实是一致的。这意味着晕轮（光环）作用或许准确地反映了各维度上的实际绩效。这种可能性已经在工业与组织心理学领域的

文献中引起了关于晕轮的意义的热烈讨论（Balzer & Sulsky, 1992; Murphy, Jako, & Anhalt, 1993; Solomonson & Lance, 1997; Viswesvaran, Schmidt, & Ones, 2005）。也有部分讨论涉及如何区分偏差和真实光环的含义。**真实光环**（true halo）是指员工确实在所有维度上有相同水平的表现。

对晕轮的另一个关注点是尝试去解释导致评估者产生晕轮（光环）误差的认知过程。一些研究者推测评估者是依赖于对员工的总体印象来进行评价的（Lance, LaPointe, & Fisicaro, 1994；Nathan & Lord, 1983）。按照这种观点，评估者根据一些突出的信息形成对员工的总体印象。而这一印象又成为绩效评估的基础。这说明评估者也许能够更好地提供员工总体绩效的信息，而不是各个绩效维度的信息。

（2）分配误差

当评估者倾向于给所有个体相同的评价时，就产生了分配误差。如果给每个人的绩效评定都偏高，就产生了**宽大误差**（leniency error）；而如果对每个人都给予较低的绩效评定，则产生了**严格误差**（severity error）；当评估者对每个人都给予中等的评定时，就产生了**中心化倾向误差**（central tendency errors）。在对不同个体的评价中可能存在宽大误差。表 4-8 中，4 个员工都获得了较高的绩效评定，每个人都获得了 5 点量表中的 4 分或 5 分，表现出了宽大误差。然而，也有可能分配误差并非真正反映了评估误差，而是所有评估对象确实表现相同，从而产生了相似的评价。

表 4-8　四名员工工作绩效评估中的宽大误差

维度	员工 1	员工 2	员工 3	员工 4
出勤率	4	5	5	5
沟通	4	5	5	5
服从指示	5	4	4	4
工作质量	4	5	4	5
工作数量	5	4	5	5

8. 评估者偏差和误差的控制

目前已经发展出两种途径去控制和消除评估者的偏差和误差。一种途径是设计更加有效的绩效评估表来解决现有的问题；另一种就是对评估者进行培训，使其在评价过程中避免出现评估误差。尽管这两种途径都被证实在控制偏差和误差方面是有潜力的，但是有关二者降低误差效力的研究却产生了相互矛盾的结果（Bernardin & Beatty, 1984）。

（1）抵消误差的绩效估定表

人们编制诸如行为锚定等级评定法、混合标准尺度法等行为导向评定量表的一部分原因就是为了抵消评估误差。人们认为，如果评估者关注的是具体的行为而不是特征的话，他们能够做出更为准确的评价。这些行为较为具体，并且不需要花费精力去判断它们代表什么。比如，相对于可靠性这样的抽象特征，人们更容易准确地判断一个人的缺勤率。

许多研究对各种行为导向评定法与图尺度评定法进行了比较。研究结果发现，相对于图尺度评定法，行为导向评定法有时误差（比如晕轮和宽大误差）较少，而有时却不一定（Bernardin & Beatty, 1984; Latham, Skarlicki, Irvine, & Siegel, 1993）。此外，如果量表仅要求评估者检查评估对象是否做了某一行为，那么该量表与图尺度评定法相比会产生更少的宽大误差（Yun, Donahue, Dudley, & McFarland, 2005）。综合各种对绩效评定表的研究文献之后，Borman 等人（2010）得出结论，行为导向量表并没有比图尺度评定法更有优势。要提高评定的准确性，我们似乎应该更加关注评定的内容，而不是评定工具的设计。

（2）用以降低误差的评估者培训

人们对评估者培训进行了诸多研究，但得到了许多不同的结果（Hedge & Kavanagh, 1988; Latham, 1986）。研究结果的部分差异来自培训方式的不同。其中最为流行的可能是**评估者误差培训**（rater error training，RET）。这种培训的目的是使评估者熟悉各种评估误差，并教会他们如何去减小这些误差。尽管大多数研究表明这种培训有利于减小评估误差，但通常是以降低评定的准确性为代价的（Bernardin & Pence, 1980; Hedge & Kavanagh, 1988）。换言之，评估者可能会刻意变化评定分数来减少晕轮误差或宽大误差，而不考虑这些评定分数是否准确反映了评估对象的绩效水平，这就使得这些评定在反映评估对象的真实水平方面的准确性会下降。

为什么减小误差的同时又导致准确性降低呢？一种解释认为是评估误差本身的原因。上文提到，评估者误差源自评价方式。个体在不同绩效维度上表现相似（真实光环），或者某一部门所有成员的工作表现相似是有可能出现的情况。对评估者进行培训从而避免对同一个体的不同维度或对不同个体给出相同评价，会导致评估者关注于评价方式而非评价的准确性。Bernardin 和 Pence（1980）指出，评估者误差培训或许是一系列评估误差的另一种表现形式。

Nathan 和 Tippins（1990）对晕轮（光环）误差与较高的评估准确性相关这一问题给出了另外一种解释。他们猜测，那些较少表现出晕轮效应的评估者可能会对无关紧要的负面事件给予更高的权重。例如，一个在其他方面很可靠的员工，主管可能会因为他在过去一年里因病缺席了一周，而在出勤率上给他较低的评价。表现出晕轮效应的评估者则会在此类偶发事件上给予较少关注，并且倾向于考虑评估对象的一贯表现，这样就可能产生更加准确的结果。因为这种评价更多地受个体一般表现的影响，而不受偶发事件中个体在某一两个维度上表现好坏的影响。

研究显示，除了评估者误差培训还有其他颇有前景的培训方式。那些培训程序指导评估者如何观察与绩效相关的行为并基于观察做出判断。Hedge 和 Kavanagh（1988）发现这种观察培训提高了评估的准确性，但并未减小评估误差（见"研究案例"部分）。最有前景的培训或许是**参照框架培训**（frame of reference training）（Day & Sulsky, 1995）。这种培训试图对评定任务给出一个共识，为评估者提供不同维度、不同绩效水平的具体行为样例。研究结果表明，这种培训在提高评估准确性方面有前景，而且使评估者对高绩效的标准有了更准确的理解（Gorman & Rentsch, 2009）。这类研究的其中一个局限性在于研究大多数是以大学生为被试的实验室研究，我们还不确定这些结果是否适用于管理者给员工做评估的真实情境。

● 研究案例

几项研究发现，对评估者进行培训可以减小评估误差，但会降低评价的准确性。因此 Hedge 和 Kavanagh（1988）想了解其他类型的培训在提高评估的准确性方面是否更有效。

研究将 52 名主管随机分配到 4 个干预组。第一组接受评估者误差培训，使其熟悉评估误差和减小误差的方法。第二组接受的培训是关于如何观察与绩效有关的行为。第三组接受的培训是如何基于观察到的行为对绩效做出合适的判断。最后一组是控制组，没有接受任何培训。

在培训前后，所有小组都要观看一段员工工作的录像，然后评估者需要评估员工在几个工作绩效维度上的表现。录像中员工的绩效也会由一组专家进行评估，评估的结果会作为标准来与各组成员的绩效评估结果进行对比。评估的准确性通过评估者和专家对录像中个体绩效的评估结果差异来衡量。

结果表明，接受评估者误差培训的被试表现出更小的评估误差和更低的准确性。这一结果与先前对该培训方式的研究结果一致。另外两种培训虽然提高了准确性，但也增加了评估误差。研究者认为这两类培训在提高评估的准确性上很有前景。他们还总结道，常被认为会带来评估误差的评估方式并不一定就代表了错误的评定。更确切地说，这些方式可能准确反映了个体的工作绩效水平。例如，个体在不同维度上可能有相同水平的表现。这项研究的意义在于，不同类型的评估者培训可以帮助组织获得更准确的绩效评估。

资料来源：From "Improving the Accuracy of Performance Evaluations: Comparisons of Three Methods of Performance Appraiser Training," by J. W. Hedge and M. Kavanagh, 1988, *Journal of Applied Psychology*, 73, 68-73.

9. 影响绩效评估的其他因素

到目前为止，我们已经讨论了主管的绩效评估会受到其认知过程和评定表设计（以及对如何使用评定表的培训）的影响。其他因素也会影响主管评定，包括主管对下属的感受、主管自身的情绪状态、主管对下属工作动机的认知、文化因素以及评估者和评估对象的种族等。

有研究发现主管会对自己喜欢的下属给予更高的评价（Ferris, Judge, Rowland, & Fitzgibbons, 1994）。这引发了人们对于评估偏差和评估反应偏好的关注。然而，也有证据表明是良好的工作绩效造成了这种喜爱，因为主管通常都会喜欢那些有较好工作表现的下属（Robbins & DeNisi, 1994）。对于新员工来说，被视为高绩效者非常重要，因为这种认知很容易使主管喜欢他们，而这又能为新员工赢得额外的支持，并使他们在未来能表现得更好（Lefkowitz, 2000）。

除主管的喜爱之外，持续的优秀绩效评定可能还受到了主管对绩效的期望的影响。Murphy、Gannett、Herr 和 Chen（1986）发现，绩效评估受到评估者对评估对象绩效的期望的影响。人们很容易忘记那些与其对评估对象的看法不一致的行为实例。所以，一个受到主管的喜欢并表现良好的员工，即便他的表现有所下滑，仍会被看作是一名高绩效者。因而当绩效随着时间发生改变时就会产生有偏差的评定。

评估者在评价过程中的主观情绪状态会影响到评定结果。在一项实验室研究中，Sinclair（1988）通过实验操纵来启动被试产生沮丧失望或兴奋快乐的不同情绪状态，然后要求他们阅读一段描述教授行为的文字并评价教授的绩效。结果表明，相对于情绪兴奋组，情绪低落组的被试对教授的评定结果更低。同时，情绪低落的被试其评定也更加准确并且表现出较少的晕轮误差。Sinclair 认为这一结果反映出人们在低落的情绪状态下有更好的信息加工能力。

管理者对下属动机的认知会影响其对下属工作绩效的评估。而有趣的是，这种认知受文化因素的影响。DeVoe 和 Iyengar（2004）评估了管理者对员工内部动机（因自己的兴趣想要做好工作）和外部动机（为了奖酬而努力工作）的感知，然后将这些感知和工作绩效评估相联系。结果表明，美国和拉丁美洲的管理者在绩效评估中会对内部动机给予更高的权重，而亚洲的管理者则会在两个方面给予相同的权重。

众所周知，相对于白人员工来说，黑人员工的平均绩效评估更低（McKay & McDaniel, 2006）。有趣的是，评估者的种族似乎对于白人被评者来说并没有影响，但对黑人被评者确实存在影响。正如 Stauffer 和 Buckley（2005）的研究所表明的，黑人和白人评估者对白人评估对象给予相似的评价，但给黑人评估对象的平均评定低于白人评估对象。此外，白人评估者对两者的评估差异要远大于黑人评估者。如果假设黑人评估者对黑人员工的评定相对于白人评估者来说存在更少的偏差，那么这些研究结果说明，很可能白人评估者对黑人员工的评价存在偏差。当然，还有其他解释，比如黑人评估者更偏爱黑人员工，从而给予他们过高的评价；白人和黑人评估者都更偏爱白人员工，从而给予他们过高的评价。目前，我们尚不清楚对黑人和白人员工的评定到底存在多大程度的、有利或不利的偏差。

4.4 360度反馈

在大多数组织中，员工的直属上司负责评定工作绩效。但是，获得多角度的工作绩效信息会大有裨益（Furnham & Stringfield, 1994），而且在对管理者和其他人的评定中，多角度信息的使用正逐渐成为常规做法（Rowson, 1998）。来自同事、自己和下属（对于主管来说）的评定会是上级评估的一个有益补充，而且有助于对员工发展提供反馈（Maurer, Mitchell, & Barbeite, 2002）。自我评定（员工对自身绩效的评定）和他人评定之间的差异显示了他人对员工的看法与员工对自身的看法存在的不同之处。

在对管理者的反馈中多角度信息的运用被称作360度反馈（360 degree feedback）（Baldwin & Padgett, 1993）。管理者同时被同事、下属和上级在多个绩效维度上进行评定。另外，管理者也对自己的绩效做出评定。评定工具可以选择我们之前讨论的图尺度评定法或者行为导向评定法。至少有一个研究显示行为导向评定法做出的评定更加可靠，所以其更有优势（Hoffman, Gorman, Blair, Meriac, Overstreet, & Atchley, 2012）。

研究表明，不同职位的人在对同一对象的360度评定中只显示出中等的一致性（Brett & Atwater, 2001; Carless, Mann, & Wearing, 1998; Fletcher & Baldry, 2000），这表明他们从不同的视角评价了一个人的工作绩效。使用多位评估者的另一个好处是可以减少个人偏差的影响。比如，360度评估中人们会给他们喜欢的人更高的评价（Antonioni & Park, 2001）。当在评定中加入来自其他评估者的信息时，直属上司的偏爱造成的影响会减少。这可以增加评估对象对评估系统的信任，并改善他们对评估体系的态度（Mayer & Davis, 1999）。

360度反馈系统的目的是提高绩效，特别是对那些极度需要提高绩效的员工来说。这类系统对一些人具有积极的影响，但并不是对所有人。和系统的初衷正好相反，相较于低绩效者，那些高绩效者反而从360度反馈中收益最多（Bailey & Austin, 2006）。此外，Atwater和Brett（2005）发现那些从他人那里得到低评价且自我评价低的人对反馈的反应最差。这说明如果一个人知道自己的绩效很差，那么再用他人评价去证实这一点是没有益处的。

4.5 科技对绩效评估的影响

科技的进步，尤其是互联网技术的发展，极大地拓展了绩效评估的应用。对于大公司来说，绩效监控所涉及的数据量是惊人的。比如，360度反馈技术的一个难题是组织这种大型评定任务的后勤管理工作。每个接受评定的管理者必须提名一些下属、同事来做评定，还要做自我评定以及得到上级的评定。在一些组织里，这意味着每个管理者需要进行8次或更多的评定，如果有1万名管理者，就会有8万次评定需要追踪和处理。对一个公司来说，人工完成这些是一项耗费巨大且困难的任务。

我们可以从两个方面来看科技对绩效评估的影响，即监测客观生产量和实施绩效管理系统。如今，许多员工都在计算机系统上工作，例如航空公司的预定专员和计算机公司的技术支持代表。这些系统既能让他们完成工作,也可以用于追踪产出,许多组织会例行收集这些数据。电脑的使用可以让我们在数百万的员工-客户交易中更容易地进行绩效分析,并且绩效管理系统能够内嵌于员工每天工作所用的任务软件中。

基于互联网且计算机化的员工绩效管理系统可以帮助管理者明确目标和预期,给员工提供指导和反馈以及进行绩效评估(见本章"工业与组织心理学实践")。类似的系统将整个过程自动化,使得360度反馈系统对大公司来说变得经济可行。每个接受评估的管理者可以进入系统,提名同事、下属或其他人对其进行评估。系统会通知这些个体去做评估,然后综合所有人的评估信息并生成报告。已有咨询公司可以提供专业的计算机服务来完成360度反馈项目。

4.6 绩效评估中的法律问题

许多国家都有法律禁止在工作场所歧视少数族裔和妇女(以及其他群体)。这些法律对诸如晋升和解雇等影响人们雇用状况的组织活动具有约束力。通常这些活动中至少部分是基于员工绩效的,因此一个组织的绩效评估系统可能会成为诉讼的对象。在许多国家,基于一些与绩效不相关的因素而做出歧视性的绩效评估是违法的,这些因素包括年龄、性别、心理或身体残疾以及种族等。

在美国,对晋升和解雇等基于绩效的人事行为的诉讼数量逐渐攀升(Latham et al., 1993)。组织在这些诉讼中败诉是因为他们无法提供让法庭满意的证据,以证明他们的绩效评估系统没有歧视某些特定群体。主观评估法特别容易受到法律质疑,因为它们为上级主管表达对某些特定群体的偏差提供了空间。像前面提到的,对黑人的评定低于白人这一现象(McKay & McDaniel, 2006),主管很难在法庭上证实自己的评估是公正无偏的。

Barrett和Kernan(1987)提出,一个合法且有辩护力的绩效评估系统应包含6个要点。如表4-9所示,该系统应始于工作分析以得出特定工作的绩效维度,确保各维度是与工作相关的。评估者应接受培训,了解如何使用评定表评估绩效。为了使个人偏差最小化,高层管理者应审查绩效评估的结果。绩效和人事行为的原因应该记录归档。当一个员工的绩效(不论好坏)被长时间记录下来时,对他采取措施会更为容易,这也避免了以最近的评估结果来对某员工采取人事行动的情况。最后,对低绩效的员工提供帮助和咨询是个很好的做法,这表示组织在对一名低绩效员工采取惩罚措施前已经做了所有可能的事情。

表4-9 建立合法且有辩护力的绩效评估系统的6个要点

1. 进行工作分析以定义绩效的维度
2. 开发评定表以评价上一步中得到的维度
3. 培训评估者如何评定绩效
4. 由更高的管理层审查评定并允许员工就他们的评估结果进行申诉
5. 记录绩效并保存详细记录
6. 在采取惩罚措施之前先对低绩效员工提供援助和咨询

资料来源:改编自 "Performance Appraisal and Terminations: A Review of Court Decisions Since Brito v. Zia With Implications for Personnel Practices," by G. V. Barrett and M. G. Kernan, 1987, *Personnel Psychology*, 40, 489-503.

Werner和Bolino(1997)分析了美国295起因绩效评估存在歧视而遭到诉讼的案件结果。如果一个组织的绩效评估系统是基于工作分析、给评估者提供书面说明、给员工提供发表意见的机会以及使用多位评估者的,那么组织败诉的概率将会大大降低。比如,总体上组织的败诉率是41%,而使用多位评估者的组织败诉率仅为11%。如果组织综合使用上述4种做法,那么这样的绩效评估系统从法律角度来说是相对安全的。

让员工在绩效评估中发表意见所带来的好处远不止预防法律问题这一点。研究表明，让员工有机会和上级坐在一起公开讨论绩效评估的问题，将会使员工有更好的态度（Korsgaard & Roberson, 1995）。一项研究发现，那些发表了意见的员工，即便他们的绩效评估低于那些没有发表意见的员工，其态度依然比较积极（Taylor, Tracy, Renard, Harrison, & Carroll, 1995）。在这项研究中，公平感甚至降低了员工的离职意向。如果想要绩效评估系统有效且被感知到是公平的，开发时需要包括Barrett和Kernan（1987）提出的6个步骤，也要允许员工发表意见。

本章小结

工作绩效数据在组织中有许多用途，包括管理决策、员工发展与反馈以及相关研究。评定绩效的第一步是设立绩效准则以界定好的绩效和差的绩效。一旦准则确定了，就可以选择测量绩效的具体方法了。

工作绩效的测量可以分为客观测量和主观测量。客观测量是计算工作的产出，比如销售员的销售量或工厂工人的产量。主观测量是由上级主管（或者其他熟悉员工工作绩效的人）来评定的。主观测量是两种方法中更为常用的一种，但会受到人们判断时的偏差和误差的影响。有两种不同的途径用于减少主观测量中的评定误差：评定表的设计和评估者培训。

人们设计了几种不同类型的评定表来提高绩效评估的准确性。行为锚定等级评价法（BARS）要求评估者指出几种行为中的哪一个最能代表个体的工作绩效。混合标准尺度法（MSS）要求评估者指出个人的绩效是否劣于、等于或优于若干绩效行为中的每一项。行为观察量表（BOS）要求评估者指出评估对象表现出每种行为的频次。研究者对行为导向评定法和其他类型的方法进行了比较，未能找出一致证据来说明哪种方法更优。

评估者培训是尝试减少误差的另一种途径。研究表明，虽然评估者培训能减少评估误差，但同时也降低了评定的准确性。观察培训，即着眼于训练评估者观察与绩效相关的行为并做出绩效评定，在提高准确性方面颇具前景。然而现今，要想得出哪种培训能有效提高主管绩效评估的准确性的结论还为时尚早。

有几个因素和工作绩效评定有关，但对于它们是否会导致评估者的偏差这一点尚不清楚。评估者是否喜欢下属、评估者的情绪状态、评估者对员工工作动机的认知、文化因素以及评估者和评估对象的种族都会影响评定。

来自多角度的反馈对于那些希望提升绩效的员工来说非常有益。管理者得到360度反馈，可以比较自我评定和来自同事、下级、上级的评定。

在美国和许多其他国家，绩效评估既是一个技术程序，也是一个法律程序。美国法律规定组织应在绩效评估程序中避免歧视。违反这些法律要求会导致组织遭受法律诉讼。几项特定措施，比如基于工作分析开发绩效评估系统、提供评估者培训等，将会降低组织在诉讼中败诉的概率。

工业与组织心理学实践

这个案例涉及开发一个绩效评估和管理的综合性系统。这个管理系统是由Amy Carver博士和她的团队为美联银行设计和实施开发的。Carver于1992年在赖斯大学获得了工业与组织心理学博士学位。在这个项目期间，她是美联银行的组织效能部门的高级副总裁。在那之前她有着十分丰富且有趣的职业经历。她为政府机构（美国海军人事研究与发展中心）和一家私营企业（联合航空）工作过，也经营过她自己的咨询公司。在美联银行中，她主要负责员工选拔、绩效管理、执行力训练（见第7章案例）、组织设计和员工调查等。

当 Carver 刚进公司时，她所关注的问题之一是公司没有一个常规的绩效评估和管理系统。每年上级主管都会填写评价，但却没有一致的标准，晋升也并不与绩效紧密相关。为了解决这一问题，Carver 和她的团队搭建了一个综合性系统，使之成为组织管理系统的一部分。这个系统将年度绩效评估与目标设定、员工发展和管理者训练联系在一起。

系统以年为周期运作，起始于每年12月。评估完全基于网络，包括员工自我评定和上级的评定。每对员工-上级主管都需要登录公司的电脑系统来完成评定表。这些评定表关注的是本年度员工表现出的胜任力和组织中该职位的胜任力模型的匹配程度。该模型来自工作分析，是某一职位所需要的能力和技能的详细说明。当员工和主管完成了评定表，就会自动生成一份报告，显示两者评价之间的差异，这份报告也是一对一讨论的基础。

在年初，每位主管都会和其下属面对面讨论他们的绩效表现，并商定来年的绩效目标。这些目标不仅会说明要完成什么，还会说明怎样完成，这样就在工作质量和数量上找到了平衡点。这个基于网络的系统每季度都会发送电子邮件来提醒主管对下属进行必要的指导，给下属提供关于胜任力的反馈和当前的目标的进展情况。这个系统未来的目标包括将绩效与每年的升职联系起来，并将薪酬部分纳入绩效管理系统。正如你所看到的，美联银行的绩效管理系统远不止每年给员工发常规"成绩单"这么简单。

讨论问题

1. 你愿意在有这种绩效系统的公司工作吗？为什么？
2. 为什么像美联银行这样的公司会在绩效评估上投入这么多努力？
3. 为什么管理者被要求每个季度对下属进行指导？一年一次不够吗？
4. 你觉得目标设置会提高员工的动机和绩效水平吗？（见第8章目标设置部分。）

做中学

确定工作准则

一项工作的准则可以通过采访该工作的任职者来确定。选择一个你认识的人（熟人、家庭成员或朋友），确保他现在所从事的工作是你没做过的。采访他，了解其工作的绩效准则，并且认真做记录。你可以问以下问题：

1. 这份工作的主要职能是什么？
2. 就每项职能来说，员工应该完成什么？
3. 对于每项职能，优秀的绩效和合格的绩效由什么构成？
4. 对于这个工作来说，最能反映出优秀绩效的是什么？

绩效中的关键事件

关键事件在开发工作绩效的测量工具时十分有用。收集10个关键事件，一半反映有效的绩效，另一半反映无效的绩效。让你认识的人提供他们在工作中观察到的实例。同一个人可以同时给你一个有效的事件和一个无效的事件。不过最好还是多问几个人。使用这些关键事件来定义工作绩效的一个或多个维度，用于绩效评定表的开发。

第 5 章

选拔与安置的评价方法

第 5 章 概要

与工作相关的特征

心理测验

其他测验

履历信息

面试

工作样本

评价中心

电子评估

本章小结

工业与组织心理学实践

做中学

假设你现在正负责为某个特定岗位招聘员工，比如雇用计算机程序员、水管工、秘书或教师。现在有几名应聘者，而你的任务是决定要录用谁。你将怎样做出选择？你会对每个人逐一面试，然后从中选出看起来最适合这份工作的人吗？你如何知道潜在员工应该具备什么样的特征或品质，又将如何确定应聘者是否具有这些特征呢？如上所述，本章的主题正是在选拔（雇用）和安置（将现有员工分配到具体岗位）中对应聘者及雇员特征的评估过程。

心理学在解决组织中与人有关的问题时最早的应用之一，就与选拔和安置过程中对人进行评估有关。在第一次世界大战期间，美国陆军成为最早使用大规模人员测验来确定其工作分配（安置）的组织之一。战后，大型组织看到了在人员选拔和其他雇用决策中对应聘者进行评估的潜在价值，测验和其他技术也因此得到了广泛应用。如今，不仅在美国，在大多数工业化国家，如加拿大、西欧和以色列，也都是如此（McCulloch，1993）。

本章讨论了 5 种经常用于选拔和安置的特征评估技术。心理测验由一系列标准化的项目或任务组成，个体需要在控制条件下完成。大多数心理测验为纸笔测验，例如回答问题或解决问题；也有一些心理测验要求被测者操纵物理对象，从而评估手的灵活性、眼-手协调性等特征。心理测验可用于评估能力、兴趣、知识、人格和技能。履历信息表会询问应聘者先前的相关经历，例如受教育水平和工作经验。有些表格可能非常详细，不仅涉及客观事实，还涉及应聘者的观点和主观反应。面试是应聘者与应聘组织中负责做出雇用决策的人员之间的一次会面，可以面对面进行，也可以通过电话或网络视频等形式来完成。工作样本是一种要求被测者进行一项模拟工作的测试。被测者将获得必要的材料和工具，并且必须在控制条件下执行特定任务，例如组装发动机。评价中心由一系列练习组成，包括模拟工作任务，以衡量一个人执行工作的能力。它通常用于评估被测者是否具备管理或胜任其他白领工作的潜力。

这五种评估技术中的每一种都可以用来确定一个人是否适合某项特定的工作。通常组织会同时使用一种以上的技术，以便更全面地了解个体特征与工作所需胜任素质的匹配情况。除了选拔和安置的用途之外，这些评估方法也可以展现出员工的长处和不足，从而通过培训加以改善，促进员工发展。这些技术同样可以在本书几乎所有主题的相关研究中用于评估人的特征。在下一章中，我们将了解如何使用这 5 种技术来为工作岗位选择人员。

目标

学习本章后，学生应该能够：

1. 定义胜任素质；
2. 描述本章中的 5 种评估方法；
3. 讨论本章介绍的每种评估方法的优缺点；
4. 说明计算机与技术是如何促进评估的。

5.1　与工作相关的特征

对于一项工作来说，人的多种特征或胜任素质（知识、技能、能力和其他个人特征）都是必不可少的（见第 3 章有关工作分析中胜任素质的深入讨论）。知识是指人们对某项工作的了解，比如律师的法律知识。技能是指一个人能够做的事情，比如计算机编程或打字。能力即学习某项任务的能力，比如学习弹奏乐器或学说一门外语的能力。其他个人特征指的是上述三种素质以外的其他所有特征，包括兴趣、个性、身体特征（例如身高、眼睛的颜色）以及与工作相关的经验。

表 5-1 给出了计算机商店的销售助理所需胜任素质的示例。符合要求的人员应该掌握其所销售的产品的相关知识，并具有理解复杂计算机系统的能力。操作收银机和处理现金业务的能力也很重要。最后，此人必须具有整洁的外表和友善、外向的性格。当我们雇用计算机销售助理时，以上这些是我们选拔人员所依据的部分胜任素质。

表 5-1　计算机销售助理的胜任素质

知识	计算机系统知识 电脑软件知识
技能	使用收银机的技巧 完成货币交易的技巧
能力	理解复杂技术的能力 与他人沟通的能力
其他个人特征	外观整洁，性格外向、友善

每项工作的胜任素质都可以通过详细而全面的工作分析来确定（见第 3 章有关工作分析的讨论）。工作分析涉及许多生成工作必需的胜任素质清单的技术。一旦确定了胜任素质，组织就可以选择或制定程序来评估应聘者或现有雇员。这样做的目的是选拔或安置具备当前工作所需胜任素质的人员。尽管此过程不能保证被选拔出的所有人员都能在工作中取得成功，但与使用其他选拔和安置方法相比，它增加了做出正确决策的可能性。从长远看，使用良好的选拔和安置技术的组织将拥有技术更强、绩效更优的员工队伍，并且将减少因员工工作不达标而不得不解雇他们的情况。

我们讨论的所有五种评估技术都试图测量与工作绩效以及其他组织变量相关的胜任素质。与所有评估技术一样，信度和效度至关重要（见第 2 章有关这些属性的讨论）。也就是说，所有的测量必须是可靠的，并且一定要通过严格的效度检验。换句话说，必须存在证据表明，所使用的评估方法可以完成其在组织中的任务。比如，如果要使用一项测试来选拔警察，那么这项测试必须能够预测警察在工作中的表现。正如我们将在第 6 章中讨论的那样，在美国和许多其他国家/地区，使用未证明其效度的选拔评估技术可能会给组织带来严重的法律问题。

5.2　心理测验

心理测验（psychological test）是一系列标准化的、用于评估特定个人特征的问题。心理测验通常用于评估多种胜任素质，包括知识、技能、能力、态度、兴趣和个性。测验由多个项目组成，这些项目是衡量个人特征的指标。完成每个题项所需的时间相对较短，因此，测验可以使用许多项目来评估每个特征，并在同一时间评估多个特征。

多项目测量提高了评估单个特征指标的信度和效度。而单项目测量的信度往往较低，因为一个人很容易在任何一道题上犯错（如误解或读错）。请思考以下这道可能会有的测验题目：

我通常不是第一个自愿接受新的工作任务的人。

如果有被测者读错了，没有注意到句子中的"不"，那么该题的意思就正好相反了。他的回答将与实际情况相反，因而这道题将不再是衡量个人特征的准确指标。如果只有少数几个人犯此错误，那么该项目可能仍会保留一些信度和效度。与单项目测验相比，多项目测验的信效度更好，因为它减少了随机误差对每个被测者的分数的影响。当测验包含许多测题时，每个测题对总分的贡献就会很小。

5.2.1　测验的特征

现有的多种不同类型的测验可以用来评估数百种个体特征。具体采用哪种测验取决于将要评估的特征的性质。例如，评估数学能力的测验必然会包含各种数学问题，体力测试很可能要求被测者举起重物。接下来，我们将会讨论测验的 4 种不同特征。

1. 团体测验与个别测验

团体测验（group test）可以同时对多个人进行施测。测验内容可以以纸质的形式呈现（例如小册子），也可以在计算机屏幕上呈现。在前一种情况下，可以像课程考试一样，在一个房间中同时对一组被测者施测。在后一种情况下，多名被测者可以在同一地点（例如计算机实验室）或不同地点同时参加测试。招聘过程中通常需要考虑测试环境和测验的安全性，因此，施测者会控制被测者对测试的访问权限（例如统一分发测试题或让被测者登录系统），对测试进行计时，并确保被测者是候选人本人，而不是其他人。个别测验是一次施测只有一个被测者，而不是一组人。当施测者需要在测试过程中对项目进行评分，或者仪器一次仅能供一人使用时，就必须采用个别测验。此外，施测者可以设定每个项目的完成时限。这种方法通常用于儿童认知能力测验。由于团体测验效率更高，因此在可行的情况下，人们更倾向于采用团体测验。

2. 封闭式测验与开放式测验

在**封闭式测验**（closed-ended test）中，被测者必须在几个可能的选项中选出答案，例如多项选择测验。**开放式测验**（open-ended test）则像论文考试一样，被测者需要自己写出答案，而不是从选项中选出正确的答案。封闭式测验因为其容易评分的特点而更受欢迎，但开放式测验对于测试某些特征而言更合适。例如，评估一个人写作能力最好的办法是让他写一篇作文。专家可以阅读作文并对其表达的清晰程度、语法准确性等多种特征进行评分。而使用封闭式测验来评估这些特征极其困难。

3. 纸笔测验与操作测验

纸笔测验（paper and pencil test）的测试题是呈现在纸或其他印刷品（或电子产品）上的，并且通常是以书面的形式答题。多项选择测验就是一种纸笔测验，试题呈现在纸上，被测者用笔在试卷上或单独的答题纸上写出答案。尽管我们一直在使用"纸笔测验"这个名称，但现在的招聘测试通常是借助计算机完成的，被测者可以通过键盘或鼠标作答。如果一个开放式测验要求人们以书面形式作答，那么无论是将答案写在纸上或者输入到电脑中，其都可以称为纸笔测验。**操作测验**（performance test）包括对装置、仪器、材料或工具的操纵。使用最广泛的操作测验可能就是打字测验了。通过这种操作测验，被测者可以在标准化条件下用键盘展示其打字能力。这项测验评估的是打字技能，而不是纸笔测验可以测试的打字相关知识。

4. 难度测验与速度测验

在**难度测验**（power test）中，被测者可以几乎没有时间限制地完成测试。而**速度测验**（speed test）有严格的时间限制，几乎没有人能在规定的时间内完成所有项目。速度测验有两种使用方式。第一，速度测验可能包含具有挑战性的项目，这些项目必须在一定的时间压力下完成。有些教师认为准备充分的学生比准备不足的学生能够更快地回答问题，因此教师可以在课堂考试中使用速度测验。这种速度测验的缺点是它们对阅读或写作速度较慢的被测者很不利。第二，速度测验可以作为评估被测者完成某项特定任务的速度的工具。打字测试是限时的，因为它的目的在于评估被测者的速度及准确性。

5.2.2 能力测验

能力或才能是指一个人完成或学习做特定任务的能力。认知能力与涉及信息加工和学习的任务有关，比如智力。心理运动能力包括躯体运动和对物体的操纵能力，比如手的灵活性。每种能力的重要性取决于工作任务的性质。一些工作任务主要需要认知能力（例如计算机编程），也有一些工作主要依赖心理运动能力（例如扫地）。许多任务同时需要两方面的能力（例如修理计算机或复杂的仪器）。

1. 认知能力测验

认知能力包含心理推理过程，例如解决数学问题或单词拼图。考察一般认知能力的智力测验或 IQ 测验就是著名的**认知能力测验**（cognitive ability test）。也有对于单个认知能力的测验，例如数学或语言能力测验。这些测验中的题目都是一些待解决的问题。认知能力测验可以同时对较多的个体进行施测，提供了一种经济而有效的评估应聘者的方法。

图 5-1 展示了来自工业人事测验（Personnel Tests for Industry, PTI）的两道例题。该测验旨在评估被测者的数学和语言能力，其项目都是涉及数学和言语推理的问题。该测验是团体测验，可以在 25 分钟内完成。工业人事测验是由美国心理公司（现为哈考特测评公司）编制的，该公司是最古老、最著名的开发雇用测验的公司之一。

a) 数字推理

对于应有小数点的答案，在答题线上已经印出了小数点。
例题：
在能容纳16.5加仑① 水的水池中有8加仑水，还能往这个水池中注入多少水 ………… 8.5 … 加仑

$$\begin{array}{r} 16.5 \\ -8 \\ \hline 8.5 \end{array}$$

b) 言语推理

例题A：
下列哪个选项与其他选项不属于同一类别？
(A) 红色，(B) 绿色，(C) 紫色，(D) 糖果　　A B C Ⓓ

红色、绿色和紫色都是颜色，但选项D糖果不是一种颜色，与其他选项不属于同类。因此，D被标为正确答案

图 5-1　工业人事测验的两道样题

资料来源：被许可翻印。© 1969 by the Psychological Corporation, All rights reserved.

并不是所有的被测者都精通测试题所使用的语言。因此，人们开发了一些不依赖阅读能力的测试。图 5-2 展示了 β-II 中的两道题目，这是一项非言语智力测验，题目中问题的解决不依赖言语。第一题要求被测者走出迷宫，第二题要求被测者使用数字和图形解决编码问题。施测者可以用任何语言为被测者介绍每种题目的指导语。

一直以来的研究表明，认知能力测验是各类工作的绩效的有效预测指标（Ones, Dilchert, Viswesvaran, & Salgado, 2010）。在认知能力测验中得高分者往往在工作中表现更好。长期以来，认知能力测验凭借其高效率和高效度一直被大型组织用于员工选拔。在对 703 名美国工业与组织心理学会成员的调查中，Murphy、Cronin 和 Tam（2003）发现工业与组织心理学家已达成了共识，认为此类测验对员工选拔是公平的、有效的。

2. 心理运动能力测验

心理运动能力测验（psychomotor ability test）评估的是被测者操纵物体和使用工具的能力。这些能力既包括感官和动作之间的协调（例如眼-

---

① 1 加仑＝3.785 立方米。

手协调能力），也包括动作的准确性。多数心理运动测验是操作测验而不是纸笔测验，因为待评估的能力涉及对物体的操纵而不是认知元素。被测者完成运动任务（例如将钉子钉入孔中或使用简单的工具来操纵物体），并依据他们在任务中的表现而得分。

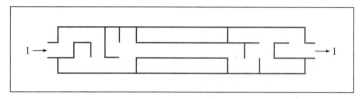

a) 迷宫要求被测者画出穿过迷宫的最短路径，而不跨越任何一根线（1.5分钟）

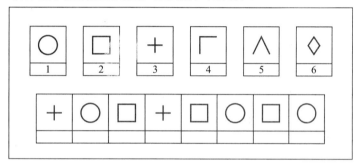

b) 译码要求被测者标出与图形对应的数字（2分钟）

图 5-2　β-Ⅱ 测验中的两道样题：非语言智力测验第二版

资料来源：被许可翻印。© 1978 by the Psychological Corporation, All rights reserved.

图 5-3 和图 5-4 为我们展示了两个心理运动能力测验。图 5-3 是拉斐特手动工具敏捷性测验，该测验评估使用简单工具操作小物体的能力。测验内容包括使用扳手和螺丝刀卸下并重新组装几个零件。被测者的得分取决于他们完成任务所需的时间。图 5-4 是普渡钉板敏捷度测验，该测验评估的是精细运动能力。该测验要求被测者按顺序插入钉子并将钉子、套环和垫圈组装在一起，施测者会根据其完成任务的速度和准确性进行评分。

5.2.3　知识与技能测验

能力测验旨在评估一个人的学习能力或潜能。**知识与技能测验**（knowledge and skill test），通常称为**成就测验**（achievement test），则用于评估被测者当前的熟练程度。知识测验评估的是被测者知道什么，而技能测验评估的是被测者能够做什么。

图 5-3　手动工具敏捷性测验

资料来源：被许可翻印。© 2016 by the Lafayette Instrument Company, Inc.

图 5-4 普渡钉板敏捷度测验

资料来源：被许可翻印。© 1981 by the Psychological Corporation.

实际上，很难将能力与知识和技能完全分开，因为能力测验的成绩在某种程度上取决于被测者掌握的知识和技能，而知识和技能测验也在某种程度上依赖于能力。两种测验的主要区别在于知识和技能测验强调完成特定任务时运用的先前知识和技能。比如，心理运动能力测验可能会评估被测者将钉子钉入洞中的速度，并以此作为眼-手协调的衡量指标，而心理运动技能测验可能会考察被测者打字的表现。打字技能是几种不同能力共同作用的产物。

测验可以评估许多不同领域的知识和技能。一些测验侧重于评估一般技能，例如数学和阅读能力，而另一些则用于评估完成特定工作任务（例如打字）所需的技能。在打字测试中，被测者需要在标准化条件下根据材料打字，根据每分钟输入的单词数和出错数量对被测者进行评分。与能力测验一样，知识和技能测验中有一些是纸笔测验，也有一些是操作测验。

图 5-5 展示了贝纳特机械理解测验中的三道题。该测验评估的是机械能力和有关工具的知识。该测验可以用于确定被测者是否理解机械如何运作以及如何使用工具。值得注意的是，这是一项知识测验，用于评估被测者的工具知识，而非其使用工具的技能。实际的工具使用是一项涉及认知和心理运动要素的技能。

5.2.4 人格测验

人格特质（personality trait）是个体在不同情境下表现出特定行为反应的倾向。一个喜欢和别人共事的人被认为具有善于社交的特质，经常影响他人的人则被认为具有支配性特质。人格特质很重要，因为某些行为类别可能与工作绩效和组织中的其他行为相关。对于必须与他人打交道的销售人员来说，善于社交是一个重要的特质，而支配性对于需要指导他人工作的管理者来说是重要的特质。

纸笔形式的**人格测验**（personality test）是评估人格特质的有效工具。一些人格测验用于评估单个人格特质；也有一些人格测验评估多维度的人格特质，并为个体提供多种人格特质的剖面图，还可以依据不同特质的组合将人格划分为多种类型。例如，外向的人通常有活力、乐观、社交能力强、健谈，而内向的人倾向于具有谨慎、安静、被动和不善交际的特点（Pervin, 1993）。

图 5-6 中的五道样题来自国际人格测验题库（Goldberg, Johnson, Eber, Hogan, Ashton, Cloninger et al., 2006）。这一基于网络的资源库提供了 2000 多道人格测验题，可用于评估各种人格特质。图中的五道样题分别用于评估大五人格理论中的五个维度，即外向性、情绪稳定性、宜人性、尽责性和经验开放性（关于大五人格理论的讨论详见第 10 章）。与能力测验一样，许多标准化人格测验可以从商业测验公司购买，例如哈考特测评公司和心理评估资源公司。

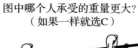
图中哪个人承受的重量更大？
（如果一样就选C）

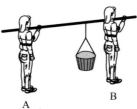

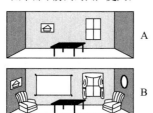
图中哪个房间的回声更大？

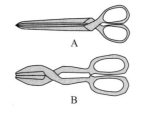
图中哪个剪刀将更有效地切割金属？

图 5-5　贝纳特机械理解测验（Bennett Mechanical Comprehension Test, BMCT）的三个样题

资料来源：被许可翻印。© 1980 by the Psychological Corporation. All rights reserved.

	非常不同意	比较不同意	有点不同意	有点同意	比较同意	非常同意
我是社交聚会的中心人物						
多数时间我很放松						
我会为他人而暂时放下手边的工作						
我总是处于准备好的状态						
我会花时间反思						

图 5-6　国际人格测验题库（International Personality Item Pool, IPIP）的五道样题

研究人员经常使用人格测验来研究组织中员工行为的多个方面，但是在选拔员工时使用人格测验存在两个主要问题。第一，应聘者有可能以他们认为对自己最有利的方式来虚假作答（Birkeland, Manson, Kisamore, Brannick, & Smith, 2006）。研究者担心虚假作答会破坏测验的效度（Heggestad, Morrison, Reeve, & McCloy, 2006）。出于这样的担忧，许多用于减少虚假作答的技术被开发、应用，例如设计防虚假作答的测验或警告应聘者不要虚假作答（Fan, Gao, Carroll, Lopez, Tian, & Meng, 2012）。然而也有研究表明，虚假作答并不一定会使员工选拔中的人格测验失效（Hogan, Barrett, & Hogan, 2007）。这可能是因为，如果一个人知道应如何在人格测验中脱颖而出，那么他也应该知道在工作中如何才能表现良好。因此，该测试可能是在评估一个人的自我呈现能

力（Marcus, 2009）。此外，人格测验并不总是像其他评估工具那样明显与工作相关。工作相关性的含义是评估工具所测量的内容与特定工作的胜任素质要求相关。例如，打字测试显然与秘书的工作有关，因为打字是秘书工作的一部分。相较之下，我们很难证明一种人格特质，例如支配性，对工作绩效很重要。这导致了人们对使用这些测验是否合适的质疑。

尽管在员工选拔中使用人格测验存在上述问题，但此类测验却越来越受到组织实践者和研究者的欢迎（Ones & Anderson, 2002）。例如，一项对加拿大6000多家公司的全国性调查发现，其中9%的公司使用了人格测验来选拔员工（Mann & Chowhan, 2011）。此外，有大量关于人格是否可以预测工作绩效的研究。一些研究者进行了元分析，以研究人格与工作绩效之间的关系。元分析这一数据分析技术可以将对同一现象的多个研究的结果进行综合后再进行统计分析（见第2章）。分析结果表明，人格可以预测工作绩效，尽管二者相关性处于中等水平（Dudley, Orvis, Lebiecki, & Cortina, 2006; Salgado, 2003）。现有的元分析需要将预测许多不同类型工作的绩效的不同人格特质测验进行汇总，因此从这些元分析中得出关于人格测验效度的结论还较为困难。其中一些特质可能与工作联系密切，而其他的可能与工作能否取得成功关系不大。现有研究表明，选择与工作绩效相关的特定人格特质进行评估，可以更好地预测绩效（Paunonen, Rothstein, & Jackson, 1999; Tett, Steele, & Beauregard, 2003）。

5.2.5 情绪智力测验

情绪智力（emotional intelligence, EI）是介于人格特质与认知能力之间的一种特征，是指人们控制和识别自己和他人情绪的能力。理论上，这种能力使人们具有更强的社交技巧，使他们能够意识到并控制自己对他人的影响。在工作中，他们能够与同事和平相处；在管理岗位上，他们可以更好地发挥领导作用。Salovey 和 Mayer（1989）提出情绪智力是一种重要的能力，这种观点引起了心理学家的兴趣。不幸的是，研究情绪智力的研究者们采用了不同的定义和概念，并且业界人士和大众媒体对情绪智力存在夸大其词的宣扬，这些都导致了混淆和争议的产生。

情绪智力的评估方法有两种类型（Joseph & Newman, 2010）：特质测验和能力测验。特质测验将情绪智力视为一种可以进入人的意识层面的人格特征。这样的评估看起来像人格测验，人们会依据每个项目描述的内容与自己的符合程度做出回答。而能力测验是单项选择的形式，每个问题均有一个正确答案。它基于这样的假设：人们无法直接报告他们的情绪智力，因为情绪智力不直接进入意识层面。相反，被测者可以通过在测试中选择正确答案来反映其情绪智力，就像通过一般智力测验评估认知能力一样。

对各种情绪智力测验的研究表明，测验结果可以预测工作绩效。例如，Joseph 和 Newman（2010）的元分析发现，平均而言，情绪智力特质测验与工作绩效之间的相关系数为0.32，情绪智力能力测验与工作绩效之间的相关系数为0.16。情绪智力还与大学生的平均绩点（GPA）相关（Rode, Mooney, Arthaud-Day, Near, Baldwin, Rubin et al., 2007）。管理者的情绪智力与其下属的工作满意度也有关（Sy, Tram, & O'Hara, 2006），只是该相关系数通常很小。然而，研究并不能证明高情绪智力是预测工作成功最重要的特征之一。Joseph 和 Newman（2010）发现，情绪智力能力测验仅与那些需要员工控制自己情绪或投入情绪劳动（见第9章）的工作的绩效相关。情绪智力研究的一个重要议题是研究中所使用的测量方法的结构效度，因为有研究发现情绪智力与认知能力和人格的测验是重叠的（Christiansen, Janovics, & Siers, 2010），而认知能力和人格才是真正与绩效相关的潜在因素（Landy, 2005）。尽管存在这一重要的问题，但至少有一些证据表明情绪智力的能力测验可以在认知能力和人格测验的基础上对绩效产生额外的预测力（Iliescu, Ilie, Ispas, & Ion, 2012），这表明情绪智力与认知能力和人格并不完全相同。

5.2.6 诚信度测验

诚信度测验（integrity test）旨在预测员工是否会在工作中进行反生产行为或不诚实的行为。测验预测的行为包括欺诈、破坏、盗窃和不道德行为，有时也用于预测缺勤和离职率。Wanek、Sackett 和 Ones（2003）指出，有两种不同类型的诚信度测验：直接的诚信度测验和人格的诚信度测验。

直接的诚信度测验评估的是被测者的态度和先前行为。它要求被测者阅读有关诚信和道德行为的陈述，表明自己是否同意。题目示例如下：

如果你知道自己即使说谎也不会被逮捕，那就可以说谎。

这类测验还会问被测者之前反生产行为的频率，例如：

你多久从雇主那里偷一次东西？

人格的诚信度测验评估的是那些已被证明可预测反生产行为的人格特质。直接的诚信度测验是对诚实和信用的直接评估，而人格的诚信度测验则将评估目标隐藏起来。实际上，标准的人格测验通常被用作诚信度测验。我们在本章前面的部分讨论了人格测验。

关于诚信度测验的研究表明，它们可以预测一般的反生产工作行为（见第10章中有关反生产行为的讨论）以及工作绩效本身，尽管人们对它们预测两种形式绩效的效果存在争议（Ones, Viswesvaran, & Schmidt, 2012; Sackett & Schmitt, 2012; Van Iddekinge, Roth, Raymark, & Odle-Dusseau, 2012）。直接的诚信度测验和人格的诚信度测验都可以预测反生产行为和工作绩效，这两种测验的成绩也相互关联（Marcus, Lee, & Ashton, 2007）。有趣的是，研究表明诚信度测验在预测缺勤、一般反生产行为和工作绩效方面的预测效果比对偷窃的预测效果更好（Wanek, 1999）。有关的实证研究存在一定的问题，因为许多偷窃的员工从未被抓获，所以难以获得准确的员工偷窃数据。因此，在尚未确定哪些员工不诚实时，也就很难确定测验对偷窃行为的预测效果了。但是，正如 Wanek 所指出的那样，这些测验已被证明可以预测除偷窃之外的其他行为。因此，除在控制偷窃行为方面之外，使用诚信度测验进行选拔对组织是有益的。

5.2.7 职业兴趣测验

职业兴趣测验（vocational interest test）是将被测者的兴趣或个性与从事各种不同职业和职业类别的人的兴趣或个性相匹配的测验。通过询问被测者参与各种活动的偏好来评估其兴趣，例如在观看体育赛事和参观博物馆之间的偏好。个体的人格与兴趣是相关的，因为特定的特质可能会驱动人们的兴趣。例如，活泼外向的人可能会倾向于参加与人打交道的活动（Larson, Rottinghaus, & Borgen, 2002）。心理学家收集了许多不同职业的人的职业兴趣测验数据，将被测者的答案与这些不同职业的人的答案相匹配，可以考察被测者是否适合某种职业。

兴趣和人格特质因职业而异。因此，任何被测者都会与某些职业相匹配，而与其他职业不匹配。由于许多职业可以归为一类，因而一个被测者可以与某个职业类别相匹配。以艺术类的职业为例，这类职业涉及创作过程，如室内设计和摄影。最受欢迎的职业兴趣测验之一是自我职业探索量表（Holland，1994）。该测验提供了六种人格类型的分数（见图5-7），每种类型都与一类特定的职业相关联。如图所示，具有研究型人格的人倾向于选择科学研究领域（如生物学和地质学）的工作。六种类型的分数概况可以指导个人的职业选择。

一个人的职业兴趣与其工作性质之间的匹配程度和他的工作满意度有关（Rottinghaus, Hees, & Conrath, 2009）。工作与职业兴趣不匹配的人可能对工作不满意，而工作与职业兴趣匹配的人可能会很喜欢自己的工作。该测验的宗旨是鼓励人们选择符合自己兴趣的职业。职业兴趣测验经常被用于职业指导，以帮助人们决定从事何种职业。

> 现实型（Realistic）喜欢汽车机修工、航空调度员、测绘员、农民或者电工之类的工作。
>
> 研究型（Investigative）喜欢诸如生物学家、化学家、物理学家、人类学家、地质学家或医学检验师之类的研究类工作。
>
> 艺术型（Artistic）喜欢作曲家、音乐家、导演、作家、室内设计师或演员之类的艺术类工作。
>
> 社会型（Social）喜欢教师、宗教工作者、法律顾问、临床心理学家、精神病治疗师或者语言障碍矫正师之类的社会类工作。
>
> 企业型（Enterprising）喜欢销售员、经理、企业执行官、电视制片人、体育运动组织者或采购员等企业类工作。
>
> 传统型（Conventional）喜欢簿记员、速记员、金融分析师、银行职员、成本分析师或税务专家之类的传统工作。

图 5-7　自我职业探索量表的六种人格类型及其对应的职业

资料来源：心理评估资源公司许可修改和翻印，16204 North Florida Avenue, Lutz, FL 33549, from *You and Your Career* by John L. Holland, Ph.D. ©1985 by PAR, Inc. 未经心理评估资源公司许可禁止翻印。

5.3　其他测验

到目前为止，我们已经讨论了纸笔测验和操作测验。组织有时会使用不需要个人进行反应的其他形式的测试。其中，信用调查和药物检测的使用越来越广泛，至少在美国如此。两者都旨在选拔更优秀的员工，这些员工也许是反生产行为（例如在工作中使用毒品或偷窃）更少的人，也许是能够更好地完成工作的人。

5.3.1　信用调查

在美国，尤其是在零售业中，雇主越来越多地使用信用调查（Kuhn & Nielsen, 2008）。有时组织会收集债务金额、信用记录、贷款违约和破产记录等信息，为做出雇用决策提供参考。正如Bernerth（2012）所述，之所以使用此信息，是因为人们普遍认为不良的信用记录是缺乏尽责性和诚信的标志。因此，那些不履行财务义务的人很可能被认为不会合格地履行工作义务，并且更有可能从雇主那里实施偷窃。

然而，使用信用调查进行员工选拔至少存在三个主要问题。第一，几乎没有证据表明信用信息能有效预测工作行为。尽管关于信用记录较差的人的假设可能是正确的，但尚无支持这类假设的研究。第二，在美国，少数族裔在信用调查方面的得分往往较低，这意味着使用信用调查会导致雇用少数族裔员工的数量减少（Bernerth, 2012）。正如我们将在第 6 章中讨论的那样，在美国和其他某些国家，使用不利于少数族裔的选拔程序是违法的，除非可以证明这些程序是有效的。在缺乏有效性证明的情况下，信用调查将使组织容易受到法律质疑。第三，应聘者倾向于认为使用信用调查是不公平的，这可能导致高素质的应聘者拒绝工作机会，而被拒绝的应聘者更可能提出法律质疑（Kuhn & Nielsen, 2008）。

5.3.2 药物检测

美国和其他地区的组织已开始对应聘者和雇员进行药物检测，以控制工作中的药物使用。每年大约有多达 3 000 万美国人接受此类测试（Mastrangelo & Popovich, 2000）。此类测试对于高安全敏感性的工作尤为重要，因为不良的表现可能会导致事故或伤病的发生，例如航空调度员和公交车司机。然而，药物检测一直存在争议，许多人认为这侵犯了个人隐私。Paronto、Truxillo、Bauer 和 Leo（2002）调查了 1 484 个人对药物检测的态度。他们发现，受访者认为对从事高安全敏感性的工作的人进行药物检测比对从事低安全敏感性的工作的人进行检测更让人易于接受。

5.4　履历信息

了解人们最简单的方法之一是就感兴趣的问题直接问他们本人。在招聘中，应聘者的基本信息可通过申请表获得。尽管每个组织的申请表不尽相同，但标准化的申请表都会包含教育背景、工作技能、个性和工作经历等问题。有些表格可能会非常详细，问及一些特殊的经历，如学校课外活动的参与情况（例如参加体育运动）。大多数申请表主要关注的是受教育程度以及工作可能需要的相关经验等个人信息。

履历调查表（biographical inventory）比典型的申请表包含更多详细的背景信息问题。申请表主要问及先前的受教育水平和工作经验，而履历调查表会询问有关学校和工作，甚至其他生活方面的特殊经历。其中一些问题的内容是客观的、可验证的事实，例如"你大学的平均绩点是多少"，而另一些则涉及应聘者的个人观点和主观经验，例如"你享受大学生活吗"。

如果一个履历调查表包含较多的第二类问题，那么它不再是先前生活经历的调查，而是类似于一种可以评估兴趣和人格的心理测验（Schmitt & Chan, 1998）。大多数履历调查表使用易于计分的选择题形式。关于是否喜欢大学生活的问题的备选答案可能是：

- "非常喜欢"
- "有点喜欢"
- "不太喜欢"
- "一点也不喜欢"

表 5-2 展示了履历调查表中一些问题的示例。

表 5-2　履历调查表样题

小学时大家挑选同学进行组队，你通常在什么时间会被选中
高中时你的化学成绩是多少
你高中时参加过学校舞会吗
在你的第一份全职工作中，你每隔多久会与你的直接上司主动交谈一次

Stokes 和 Searcy（1999）区分了实证性履历调查表和推理性履历调查表。通过将大量潜在项目在一组特定岗位的员工中进行施测，然后选出与工作绩效相关的题目，最终形成的调查表为**实证性履历调查表**（empirical biographical inventory）。通过对工作胜任素质要求进行分析，然后编写能反映这些胜任素质的题目，形成的调查表为**推理性履历调查表**（rational biographical inventory）。

履历调查表已被证明可以预测工作绩效

（Breaugh, 2009; Stokes, Toth, Searcy, Stroupe, & Carter, 1999）。Cucina、Caputo、Thibodeaux 和 Maclane（2012）通过直接比较发现，实证性履历调查表对工作绩效的预测效果好于推理性履历调查表。这可能是由于实证性履历调查表旨在确定题目的最佳组合。同时，人们发现履历调查表会在人格测验的基础上对工作绩效产生增量的预测力，这表明二者评估的内容不同（McManus & Kelly, 1999，见"研究案例"部分；Mount, Witt, & Barrick, 2000）。此外，由于履历调查表的许多问题涉及可核查的客观事实，所以它可以防止应聘者虚假作答（West & Karas, 1999）。

研究案例

对履历调查表的批评之一是，它们只评估人格特质，与人格问卷相比优势有限。McManus 和 Kelly（1999）希望了解履历调查表在预测工作绩效方面是否比人格问卷更具优势。

该研究的被试为美国5家保险公司中的116名新雇用的保险销售代表。在职位申请阶段，每个人都填写了一份广泛应用于保险业的履历调查表，即初始职业简况表（Initial Career Profile, ICP）。除此之外，他们还完成了包含124道题目的人格测验，用于测量大五人格理论的5个维度：外向性、宜人性、尽责性、情感稳定性和经验开放性（见第10章）。初始职业简况表用于员工选拔，但人格测验结果不影响选拔。被试受聘6个月后，由直接上司使用一份包含5个项目的评价量表对其工作绩效进行评估。这产生了两个分数：一个得分涉及销售的主要任务，另一个得分则是对努力和动机表现的评估。两项工作绩效得分之间存在高相关，相关系数为0.69。

结果表明，初始职业简况表和人格测题都与工作绩效相关。履历调查表与销售绩效和努力表现的相关分别为0.25和0.26。在人格变量中，外向性与工作绩效的相关性最强，与两项绩效得分的相关分别为0.29和0.22；尽责性与工作绩效的相关最低，二者相关几乎为零。这使研究者感到很意外，因为先前的研究表明，尽责性应与绩效相关。当将人格测验和初始职业简况表合并分析时，他们发现，将二者结合使用，对于工作绩效的预测效果比单独使用要好，这表明履历调查表和人格测验评估的内容有所差异。

资料来源：From "Personality Measures and Biodata: Evidence Regarding Their Incremental Predictive Value in the Life Insurance Industry," By M. A. McManus and M. L. Kelly, 1999, *Personnel Psychology*, 52, 137-148.

对履历调查表最大的批评在于其经验种类有限，题目的选择完全基于其能否预测绩效，而不是基于它们是否与工作要求有明显联系。有时某个题目与工作所需胜任素质无关，但可以预测工作绩效。这些题目得分合成的分数可以预测绩效，但不反映与工作相关的胜任素质。此外，此类调查表中的许多问题也可能会与工作或工作绩效完全无关。应聘者可能会认为某些问题侵犯了隐私，例如有关高中约会行为的问题。最后，这样的清单通常都具有局限性（Mumford, 1999），可能仅能在编制调查表时所针对的工作和地区使用。与之相反，推理性履历调查表通常可以在很多工作和地区中使用。

5.5 面试

面试是一个或多个面试官与一个被面试者之间的会面，面试官的主要任务是收集信息或做出雇用决策。几乎所有组织在为大多数职位招聘新人时都会使用面试，这可能是因为人们普遍认可它的有效性。欧美国家的研究表明，人们认为面试是组织使用的最公平的选拔程序之一（Bertolino & Steiner, 2007; Ispas, Ilie, Iliescu, Johnson, &Harris, 2010）。

在组织中有两种类型的面试方式。在非结构化面试中，面试官会问出任何临时想到的问题。这很像面试官和被面试者之间的交谈，两人互动的性质在很大程度上决定了谈话的内容。相比之下，在**结构化面试**（structured interview）中，面试官有一系列预先准备好的问题，用于询问每个被面试的人。尽管双方的互动仍然可以影响讨论的内容，但这种面试的标准化程度相对更高。通过一组标准化的问题，面试官可以收集到每个被面试者在相同方面的信息。

Campion、Palmer 和 Campion（1997）讨论了使面试结构化的 15 种方法，但实际应用中没有面试可以完全按照某种方式进行结构化。在有些中度结构化的面试中，只有要问的问题或要涵盖的主题是标准化的。而另外一些面试则更严格，比如问题需要以固定的顺序提问；使用相同的措辞；即使被面试者的回答不清晰，也不会要求其详细说明；面试最后，才允许被面试者提问。极端一点来讲，这种面试就像是一个不需要纸笔作答，仅须口头表述的开放性测验。Campion 等人认为结构化程度更高的面试更有效，因此应尽量使面试更加结构化。

面试有两种用途。第一，面试可以替代申请表或书面问卷来收集信息。面试问题可以涉及态度（"你喜欢上一份工作吗"）、工作经历（"你曾经管理过他人吗"）、个人背景（"你大学的专业是什么"）和偏好（"你介意在周末工作吗"），同时面试官记录并汇总被面试者的回答。第二，可以根据被面试者对问题的回答以及面试中的行为表现来推断其是否适合这项工作。为了实现这个目的，面试官可以对与工作相关的维度进行评分，例如沟通技巧和相关工作经验，也可以对应聘者对工作的适合程度进行总体的评估。这些评分与我们在第 4 章中讨论过的绩效评估一样，可能会受到面试官评分偏差和误差的影响。不过事实证明，使用基于行为的评分量表和评估者培训，可以提高面试评分的准确性（Melchers, Lienhardt, Von Aarburg, & Kleinmann, 2011）。

Huffcutt（2011）指出有三种类型的信息会影响面试官对被面试者的评分。第一，与被面试者有关的工作相关内容，例如其工作经验和技能。第二，被面试者的表现，即他表现出胜任工作的程度。第三，被面试者突出的个人特征，例如个人魅力或性别。

几乎所有的雇用过程中都会使用面试。

相关的研究证据支持了组织在做出雇用决策时使用结构化面试，但不一定要使用非结构化面试。许多研究都表明，通过结构化面试对被面试者的岗位适合度进行评估，可以预测其未来的工作绩效（Judge, Higgin, & Cable, 2000; Levashina, Hartwell, Morgeson & Campion, 2014）。Wiesner 和 Cronshaw（1988）对 100 多个面试研究进行了元分析，比较了结构化和非结构化面试。他们发现结构化面试与工作绩效之间的平均相关系数（$r=0.34$）大于非结构化面试与工作绩效之间的平均相关系数（$r=0.17$）。Schmidt 和 Zimmerman（2004）认为，两种面试方式的效度差异主要是因为非结构化面试的信度低于结构化面试。如果采用非结构化面试，那么多个面试官对同一个应聘者是否适合被雇用的意见往往不能统一，而意见不一致就会影响面试结果预测未来工作成功的效果。非结构化面试的另一个问题是面试官容易产生偏差（表 5-3）。例如，面试官可能会受应聘者外表的影响而判定其不适合某个岗位。Cable 和 Judge（1997）发现，面试官的雇用决策与应聘者的个人魅力以及他们对应聘者的喜好程度有关。面试官在询问一个不受喜爱或缺乏吸引力的应聘者时，可能会不够彻底，也就有可能忽略他们身上重要的胜任素质。Stewart、Dustin、Barrick 和 Darnold（2008）进行的模拟面试的结果揭示了眼神接触和握手的坚定程度如何影响面试官对被面试者表现的评价。由于存在偏差，面试官未能就同一应聘者达成一致意见也就不足为奇了。

表 5-3　影响结构化面试评分的信息种类

信息种类	举例
工作相关内容	经验 知识 人格
面试表现	人际表达 社交技能
个人特征	个人魅力 性别 种族

资料来源：改编自 "An Empirical Review of the Employment Interview Construct Literature," by A. I. Huffcutt, 2011, *International Journal of Selection and Assessment*, 19, 62-81.

目前所有研究都集中在面试的效度上，却因此忽略了有关面试实际评估内容的问题。Huffcutt、Conway、Roth 和 Stone（2001）对面试评估的个人特征进行了全面的分析，从而深入了解了面试为何能够预测未来的工作表现。作者通过文献回顾，找到了 47 项面试研究，这些研究都提供了面试中涉及的胜任素质的信息。面试最常评估的是人格特质和人际交往技能。此外，结构化和非结构化面试往往侧重于不同的内容。结构化面试关注工作知识和技能、人与组织的匹配度和人际交往技能，而非结构化面试关注一般智力、受教育程度和先前的经验。

科技发展使远程面试成为可能。当应聘者所在地与组织距离较远时，电话面试和网络视频面试就变得很受欢迎。研究表明，被面试者在电话面试（Straus, Miles & Levesque, 2001）和视频电话面试（Chapman & Rowe, 2001）中的得分高于传统面试，尤其对那些外表没有吸引力的人而言（Straus et al., 2001）。这表明当面试官在面试中可以看到被面试者的时候，面试官可能就会产生偏差。Schmidt 和 Rader（1999）对结构化电话面试的研究进行了元分析，发现结构化电话面试与绩效的平均相关系数和面对面的面试大致相同。电话面试的局限性之一在于无法观察到非语言信息（例如外表、面部表情和手势），而这些信息可能对于评估某些工作（例如销售工作）来说很重要。此外，Chapman、Uggerslev 和 Webster（2003）发现，应聘者对于面对面面试的态度要好于电话或视频面试。因此，面对面面试似乎不可能被完全取代。

5.6　工作样本

工作样本（work sample）是一种要求被测者在标准化条件下演示完成特定工作任务的评估工具。工作样本是情景模拟测验的一种，被测者在测试条件下完成某项工作或部分工作，而非在真实工作条件下。

工作样本类似于心理测验，不同的是它用于评估更高水平的技能，而心理测验测量的是一种基本能力或技能，例如眼-手协调性或手的灵活性。工作样本评估执行特定任务（例如驾驶推土机）的技能，该技能由在特定条件下的几种基本技能组成。对于某些工作而言，评估更高水平的技能可能比评估基本的能力或技能更为重要，因为这表明了被测者实际完成某项特定任务的能力。相比之下，心理测验能够表明被测者是否具有必要的、理论上能预测工作完成情况的基本能力或技能，却无法评估其实际完成任务的能力。

典型的工作样本为应聘者提供完成任务所需的材料和工具，要求应聘者快速而准确地完成任务，并根据其准确性和花费时间来计算得分。例如，应聘者可能需要拆卸并重新组装电动机或小型汽油发动机，训练有素的观察者会根据准确度和速度为其评分。人们最熟悉的工作样本大概就是驾照申请人需要进行的驾驶考试了。在驾驶考试中，申请人需要完成对汽车的一系列操作，而考官记录每个申请人的分数。申请人必须达到符合预定标准的总分才能获得驾照。同样，组织中也会以相同的方式使用工作样本，从而确定应聘者是否适合某项工作。

研究表明工作样本可以很好地预测未来的工作绩效（Robertson & Kandola, 1982）。预测效果的优劣在很大程度上取决于评估情境与真实工作情境的相关性。与大多数情景模拟测验一样，工作样本具有高度的工作相关性，这使人们更乐于接受其作为员工选拔中评估重要技能的指标。但是，这种方法存在局限性：许多工作样本要求应聘者必须具有相关工作经验，工作样本的开发成本很高，工作样本仅限于特定类型的工作使用（Callinan & Robertson, 2000）。

5.7 评价中心

评价中心（assessment center）评估的是一个人完成特定工作任务的能力，由模拟各种工作任务的多个练习组成。大多数评价中心用于评估管理技能，但有时也用于非管理工作。练习可能需要几天才能完成，并且通常是多个人同时进行

的。这种技术已经被许多行业的雇主广泛使用。例如，Keenan（1995）在对英国雇主的调查中发现，有 44% 的雇主使用评价中心来选拔大学毕业生。在美国，评价中心主要用于选拔和晋升决策，同时它也可以用来帮助员工提高工作技能（Bell & Arthur, 2008; Spychalski, Quiñones, Gaugler, & Pohley, 1997）。

评价中心的练习具有很强的现实性，因为它们模拟了工作中包含的许多实际任务。例如，要求被评估者扮演经理的角色，这可能涉及与下属打交道或处理工作文件。在每次练习中，一组训练有素的评估者对被评估者的表现进行评分。评估者需要在工作相关的多个维度上进行评分。管理工作的评分维度可能包括沟通、与他人打交道、做决策和计划。表 5-4 给出了 Harris、Becker 和 Smith（1993）描述的管理岗位的评价中心维度。评估者都接受了严格的培训，因此评估者一致性信度较高，这表明他们对同一个人的评价在各个维度上较为相似（Putka & Hoffman, 2013）。

表 5-4 评价中心的评分维度

口头沟通能力
口语理解能力
问题解决能力
人际关系
指导能力
计划能力
书面沟通能力

资料来源：From "Does the Assessment Center Scoring Method Affect the Cross-Situational Consistency of Ratings?" by M. M. Harris, A. S. Becker, and D. E. Smith, 1993, *Journal of Applied Psychology*, 78, 675-678.

评价中心可以包含许多不同的活动和练习。除了完成一些模拟练习之外，被评估者还可能会参加面试并进行一系列心理测验。其中模拟练习可能包括文件筐练习、无领导小组练习、问题解决情景模拟和角色扮演。每个练习都会在多个维度上进行评分，每个维度都会在多个练习中进行

评分。此外，还会对个体从事相关工作的潜力进行总体评估。

文件筐练习（in-basket exercise）是一种情景模拟练习，它要求被评估者假装现在是新工作开始的第一天，并且文件筐中已经有一系列文件。文件包括电子邮件、信件、电话留言和日程表（Whetzel, Rotenberry, & McDaniel, 2014）。被评估者的任务是以适当的方式处理每个文件，并在文件上具体记录如何处理。表5-5展示了文件筐练习中的备忘录的示例。为了获得好成绩，被评估者必须以适当而有条理的方式处理备忘录中的事项。如果被评估者忽略备忘录中的某些信息，或给发件人的回复不恰当，都可能会被判定为无效行为。对于表格中的示例，给秘书留字条让其完成报告或亲自完成报告，可能会更好。

表5-5　文件筐练习中的备忘录示例

备忘录
收件人：Robert Jones，市场经理 发件人：Deborah Smith，人力资源总监 主题：新岗位 今年10月15日你要求在你的部门增加一个秘书职位。公司领导已经同意增加该职位。但是在这之前，你需要给我一份增加这一职位的理由的详细说明。请完成《岗位申请报告》，并在本周末前发给我，否则增加岗位这件事将被延期到明年年初

无领导小组练习（leaderless group exercise）需要几个被评估者共同解决一个问题。问题可以是一个竞争性问题，例如确定哪个部门获得新设备，而每个被评估者代表一个部门，小组中的每个成员可能会被要求扮演特定的管理职位；也可以是合作性问题，所有小组成员必须针对组织问题提出解决方案，例如决定是否让某个产品上市。

在问题解决情景模拟中，被评估者需要对材料中的问题提出解决方案，有时可能需要写出报告。材料为撰写报告提供了足够的背景信息。例如，材料可能会给出有关开设新装配厂的成本和预计收入的信息，被评估者的任务是撰写一份开设工厂的可行性报告。

角色扮演要求被评估者假扮成组织中某个特定角色，例如销售经理。他们的任务是处理一些问题或状况，例如为陷入困境的员工提供咨询或与愤怒的客户打交道。

评估者通过观察行为并检查练习中产生的材料，在每个维度上对每个被评估者进行评分。每个人在各个维度上有相应得分的同时，也有一个总体评分。维度得分可用于为被评估者提供其优缺点的反馈，总体评分用于做出雇用或晋升决策。

研究发现评价中心是选拔员工的有效工具（Hoffman, Kennedy, LoPilato, Monahan, & Lance, 2015; Hoffman, Melchers, Blair, Kleinmann, & Ladd, 2011），即评价中心的分数与工作绩效相关。例如，Shechtman（1992）发现，大学生入学时的评价中心分数可以预测他们毕业后2年到5年在教师岗位上的工作表现，二者的相关系数为0.27。Dayan、Kasten和Fox（2002）发现，警察的评价中心得分预测了他们2年后和4年后的工作绩效，二者的相关系数分别为0.30和0.21。

尽管评价中心的总体评分可以预测工作绩效，但各个维度评分的结构效度受到了质疑（Bowler & Woehr, 2009; Kuncel & Sackett, 2014）。换句话说，我们不确定评价中心的各个维度是否测量了其想要测量的内容。多个不同的练习用于评估一组共同的维度，由于在各个练习中评估的是相同维度，因此各项练习中相应维度的得分应具有良好的相关性。例如，文件筐练习中的领导力得分应与无领导者小组练习中的领导力得分相关。另外，同一练习中不同维度得分不应具有高相关，因为它们是对不同特征的度量。如果不同维度之间具有高的相关性，这就很像是绩效评估中的晕轮误差（见第4章）。

评价中心存在的问题是，在一项练习（如文件筐练习）中，被评估者的各个维度得分之间的相关性太高，而在不同练习中相同维度的得分相关性又不足。同一练习中各个维度之间的高相关性表明，至少有某些维度测量了相同的胜任素质，而不是预期的不同特征。不同的练习中相同维度的相关性较低，则表明不同的练习无法评估相同的胜任素质。综上所述，尽管每个练习都评估了包含多个维度的一组特征，但很可能各个练习评估的特征各不相同（Hoffman & Meade，2012）。Lievens、Chasteen、Day 和 Christiansen（2006）提出，每种练习都为被评估者提供了不同的机会，让他们能够以独特的方式展现个人与绩效相关的行为。有的练习可能会反映领导力，有的可能会反映问题解决能力。因此，各个练习中相同维度得分相关不高也就不足为奇了。目前，我们无法确定评价中心评估了哪些不同的胜任素质，因此使用评价中心来提供有关各个胜任素质的具体反馈（例如决策力或领导力）是有问题的。Speer、Christiansen、Goffin 和 Goff（2014）指出，各个练习的维度评分相关较低的一个原因是，各个练习的要求之间可能有很大差异，因此每种练习使被评估者在不同情境下做出不同的表现。即使练习中的信息不一致，也可以将不同练习中的信息结合起来，这有利于预测复杂组织环境中的未来绩效。

研究者已经做了许多努力来提高评价中心的维度评分的有效性。Reilly、Henry 和 Smither（1990）认为，评估者可能因需要加工的信息过多而无法充分评估各个维度。每个练习都提供了大量信息，评估者必须以某种方式组织信息，从而做出判断。为了帮助评估者组织信息，研究人员提供了一份包含 273 种行为的清单，用于评估个体在练习中的表现。评估者使用清单来记录每个被评估者的特定行为，然后进行评分。研究结果表明，这样做使得同一练习中各个维度之间的相关系数比以往要小，而不同练习中相同维度之间的相关系数则更大，维度得分的有效性也就提高了。这些结果表明，目前评价中心存在的一个问题是评价中心高估了评分者准确评估各个维度的能力，而提供行为清单使评分任务结构化可以提高评分的有效性。

Arthur、Woehr 和 Maldegen（2000）也发现了提高评价中心评分有效性的方法。通过精心建构评价中心，不同练习的相同维度之间会产生良好的相关性。他们选用的评估者大多数是工业与组织心理学家，并且都接受了严格的特定行为评估的培训。最后，Lievens（2001）通过使用参考框架培训（见第 4 章）提高了评价中心评分的准确性。这种培训方法会给评估者提供有效行为和无效行为的示例，以便他们通过培训建立对工作表现的评估共识。将使用行为检查表、提供参考框架培训、更仔细地选择评估者并精心建构评价中心等方法结合起来，可能会达到最好的效果。

5.8 电子评估

许多组织评估方法都依赖于技术。例如，Lievens 和 Sackett（2006）讨论了基于视频的评估，其中的题目由一系列视频场景组成。类似于评价中心，训练有素的评估者可以通过被评估者对每种情境的口头反应进行评分（Cucina, Su, Busciglio, Harris Thomas, & Thompson Peyton, 2015）。网络是电子评估的主要推动力之一，它几乎使世界各地的应聘者都能够接受评估。诸如 Monster 网站之类的应聘者招聘服务项目，已将评估纳入初始申请流程之中。电子技术正扩大评估的使用范围，因为它更便宜且更易获得。

5.8.1 心理测验的电子化管理

纸笔心理测验可以通过电子化方式进行管理。被测者可以在计算机屏幕上阅读题目，通过键盘、鼠标或其他接口设备进行作答。这种方法有两个主要优点。第一，在回答完最后一题后，计算机可以自动对测验进行评分，从而加快选拔进程。第二，把测验放在网站上，几乎世界各地的应聘者都可以进行访问。应聘者不必到特定的地点参加测试。当然，必须采取措施来对测试进行监控，以免发生作弊行为。这种方式也有两个主要缺点（McBride, 1998）。第一，尽管现有电子评估的有效性不断提高，可以在一定程度上降低成本，但开发计算机测验系统仍需耗费大量的金钱和时间。其中的硬件和软件成本都相当可观，尤其是与印刷的测试手册和笔相比，后者成本低得多。不过，将计算机可扫描的答题纸与纸笔测验结合使用，从而对测验进行计算机评分，可以实现对计算机测验的优势利用。第二，计算机测验与纸笔测验不一定等同，特别是对于速度测验，即测试给定时间内被测者正确作答题数的测验。例如在文书人员的速度和准确性测验中，被测者必须比较两个字母字符串，并指出它们是否相同，例如：

- abdiel 和 abdifl
- ghicbe 和 ghicbe

当使用计算机和纸笔测验来测试相同的题目时，每个题目的回答时间可能会有所不同，从而使得测试得分不相等。

Potosky 和 Bobko（2004）将网络测验与纸笔测验进行了对比。他们指出，对于速度测验这类有时间限制的测验，必须考虑网页的加载时间，从而进行调整。此外，两种形式的测试策略可能会有所不同。纸笔测验可以很容易地跳过题目，因此被测者可以选择先完成某些类型的题目，然后再完成其他类型的题目。而网络测验的屏幕每次呈现的题目少于每页纸上的题目，因此它难以跳过题目，被测者更有可能按顺序完成。所以，必须谨慎比较两种形式的测试得分。

计算机管理可能会提高人格测验的准确性。人们经常在纸笔人格测验中歪曲或伪造答案，而当被测者面对一台机器（例如一台计算机）时，则更可能诚实地展现自我。对于被测者而言，计算机似乎比纸笔测验更为客观。Richman、Kiesler、Weisband 和 Drasgow（1999）进行了元分析，研究人格测验的计算机形式和纸笔形式中，被测者朝有利方向作答的趋势是否有差异。总体而言，结果表明两者没有差异。但是，通过更深入的分析，Richman 等人注意到当一个人独处时，这种歪曲作答的现象有所减少。而当有一个施测者在房间里时，匿名的感觉显然消失了，计算机测验与纸笔测验之间没有区别。

一种用于测试复杂问题解决能力的更复杂的计算机评估方式在德国非常流行（Funke, 1998; Kleinmann & Strauss, 1998）。这些评估为应聘者模拟了复杂的工作场景，例如，经营机场或工厂——这有点像计算机游戏。被测者在固定的时间内进行模拟经营。计算机对被测者的各项行为指标做出评分。研究初步证明，这些评估可以预测那些很注重问题解决能力的工作的未来绩效（Kleinmann & Strauss, 1998）。

计算机不是唯一用于提高评估效率的技术。Van Iddekinge、Eidson、Kudishch 和 Goldblatt（2003）开发了一种电话系统来管理履历调查表。应聘者可以拨打免费电话，并使用电话按键回答有关其背景的信息，回答均为是或否。Van Iddekinge 等人指出这种类型的评估能够预测随后雇用的员工的工作绩效。但是，它需要以"是/否"方式设计题目，这比纸笔测验之类的其他媒介要更有局限性。

5.8.2 计算机自适应测验

计算机自适应测验（Computer adaptive testing, CAT）是一种灵活的计算机测验实施方法，即根据先前回答正确或错误的题目来选择接下来提供给被测者的题目。能力测验中某些题目比其他题目难度更大，系统将从中等难度的题目开始，如果被测者正确地回答了该题，接下来就呈现更困难的题目。如果回答错误，就选择一个简单的题目。随着测试的进行，计算机会为特定被测者选择适当难度的题目。因此，根据他的答案是否正确，每个被测者都会得到一套略有不同的题目。这使计算机自适应测验比标准测验更有效率，因为它可以用更少的题目达到相同水平的信度（Penfield, 2006）。与非自适应测验相比，它的安全性也更有保障，因为每个被测者都会得到不同的题目集合，从而使作弊变得更加困难（Reynolds & Dickter, 2010）。由于这些优势，这种方法已被用于大规模测验，例如美国研究生入学考试（GRE）的计算机版本。

计算机自适应测验不仅可用于每个题目都有正确答案的能力测验，还可以用于评估通常使用等级量表的特征，例如态度或个性（Stark & Chernyshenko, 2011）。使用计算机自适应测验测量这些特征的优势之一是，它能够帮助控制纸笔测验中可能出现的偏差和作伪（Stark, Chernyshenko, Drasgow, & White, 2012）。

计算机自适应测验并非没有缺点。其最大的缺点可能就是测验开发需要花费大量时间和资源。一个设计良好的测验可能包含数百个项目，并且每个项目的数据必须从一千个甚至更多被测者那里收集，以确定难度级别（Reynolds & Dickter, 2010）。因此，开发计算机自适应测验要比非自适应测验花费更多的时间和金钱，但是，在需要进行大规模测验的情况下，例如进行军事选拔或学校入学考试，计算机自适应测验还是非常值得投资的。

本章小结

在选拔与安置中对人的特征的评估是工业与组织心理学家对组织的主要任务之一。这些特征可以分为成功完成工作所必需的知识、技能、能力和其他个人特征，统称为胜任素质（KSAOs）。

评估胜任素质的 5 种主要方法是：

- 心理测验
- 履历调查表
- 面试
- 工作样本
- 评价中心

心理测验包含一系列标准化的问题，用于评估特定的个人特征。测验通常用于评估多种胜任素质，包括知识、技能、能力、态度、兴趣和个性。

履历调查表用于获得个体过去经历的详细信息，既包括工作中的，也包括工作外的。它包含的信息比典型的工作申请表要广泛得多。

面试是一个被面试者与一个或多个面试官之间的会面，面试官的任务是收集信息或做出雇用决策。在非结构化面试中，面试官可能会问出任何他想到的问题。相比之下，在结构化面试中，面试官有预先计划好的一系列问题，用于询问每个被面试者。在这两种类型的面试中，面试官都会对被面试者的工作适配性做出总体判断。

工作样本是一种要求个体在标准化条件下演示其执行工作任务能力的评估工具。这是一种情景模拟测验，个体在测试条件下完成一项工作或部分工作，而不是在实际工作条件下完成。

评价中心包括为期一天或几天的多种不同类型的练习。尽管大多数评价中心用于评估个体未来的管理潜力，但它们也可以用于评估人们在许多其他不同类型工作中的潜力。

电子评估很普遍，尤其是对于心理测验的实施。通过计算机实施纸笔测验是最普遍的电子评估方式。

此时，测验通常与印刷版本几乎完全相同，测验题目显示在屏幕上，被测者使用键盘或鼠标作答。计算机自适应测验（CAT）是一种更复杂的方法，根据被测者前一道题目是否正确来决定接下来的题目。计算机自适应测验可以使用更少的题目来实现更高的可靠性，但是开发成本很高，因此最适合大规模测验的情况。

工业与组织心理学实践

组织中工业与组织心理学的许多职能正走向网络化。Jonathan Canger 博士一直在寻找用于员工招募和选拔的创新方法。Canger 博士于1990年在南佛罗里达大学获得工业与组织心理学博士学位。他曾在可口可乐、摩托罗拉、Verizon 无线电公司等多家大型组织任职，目前在万豪全球度假公司担任人才与组织发展部门的副总裁。在本案例发生时，他是 TMP Worldwide 组织发展部门的副总裁，该公司是拥有1万名左右员工的国企，主要提供员工招聘和咨询服务。他的职责是通过有效的员工管理来帮助公司实现高效运作。他参与设计了旨在发展员工工作技能的各种系统，协助高层管理人员进行了未来需求规划，并监督组织变革以使组织运作更加顺畅。在就任现职之前，他启动了一个人格测验开发项目，该测验可用于实现更好的人与工作及组织的匹配。

TMP 提供的最著名的服务就是 Monster 职业搜索网站。Monster 是第454个被建立的网站，也是目前少数盈利的网站之一。同时，它也是最受欢迎的网站之一，它的访问量占全球网站访问量总数的10%。该网站是一个职业网站，潜在的应聘者可以免费浏览可应聘的工作列表，并留下求职简历（目前有1400万份简历）供潜在雇主使用。而雇主们发布工作岗位或浏览简历数据库时需要支付一定的费用。

Canger 博士提出了在 Monster 网站上增加人格评估的想法，从而帮助应聘者找到更匹配的工作并帮助雇主找到更匹配的员工。也就是说，在网站上增加一个在线人格量表，潜在的应聘者可以轻松完成量表并获得电子评分。之后，这些得分信息可以帮助应聘者决定要申请的工作，帮助雇主决定应该雇用哪些应聘者。由于最终将完成这些测验的群体数量庞大（可能达数千万），因此从心理测验公司购买现有测验是不可行的。Canger 博士及其团队决定从头开始开发评估工具。

第一步是收集潜在的人格测题。他们决定使用大五人格理论作为测验基本维度的理论基础。此外，他们还添加了从职业信息网（见第3章）获得的有关工作价值观的测题，包括成就、认可和工作条件。所有测题在澳大利亚、新西兰、英国和美国各类组织约2000名员工中进行施测，从而帮助团队完善该测验。

该项目的阶段1是将测验放到 Monster 网站上，作为职业发展服务的一部分，使用需收取一定的费用。人们可以得到有关自己的人格特质以及与潜在雇主和工作的匹配程度的反馈。阶段2添加了一个组件，为雇主提供潜在应聘者的信息，以便雇主可以更好地进行人与工作的匹配。阶段3增加对雇主的有针对性的雇用推荐，计划于本书出版后投入使用，这与提供招聘服务的工业与组织心理学咨询顾问类似。

之所以说这是一个创新系统，主要有两个原因。第一，它完全基于网络，应聘者和雇主在不同的终端使用同一计算机综合性系统。第二，通常人格测验信息仅由雇主使用，而不供应聘者使用。这一系统向双方提供人格测验信息，因此应聘者和雇主都将能够努力实现人与组织之间的更优匹配。

讨论问题：
1. 基于网络的评估的优势和不足是什么？
2. 为什么将应聘者的人格与工作或组织匹配对组织而言如此重要？
3. 为什么 Canger 博士及其团队在多个国家/地区收集原始数据？

4. 使用大五人格维度和职业信息网价值观维度的优势是什么？

5. 使用 Monster 网站进行招聘，对应聘者和雇主有哪些好处？

做中学

为一项工作选择选拔工具

登录职业信息网（http://online.onetcenter.org），然后找到"查找职业"板块。在网页顶部输入一项职业，并查看该职业的概况。从职业信息网上该职业的概况中至少选择 10 种胜任素质并说明用于评估每种胜任素质的方法。

学生选拔

列出大学生需要的 5 种胜任素质。请说明你用于评估每种胜任素质的方法。

第三部分
员工的选拔与培训

Dean Mtellely Images, In.

第6章

选 拔

第6章 概要

规划人力资源需求

招募应聘者

选拔员工

使应聘者接受录用并留任

科学选拔的效用

选拔实践的国际化差异

法律问题

本章小结

工业与组织心理学实践

做中学

申请工作时,组织是否会要求你完成一些评估测试呢?多数情况下,组织会让你填一份申请表,或许还会让你接受第5章提到过的那些评估。他们有时可能会将履历调查表、情景模拟和工作样本也作为评估工具,但实际上最常用的还是心理测验。在做测验时,你是否想过组织想要了解你什么,以及为什么要进行测验而不是直接提问?有些测验内容(例如数学技能测验)很明显,但有些测验(例如人格测验)的测题看起来与工作并没有什么关系。你认为自己完成的这些测验合理吗?这些测验是否包含了与组织的业务或工作无关的测题呢?如果选拔系统的开发过程是科学的,那么这些评估工具的结果应该具有相关性,并能预测你是否胜任工作。而此类选拔评估可能就是由工业与组织心理学家参与开发的。

员工的招募与选拔是组织最重要的两项职能。组织的健康发展与良好运营在很大程度上取决于源源不断的人员供给。组织必须通过招募新员工来填补新增岗位或空缺岗位。招聘是一项高成本、高难度的任务，包括以下4个步骤（见图6-1）：

规划对新员工的需求

获得合适的应聘者（招募）

做出雇用决策（选拔）

使被录用者接受工作

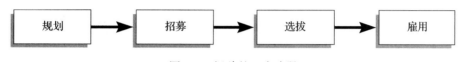

图6-1　招聘的4个步骤

在许多国家，员工招募与选拔都涉及法律问题，尤其是北美和欧洲的国家。正如我们曾提到的，许多国家的法律严令禁止那些对员工造成不良影响的歧视行为。通常，人们为争取平等雇用机会而采取行动，而行动的主要对象就是招聘过程。因此，参与选拔工作的工业与组织心理学家必须熟知有关选拔的法律问题。

本章我们将会探讨组织是如何通过图6-1中的4个步骤来招募和选拔员工的。在组织中，工业与组织心理学家的工作主要是员工选拔，因此我们将重点讨论该议题。但这并不是说选拔是最重要的一步，而是自工业与组织心理学兴起以来，选拔就是其实践和研究的主要内容。除了上述4个步骤，我们还将探讨科学选拔方法的价值或效用。我们也会从民权法案的角度谈及招募与选拔过程中的法律问题。

目标

学习本章后，学生应能够：

1. 解释组织如何进行人力资源规划；
2. 探讨招募方法；
3. 阐述效度研究的步骤；
4. 描述科学的选拔方法如何对组织产生效用；
5. 解释合法选拔的原则。

6.1　规划人力资源需求

为了保持良好的状态，组织必须拥有稳定的人力资源供给。人力资源供给必须能够填补由员工离职和组织变革或扩张而产生的职位空缺。要做好招聘工作，就必须事先进行细致的规划。人力资源规划既包括对组织人员需求的分析，也包括对市场供给状况的分析（Cascio, 1998）。

预测人力资源需求通常需要列出不同工作所需的人数，例如店员或教师的数量。表6-1是一个面临生产自动化趋势的制造企业可能做出的人力资源需求预测。装配工的需求数量持续下降，而技术人员的需求数量相应增加。这已经成为工业领域的一个普遍趋势，因而组织进行诸如减少某一类员工而增加另一类员工的预先规划是非常重要的。组织可以采取各种措施来应对工作性质及工作要求的变化。通过选拔可以用技术人员替代装配工，而通过培训可以使装配工转为技术人员。由于员工在接受培训学习新工作技能的同时依然可以获得工资，因此选拔的成本相对更低。当前员工没有能力学习新技能时，就必须选拔新员工；而当劳动力市场对所需人员供给不足时，就必须对员工进行培训。这种供给短缺，使公司不得不从单纯使用选拔的方式转变为与培训和发展员工相结合的方式。这种方式能够将对现有员工的伤害减到最少，并且能够减少对工作场所的干扰，以保护生产力免受影响。

表 6-1 生产自动化过程中组织的员工需求量预测

工作分类	现在	第 1 年	第 2 年	第 3 年	第 4 年
装配工	20 000	16 000	10 000	5 000	4 000
技术人员	20	200	400	600	1 000

对劳动力市场的人员供给状况进行估计的方法多种多样。组织可以记录不同职位的人员申请数量，而政府机构也会提供各类可用员工的数量信息。美国多家机构均提供此类信息（表 6-2），其中包括美国劳工部的劳动统计局（图 6-2）。要想确定是以选拔还是培训的方式来满足未来的人力资源需求，就必须掌握各类人员的供需状况这一重要因素。

表 6-2 美国劳动力市场信息资源

美国劳工部的劳动统计局
工程人力委员会
国家科学基金会
美国教育部
美国卫生与公众服务部的公共卫生处
美国就业服务处

资料来源：From *Applied Psychology in Personnel Management*, 5th ed. (p. 163), by W. F. Cascio, 1998, Englewood Cliffs, NJ: Prentice Hall.

6.2 招募应聘者

对许多组织来说，获得空缺职位所需的申请者是其面临的一大挑战。要想获得优秀人才，组织需要有大量的应聘者供其进行选择。有些工作相对更易于招募到应聘者，因为该岗位对市场中的许多人很有吸引力。但对于人员供给不足的工作，组织必须付出相当大的努力来吸引合适的人员以填补其职位空缺。有几种方法可以用来为空缺职位招募应聘者。有些方法不需要付出太多的精力，如在组织自己的网站上发布职位空缺的通知或者在雅虎 HotJobs 或 Monster 等求职网站上发布空缺职位信息。还有些方法可能需要一名或多名全职人员的投入，如招聘者亲自到全国各地的高校对应聘者进行面试。

组织常用以下 6 个可能的渠道获得应聘者：

- 广告
- 内部员工推荐
- 职业介绍所或猎头公司
- 互联网
- 校园招聘
- 应聘者上门自荐

究竟采用何种渠道取决于组织招募应聘者的难易程度。如果组织可以得到足够多的自荐者来满足他们的职位需求，那么就没有必要采用其他更耗时的渠道。上门自荐者是指没有经过组织引导而自行申请工作的人。

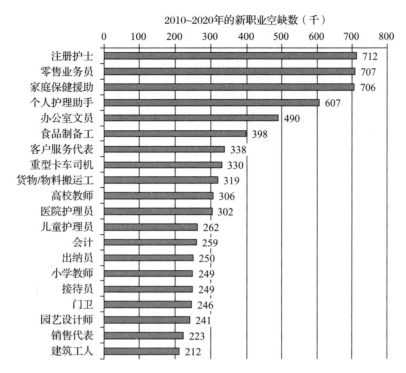

图 6-2 美国 2010~2020 年职位空缺增加最多的职业

资料来源：From "Occupational outlook handbook: Most new jobs," 2013, U.S. Department of Labor. Retrieved May 29, 2013, from http://www.bls.gov/ooh/most-new-jobs.htm.

对于大多数职位，组织将自己的网站作为和应聘者建立联系的起点（Chapman & Webster, 2003），并且最初的职位申请也是在线上完成的。2002 年的一份针对美国国民的调查报告估计：每天大约有 300 万人使用网络进行求职（皮尤研究中心，2002），并且这一数字还在继续增长。有趣的是，黑人和西班牙裔比白人、年轻人比年长者更倾向于使用网络进行求职。基于网络的招聘与传统方式相比，速度更快，成本也能降低约 90%（Cober, 2000）。当然，网络招聘同样存在弊端。因为网络可用性较高可能导致一家公司被大量不合适的应聘者信息所淹没，并且电子招聘似乎显得有距离感、缺乏人情味（Parry & Wilson, 2009）。然而，招聘网站不仅需要在网络上发布通知，还需要关注自身网站的设计，因为设计良好且便于使用的网站会吸引更多离职意愿较低的应聘者（Selden & Orenstein, 2011）。

现在有很多基于网络的渠道可供应聘者和雇主建立联系。网络招聘公司，如凯业必达（CareerBuilder）、Indeed、Monster 和 Simply Hired，都可以帮雇主发布招聘通知、为应聘者提供求职工具。一般情况下，潜在的应聘者可以免费访问网站并搜索工作信息。先进的搜索功能可以达成按照地理位置、工作名称甚至薪资水平进行搜索。因此，很多工作的申请过程都可以在线上完成。而雇主需要付费才可以在网站上发布招聘信息或查阅潜在候选人的简历信息。除了可以完成职位信息的发布，有些招聘网站还提供预筛选、在线评估以及一些系统来帮助组织管理招募过程。

对于一些高级职位，不同组织之间会彼此竞争以吸引同一批人才。当高质量人才短缺时，就需要采用更昂贵、更耗时的方式来尽可能地吸引所需的人才。通过不同渠道招募到的应聘者在质量上可能会有所不同。Zottoli 和 Wanous（2000）

通过回顾 50 年内有关应聘者来源的研究发现：总的来说，内部来源（现有员工推荐自己的朋友或熟人、重新雇用先前的员工、组织内部调动转岗）比外部来源（广告或就业中介）的员工表现更佳、在职时间更长。而且，通过内部来源招聘的员工对工作更满意，这可能是因为他们对工作职责的期望更现实（Moser, 2005）。McManus 和 Ferguson（2003）也发现内部来源提供的应聘者质量最高。另外，他们还发现，那些通过网络获取工作信息的应聘者比通过报纸和其他外部资源获取信息的应聘者质量更高。Zottoli 和 Wanous 认为有两个原因使来源于内部的应聘者更具有优势。首先，这类应聘者会得到更准确的职位信息，因此可以针对自己是否适合这项工作进行预先筛选。其次，推荐者在推荐某人之前会对其与工作的匹配度进行评价。员工给自己所在组织推荐优秀人才也会从中受益，因此他们会在推荐前筛除那些不合适的备选者。

招募优秀的应聘者，需要基于目标岗位所需要的知识、技能、能力和其他个人特征等胜任素质进行考虑（见第 3 章）。预先确定了胜任素质，招募工作就可以直接指向适合的应聘者，从而提高组织招募的效率。例如，如果组织需要会使用计算机的员工，那么组织就应该把视线集中在这类人员可能聚集的地方，如大型高校；另外，如果组织需要大量的体力劳动者，那么就应该关注那些由工厂倒闭导致高失业率的地区。

Breaugh 和 Starke（2000）指出招募并不仅仅是一项收集申请表并进行评估的工作。其另一个职能是对组织进行营销从而吸引应聘者。Turban 和 Cable（2003）在一所大学的就业办公室中进行了一项研究，发现那些拥有最佳雇主这类良好声誉的组织可以吸引更多更优秀（平均绩点更高）的应聘者。Uggerslev、Fassina 和 Kraichy（2012）对 232 项调查了吸引应聘者的因素的研究进行了元分析，结果发现，对应聘者而言最重要的 4 个因素分别是：自身与工作之间的匹配度、对组织待遇的预期、对与同事关系质量的预期以及组织的声誉和名望。

6.3 选拔员工

如果组织幸运的话，可以得到超过其空缺岗位数量的优秀应聘者。在这一部分，我们将看到，组织拥有的选择机会越多，就越有可能雇到优秀员工。这是因为，在有多个候选人备选时，许多工业与组织心理学家所开发的选拔程序最有效。这些程序以选拔系统开发过程中所使用的统计方法为基础。我们首先会讨论以选拔方法中的科学原则和统计原理为基础的效标关联效度。然后，我们会简要讨论因实际需求而经常被使用的替代性选拔程序。之后，我们会介绍选拔技术的效用，即指组织利用科学选拔所获得的益处。

6.3.1 组织如何选拔员工

选拔的目的是雇用那些可能会在工作中取得成功的人，因为组织的绩效取决于高绩效的员工。选拔员工可以采用多种方法，最常用的方法可能就是由一名经理面试应聘者之后主观地做出雇用决策。但是，这种纯粹的主观雇用程序已被证明是存在偏差和不准确的。使用科学的选拔方法是一个更好的选择，并且近一个世纪以来的选拔研究已经证实了这些方法的有效性。

在选拔中必须要考虑两个重要因素。一是效标，即对优秀员工绩效的界定。尽管我们必然要雇用那些预期绩效最佳的员工，但是定义所谓的良好绩效却并不容易。工作绩效涉及很多不同的方面。一些员工的工作准确性很高，而另一些工作速度很快。因此，单纯根据工作绩效某一方面的准则（例如出勤率或工作量）做出雇用决策并不是那么容易的事情。这些问题我们在第4章中已经详细讨论过了。因此，为了使用科学的选拔方法，我们必须先了解工作的效标准则。

二是预测变量，即选拔评估中与效标有关的变量。第5章中我们已经讨论过与工作要求相关的特征的几种评估方法。这些方法可以用来评估成功完成工作所必需的胜任素质。对胜任素质的测量就可以作为工作绩效这一效标的预测变量。例如，学科知识可以作为教师工作绩效的良好预测变量。但是学科知识不是唯一的预测变量，因为仅凭知识并不能使一个人成为一名优秀的教师。

确定预测变量是否与效标相关需要进行**效度研究**（validation study），以证明预测变量与效标相关。为了进行效度研究，需要量化效标与预测变量。从一组员工中收集量化的效标和预测变量数据之后，我们就可以对量化的数据进行统计检验以确定两者是否具有显著的相关。相关系数表示两个变量之间的相关程度。如果两个变量在统计上具有显著的相关性，那么对于效标而言，预测变量就是有效的。这意味着我们可以使用预测变量的信息来预测应聘者在工作中可能取得的绩效水平。

开展一项好的效度研究是复杂而困难的。首先，你必须运用工作分析这一程序对工作和工作要求进行仔细分析。工作分析的结果可以用于开发工作的效标准则，同时也可以用于选择预测变量。然后，收集数据对所选预测变量的有效性进行验证。那些有效的预测变量将成为选拔系统的一部分指标。接下来，我们就详尽讨论这一过程。

6.3.2 进行效度研究

效度研究包括5个步骤：

1. 进行工作分析
2. 确定工作绩效的效标
3. 选择预测变量
4. 验证预测变量的有效性
5. 进行交叉效度检验

工作分析可以为确定效标和选择预测变量两个步骤提供必要的信息。这3步完成后，就可以从员工样本中收集数据来检验效标是否与预测变量相关。如果二者相关，那么必须另找一个样本重复检验结果的有效性。图6-3列出了效度研究的5个步骤。

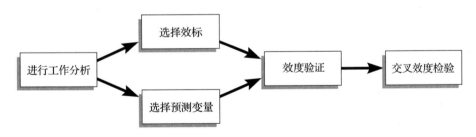

图6-3 进行效度研究的5个步骤

步骤1：进行工作分析

正如我们在第3章中论述过的，工作分析可以提供工作中的各项任务信息，也可以提供成功完成工作所需的个人特征（胜任素质）信息。这两类信息并不是相互独立的，胜任素质信息是通过对工作任务的分析得来的。

我们随后对法律问题的讨论也会提到，工作相关性是员工选拔中的一个重要概念，它是指工作成功所需的胜任素质与应聘者的胜任素质之间的一致性。在成功而合法的选拔中，这两类胜任素质应当是匹配的。如果因与工作要求无关的特征雇用某人，或者其不具备与工作相关的特征却被雇用，往好了说是不明智的，往坏了说，若雇用结果构成了歧视那就是违法的。因此，如果工作要求搬运重物（如码头工人），那么根据体力来做出雇用决策是有意义的；而对教师提出体力上的要求则几乎没有道理。

作为效度研究的基础，工作分析的用途很多。工作分析可以确定工作的主要任务，还可以分析并确定完成各项任务所需的胜任素质。根据这些信息我们就可以得到一系列的绩效效标和预测变量。

例如，经理的主要工作任务可能是预算管理。他必须经常制定预算，然后通过管理各项资源使支出不要超过预算的设定值。预算管理的一个重要的胜任素质就是基础数学知识，如加减法，因此应聘的候选人都应该具备这些基础知识。

步骤2：确定工作绩效的效标

一旦你对工作任务有了充分的了解，你就可以开始制定高工作绩效的效标。例如，如果要求经理管理预算，那么一个合理的效标就可能是考察他能否将工作成本保持在预算之内。超出预算的原因可能有很多，因此依据单一效标并不能充分评估一个人的工作绩效。然而，对于效度研究来说，我们感兴趣的是使用一个或多个预测变量来预测效标。例如，如果数学能力测验可以预测经理的预算管理表现，那么利用该测验所选的经理未来很有可能在管理预算上表现良好。

步骤3：选择预测变量

确定效标后，我们还要选择能够预测工作绩效效标的潜在预测变量。有些潜在的预测变量可以用来直接评估胜任素质，如数学能力测验；而另一些则只能用来间接测量胜任素质。通常我们假设大学生具备一定的知识和技能，如基本的数学能力和母语阅读能力，因此使用教育水平作为预测变量可以减少对工作所需的一些其他胜任要求进行评估的必要性。这也是许多组织倾向于雇用大学毕业生的原因。但是必须要注意的是，要求本科学历对所涉工作是否真的合理。如果一份工作只要求具备基本的算数技能和4年级的阅读水平，那么要求本科学历将是多余的。

我们在第5章探讨了评估胜任素质的5种方法。这些方法都被频繁地用于效度研究，并被证实是工作绩效的有效预测变量：

- 评价中心
- 心理测验
- 履历调查表
- 工作样本
- 面试

这些工具也可以用来预测其他一些非绩效相关的效标，如工作满意度。尽管很少有组织会基于员工是否享受其工作而进行选拔，但通过效度研究找到合适且有效的预测指标还是可能的。效度研究中选择的效标通常与工作绩效或者那些与实现组织目标直接相关的行为有关。

步骤4：验证预测变量的有效性

选定效标和预测变量后，就可以进入效度研究的数据收集阶段了。在这一步，我们需要在样本中对效标和预测变量进行测量，以考察二者之间是否相关。对于预测变量的现场研究来说，组织情境是一个较好的测验环境，因为组织情境就是预测变量未来的应用情境。大多数效度研究都是在真实的组织情境而非实验室情境中进行的。因为在实验室中，你或许可以确定与任务表现相关的个人素质，但是你不能确定它是否可以推广到组织中；而在最终使用选拔工具的组织情境中进行现场研究才能使可推广性达到最大化。

效度研究有两种研究设计。在**同时效度研究**（concurrent validation study）中，效标分数和预测变量分数几乎在同一时间从同一个样本中收集，而且被试通常都是组织现有的员工，通过让样本中的员工完成评估测验来获得预测变量的得分，然后计算该测验得分与他们最近一次绩效评估得分的相关。如果二者存在相关，我们就假设应聘者求职时的预测变量得分可以预测其随后的工作绩效。

在**预测效度研究**（predictive validity study）中，预测变量先于效标被测量。由应聘者组成的样本先接受预测变量的评估，但是并不依据该分数来做雇用决策。换句话说，我们同时雇用了在该预测变量上得分高和得分低的应聘者。在他们开始工作了一段时间（几个月或几年）之后再对效标进行评估。我们通过统计分析来计算预测变量与效标之间是否显著相关。如果预测变量可以预测未来绩效，那么我们有理由相信该预测变量是一个有效的选拔指标。

在检验预测变量的有效性方面，预测设计看起来比同时设计更有优势，因为预测设计对预测变量的检验是基于应聘者而非那些已经过选拔和培训的在职员工。基于应聘者的预测研究的可推广性应该是最大的。但是，研究已经证实两种设计在检验预测变量的效度上具有同等效力。研究发现两种不同的设计中产生的效度系数，即效标与预测变量得分的相关系数，几乎是相同的（Schmitt, Gooding, Noe, & Kirsch, 1984）。这对组织来说是个好消息，因为预测设计耗时较长，在获得预测变量分数之后你可能需要等上一年的时间才能收集效标分数。而且，对一些组织来说，可能要花几个月到几年的时间来积累被雇用的人数，以达到数据分析的样本量要求。如果预测变量的测验可以快速实施并且效标分数很容易获取，那么在短短几天之内便可以同时完成效度研究。

步骤5：交叉效度检验

效度研究的最后一步是**交叉效度检验**（cross-validate）或用另一个样本验证前一个样本中的结果。这样做是为了确保结果是基于效标和预测变量之间真实的相关性，而不是统计误差。在任何涉及统计的研究中，显著性都可能偶然产生，而非由于变量之间的真实关系而产生。这种统计错误被称作 α 错误或第一类错误。在确定预测变量是否可以预测效标时，为了避免此类错误的出现，就需要我们使用另一组应聘者或员工样本进行交叉效度检验或重复研究。如果变量之间不存在相关性，那么我们进行交叉效度检验时几乎不可能发现相同的结果，即两次研究都出现 α 错误是不太可能的。

为了进行交叉效度检验，我们需要两个样本。第一个样本用于确定效标与预测变量之间是否存在显著相关。第二个样本用于考察样本一中发现的显著相关能否在第二个样本中被重复。预测变量的有效性在样本一中得到验证之后，再在样本二中进行双重检验，或者说交叉效度检验。这种方式增加了我们对预测变量可以预测效标的信心。在多数现场情境中，交叉效度检验通常是将原始样本随机地分成两组：第一组用于初步效度研究，第二组用于交叉效度检验。

6.3.3 效度的可推广性

有时我们没必要收集数据来验证选拔测验或其他选拔工具的有效性。通常情况下，在一种情境中有效的选拔测验在其他情境中同样有效。**效度的可推广性**（validity generalization）意味着选拔工具的效度是可以在工作与工作、组织与组织之间进行推广或迁移的（Schmidt & Hunter, 1977）。例如，如果一项测验可以预测某一组织中行政助理的工作绩效，那么它同样可以预测其他组织中行政助理的工作绩效。

工业与组织心理学家已经广泛接受了效度的可推广性（Murphy, 2000），至少是在工作与测验相匹配的时候，测验的效度是具有可推广性的。如果你验证了为某个特定工作选拔员工的测验是有效的，那么这份测验对不同组织中的同类工作以及那些要求相同胜任素质的工作应该同样有效。如果两份工作有差异，那么该测验对第二份工作可能有效，也可能无效。唯一的方法就是对第二份工作另外进行效度研究来确定该测验能否预测效标。

6.3.4 预测信息如何用于选拔过程

一旦证实了一个或多个预测变量能够有效预测未来绩效，我们就必须选定使用预测信息的最佳方式。一种较常用的方式是把预测变量当作跨栏，另一种是作为回归方程中的预测变量。不论使用哪种方法，都可以将多个预测变量组合使用。并且通常情况下，多个预测变量比单一预测变量的预测效果更好，因为大多数工作都需要多种胜任素质。

1. 多重跨栏模式

多重跨栏模式（multiple hurdles）为每个预测变量都设定了一个通过值。如果应聘者达到通过值就可以通过跨栏。例如，一个计算机销售员取得工作成功需要具备多种胜任素质。计算机原理知识就是典型胜任素质之一。计算机专业的本科学位可以视为这一胜任素质的指标，因此拥有该学位的应聘者就可以通过这个跨栏。另一项重要的胜任素质可能是沟通技能，即在工作中要与顾客进行良好的交流。这可以通过沟通技能练习来进行评估。应聘者必须要在沟通技能练习中达到通过值才能通过这个跨栏。

按特定的评估顺序使用多重跨栏模式来减少应聘者的数量是非常有效的，因为评估过程包括一个又一个跨栏。根据成本从低到高排列预测变量的测量顺序是具有经济意义的。例如，只有那些拥有本科学位的计算机销售岗的应聘者才能接受沟通技能练习。因为学位信息在应聘初期就可以得到，而实施沟通技能练习则需要额外的成本投入。许多组织在选拔初期使用成本较低的筛选方法来筛除那些易于被排除的应聘者，而将成本较高的筛选方法用于选拔后期。

2. 回归法

回归法通过使用方程中的各个预测变量得分来对效标进行数量估计或预测。例如，我们可以使用回归方程预测计算机销售员每月的实际销售额。这个例子中的预测变量可能是大学期间的平均绩点和沟通练习得分。我们可以通过数学方法将这两个定量变量（平均绩点和练习得分）结合起来提供预测的效标得分（如每月销售额）。那些预测效标得分高的应聘者将会被雇用。

在只有一个预测变量的情况下，我们可以从一个样本数据中得到一个线性回归方程。为了计算得到该方程，我们同时需要效标数据和预测变量数据来比较预测效标得分和真实效标得分之间的匹配程度。线性回归方程的一般形式是：

- $Y = b \times X + a$

式中，X 是预测变量，Y 是效标，b 是斜率，a 是截距。当使用这个方程时，a 和 b 都是已知量。预测的效标值（Y）可以用预测变量的值 X 来计算。

回归方程是根据效度研究的数据建立的。样本数据中包含了效标和预测变量，它除了能计算相关系数外，还可以计算出回归方程。正如前面提到的，回归方程提供了一种利用预测变量预测效标的方法。例如，根据沟通练习的得分来预测销售人员每月的销售额。最准确的预测可以利用如下回归方程来获得：

- 销售额 = 400 美元 × 练习分数 + 2 000 美元

在这个方程中，a 是 2 000 美元，b 是 400 美元。如果某人的练习得分是 10，那么他的月销售额的预测值就是 6 000 美元：

- 销售额 =400 美元 ×10+2 000 美元
- 销售额 =6 000 美元

如果另一个人的练习得分是 5，那么他的月销售额的预测值就是 4 000 美元：

- 销售额 =400 美元 ×5+2 000 美元
- 销售额 =4 000 美元

显然，第一个人是首选，因为他的预测绩效更高。

当存在两个或多个预测变量时也可以使用相似的方式，这种情况涉及多元相关和多元线性回归的使用。多元相关是指效标同时与两个或多个预测变量的相关。多元相关系数用 R 来表示。多元回归是一种统计方法，它提供一种将两个或多个预测变量同时与一个效标相关联的方程。因此，该方程可以利用多个预测变量的得分来预测效标。多数情况下，多个预测变量相比于单一变量可以更加准确地预测效标。

多元回归方程的一般形式是：

- $Y = (b_1 \times X_1) + (b_2 \times X_2) + a$（有两个预测变量的例子）

式中，X_s 是预测变量，Y 是效标，a 是截距，b_s 是回归系数。根据样本数据来计算回归系数和截距。用预测变量的值代替 X_s，就可以计算出效标的预测值。

例如，我们可以将沟通练习分数和大学期间的平均绩点相结合，假定这两个预测变量都与月销售绩效相关。将这两个变量结合在一起进行预测得到的结果可能要比它们单独预测更准确，如果两个预测变量与销售额的相关系数均为 0.4，那么结合之后的多元相关系数很可能会大于 0.4。多元相关的大小表示每种预测变量与效标变量以及各预测变量之间的相关程度。当预测变量之间不存在相关时，多元相关的值最大。

多元回归分析提供了一个用沟通练习得分和大学平均绩点来预测销售额的方程。假设预测方程如下：

- 销售额 = (2 000 美元 × 平均绩点) + (1 000 美元 × 练习分数) +2 000 美元

此方程中，a 是 2 000 美元，b_s 是 2 000 美元和 1 000 美元。将平均绩点和练习分数代入方程就能得到预测月销售额的估计结果。如果某人的大学平均绩点是 2.0，练习得分是 4，那么他的预测月销售额是 1 万美元。如果其大学平均绩点是 4.0，练习得分是 10，那么预测月销售额就是 2 万美元。

预测变量与效标之间的相关程度决定了预测的准确度。如果预测变量与效标高相关，那么月销售额的预测值就可能是准确的。如果预测变量与效标的相关度不高，那么预测将不会很准确。但是即便预测变量与效标只有中等程度的相关，只要使用我们所讨论的科学方法，相比于非科学方法，我们就可以雇用到绩效更佳的员工。

每一个回归方程都必须进行交叉效度检验，以确保其做出准确的预测。用某一样本数据建立的方程只会对该样本做出最准确的预测，对其他样本的预测则未必一样准确，其中的统计学原因不在本书探讨的范围。为了进行交叉效度检验，需要将来自一个样本数据的方程应用于第二个样本中。通常，当方程用于第二个样本时，其预测的准确性会降低。如果方程被用于第二个样本时所得到的结果不显著，那么该回归方程就不能被采用。

使用回归法的局限在于，个体在某一个预测变量上的低分可以被另一个预测变量上的高分补偿。多重跨栏方法则由于应聘者必须达到每个预测变量的通过值而可以避免这种问题的产生。这一点是很重要的，因为应聘者仅仅在某些胜任素质上的得分很高是不够的，他们必须在每一个胜任素质上都达到一个适当的水平。例如，选拔外科医生有两项同等重要的胜任素质，即候选人必须具备实施手术的知识和手部技能。其中一项胜任素质上得分高并不能弥补另一项胜任素质的缺失。如果外科医生不知道该从哪里开刀，说明他缺少实施手术的手部技能。因此，回归方法的局限可以通过结合多重跨栏来克服，即先通过跨栏来筛选应聘者，再对通过多重跨栏的应聘者使用回归法。

即便做了效度研究，组织仍会通过主观判断来综合不同预测变量的结果，而非使用正规的多重跨栏模式或回归法的结果，后者在实践中很少用到。Ganzach、Kluger 和 Klayman（2000）进行了一项研究，他们对比了以色列士兵选拔中的主观判断法和多元回归法，发现回归法可以更好地预测绩效，但是如果能将主观评价与回归结果结合使用，其预测效果将是最好的。

3. 效度研究的替代方法

大多数组织选拔员工时都不会进行成本高且耗时长的效度研究。因为这样的研究至少需要100名被试，而组织通常不会一次雇用这么多人。一些组织也不想把时间和金钱投到这样的研究上。如果一个有上百个工作岗位的组织为每个岗位都进行效度研究，那么可能需要花费数百万美元。

一种替代的方法就是采用那些能够测量胜任素质并已被证实有效的选拔工具。采用这种方法，组织要先进行工作分析来确定胜任素质，然后再去选择用于评估每种胜任素质的现有方法。如果工作分析的结果表明需要认知能力这一胜任素质，那么就可以选择现有的认知能力测验。这种方法很大程度上依赖于已有方法的有效性，因为它不涉及通过收集数据来检验预测变量的效度问题。组织通常可以依据效度可推广性的研究结果来选择选拔方法。

同时，组织还可以从心理测验公司购买现成的选拔工具。这些心理测验公司会向组织销售具有良好效度的测验。正如我们在第 5 章中提到的，有许多测验可以用于评估上百个类别的特征。组织甚至也可以雇用咨询公司的专业人员来进行各种评估，包括评价中心、面试、情景模拟练习和各类测验。这对那些只需要评估少数员工的小型公司以及雇用少数人员来填补特定岗位的大型公司来说可能更加适用，因为购买评估服务可能比自己评估更省钱。

不管做出何种选拔决策，一旦确定了雇用对象，就要采取各种措施以保证被录用者会接受该工作。组织可以通过许多方式吸引个体加入组织，包括提供额外的福利和调整工作以适应个体等。现实工作预览就是其中的一种常用方法。接下来我们也会讨论这个方法。

6.4 使应聘者接受录用并留任

在做出雇用决策后，招聘工作仍未结束。下一步是确保组织想要的应聘者对组织所提供的工作机会感兴趣。如果那些有成为优秀员工的潜力的应聘者不接受组织提供的工作机会，即使采用最准确的选拔系统也没什么意义了。同时，确保接受工作的人不会因为他们发现自己并不喜欢这份工作而在短时间内离职也是同等重要的。

说服应聘者接受一份工作有几个策略。第一，让招聘过程成为一个积极的过程，并且让申请者感受到选拔过程的公正性（Hausknecht, Day, & Thomas, 2004）是很重要的。第二，薪酬福利应与同一地区内其他组织中的类似工作相似（Chapman, Uggerslev, Corroll, Piasentin, & Jones, 2005）。我们可以通过薪酬调查来确认组织所提供的薪酬福利是否具有竞争力，即通过联系其他组织并调查其特定职位的薪酬水平，以了解其薪酬情况。另外，组织也可以与其准备录用的人就薪酬福利问题进行协商。许多组织在这方面都比较灵活，可以根据被录用者的需要对其薪酬和福利进行调整。**自助福利**（cafeteria benefits）项目就是这样一种方法。在该项目中，员工可以从保险等一系列可能的选项中选择他们需要的福利。组织也可以提供富有弹性的工作内容，以便被录用者能够根据自己的意愿调整工作内容。

第三，招聘者的行为对应聘者是否接受工作具有重要的影响。Chapman 等人（2005）认为招聘者具备良好的个人品质以及提供真实的工作信息是非常重要的。如果提供虚假的积极组织信息，那么当新员工发现情况有出入时就会导致很高的离职率。一个人可能会因为接受工作时未被告知的某些实际情况而认为这份工作令人难以忍受。例如，某人之前从未被告知该工作在夏季时会有高强度的出差任务。如果此人不能接受这一实际情况，就很有可能离职，于是招聘工作也就被迫重新开始以求找到可替补的人。

现实工作预览（realistic job preview, RJP）的目的是为应聘者提供有关工作和组织的准确信息。其最典型的方法是发放手册或者呈现视频（Wanous, 1989）。一个好的现实工作预览可以提供有关某个工作的利弊的准确信息，这样接受该份工作的应聘者对该工作会产生准确而现实的期望。当某些不利情况出现时，那些事先知道这些情况存在的员工更可能继续留任。同样，那些事先知道工作中存在他不可容忍的情况的人将会拒绝该份工作；而愿意接受此种情况的人就会被雇用并更可能继续留任。

研究已经表明现实工作预览有诸多好处。Earnest、Allen 和 Landis（2011）对 52 个现实工作预览的研究进行了元分析。他们发现，现实工作预览的最大好处是增加了应聘者对组织诚信的感知并且提高了接受工作的应聘者的比例。研究发现尽管员工的离职有所减少，但是现实工作预览对离职的影响较小，这可能源自工作经历的复杂影响。Meglino、DeNisi 和 Ravlin（1993）通过一项现场实验，把申请狱警岗位的应聘者随机分配到有现实工作预览和无现实工作预览（控制组）的两组中，然后再根据其是否具有狱警的相关经验进一步划分。结果表明现实工作预览对有经验和无经验的两类应聘者有不同的影响（见"研究案例"）。这些结果表明尽管通常情况下现实工作预览具有积极影响，但其对每个人的影响可能是不同的。

◐ 研究案例

现场实验在组织情境中很难进行。这是 Meglino、DeNisi 和 Ravlin（1993）进行的现场实验案例。该研究跨越了相当长的一段时间，其目的是调查现实工作预览（RJP）对相关工作经验丰富度不同员工的离职的影响。尽管许多研究已经证实了现实工作预览对离职有影响，但是研究者认为这种影响在有经验和无经验的员工之间是不同的。

被试是狱警岗位的应聘者，他们被随机分配到接受和不接受现实工作预览的两个组中，然后再根据其在类似工作中的先前经验被进一步分为两个组。最后收集了被试是否接受该工作以及接受工作后在该岗位上留任时间的数据。因此，研究中有两个因变量——工作接受与否和留任时间。

结果表明，现实工作预览对有经验和无经验的两组应聘者的影响不同。有经验的应聘者如果经历了现实工作预览，则不太可能接受这份工作。并且，即使他们接受了该工作，在未来 3 到 9 个月的试用期内离职的概率也较高，但是在试用期过后就不太可能离职了。而无经验且经历了现实工作预览的应聘者则更有可能接受这份工作，并且现实工作预览对其离职率没有显著影响。这些结果表明，现实工作预览对每个人的影响可能并不相同。现实工作预览也许对那些有经验并能基于经验理解信息的应聘者更有意义。他们知道先前看起来令人满意的工作特征可能实际上并不那么令人满意。结果还表明，现实工作预览的影响可以随着时间的推移而有所不同，其对离职的影响可能不会立即出现。

　　总的来说，研究已经证实现实工作预览是减少不必要的员工离职的一种有效且成本相对较低的方法。这项研究表明，组织在决定使用现实工作预览时应该仔细地考虑应聘者的特点，因为对于有经验的人来说，现实工作预览可能不会降低其离职率。

资料来源：From "Effects of Previous Job Exposure and Subsequent Job Status on the Functioning of a Realistic Job Preview," by B. M. Meglino, A. S. DeNisi, and E. C. Ravlin, 1993, *Personnel Psychology*, 46, 803-822.

6.5　科学选拔的效用

　　关于员工选拔的科学方法，最重要的问题可能是它的效用或价值，即组织使用这种既有难度又耗费时间的方法来进行选拔有何益处。给出这个问题的答案并不容易。研究表明，科学的选拔可以使组织获得更好的员工，但它对组织整体运营的影响并不清晰。这是因为组织中的各个部门并不总是使用原本设计好的选拔系统（Van Iddekinge, Ferris, Perrewe, Perryman, Blass, & Heetderks, 2009）。对选拔工具的价值进行的研究被称为**效用分析**（utility analysis）。工业与组织心理学家已经为选拔工具的效用分析开发出了一系列的数学程序。我们将在这一部分讨论选拔工具如何能使组织获得较好的员工以及如何使用效用分析来展现选拔程序对组织功能的重要影响。

6.5.1　有效的选拔工具如何起效

　　理解效用分析的前提是理解选拔工具是如何起作用的。我们首先要掌握三个基本概念：

- 基础比率
- 选拔率
- 效度

这三个因素决定了科学选拔可以在多大程度上帮助组织聘用高绩效员工。如果的确有帮助，那么我们在确定选拔工具的效用时就必须考虑使用这些工具的成本。

1. 基础比率

　　基础比率（baserate）是指如果所有应聘者都被雇用，取得工作成功的应聘者在其中所占的比例。在某些工作中，大多数应聘者都有能力表现得出色，使得基础比率接近100%。而在另一些工作中，可以取得成功的应聘者相对较少，使得基础比率接近0。当基础比率为50%时效用最大，因为它为预测准确性的提升提供了最大的空间。假设你基于先前经验知道了基础比率。例如，如果你知道在过去有50%的员工取得了成功，那么你通过猜测来预测应聘者取得工作成功的最佳预测准确率为50%。如果你想猜出每个应聘者未来成功与否，那么你猜中的概率是一半。但是如果使用预测变量，你就可以把正确率提高到100%。这就使得基础比率和你的预测之间存在50%的准确率差异。

　　如果你知道基础比率多于或少于50%，那么你猜测每个申请者可能取得成功（如果基础比率大于50%）或者不能取得成功（如果基础比率小于50%）的预测准确率就大于50%。例如，基础比率为60%，那么你猜测每个人取得成功的准确率是 60%；基础比率为 40%，那么你猜测每个人不能取得成功的准确率也是 60%（40% 的人取得成功，意味着 60% 的人不能取得成功）。上述例子中，预测准确率的最大收益就是 60% 到 100%。

无论哪个方向，越是偏离 50%（大多数人要么成功，要么失败），提高最佳预测准确率的空间就越小。因此，所有大于或者小于 50% 的基础比率都没有 50% 的基础比率的提升空间大。

2. 选拔率

选拔率（selection ratio）是组织必须雇用的应聘者占所有应聘者的比例。它的计算方式是用空缺职位的数量除以应聘者的数量。有些组织发现每个空缺的职位都有许多应聘者，因此他们的选拔率会很低；另一些组织发现每个空缺职位的应聘者都很少，因此选拔率会很高。例如，如果一个岗位有 100 个应聘者，那么选拔率就是 1/100；如果一个职位只有两个应聘者，那么选拔率就是 1/2。低选拔率可以产生最大的效用，因为这允许组织在各个职位上有更多的选择。从长远来看，当有许多应聘者供组织选择时，组织可以雇用到更优秀的人。

3. 效度

选拔工具的效度是指其与效标的相关程度。相关程度越大，用选拔工具预测效标的准确度越高。对效标预测的准确度越高，效用就会越大，因为效用一部分取决于成功率超过基础比率的增量。

4. 有效预测变量如何增加成功率

图 6-4 显示了如何通过基础比率、选拔率和效度的结合来提升雇用的成功率。图中标注出了一个包含 20 个应聘者的虚拟样本的效标与预测变量得分。坐标系中横轴代表预测变量，纵轴代表工作绩效的效标。每个应聘者都以点的形式标注在图上，以代表应聘者的效标和预测变量得分。

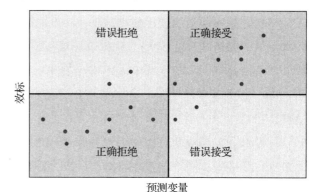

图 6-4　有效的选拔工具如何增加选拔的准确度

图中间的横线代表了成功绩效的标准。线上的人是绩效成功者，线下的人则是绩效不成功者。超过该标准的人数所占的比例为基础比率。预测变量的**录用分数线**（cutoff score）用图中的垂直线来表示。在多重跨栏模式中使用录用分数线来决定哪些人应该被雇用，哪些人不应该被雇用。在这个例子中，预测变量得分高于录用分数线（在垂直线右侧）的应聘者将被雇用，而得分低于录用分数线（在垂直线左侧）的应聘者不会被雇用。由图可知，有一半应聘者的预测变量得分高于录用分数线。

图被划分为四个象限。右上象限表示使用预测变量所录用的且会取得工作成功的应聘者，这些受雇者是被"正确接受"的人。而右下象限表示使用预测变量所录用的但不会取得工作成功的应聘者，这些受雇者是被"错误接受"的人。左下象限表示使用预测变量未被录用且不会取得工作成功的应聘者，这些应聘者是被"正确拒绝"的人。最后，左上象限表示使用预测变量未被录用但会取得工作成功的应聘者，这些应聘者是被"错误拒绝"的人。该例子中包含了 8 个正确拒绝和 8 个正确接受的人，以及 2 个错误拒绝和 2 个错误接受的人。

如果一个预测变量是有效的，那么图中的点应该形成一个椭圆形区域。这样使用预测变量的录用分数线来选拔员工就比使用基础比率更准确。图 6-4 中的基础比率是 50%，意味着如果所有应聘者都将被雇用，那么其中有 50% 会在工作上取得成功。如果基于图中预测变量的录用分数线来选择，那么 8 个人在未来将会取得工作成功，而 2 个人将不会取得成功。这就将准确率从 50% 提高到 80%，这体现出了选拔的潜在效用。当条件有利时，这种情况会变成实质性的效用。正如前面讨论过的，基础比率为 50% 且选拔率较低是最佳的情况，并且效度越高，科学选拔的潜在效用就越大。

到目前为止，我们已经知道了有效的预测变量是如何帮我们鉴别出那些将会在工作上取得成功的个体。这是效用中很重要但不是唯一的一部分。另一个很重要的部分就是使用选拔工具和无效选拔的成本。我们接下来将讨论的是，使用选拔系统的成本收益率决定了其效用。

6.5.2 计算科学选拔的效用

即使预测变量可以使组织获得更好的员工，但对组织来说这未必是最好的选择，因为使用预测变量的成本可能会超过收益。例如，一些工厂的工作几乎不需要技能和培训，并且替换一个低绩效工人的成本也很低。在这种情况下，使用高成本的选拔方法，如评价中心来进行选拔就不是很合适。事实上，研究发现即使在工厂里，心理测验也很少用于那些技能和培训要求很低的工作（Wilk & Cappelli, 2003）。那些需要对员工进行重大投资的工作则必须使用高成本的选拔工具。例如，美国空军要花费数百万美元来训练一名战斗机飞行员。在这种情况下使用昂贵的选拔程序无疑是物超所值的。

我们此前讨论的效用概念只是用来鉴别成功和不成功的员工，但我们也可以通过效用分析来考察有效的选拔工具会产生何种绩效改善。如果一个选拔工具是有效的，我们将预期总体上用它选拔的员工都会有更好的工作绩效。几项研究表明，对于产出可量化的工作，如工厂工作，高绩效者的生产率是低绩效者的 16 倍（Campbell, Gasser, & Oswald, 1996）。如果我们可以计算绩效收益的货币价值，我们就可以计算使用选拔工具的效用了。

目前已有多种方式可以进行此类效用分析（Raju, Burke, & Normand, 1990）。每种方法都是基于数学方程来预估选拔工具的货币收益，也都有其各自的假设和变量，目的都是找到绩效与货币收益之间的关系。对于有些工作来说，绩效与货币收益之间的关系可以直接获得。例如，销售人员的绩效可以通过销售品的货币价值来体现。而对另一些工作，货币价值就没那么容易转换了。比如，你该如何评估教师工作绩效的货币价值呢？对这个问题，通常情况下我们会请领域事务专家做主观判断。

工业与组织心理学领域对效用分析的最佳方法一直存在许多争议。有些学者关注如何对工作绩效的货币价值做出评价（Becker & Huselid, 1992）。他们认为由于人们的判断不总是准确的，致使效用评估也不一定准确无误。另一些学者认为效用分析无法考虑到所有与效用相关的主要因素（Russell, Colella, & Bobko, 1993），结果导致了对收益的夸大估计。比如，Boudreau（1983）讨论了由劳动生产率提高所获得的收益增加该如何随税收变化进行调整，从而估计出真实的效用。

尽管如何计算科学选拔为组织带来的货币收益仍备受挑战，但是研究表明这种收益可以相当可观。Van Iddekinge 等人（2009）在某快餐组织中研究了科学选拔对其所辖餐馆的财务绩效的影响，结果表明使用公司选拔系统的餐馆比未使用的餐馆拥有更高的客户满意度和利润。

效用计算的概念并不仅仅局限于员工的选拔。Landy、Farr 和 Jacobs（1982）认为该方法同样可以用于评估其他组织工作带来的货币收益，如为员工提供绩效反馈。如果你可以从此类程序中评估绩效收益，那么你就可以利用货币收益来计算效用。但是，此种分析与员工选拔的效用分析具有相同的局限性。

我们需要进一步关注的问题是对效用分析的使用。这种数学方法提供了一种理论估计，让人们能够计算因雇用更有才能的人而获得的绩效收益。尽管理论上说能力越强的人，工作绩效就越好，但在实践中这些预期的收益可能不会出现。组织是一个复杂的社会系统，它以多种方式影响着人们的行为。员工的工作绩效可能由于组织内部和外部的影响而有所提高或下降。正如我们在本书随后论述的那样，具备出色的能力不代表该能力在组织的条件和限制下可以得到发挥。一个有能力的人可能因为缺乏足够的设备或支持而绩效不佳。如果一个技工的机器出现故障或者失灵，那么即使他再有天赋也不可能有任何产出。尽管如此，效用分析仍然具有价值，因为它表明选拔程序是对组织有益的。

6.6 选拔实践的国际化差异

不同的组织甚至是同一组织在不同国家的各分支机构的选拔实践都会大不相同。Ryan、McFarland、Baron 和 Page（1999）对来自 20 个国家的 959 个组织的经理进行了调查，以了解其组织的选拔工作，特别是所使用的选拔工具。结果发现最受欢迎且在全球广泛使用的选拔工具是面试、背景调查以及职位申请表，而非心理测验。在心理测验中，尽管人格和认知能力测验在世界上最为常用，但不同国家对这些测验的使用程度也存在较大的差异。在希腊，最常被使用的是履历调查表和面试，而在比利时和西班牙，最常被使用的是心理测验。Zibarras 和 Woods（2010）对英国 579 家组织的选拔工作进行了调查，并与美国组织进行了对比，结果发现美国公司更倾向于使用背景调查、履历调查表、非结构化面试和工作样本等方式，而较少使用能力测验。

Newell 和 Tansley（2001）指出即使工作要求和工作情况相似，不同国家之间的选拔实践也存在差异，并且低效度的选拔方法比高效度的更受欢迎。他们提出了几个导致这种情况的社会性因素。首先，经理们必须在使用选拔程序之前对其有所了解。到目前为止，不同国家的经理之间的交流仍然受到限制，因此在一个地方发现某个选拔方法比较好，另一个地方的人不一定知道。尽管互联网已经减少了物理距离和国界的局限，但语言障碍仍然存在。Eleftheriou 和 Robertson（1999）在对希腊公司的调查中发现，成本以及缺乏熟悉度是心理测验不常被使用的原因。其次，法律法规会影响选拔程序。美国的反歧视法已经规定了选拔的程序（见下一节对法律问题的讨论）。在许多欧洲国家，例如德国和瑞典，工会的力量非常强大，它对选拔程序的影响比在美国要大得多。第三，经济因素也会限制选拔方法的使用。在欠发达的国家中，高成本的评估不会被使用。最后，在价值观和认为什么是重要的这一问题上存在文化差异。例如，在一些国家中，成就比地位的象征更加重要。又如，在一些国家中，大学生的平均绩点比其所在院校的地位更加重要，而在其他国家可能恰恰相反。除了这些因素之外，不同国家的人们对各种选拔工具的看待方式也存在差异。比如，越南人对面试的认可度低于美国人，但对于诚信度测验和人格测验的认可程度更高（Hoang, Truxillo, Erdogan, & Bauer, 2012）。

6.7 法律问题

组织不应在雇用和晋升等工作中存在歧视行为，这已成为整个工业化世界的一种公认的价值观。很多国家都有保护人们不受组织歧视的法律规定。但受法律保护的群体在不同的国家中是不同的，大多数国家都为女性提供保护，也有许多国家为黑人提供保护。如果某个国家的少数民族的人口数相对较大并且其成员受到了歧视，那么该群体就应该受到法律的保护。因此，在拥有较多黑人少数族裔的国家中，黑人就可能成为法律保护的对象。而在那些几乎没有黑人的国家，法律中就不会存在针对该群体保护的规定。

在这一节中，我们将会讨论美国及其他国家中员工选拔所涉及的法律问题。尽管美国在发展反歧视保护法方面处于领先地位，但是许多国家并没有落后太多，一些国家在某些方面甚至做得更好。这部分的讨论将美国和其他国家在处理歧视问题上的做法进行了对比。

6.7.1 美国的合法选拔

1964年之前的美国在许多工作中，尤其是那些最令人向往、收入最高的工作中都普遍存在对少数族裔和女性的歧视。1964年的民权法案改变了组织选拔员工的方式，扩大了反歧视的法律保护范围，并提供了执行机制来实施这种保护。随后几年的立法又将法律保护范围扩大到1964年民权法案中未涵盖的群体。但是，在美国的员工选拔以及用工的其他方面，歧视并没有完全被消除。仅2005年，就有超过14.6万件联邦和州一级的歧视起诉（Goldman, Gutek, Stein, & Lewis, 2006）。尽管如此，反歧视在过去的几十年中已经取得了巨大的进步。

1964年的民权法案规定，在就业以及美国社会生活的其他领域中歧视少数族裔或其他群体是非法的。随后立法和最高法院的判例在员工选拔方面形成了一系列复杂又相互矛盾的法律要求。1991年的民权法案试图纠正最高法院多年以来时而相互矛盾的判决所造成的一些混乱。表6-3列出了最高法院的6个最重要的判例及其主要判决结果。尽管非歧视的基本原则很简单，但是使用达到法律要求的选拔系统却很复杂。这一部分是因为国会和最高法院的要求不断发生变化，另一部分是因为员工选拔技术的复杂化。

表6-3 美国最高法院6个重要的歧视判例以及结果

案例	结果
Griggs诉杜克电力公司（1971）	具有负面影响的选拔方法必须是有效的
Rowe诉通用汽车（1972）	法律反对绩效评估中的歧视行为
雅宝纸业诉Moody（1975）	组织必须使用严格有效的程序
Baake诉加州大学（1978）	与歧视相关的法律保护每一个人；学校的入学配额是非法的
沃兹科夫包装公司诉Antonio（1987）	该案例使个人赢得歧视案件变得更难；它成为1991年民权法案的推动力
普华永道诉Hopkins（1988）	晋升不应基于"性别刻板印象"（如要求女性职员表现得或看起来更像女性）

我们要解决的第一个问题就是受保护群体的概念。在历史上一直受到歧视的群体是受法律保护的对象，这些**受保护群体**（protected classes）包括非裔美国人、西班牙裔、美国土著人和妇女。表6-4列出了主要的联邦反歧视法律及其保护的特定群体。今天，基于下列因素而产生的歧视都是不合法的：

- 年龄
- 肤色
- 残疾
- 性别
- 国籍

- 种族
- 宗教

表 6-4　保护不同群体的美国民权法案

立法	受保护群体
1964 年民权法案	性别、国籍、种族、宗教
1967 年年龄歧视法案（1968 年修订）	年龄
1978 年怀孕歧视法案	怀孕
1990 年美国残疾人法案	精神和身体残疾

可以想象，将来其他群体也将有可能成为法律保护的对象，并且美国各州可以独立对联邦法律没有涉及的某些群体提供保护。例如，性取向被美国 21 个州（例如加利福尼亚州、康涅狄格州、马萨诸塞州、新泽西州和纽约州等）（FindLaw, 2013）和一些国家（例如加拿大、丹麦、爱尔兰、以色列、荷兰和新西兰）纳入了反歧视法案（The Body, 1998/1999）。尽管没有法律义务这样做，但大多数大型企业仍具有包括性取向在内的非歧视政策。例如，2010 年《财富》500 强公司中有 87% 实行了此类政策（Human Rights Campaign, 2013）。

1. 员工选拔的统一指导方针

1978 年，美国政府提出一系列合法选拔的指导方针，称为**员工选拔程序的统一指导方针**（Uniform Guidelines on Employee Selection Procedures）（1978 年 8 月 25 日）。尽管此方针最初计划在政府机构中应用，但最终却被所有组织采纳为合法实践。该指导方针定义了几项重要的选拔概念并提供了组织进行合法选拔的程序。其不但给出了法律要求的陈述，还列出了开发有效选拔系统的适当方法，这为遵循这些规定的组织提供了额外的便利。

民权法案规定，每个人都享有平等的就业机会。

统一指导方针中最重要的概念之一是**负面影响**（adverse impact），即某个选拔实践对受保护群体的影响。它通常是依据受保护群体和对比群体（比如白人男性）的选拔率来定义的。当**五分之四规则**（four-fifths rule）被打破时，就会产生负面影响，这意味着受保护群体的选拔率低于对比群体选拔率的 80% 或 4/5（Roth, Bobko, & Switzer, 2006）。例如，假设 60% 的男性应聘者获得了工作，而女性应聘者却只有不足 48% 的人获得了工作（60% 的 4/5），则女性应聘者就受到了负面影响（表 6-5）。鉴于各群体中都有相同数量的应聘者是不太可能的，因此，五分之四规则注重的是被雇用的应聘者占比，而非实际人数。

表 6-5　对受负面影响的妇女使用五分之四规则

案例1：对妇女没有负面影响					
性别	应聘者数量	雇用数量	雇用比例	五分之四临界值
男	100	60	60%	48%
女	80	40	50%	
没有负面影响的原因是雇用比例 50% 大于临界值 48%					

(续)

案例 2：对妇女产生负面影响

性别	应聘者数量	雇用数量	雇用比例	五分之四临界值
男	100	60	60%	48%
女	80	20	25%	

对妇女产生负面影响的原因是雇用比例 25% 低于临界值 48%

注：在第一个案例中，60% 的男性应聘者和 50% 的女性应聘者被雇用。因为 50% 高于 60% 的 4/5，表明没有发生对女性的负面影响。在第二个案例中，60% 的男性应聘者和 25% 的女性应聘者被雇用。因为 25% 低于 60% 的 4/5，表明发生了对女性的负面影响。

负面影响是选拔中可能存在歧视的前提。使用对受保护群体具有负面影响的选拔工具未必不合法。但是，如果一个选拔工具或程序具有负面影响，那么就需要进一步考察其合法性。为了确保选拔工具的合法性，必须保证选拔工具与工作本身紧密相关。这就意味着选拔工具评估的胜任素质应该是工作成功所必需的。证明选拔工具是工作绩效的有效预测变量就是建立其工作相关性的一种方法。

如果选拔中的确存在负面影响，那么组织必须做好准备以防受到法律的挑战。认知能力和体力测验都可能对某些群体产生负面影响。只有在工作分析表明用于选拔的品质是工作必需的胜任素质并且测验也是有效的时候，使用这些测验才是正当的。如果无法进行工作分析又不能使用有效的选拔方法，组织就要为使用对受负面影响群体不公平的程序承担风险。虽然要求受雇者具备工作所需的胜任素质是合法的，但要求其具备对工作成功不必要的胜任素质则是不合法的。

2. 基本职能和便利条件

1990 年美国残疾人法案（ADA）将反歧视法律保护拓展到残疾人。有两个概念来自该立法。正如第 3 章讨论过的，**基本职能**（essential functions）指作为工作重要组成部分的胜任素质。例如，对于秘书而言打字是一项基本职能，而举起重物不是。如果仅仅基于工作中的非基本职能而拒绝残疾人就是不合法的。那些不常出现但需要员工（具有基本职能）参与的非基本职能任务，如举重物，可以让其他人代做或不做。

第二个概念就是为残疾员工提供**便利条件**（reasonable accommodation）。一个组织必须为残疾人提供必要的支持，使其能够进行工作。例如，组织不能拒绝坐轮椅的应聘者，仅仅因为他必需上两级台阶才能进入大楼。提供坡道这样一个简单的便利条件就可以帮助其避免攀爬楼梯。为残疾员工的非基本职能提供帮助是另一项便利条件。我们还不完全清楚，到底什么程度的行动是在组织所能提供的合理范围内的，而什么样的行动对组织来说又太困难或者太贵。但是毫无疑问，未来的法庭案例将会决定组织需要为残疾员工提供多大程度的便利条件。

3. 反歧视行动

反歧视行动（affirmative action）由组织采取的一系列实践行动组成，用以增加特定工作中的受保护群体的成员数量。反歧视行动的目的是通过允许特定群体应聘那些曾经不对他们开放的工作岗位，解决以往雇用过程中歧视行为的遗留影响。Kravitz（2008）区分了旨在增加少数族裔应聘者数量的计划和那些在工作机会中给予少数族裔优先待遇的计划。前一种被视为机会提升计划，是通过额外的招聘努力（例如针对少数族裔的媒体广告）或者通过提供培训使更多的少数族裔应聘者具备工作所需的胜任素质，来增加少数族裔应聘者的数量。反歧视行动并不是一种配额系统，也不是要求组织雇用一个没有所需胜任素质的人。美国最高法院始终反对组织使用这种做法，除非存在某些特殊的情况（Kravitz, Harrison, Turner, Levine, Chaves, Brannick et al., 1997），比如某个组织拒绝遵守合法选拔并且在选拔过程中公然歧视。但这并不意味着反歧视行动的其他方面已经被消除。

政府要求那些雇员人数超过50名以及政府合同金额超过5万美元的组织开展反歧视行动项目。这一要求影响了大多数接受政府研究资助的学院和大学。尽管法院已下令或强烈建议某些存在歧视做法的雇主采用反歧视行动项目以终止非法行为，但对于其他大多数组织来说，是否参与反歧视行动项目是出于自愿的。大多数美国大型组织都会采用一些形式的反歧视行动，但不同组织的执行力度可能并不相同。可以看到的普遍做法是，在许多组织和大学的信笺上，以某种突出显示的方式表明其雇主是个"反歧视行动"雇主。

反歧视行动的目的就是改善普遍存在的歧视问题。这类反歧视项目应谨慎引进，因为其可能会无意地对想要帮助的群体产生有害的影响。Madeline Heilman 和她的同事发现，在招聘中受到优待的女性可能会对自己和其他女性产生消极的看法（Heilman, Kaplow, Amato, & Stathatos, 1993），这种消极看法进而会对自信产生影响（Heilman & Alcott, 2001）。这种效应在少数族裔的求职者身上同样存在（Evans, 2003）。此外，在反歧视行动下被雇用的人可能会被认为是不称职的，而这种反歧视行动带来的污名也很难在同事的心中消除（Heilman, Battle, Keller, & Lee, 1998）。研究还发现，当优待被认为不公正时（例如反向歧视），还会对非受益者产生负面影响（Heilman, McCullough, & Gilbert, 1996）。

Kravitz（2008）认为反歧视行动的问题和争论点都与优待有关。与反歧视行动其他方面有关的项目具有前景，同时弊端又各不相同。他建议反歧视行动项目应该集中在增加少数族裔应聘者的数量和保留原有的少数族裔员工两方面。可以通过更好地向少数族裔应聘者推荐该组织，以及通过教育计划增加拥有必要胜任素质的少数族裔数量来吸引应聘者。原有员工的保留可以通过改善少数族裔员工的工作环境和经验的相关计划来实现。比如，通过提供指导和培训来减少种族欺凌等消极体验。Kravitz指出为了使这些计划有效实施，应该让计划对所有人开放而不仅仅是少数族裔。比如，减少不文明行为的计划应该关注所有人的不文明行为，而不仅仅是少数族裔。使用此类项目的优点在于，他们不仅改善了每个人的工作体验（不仅仅是少数族裔），还减少了强烈反对少数族裔的反应出现的可能性。

6.7.2 其他国家的合法选拔

工业世界中许多国家都会有与美国类似的涉及歧视的法律。一些国家和美国一样，都强制执行反歧视法律（如加拿大和南非），而另一些国家的执行则较为宽松（如澳大利亚和英国）。尽管美国可能是这方面的带头人，但是其他国家会给予员工更多的保护，并把保护延伸到美国法律未提及的其他特定群体。各国解决歧视问题的方法取决于问题本身及其社会的性质。1995年，英国制定了残疾人歧视法案，这和美国的残疾人法案类似。就像在美国一样，这一法案受到了雇主的抵制，特别是那些对残疾人抱有消极态度并且对法律要求知之甚少的人（Jackson, Furnham, & Willen, 2000）。加拿大的法律、制度和执法力度都与美国十分相似。相比于加拿大或美国，爱尔兰是一个更加单一的社会，少数民族的规模较小不足以推动法律保护。在爱尔兰，基于性别或婚姻状况的歧视是违法的，但是很少有法律涉及黑人或其他少数族裔（Federation of Irish Employers, 1991）。

我们在此讨论的国家以及工业世界中的其他国家都赞同员工选拔应该基于与工作相关的特征这一观点。用此种方法雇用的员工应该是胜任工作的最佳人选，由此就会消除选拔中因歧视而产生的不公正待遇。此种方法也可以排除年龄、肤色、残疾、性别、国籍、种族、宗教、性取向或其他与工作成功不相关的个人特征的影响，使组织雇用到最佳人选，进而提高组织效率。

本章小结

组织最重要的功能之一就是招募和选拔新员工。为了保持其有效性，组织必须有足够的具备所需特质或胜任素质的人员来完成工作。获得此类人员涉及一个包含4个步骤的过程：

- 规划对新员工的需求
- 获得合适的应聘者（招募）
- 做出雇用决策（选拔）
- 使被录用者接受工作

规划对新员工的需求要使用预测方法，包括对有特定胜任素质的人员需求量与该地区此类人员的现存量进行比较。组织未来的变革和扩张计划必须要考虑到必要岗位的人员空缺和填补。如果缺乏对这些问题的考虑，可能会导致组织无法在需要时找到合适的人选去执行组织功能。

如果市场中缺乏工作胜任者，那么组织要获得应聘者就会很困难。问题主要是如何找到合适的人来申请职位，因为有时市场中可能出现具备某种技能的人员过剩，而具备其他技能的人员短缺的现象。组织获得应聘者的方法很多，包括广告、使用招聘者及网络服务。

科学选拔需要使用能够预测工作绩效的选拔工具。开发一个有效的选拔系统包括5个步骤：通过工作分析确定胜任素质，选择效标，选择可能的预测变量，通过研究确定预测变量的有效性，最后通过使用第二个样本或研究来对预测变量进行交叉效度检验。

一旦组织决定了被录用的人选，组织就必须说服其接受工作。为了达到此目的，组织必须确保所提供的薪资与其他组织相同。现实工作预览（RJP）是一个确保人与工作更加匹配的程序，该程序为应聘者提供工作的准确信息，使其对是否接受工作做出明智选择。

效用分析用来确定使用预测变量进行选拔的收益。这种分析是以那些能对良好工作绩效的货币价值进行估计的数学公式为基础的。研究者对于进行效用分析的最佳方法有不同的看法。尽管如此，效用分析的结果表明科学的选拔可以帮助组织产生可观的收益。

员工选拔不仅仅是一个科学过程，它也是一个法律过程。大多数工业国家都制定了反对选拔歧视的法律。在美国，对年龄、肤色、残疾、性别、国籍、种族或宗教的歧视是不合法的。为了避免法律问题，组织必须基于与工作相关的因素做出选拔决策。

工业与组织心理学实践

本案例涉及一种测量员工艺术能力的特殊评估工具的开发。此工具的开发者是 Anna Erickson 博士，她是 SBC 通信公司的一位工业与组织心理学家。SBC 通信公司拥有多家电话公司，如太平洋贝尔公司和西南贝尔公司。Erickson 在 1995 年获得艾奥瓦州立大学授予的工业与组织心理学博士学位。在项目开发阶段，她参与了工作分析、绩效评估、未来员工需求规划以及员工意见调查等各项工作，但她的主要任务是进行选拔研究。现在，她担任市场研究总监并负责调查顾客对电话公司的产品和服务的偏好和反应，如呼叫等待或来电显示。对于一名工业与组织心理学家来说，这是一份常规工作，其使用的方法和技术与本书中讨论的工业与组织心理学领域的传统工作类似。

电话公司要雇用一种称为黄页设计师的员工，其工作任务是为公司客户画广告。该公司决定拓展其广告服务范围，这就要求设计师具备更高的才能而不仅仅是画广告。公司要求广告设计部门的领导推荐的人选要更适合于从事艺术性工作，但这一程序引发了大家的争议和工会对偏袒的不满。显然，必须找到一种选拔优秀设计师的有效而公平的新方法。

Erickson 博士负责解决这个问题，但不幸的是，没有现成的评估此类设计师的工具。于是她不得不开发一种新的评估工具并争取获得员工的支持。为了完成这个目标，她召集了一个由员工和经理共同组成的工作组，同时经过对创造力文献的分析发现，尽管艺术看似主观，但是专家在评估艺术时具有高度的评估者一致性。这使她产生了开发评价中心的想法，其中的评价者是著名大学艺术学院的教职人员。

开发评价中心的第一步就是进行工作分析来确定工作所需的胜任素质。结果发现有两个重要因素需要评估，即与顾客打交道的能力和进行创造性工作的能力。顾客服务能力通过结构化面试进行评估；而工作创造性则由专家对被评者提交的作品质量以及被评者在情景模拟中的表现进行评估。所有的评估都是双盲的，评估者并不知道他们在评估谁的作品。

工作组一致批准了这一评估程序，并且解决了工会的不满。Erickson 对评价中心进行效度研究发现，评价中心能够很好地预测教授对艺术类学生可雇用性的评价。那些被认为能力最佳和可雇用性最高的学生在评价中心的表现是最好的。现在，公司在安置与选拔方面仍使用这个评价中心。这个案例展现了员工通常在何种情况下会把有效选拔视为公平选拔。

讨论问题：
1. 让员工接受新的评价中心为什么很重要？
2. 你认为由领导提名决定谁将得到这份工作是一种不公正的方式吗？
3. 除了使用过的方法，还可以通过何种方式验证评价中心的效度？
4. 你还能够想出其他测量艺术创造性的方式吗？

做中学

行业的就业市场

在职业信息网网站（http://online.onetcenter.org）上可以找到"查找职业"功能。在网站顶部输入职业名称后，你将得到该职业的介绍。在末尾你会看到"薪资与就业趋势"内容。选择一个州，然后点击"搜索"键。就你所选职业的薪资和人员需求量的增长，对该州与全美的状况进行对比，写一篇简短的报告。

公司如何解决少数族裔雇用问题

选择一家大型企业（如通用汽车或 Verizon 通信公司等《财富》500 强企业），然后登录其网站。搜索信息并撰写一篇报告，列出他们鼓励少数族裔申请工作以及重视员工多元化的方式。

第7章

培　　训

第7章　概要

需求评估

目标

培训设计

实施培训项目

评估培训项目

本章小结

工业与组织心理学实践

做中学

　　如果你获得了一家大公司的工作机会，那么你很有可能会接受一些正式的培训。即便是大学毕业生，在从事大多数工作的时候也需要接受额外的指导。无论是多么简单的工作，都需要培训。例如，每一个麦当劳员工都会接受培训，负责炸薯条的员工会学习如何正确操作；一家餐厅的经理会接受几百个小时的培训，这些培训大多数是以课堂形式完成的。对大多数工作而言，要想把它做好，都需要进行很多学习。从未来的发展趋势来看，越来越多的工作将以技术为导向，因此社会对培训的需求也会越来越大。

　　培训是组织中主要的人力资源活动之一，这些组织包括全球范围内大大小小的私有和公有（政府）组织。新老员工都需要进行培训，新员工需要学习如何完成他们的工作，老员工则需要不断获得与时俱进的知识以及学习如何提高他们的绩效。在许多组织中，只有员工完成了某些特定的培训并掌握了特定的技能才可以获得晋升机会。在多数工作中，学习是一项长期事业，不会因为到达了某个水平的受教育程度而停止。即使是一名拥有博士学位的医生也必须不断接受严格的培训才能保留他们的执业医师证。

一个有效的组织培训由 5 个步骤组成，如图 7-1 所示。第一步是进行培训需求评估，以确定接受培训的对象以及培训的内容。第二步是设定目标，从而明确培训需要实现的内容。第三步是设计培训项目。第四步是实施培训，根据需求评估为相应员工提供培训。最后一步是评估培训，以确保此次培训达成了目标。如果培训效果不好，我们将重新继续上述 5 个步骤直到达成培训目标为止。以上 5 个步骤应该按顺序依次进行。

图 7-1　开发有效培训项目的 5 个步骤

本章我们将探讨培训过程的 5 个步骤。除了实施培训之外，其他步骤都属于工业与组织心理学的范畴。多数培训都由专业培训师来执行。工业与组织心理学家常常在幕后决定需要进行怎样的培训，并帮助设计培训，然后交由他人来实际执行，最后评估培训的有效性。虽然工业与组织心理学家在组织培训领域可以做很多工作，但实际上，多数培训并未有效使用他们的专业知识。这也许是多数培训在组织中作用很小的原因之一。

目标

学习本章后，学生应能够：

1. 列举开发和实施组织培训的步骤；
2. 描述怎样进行需求评估；
3. 解释影响学习和培训迁移的因素；
4. 讨论各种培训方法，包括它们的优势；
5. 讨论如何评估培训。

7.1　需求评估

需求评估被用来决定哪些员工需要接受培训以及培训的内容（Arthur, Bennett, Edens, & Bell, 2003）。由于培训对象错误或者教了错误的内容而导致培训资源浪费的事件经常发生。需求评估可以确保培训资源得到充分利用。

Goldstein（1993）提出了需求评估应该关注的三个层面：组织、工作和个人。组织层面需要考虑组织的目标及其与员工绩效的关系。分析组织目标可以给培训需求提供线索。例如，如果一个组织的目标是减少伤害事件，那么对员工进行工作场所安全条例的培训就是合理的。如果组织目标是使生产效率最大化，培训内容就应该包含指导高效生产的方法。

工作层面需要考虑工作所包含的各项任务的本质。工作分析可以用来确定各项工作的主要任务以及完成任务所必需的胜任素质。通过这些胜任素质信息，就可以确定相应的培训需求。例如，警察必须掌握合法逮捕程序，因而这类知识显然是一个必须提供的培训内容。

个人层面主要考虑应聘者或是在职员工完成

工作任务的好坏程度。换句话说，它评估了个人的胜任素质水平而不是工作本身。对工作和个人的胜任素质进行比较，从而判断最需要培训的内容。组织可以为每位员工量身定制员工发展计划，对其能力和知识进行查缺补漏的培训，从而使员工可以承担一些额外责任或得到晋升。

至此，我们已经从组织培训计划应该包括的内容这个角度讨论了培训的需求评估，但并没有提到已经在使用的培训项目的内容。Ford 和 Wroten（1984）开发了一个程序，用来评估现有的培训计划满足实际培训需求的程度。该程序与工作分析类似，不同之处在于其分析对象是培训而非工作。在进行分析时，一个专家小组审查培训计划的内容并写出该计划所培训的胜任素质列表。另一个专家小组对这份特征列表进行审查并评价每一个特征对相关工作的重要性。这一程序可以有效地鉴别培训的各个部分是否与培训需求相匹配。在这个程序的基础上，培训计划可以被采纳或进行修改。

尽管需求评估非常重要，但是组织并不经常使用它。对美国 1 000 家大型私营企业的调查发现，只有 27% 的私营公司在进行管理层培训之前会做某些需求评估（Saari, Johnson, McLaughlin, & Zimmerle, 1988）。很多时候，培训资源会被浪费，因为能够帮助调整培训方向的需求评估从未被执行过。有效的需求评估可以帮助组织充分利用其培训资源。

7.2 目标

开发培训项目最重要的步骤之一就是设定目标。有了明确的培训目标，你才可以设计出能够实现该目标的培训项目。这一步的部分目的就是确定有效培训的标准。基于这一标准的培训目标同时应该包括培训后受训者能够做什么或应该知道什么的陈述。培训标准是用来评估一项培训的目标成功与否的指标。比如，通过考察受训者在知识测验上是否达到了及格分来评估知识培训这一目标的达成情况。

标准是设计组织培训的基础。一旦我们知道了培训标准是什么，我们就可以设计合适的培训来达到标准。标准同样可以作为评估培训项目的指标，我们会在培训评估这一部分进行讨论。最后，培训目标应基于需求评估的结果。

7.3 培训设计

大多数组织培训都期望员工能把学到的知识应用于工作，这叫作**培训迁移**（transfer of training）。迁移受到诸如工作环境和培训本身等众多因素的影响，并且也无法保证培训结果总是可以迁移的（Taylor, Russ-Eft, & Taylor, 2009）。受训者个人的性格差异也是影响培训迁移的重要因素之一。图 7-2 是由 Baldwin 和 Ford（1988）开发的培训迁移模型。该模型描述了培训设计的特征如何影响受训者的学习，进而影响之后的培训迁移。他们也指出，受训者之间的个体差异和工作环境特征是重要的影响因素。

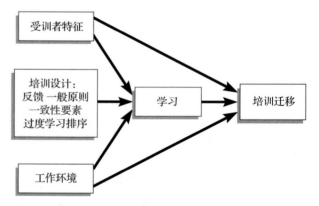

图 7-2　受训者、培训项目和工作环境如何影响学习和培训迁移的模型

资料来源：改编自 "Transfer of Training: A Review and Directions for Future Research." By T.T. Baldwin and J.K. Ford, 1988, *Personnel Psychology*, 41, pp.63-105.

在这一节中，我们会讨论影响学习和迁移的培训设计因素。此外，我们也会介绍8种实施培训的常用技术。培训的方法多种多样，包括相对被动的讲座形式以及参与度高的情景模拟。在前一种形式中，受训者以听讲座的形式接受培训；而在后一种形式中，他们自己尝试新技能。这8种方法分别适用于不同的培训情境。

7.3.1 受训者特征

个体在能力和动机上的差异是影响学习的重要因素（Herold, Davis, Fedor, & Parsons, 2002）。不是每个人都能同等程度地学会特定的任务，一些人可能更擅长学习认知任务，另一些人可能更擅长动作任务。因此，一些人可能是有技术的学者，另一些则是世界级的运动员。这些差异在设计培训中非常重要。对于给定的任务，并非每个人都有相同的学习能力，培训时需要考虑这些差异。研究最多的个体差异可能是认知能力，它已被证明与各种环境下的培训表现相关，个体的认知能力得分越高，其在培训中的表现越好（Hughes, Day, Wang, Schuelke, Arsenault, Harkrider et al., 2013; Ziegler, Dietl, Danay, Vogel, & Buhner, 2011）。

Bunker和Cohen（1977）研究了一项针对电话公司员工教授基础电学理论的培训项目的有效性。在培训之前，研究者评估了每个受训者的数学能力，并在培训前后又分别考核了每个受训者的电学知识。结果显示，那些数学能力高的受训者从培训中学到的知识最多。为了使每一个受训者都达到设定的知识水平，需要对能力较低的受训者提供更多的培训。一个比较好的培训策略是根据培训标准为每一个受训者量身定制所需的培训量。这意味着，一些人会比其他人得到更多的培训。

能力不是唯一一个影响培训结果的受训者特征，态度和动机也会影响培训和工作结果（Noe & Schmitt, 1986）。不想学习的人，不太可能从培训中获益良多。因此，如何激励员工在培训中尽全力而为，是必须考虑的最重要的事情之一。这可以通过对成功完成培训的个体给予外在奖励（例如晋升）或者诱发受训者对培训的兴趣来实现。Colquitt、Le Pine和Noe（2000）对培训动机研究进行了元分析，结果发现，动机与培训迁移和积极的员工态度密切相关。

人们学习新材料的最佳方法不同。有些人擅长从演讲报告中学习，另一些人可能更擅长从书面材料中学习。人们对不同形式的培训的接受能力和偏好也很重要，应该尽可能将其考虑在内。那些阅读能力不好的人可以接受口头形式的培训，而喜欢研习和思考材料的人在接受书面形式的培训时会更好。

7.3.2 影响培训迁移的设计因素

图7-2中的培训迁移模型提到了影响迁移的5个设计因素。在设计培训项目时，应该对每个因素都加以考虑。适当使用这些因素会使迁移的可能性最大化。忽略这些因素则可能导致培训无法有效应用到工作行为中。

1. 反馈

反馈（feedback）是学习的重要组成部分。如果没有任何形式的反馈，学习或许根本不会发生。在培训中适当地安排反馈，能够使受训者了解自己是否在学习正确的材料。

旨在传授信息和知识的培训可以通过两种方式进行反馈。一是让受训者接受关于培训内容的测验，二是受训者向培训师提问。这两种方式是大多数大学课程的常规程序。而旨在教授技能的培训应该让受训者在学习过程中进行练习并从中得到反馈。例如，汽车驾驶培训应让学员在教练指导下开车，由教练为学员提供反馈。此外，反馈同样可以来自任务本身，学员可以观察到自己是否一直在路上驾驶以及是不是笔直行驶。

2. 一般原则

一般原则（general principles）是指培训不仅要教个体为什么做某事，还要告诉他们应该如何做。许多培训项目除了所要教的内容之外，还包括一个介绍原理的环节。如果是计算机培训，那就可能有一部分计算机和软件设计的原理介绍。这部分将是简短而笼统的，但它能让受训者对什么是计算机以及它是如何工作的有大致的了解。教授一般原则的目的是为受训者提供一个学习框架。有研究表明，适当安排一般原则的介绍可以增强学习效果（Baldwin & Ford, 1988）。

3. 一致性要素

一个具有良好迁移能力的培训项目应包括**一致性要素**（identical elements）。这意味着受训者在培训情境下的反应和在工作情境下的反应相一致，它也指受训者在两种情境下感受到的刺激相同。两种情境下的反应和刺激越接近，受训者就越容易将培训中学到的东西应用于工作情境中。

飞行模拟器就是一种利用一致性要素的培训装置。飞行模拟器可以让受训者在不离开地面的情况下驾驶飞机。模拟器有高保真型和低保真型两种类型。高保真模拟器是极其真实的，它安装在模拟飞机运动的移动平台上，且可能是一个真实的飞机驾驶舱。模拟器的动作和控制相匹配。例如，如果受训者向后拉动操纵杆，驾驶舱的前端就会向上倾斜。一个低保真的模拟器用模拟飞行的计算机游戏来形容最为合适。即便这些低保真的模拟游戏并不包含真实飞机的全部设备，但其中许多部分也是真实的。鉴于此，美国海军用这类游戏针对飞行的某些方面对飞行员进行培训。然而，想要完成培训，还是必须用高保真的模拟器，因为它们与真实的飞行有很多一致性要素，可以促成训练迁移到真实的飞行中（图 7-3）。

图 7-3　飞行员在如图所示的飞行模拟器中学习许多驾驶飞机的技能

4. 过度学习

过度学习（overlearning）指为了达到培训的成功标准而给予受训者远超过必需的练习量，即在受训者首次学习了材料后让他们继续学习以至滚瓜烂熟。通过过度学习，受训者巩固了他们的新知识或技能，所以他们能轻松地应用新知识。过度学习使他们达到了**自动化**（automaticity），即不需要意识监控或注意就可以顺利完成任务（例如开车或骑车）。这会带来更高的绩效，理应作为组织培训的目标（Ford & Kraiger, 1995）。

运动员持续练习直到其技能达到熟练和自动化水平。运动员所需要完成的动作通常是复杂而快速的，没有时间思考所有的细节，而过度学习可以让他们实现自动且快速地做出反应。同样的原理可以应用于工作之中，当没有足够时间让我们思考如何执行一项任务时，被熟练掌握的技能就可以发挥作用。例如，在医院的急救室，为了挽救病人的生命，医生几乎没有时间思考每一步应该如何做。当病人生命垂危时，医生必须快速且自动化地使用所有的设备。

在培训中，过度学习有两种方式：练习和重复。有关信息和知识的培训通过对重要概念进行重复，以保证受训者能复述这些概念。此外，考试也可以让受训者练习和强化所学知识。对于劳动技能而言，需要通过大量的练习使受训者将技能掌握到精熟的地步。仅让一个人尝试某技能直至能够正确地完成一次是不够的。重复练习对于精通技能来说是必需的。练习得越多，受训者越有可能将所学的东西应用于工作中。

尽管人们通常认为，只要过度学习，培训的材料或技能就会一直保留下去，但事实并非总是如此。Rohrer、Taylor、Pashler、Wixed 和 Cepeda（2005）比较了短期（1周）和长期（9周）学习材料的记忆。他们发现，虽然过度学习组的被试在整个研究中记住了更多的材料，但到第九周的时候，几乎所有在一开始记住的信息都消失了。他们认为记忆保留时长的问题可以通过分段培训来解决，即在更多的时间段内进行额外练习，而不是仅在一个单独的长时训练中练习。将过度学习与分段培训相结合可以提高记忆的保留程度，下面我们会介绍分段培训。

5. 培训教程的顺序

培训教程的顺序可以从两个方面来看：局部对整体，集中对分段。**局部培训**（part training）就是把一项任务拆分成几个部分，每次学习一个部分。所有部分都学完后，整个任务再作为一个整体进行学习。**整体培训**（whole training）指一次性学习整个任务，而不是把它拆分成一个个独立的部分。

当任务很复杂不能一次学成的时候，局部培训优于整体培训。使用整体培训的方法学习高尔夫或网球会很困难，更好的方法是每次学习其中的一个方面，例如挥高尔夫球棍或网球的发球。将注意力同时集中到这类运动的各个方面是非常困难的。但另一方面，骑自行车就是作为整体来学习的，很少有人会分开学习诸如踩踏板和转向等环节。

集中培训（massed training）是在一个相对较短的时期内进行连续培训，培训时间较长。**分段培训**（spaced training）是分别在多个时间段里完成培训，每次培训时间较短。集中与分段是相对的，某些培训课程比起其他课程可能更加集中或分段。一个为期10天并每天进行1小时培训的课程比一个只有一次但持续10小时的培训课程更加分散。

集中培训可以很高效，因此，当一个人离岗1天比让他每天离岗1小时并持续8天更容易时，组织通常会采用1天的集中培训。在很多工作中，当一个人接受培训时，组织需要找另一个人来替代其工作，但是为每次1小时的培训而找到替代者就比较难。组织可能需要为了1小时的工作而支付给替代者1天的报酬。此外，到达培训地点（很可能是另一个城市）需要消耗不少的差旅时间。这些现实致使集中培训更常用。

另一方面，从长远来看，分段培训比集中培训更有效，并且能产生更好的学习效果（Cepeda, Pashler, Vul, Wixted, & Rohrer, 2006）。此外，最佳间隔时间取决于人们保持信息的时间。Cepeda 和他的同事设计了一系列实验，操纵了培训试次的间隔时间，然后在一年后评估了学习材料的记忆情况。他们发现，理想的间隔是由材料需要被保持在记忆中的时间决定的，更长的间隔更适用于长期的记忆保持。他们建议，面对长期保持的需要，间隔几周甚至几个月的培训可能是最好的设计（Cepeda, Coburn, Rohrer, Wixted, Mozer, & Pashler, 2009；Cepeda, Vul, Rohrer, Wixted, & Pashler, 2008）。这些结果与员工需要但不经常使用的知识和技能（例如急救或心肺复苏）最为相关。在这种情况下，应定期进行后续进修培训。对于经常在工作中使用的知识和技能，可能不需要间隔时间的复习，因为做工作任务本身会不断地更新知识和技能。

集中培训的不足是它会使人产生厌倦感，从而干扰学习，而且个体开始学习后很快就会产生疲劳感。想象一下花 10 个小时学习网球，疲劳会使你根本没有办法专注于学习。即便是脑力任务，人们在疲劳时的效率也会很低。那些经历过密集考试的学生都认为，无论从短期还是长期来看，集中培训都不是最好的办法。

7.3.3 工作环境

组织培训是在复杂的工作环境中进行的。培训中习得的技能是否能运用到工作中去，在很大程度上取决于工作环境。并不是说由管理层提供了培训就意味着员工或者其直接上司就会支持培训内容的迁移。主管经常告诉其下属在培训中学习到的新方法或新技能在本部门不适用。若在支持性环境中，主管和其他人鼓励员工应用所学的原理，因而会激发员工努力学习并将其所学迁移到工作中（Machin & Fogarty, 2003）。如果没有员工及其主管的支持，即使是最好的培训也不会产生预期的效果。而获得这种支持比设计一个适宜的培训更复杂。

另一个问题是组织中是否有机会使用培训所学的新技能。例如，如果员工接受了使用新的电脑系统的培训，但工作中没有该系统，那么这个培训可能是无效的。这个问题可以追溯到需求评估的概念。也就是说，人们不应该接受工作中不会遇到的相关任务的培训。

7.3.4 培训方法

培训有许多不同的方法。由于每种方法都有其优势和不足，所以不存在所谓的最好的方法。只要用在合适的情境中，每种方法都可以是有效的（Callahan, Kiker, & Cross, 2003）。正如前文提到的，不同的人适合不同的方法。最好的培训项目应该是灵活的，能够根据培训内容和培训对象的需求进行调整。

在这一部分，我们将讨论组织中常用的 8 种培训方法。这些方法可以结合使用，因为一个好的培训项目可能需要针对不同的培训内容发挥不同方法的优势。例如，飞行员的训练可能涉及这些方法中的大部分甚至是全部。学习复杂的任务也需要使用多种方法。表 7-1 列出了所有 8 种方法，并总结了每种方法的主要优点。

表 7-1 8 种培训方法的优势

方法	优势
视听教学	通过材料展示使其被听到或看到 可以同时培训很多人
自主教学	给予受训者直接反馈 个性化的进度
讨论会	给受训者反馈 受训者参与度高
讲座	经济 提供信息的好方法
模仿	高水平的反馈 提供新技能的练习机会
在职培训	在真实工作情境中进行 高水平的迁移
角色扮演	高水平的反馈 提供新技能的练习机会
情景模拟	高水平的迁移 提供新技能的练习机会

资料来源：改编自 "Selection, Training, and Development of Personnel," by W. C. Borman, N. G. Peterson, and T. L. Russell, 1992, in G. Salvendy (Ed.), *Handbook of Industrial Engineering* (2nd ed.), New York, NY: John Wiley.

1. 视听教学

视听教学（audiovisual instruction）指通过录音带、录像带、DVD 或电脑等电子设备呈现材料。尽管视听材料和电影很早就被用于培训，但是科学技术已经扩展了此类媒体的便捷性和灵活性。对于商业和高等教育的讲师来说，使用 PPT 等基于计算机的视听工具已经越来越普遍了。在线课程通常采用视频讲座和可视化的例子来说明原理。这些也适用于自主教学，下面我们将讨论这一方法。

2. 自主教学

自主教学（autoinstruction）是自我控制进度的培训方法，不需要培训师就能进行。最著名的**技术就是程序教学**（programmed instruction），它把材料分成不同的组块或单元。每个单元包含了一条信息、一个需要解答的问题和先前单元中的问题答案。受训者根据自己的进度学习。学习会得到重复，因为同样的材料会呈现不止一次。这种方法还包括反馈，因为受训者必须回答问题，然后几乎立刻就会得到正确答案。虽然程序教学的媒介常常是一本书或手册，但计算机可以为自主教学的培训提供更灵活的方法。

3. 讨论会

讨论会（conference）是指受训者和培训者讨论所学材料的会议。讨论会区别于其他方法的特征是参与者可以讨论材料并提出问题。讨论会中个人可以自由地提出想法，讨论的内容也不局限于事前准备的材料。因此，讨论会可以创造一个相对活跃的学习环境，使受训者参与其中。对于已经掌握一些材料内容的受训者来说，它是相当有效的。在攻读工业与组织心理学博士学位期间，这是最常见的教学方法。

4. 讲座

讲座（lecture）是一群受训者听培训者讲课的方法，它的主要优势是高效。一位培训者可以向很多学员讲授材料。在一些大学中，一场讲座会有好几千人参加。讲座的最大优势同样也是它最大的劣势。面向很多人的演讲限制了给予反馈的机会。就算是只有 40 个人的讲座，如果每个人都提个问题，那么留给培训者讲话的时间就几乎没有了。在不需要反馈的情境中，讲座是非常有效的培训方法。讲座也可以录制下来，成为线上自主教学的一部分。

5. 模仿

模仿（modeling）是受训者先观察他人行为再进行模仿练习的培训方法。模仿对象可以来自电影或者录像带，并且可以展示有效和无效行为的例子。这种方法常用于管理技能的培训，例如给一个表现不佳的员工负反馈。首先向受训者展示管理行为的例子，然后受训者模仿他们看到的行为。培训者的角色是鼓励受训者去尝试，并给他们的模仿表现提供反馈。

已有研究表明，模仿法对训练人际交往能力颇有成效，例如与他人的沟通。Taylor、Russ-Eft 和 Chan（2005）的元分析研究显示，模仿能提高由纸笔测验和情景模拟所评定的学习绩效。Simon 和 Werner（1996）指出，与自主教学或讲座相比，模仿在培训美国海军使用新型数据处理系统时更有效。

6. 在职培训

在职培训（on-the-job training）并不是一种特殊的方法，而是在工作中向员工展示怎样执行其工作的任何方法。大多数工作培训都发生在受训者正在从事各种不同工作任务的时候。在职培训可以是一种非正式的形式，例如，一个新员工在工作中观察老员工是如何工作的。它也可以是正式的培训形式，比如**学徒制**（apprenticeship）。这一形式常用于需要多年才能对员工做到全面培训的工作中。对于此类工作来说，其他方法可能不适用，因为组织无法负担无产出的常年的培训投入。而且如果受训者在培训完毕之前辞职的话，那么培训就是一种浪费。学徒常作为培训者的助手，而培训者则在工作的同时培训学徒。这种方式常用于技术职业培训中，例如电工和水管工人。

7. 角色扮演

角色扮演（role play）是一种情景模拟，受训者假装在完成一项任务。它常包含一种人际关系情境，例如提出建议或反馈，且常用于管理培训。角色扮演是我们之前提到的模仿培训的一个部分，但它本身不涉及观察另一个人的行为。虽然角色扮演可能是一种有效的培训技术，但它成本很高，因为同一时间内只有一小部分受训者可以得到培训。

8. 情景模拟

正如之前讨论的那样，**情景模拟**（simulation）是一种使用特殊设备或材料来描绘一项任务情境的技术。受训者假装情境是真实的，并按真实情境执行任务。情景模拟通常用来培训学员使用设备，例如汽车或飞机。情景模拟也可用于模拟其他情境，如在商务决策情景模拟中，受训者假装是一个组织的成员来解决问题或完成任务。其中的情境可以是管理一家机场或工厂（Funke,1998）。情境也可以是来自真实组织中的实例。但是，情景模拟和角色扮演具有相同的局限性，即在同一时间只有少数人可以接受培训。

科学技术的使用已经扩展了可能的模拟情境的复杂性。基于计算机可以设计相关的情景模拟游戏来培训员工特定的胜任素质。诸如此类的游戏已被证明是有效的，这主要是因为它们调动了员工参加培训的积极性，而非使用游戏本身有效（Sitzmann, 2011）。基于计算机的情景模拟游戏也有一个缺点，那就是设计一个游戏可能要花费数百万美元（Sitzmann, 2011）。但是，一旦游戏开发成功，这些游戏就可以下载到电脑中，员工就可以自己做培训，而且大量员工可以同时进行培训。

7.3.5 电子化培训

电子化培训（electronic training）或**数字化学习**（e-learning）是组织培训和大学教育的最新趋势。它包括使用电子设备进行的培训，上述讨论的几种培训方法也能以电子化的形式进行。某些数字化学习只是借用电脑或技术来实施原本要使用其他媒介的培训，例如网络广播讲座，人们可以在电脑或电视上远程观看。此外，较复杂的媒介适用于复杂而个性化的培训，通过结合复杂的评估方法，这些培训能提供反馈并通过匹配受训者水平来使培训更有效。这样的学习可以一直持续，直到达标才停止，并且可以跳过其中已习得的材料。目前使用网络进行培训的趋势迅速增长，培训的材料可以放在网上，以便员工随时学习。这种"即时"的方法使员工在需要培训的时候不必等待培训课程开课，随时随地都可以进行培训。

DeRouin、Fritzsche 和 Salas（2005）指出了数字化学习在组织中具有吸引力的一些潜在优势。首先，它可以使学习者自己决定何时何地通过某种方法进行培训以及培训材料的顺序安排，进而使学习者对培训具有较强的控制力。其次，科学技术使得培训材料能够按需快速发展和更新。PPT形式的培训课程可以组合在一起，及时地通过电子邮件发送给员工或发布在网站上。再次，数字化学习可以与其他传统的方法相结合，产生**混合式学习**（blended learning）。例如，课堂讲座可以与数字化练习相结合。最后，数字化学习可以为员工量身定制，以满足员工的个人需求。例如，培训计划可以包括评估，以确定学习者何时掌握了材料并准备好进入下一个主题。Newton 和 Doonga（2007）对组织中的培训经理进行了调查，他们发现对于培训经理来说，数字化学习的主要优势在于培训的灵活性、实施的效率以及没有员工缺席培训课程。当然，员工也可以在工作日（例如在工间休息时间）进行小班培训。

然而，数字化学习也有弊端。如前所述，动机是影响培训的一个重要因素，它在数字化学习中也至关重要（Brown, 2005）。由于数字化学习是自定进度的，所以那些对材料没有什么内在兴趣的受训者就无法得到培训者或其他受训者的激励。另一个问题是，这种方法通常要求员工自己找时间按照自己的进度完成培训。Oiry（2009）指出，鉴于繁重的工作负荷，员工会抱怨他们的主管不愿意为培训提供休息时间。当员工有一天休假来专门参加培训时，这个问题就减少了。

毋庸置疑，数字化学习在组织培训中很受欢迎，而且它似乎已经成为组织生活中的一个常见部分。研究表明，它能产生与课堂教学同样的学习效果，在某些情况下甚至比从课堂教学中学习的效果更好（Sitzmann, Kraiger, Stewart, & Wisher, 2006）。当然，和所有的训练方法一样，它并非适用于全部培训，也只适用于部分情况。

7.3.6 督导

许多组织发现，对于新手或没有经验的员工来说，得到高级或更高水平员工的督导非常有用。**督导**（mentoring）是两个员工之间一种特殊的工作关系，其中更有经验的一方为经验较少的一方提供建议/辅导、咨询和情感支持，并作为后者的榜样（Baranik, Roling, & Eby, 2010）。此外，尽管大多数督导关系都涉及不同级别的员工且督导者通常是较高级别者，但同一级别中更有经验的员工也可以进行督导（Allen, McManus, & Russell, 1999）。督导可以看作一种培训，它不仅能够帮助新员工适应工作，还能够帮助他们在相当长的一段时间内发展自己在组织中的职业生涯（Young & Perrewe, 2004）。研究表明，接受过督导的人可以从中获得许多益处，包括更好的工作绩效、更快的晋升、更好的工作态度和更低的离职率（Allen, Eby, Poteet, Lentz, & Lima, 2004; Blickle, Witzki, & Schneider, 2009）。督导者也会有很多好处，包括个人满意度和工作绩效的提高、他人的认可以及未来的忠诚度（Eby, Durley, Evans, & Ragins, 2006）。建立督导关系有助于提高双方的心理幸福感（Chun, Sosik, & Yun, 2012）。最后，接受督导的人更有可能表现出组织公民行为（OCB），该行为是其工作任务之外的有益行为（Eby, Butts, Hoffman, & Sauer, 2015）。

O'Brien、Biga、Kessler和Allen（2010）探究了督导关系中，在接受和提供一般督导（尤其是职业帮助或情感支持）方面是否存在性别差异。他们对41项督导研究进行了元分析，对比了男性和女性的经历。研究结果表明，就被督导者而言，男性和女性都有可能接受督导，但女性比男性更容易获得督导者的情感支持。就督导者而言，男性督导者更可能提供职业帮助，而女性督导者更可能提供情感支持。鉴于性别影响较小，且不同性别的个体都会参与两种形式的督导，因此不应该产生性别的刻板印象。

工作中人们的督导关系是自然发生的，但在很多组织中也存在正式的督导关系，督导者与被督导者由组织指定（Raabe & Beehr, 2003）。正式督导关系是有益的，因为并非每个员工都乐意自己找督导。那些以成功为导向的人和好交际的人更容易自然地找到督导（Aryee, Lo, & Kang, 1999）。而被指定的督导关系并不总是像自然形成的关系那样发展良好（Allen & Eby, 2003），因为被指定的双方之间的关系并不总是很好。Allen、Eby和Lentz（2006）对督导关系进行了研究，询问了一些督导项目的特征以及督导者和被督导者是否从中获益。结果表明，双方在配对过程中都有所投入，并且提供培训是建立成功督导关系的重要因素。在极端情况下，若督导双方关系变得具有破坏性，督导关系就变得不正常了，督导者可能会过分挑剔甚至伤害被督导者。这种消极的经历可能比没有督导更糟糕，并且可能给被督导者带来严重的问题（Eby, Durley, Evans, & Ragins, 2008）。

7.3.7 高管教练术

高层管理者，特别是在私营企业中，有时会与一名顾问配对，该顾问可以充当教练来帮助管理者改善工作绩效。**高管教练术**（executive coaching）最初旨在帮助高级经理解决绩效问题，但如今已发展成为一种帮助高绩效经理提高其管理技能的方法（Bono, Purvanova, Towler, & Peterson, 2009）。教练可以采用多种方式进行指导，一种方式是从与高层管理者有工作关系的员工那里征集反馈意见，过程中或许会使用360度反馈（见第4章）。然后，教练会约见管理者来帮助解释那些反馈，并制定行动计划以改善不足之处。例如，如果其下属和同伴提到了交流沟通方面的问题，他们就会制定提高该技能的计划。教练可能会与管理者长期合作，提供持续的建议和反馈。

目前高管教练术的一个问题就是，教练不需要特定的背景或资格，并且人们对他们必须具备的胜任素质也没有达成一致（Bono et al., 2009）。教练的背景可能多种多样，包括工业与组织心理学家（见本章的工业与组织心理学实践）。仅有的关于高管教练术有效性的研究表明，这种方法具有积极的效果（Grant, Curtayne, & Burton, 2009）。例如，Baron 和 Morin（2010）发现，接受过辅导的管理者的自我效能感有所提升，这意味着他们对自己的管理能力更有信心了。正如我们将在第8章中看到的那样，自我效能感是取得良好工作绩效的重要条件。

7.3.8 退伍军人重返社会

人们日益意识到，部队的退伍军人在重返平民生活时会面临严峻的挑战。许多回国老兵，特别是那些可能辍学入伍的老兵，缺乏适合市场的劳动力技能（Ray & Heaslip, 2011）。Salisbury 和 Burker（2011）指出，大约10%到24%的旧部队退伍军人会存在创伤后应激症状。尽管军方可能制定了帮助军人向平民生活过渡的计划（Currie, Day, & Kelloway, 2011），但这些计划不足以解决退伍军人与工作相关的需求。

在对754名美国退伍军人进行的全国性调查中，Sayer、Noorbaloochi、Frazier、Carlson、Gravely 和 Murdoch（2010）发现，退伍军人对有关教育和就业信息的需求排在所有需求的第二位。一些大学制定了工作准备项目，这些项目旨在为退伍军人做好职业准备。例如，华盛顿州的绿河社区学院制定了专门针对退伍军人的"绿色工作"培训项目（Bellotti, Laffaye, Weingardt, Fischer, & Schumacher, 2011）。该项目的目标是向退伍军人教授农业、水产养殖、林业和回收利用等绿色行业的工作技能。此类教育计划以及与行业的合作关系既可以为退伍军人提供平稳的过渡，又可以为组织提供稳定的人才来源。

7.4 实施培训项目

如果实施不善，即便是设计再好的培训项目也会无效。在大多数组织中，由有技巧的培训专员来实施培训。他们可能是也可能不是培训内容或培训设计方面的专家。确定培训内容是那些了解培训主题的领域事务专家的责任。工业与组织心理学家和来自其他领域的人是设计培训项目的专家。由于实施培训不是工业与组织心理学家的常规工作，我们继续下一个话题：评估培训项目。

7.5 评估培训项目

正如工业与组织心理学家所提到的那样，只

有对培训项目的有效性进行评估之后，整个培训项目才算完成。评估是考察培训是否达到预期效果的一项研究。它是培训项目中很重要的部分，因为许多培训项目都是无效的。例如，Morrow、Jarrett 和 Rupinski（1997）评估了一个组织中 18 项培训项目的效用，结果表明有 5 项培训的成本大于它们在工作中提高的绩效收益。正如第 2 章所述，大量的研究设计原理可以应用在培训评估设计中。对培训项目进行评估的研究，与评估组织所尝试的任何干预措施之影响的研究之间几乎没有区别。因此，第 2 章所讨论的研究方法的原理和技术可以适用于培训项目的评估。

进行培训评估需要 5 个步骤（图 7-4）。第一步是定义评估标准。正如我们在本书中多次提到的那样，在评估任何事情之前都需要有一个标准。标准是比较的前提，从而决定培训是否有效。一旦选定标准后，就可以选择研究设计和测量评估标准的方法（步骤 2 和步骤 3）。步骤 4 是收集研究数据。步骤 5 是分析数据并得到培训项目有效性的结论。下面我们会详细讨论每一个步骤。

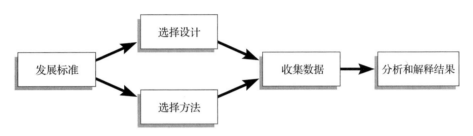

图 7-4　评估培训项目的 5 个步骤

7.5.1　制定标准

培训标准是评价培训的基准。如果你知道培训需要达到的目的，你就可以设计评估研究来考查目标是否达成。假设一家制造类公司卖出了太多的次品，培训目标就可能被设置为培训员工以减少错误率，标准就可以是减少次品的数量。标准一旦确定，例如减少 10%，评估培训项目的有效性就变得相对简单了。

培训标准被划分为两个水平——培训水平和绩效水平，这两者对于评估培训都很重要。**培训水平的标准**（training-level criteria）是指培训结束时人们在培训环境中而不是实际工作中能做什么。**绩效水平的标准**（performance-level criteria）是指人们在工作中而不是培训情境中的个人表现。换句话说，绩效标准需要考虑培训的迁移。因此，培训水平涉及个人能学习到什么，绩效水平涉及培训应用于工作中的效果。

绩效水平和培训水平的标准共同评估了培训的有效性。绩效水平是很重要的，因为它揭示了培训是否达到了预期效果。大多数培训都期望能够改善工作绩效，不能影响工作绩效的培训项目是无效的。另一方面，了解学员从培训中学到了什么也很重要，对此最好的标准就是培训水平的标准。有些人可能学到了很多知识，但是出于某种原因未将其应用于工作。未能将所学有效应用于工作可能是其他因素所导致的。例如，一位员工可能知道自己需要做什么和怎么做，但是可能从来没有应用该知识的机会。员工也可能接受急救培训以更好地处理意外状况，但是如果没有意外发生，他们在绩效水平上就不能有所表现。

另一种有价值的分类方法是把标准划分成 4 类，其中两种属于绩效水平，两种属于培训水平（Kirkpatrick, 1977）：

- 反应
- 学习
- 行为
- 结果

反应标准（reactions criteria）指的是受训者对培训的喜欢程度以及他们认为自己从中有多少收获。是否达到这一标准可以在培训结束时通过发放问卷来评估。**学习标准**（learning criteria）指的是受训者从培训中实际学到了什么，即他们通过培训获得的知识和技能。这可以通过培训结束时的考试来评估。这两个标准和培训水平有关，它们经常在学校里被应用。学生评价是反应标准，考试成绩是学习标准。

行为标准（behavior criteria）涉及可能由培训所产生的受训者的工作行为。这个标准关注受训者是否按照其在培训中所习得的方式做事。**结果标准**（results criteria）考查了培训是否达成了其预期目标，即培训是否节约了成本或者提高了生产力。这一标准是培训项目有效性的最终标准。行为标准和结果标准是绩效水平上的，因为它们关注工作中而不是培训情境中发生的事情。

这4个标准都很重要，因为每一个都是衡量培训成功的部分指标。一项对34个培训研究的元分析显示，同一研究中培训评估的各项指标之间只存在很小的相关性（Alliger, Tannenbaum, Bennett, Traver et al., 1997）。此外，在任何一项培训中，只有某些标准显示了期望的结果。Campion和Campion（1987）在一项研究中以4个不同的标准评估了一个培训项目。结果显示，对面试技巧的培训，在培训水平上培训有效，但在绩效水平上则无效。另一方面，Maurer、Solamon、Andrews和Troxtel（2001）向人们揭示了在培训情境之外，面试培训在提高面试绩效方面是有效的。因此，我们可以发现，面试培训有时会发生迁移，但有时不会。这些研究告诉我们，我们应该小心谨慎，不能假定培训是有效的，而是应该从两方面来评估培训的有效性（见"研究案例"）。

研究案例

有时候，组织中发生的事件等同于一项实验研究。例如在Campion和Campion（1987）的研究中，只有一部分人能参与的培训让研究者得以进行一项自然发生的实验来评估培训的效果。仅仅因为公司没有足够的资源和时间让所有人都参加，每一个员工都可能接受培训或者不接受培训。培训结束之后，研究者用四种标准评估了每一个参加者或者未参加者。

该研究在一家要将很多员工从制造类工作转到市场类工作的电子公司进行。很多员工缺乏面试技巧，因而组织的管理层担心他们的员工在转换工作的面试中表现不佳。为了弥补不足，他们开发并实施了一项面试技巧培训。

基本上，一半的员工接受了培训，另一半则没有。反应、学习、行为和结果四个标准被用于培训的评估。反应标准由培训结束时的问卷进行测量。大多数参与者都认为培训是有价值的。学习标准通过测验受训学员培训前和培训后的成绩来评估。这项知识测验显示人们通过培训获得了适当的面试技巧。

行为标准由之后的面试官给面试者的行为表现打分而得。根据这个标准，受训组和未受训组表现一样。最后，结果标准由员工获得的工作机会来计算。在此，受训者和未受训者表现还是没有区别。

以上结果表明，这个培训项目在教授员工面试技巧方面是有效的，但不能有效地帮助员工在真实的工作面试中表现更好。从组织方来看，培训并没有达到预期的目标。培训项目失败的原因并不明晰。也许是因为大多数员工已经具备优秀的面试技巧而使培训不必要了，或者培训中包含错误的培训材料。不管是以上哪种情况，这个研究证明在进行培训项目评估时，采用不同的标准是多么重要。

资料来源：From "Evaluation of an Interviewee Skills Training Program in a Natural Field Experiment," by M. A. Campion and J. E. Campion, 1987, *Personnel Psychology*, 40, 675-691.

7.5.2　选择设计

设计是研究的结构，无论是对于培训还是对于其他现象的研究来说，它都特指如何收集数据。培训评估时的标准类型限制了可用的研究设计。对于反应标准而言，唯一可行的设计就是在培训结束时对参与者进行一次评估。评估非参与者或者在培训之前就评估参与者都是没有意义的。没有接受培训的人不可能对他们没有经历的东西产生反应，还没有受到培训的人也不可能对他们将要经历的东西产生反应。

其他标准可以通过很多不同类型的设计得到评估。其中最受欢迎的两种方式是前-后测设计和对照组设计。前-后测设计在培训前后分别评估受训者。对照组设计比较了受训者和另一组没有接受培训的人。在评估培训项目时，每一种设计都有其优势和不足。

1. 前-后测设计

前-后测设计（pretest-posttest design）旨在提供受训者从培训中习得了多少知识的信息。它可以用来评估培训中学习的数量或者回到工作岗位后的行为变化程度。为了进行这种设计的研究，变量的测量需要在培训开始之前进行一次（前测），并在培训完成之后再进行一次（后测）。图7-5描述了这一设计的结构。前测和后测都是培训项目的组成部分。比较常见的是在培训项目开始前进行小测验来了解受训者知道什么，然后在项目结束的时候测验他们学到的内容。同样也可以在开展工作任务前后进行评估。例如，一个培训项目旨在提高生产力，那么就可以在培训前六个月和后六个月进行生产力测量。一些培训在一段较长时间内都不会在工作中显示其效果。在这种情况下，培训后不可能立即进行全面评估。

图7-5　前-后测培训评估设计的结构

前-后测设计因为其在组织中的实际应用而流行。在一个培训项目开始和结束时设计评估是比较简单的。评估也可作为提供反馈的手段。这种设计的主要缺点就是它很难把变化归因于培训本身，而不是组织中的其他事件，对于绩效标准来说尤其如此。如果一个培训项目是为了提高工作绩效而设计的，培训后的绩效提高就可能来自很多原因。例如，让管理者意识到绩效问题会促使他们向下属施加压力。对绩效的关注增加连同培训一起，可能成为促使绩效提高的原因。为了证实培训本身是提高绩效的原因，我们就需要设计一个控制组。

2. 对照组设计

对照组设计（control group design）比较了接受培训和未接受培训的两组员工。图7-6显示了这种设计的结构。为了进行对照组研究，我们选择一组员工来进行研究。他们中的一半被随机分配为接受培训，而另一半则不接受培训。在培训项目结束时，所有参与本研究的员工都会接受评估。两组结果的比较显示了培训的效果。

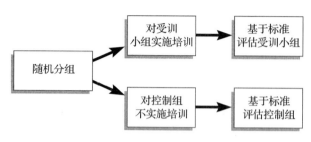

图 7-6　对照组培训评估设计的结构

这种设计方法在组织中较难实施，因为随机分组不太可行。此外，如果受训组告诉未受训组培训的内容，研究就会受到污染。但是，当你要去确认培训效果的时候，此设计是在前－后测设计方法基础上的一种改进。它有助于控制培训以外的因素对员工变化产生影响的可能性。

7.5.3　选择标准的测量方法

一旦设定好了标准，我们就要选择所需的实际测量方法。标准在很大程度上决定了测量方法。反应标准需要使受训者完成问卷以提供他们的反馈。我们需要决定怎样设计问卷。有很多方法可以询问人们对于培训的反应。例如，可以问受训者学到了多少或是否喜欢该培训。

学习标准通常包括培训结束时的某种形式的测验，针对某一方面知识的培训可以通过知识测验得到评估，就好比学校中的考试一样。针对其他类型技能的培训需要不同的考查方法，例如角色扮演或情景模拟测验。绩效标准的评估需要测量受训者在工作情境中而不是培训情境中的行为或结果。

7.5.4　收集数据

尽管评估研究的内在逻辑是简单而直接的，但执行一项研究却是困难的，因为收集数据包含了许多实际问题。人们并不总是合作，很多事情也可能会出错。完全的随机设计在组织中很难进行，这就需要进行一定的弥补。通常这就意味着受训组来自一个部门，而非受训组来自另一个部门。此时，受训组与非受训组的差异就可能是由评估标准的部门差异而非培训引起的。

最好的设计总是有计划的。每一个研究者都知道计划的执行不会没有一点问题。这就意味着研究过程中要对计划进行修正。一名优秀的研究者能够有效处理在数据收集阶段产生的问题。如果这个步骤一切顺利，就可能得到培训项目是否有效的结论。

7.5.5　分析和解释数据

评估研究的数据可以采用推断统计进行分析。在前－后测设计中，统计数据会揭示受训者在测验前和测验后改变了多少。在对照组研究中，统计数据显示了存在于受训者和非受训者之间的差异。这两种情况下，统计方法都可以用简单的 t 检验。

如果培训评估的 4 个步骤都做好了，就很有可能会得到培训项目有效性的可靠结果。进行培训评估是很好的想法，并且绩效水平和培训水平这两方面都要得到评估。培训总是在这两者中的一方面有效，所以对两者都进行评估可以提供培训效果的有效信息。

如果培训在这两方面都有作用，我们就认为该培训是有效的，并可以持续进行。如果在任何一个方面都没有效果，我们就认为培训是无效的，需要取消或修改。培训在培训水平上有效而在绩效水平无效，通常是由采用了错误的方法或者问题未被完全解决引起的。一个有关生产力的问题可能是由于知识或技能匮乏，但也可能由其他因素造成。在一家制造工厂，生产力差可能是由于设备维护不佳或监管薄弱。如果没有考虑到这两个因素中的任何一个，对于设备运营的培训就可能不会对生产力产生影响。培训评估的结果可能显示操作者学到了知识，但是生产力仍保持原样。当然，培训在教授新技能方面可能总是有效的，但是工作环境可能会限制员工无法使用新技能。评估的结果可能暗示组织需要对设备或主管进行改进，而非员工。

一个新培训项目的开发总要包括评估部分。

当我们发现了可能无效的培训时，如果可以的话就应该进行改进，否则就要终止培训。一个好的培训开发策略是在正式实施之前进行预研究。可以对一小群员工进行培训，之后在几个水平上评估该培训。在预研究结果没有显示有效之前，该培训就不应在组织内全面实施。这个方法同时也适用于培训的改进，从而使组织在全面实施培训之前改善其效果。开发培训项目的这一策略将使培训资源得到充分利用。

本章小结

培训是组织中重要的活动之一。一个有效培训项目的设计有 5 个步骤：

- 通过需求评估确定培训需求
- 设定培训目标
- 设计培训
- 实施培训
- 评估培训

培训项目的第一步就是确定培训需求，它不仅包括需要培训什么，还包括谁需要培训。一旦培训需求通过需求评估得到确立，就要确定培训目标了。基于这些目标，需要开发一系列的培训标准以评价培训的有效性。

有效培训的设计应考虑受训者特征。不同的个体可能具有不同的培训需求。培训设计还要考虑到有效培训的原则以及所使用的方法。很多原则决定了一个特定的培训项目是否有效：

- 反馈
- 一般原则
- 一致性要素
- 过度学习

- 培训教程的顺序

我们可以使用很多培训方法，每一种方法都有其优势和不足，也没有哪一种方法完全优于其他方法。方法的选择是由培训的内容和受训者决定的。数字化学习这一新趋势在组织中越来越常见。基于网络的学习如果运用得当则是相当有效的。督导是在有经验员工和没经验员工之间的一种特殊关系，前者帮助后者掌握工作技能。

人们通过研究的形式进行培训评估，从而判断培训是否有效。评估过程包括 5 个步骤：

- 选择标准
- 选择研究设计
- 选择方法
- 收集数据
- 分析数据和解释结果

好的评估研究可以提供有价值的信息，考察培训项目在个人和组织层面上是否获得了预期的效果。一个无效的培训项目需要减少或改进以使它变得有效。从长远来看，培训评估可以使培训资源得到更好的利用以及获得更高效的员工队伍。

工业与组织心理学实践

本案例讨论的是高管教练术,即公司高层管理技巧的开发,它是 Charles Evans 博士的主要工作。Evans 是为一家国际咨询公司(加拿大多伦多的 RHR 国际)工作的工业与组织心理学家。Evans 于 1994 年在加拿大 Guelph 大学获得了他的工业与组织心理学博士学位。他在 RHR 的工作是为客户组织做项目,这些组织包括世界最大的企业。他的主要工作涉及员工评估和绩效考核,还有高管教练术。

作为一名高管教练,Evans 的主要责任就是为需要增进管理技能的高层提供帮助和反馈。通常,那些晋升到高层的管理者常常发现要获得工作成功,不能光靠他们晋升前所熟悉的那些有效方法,而更需要具备和员工打交道的新方法。高层的一个普遍问题是过于独裁和结果导向。同时,尽管基层下属会给予建设性的直接反馈,但中层或较高层的管理者们不会这么做。此外,管理者必须获得员工的支持,从而开展需要许多人通力合作才能取得成功的行动。因此,高层管理者需要运用沟通技巧和说服技能。那些还不具备这些技能的管理者需要发展它们,否则工作还是会无效。

Evans 通过收集信息提出了上述提到的以及其他问题,然后以信息为基础提供反馈。他实施结构化访谈来评估高层管理者的背景和人际技巧。他对高管进行 360 度反馈(见第 4 章),然后和他们讨论结果让他们了解同伴、下属和上级对他们的印象。Evans 协助每一个高管制定发展计划以改善其缺点和提高其管理技能。他以教练的角色指导他们找到更好的工作方法。

Evans 主要在北美开展他的工作,但他的公司却是在全球范围内与高管们合作。许多公司给高管提供高薪,并且愿意在他们的发展上投资,包括雇用私人顾问帮助他们提高管理技能。这些努力可以帮助公司更好地运作,因为他们的高管在人际沟通方面越来越有效。

讨论问题:
1. 为什么高层管理者想要提高管理技能?
2. 你将如何告诉一名高管他需要更有效地管理员工?
3. 在此案例中,最有效的培训方法是什么?
4. 你将如何评估 Evans 的工作?

做中学

培训需求评估

需求评估的一个主要方法就是调查员工所需的培训。选择一个你认识的人(熟人、家庭成员或朋友),他现在从事的工作是你从未接触过的。采访他对其工作的培训需求。询问三到四个需要培训的最重要的领域。你需要询问以下信息:
1. 工作名称
2. 需要培训的领域
3. 需要通过培训增强的胜任素质
4. 通过培训可以促进的任务

撰写一份报告介绍你获得的有关这份工作的信息。

你大学中的数字化学习

在你的大学中找到一门使用某些网络学习形式的课程。回顾你可以找到的有关该课程的材料,例如课程目录或教学大纲。解释本课程中使用的特定的数字化学习方式。讨论课程的哪些主题适合数字化学习方式,哪些主题不适合。

第四部分

个体与组织

Sueddeutsche Zeitung Photo/Alamy Stock Photo

第 8 章

员工动机理论

第 8 章　概要

什么是动机
工作动机理论
需要理论
期望理论
自我效能感理论
公正理论
目标设置理论
控制理论
行动理论
本章小结
工业与组织心理学实践
做中学

微软公司的创始人和领导人比尔·盖茨以日理万机著称。在他管理公司期间，一天中他有 12 个小时待在办公室，回家后还要再加几个小时的班，并且他没有电视机，因为他认为看电视太让人分心。盖茨在 35 岁时就已经积聚了几十亿美元的财富，成为世界上最富有的人之一。然而，虽然他已经不再需要更多的钱了，但他还是比任何人都更努力地工作。是什么驱使盖茨如此拼命地工作呢？他说，激励他的是挑战和学习新事物的渴望。

几乎没有人像比尔·盖茨那么拼命工作，而且，也不是每个人都像他一样是为了挑战而工作。激励人们努力工作的因素多种多样，对薪酬的需求当然是其中之一。除此之外还有许多因素，有些是有形的，比如保险福利，有些是无形的，比如成就感。动机理论对人们努力工作的原因做出了解释，还对其他一些并不涉及工作绩效的工作行为做出了解释。然而，大部分的理论还是关注工作绩效，因为它已成为工业与组织心理学领域中的一个核心变量。

本章通过几种流行的理论对工作绩效进行探讨，且关注员工动机而非能力（在第10章，我们将进一步探讨影响绩效的其他因素，以及其他形式的工作行为，如离职）。本章首先对工作情境中的动机进行定义，然后介绍工作动机理论并且简要概述所涉及的9种理论。最后，本章会对每个理论进行详尽阐释，并且提供研究证据以证明理论的有效性。

目标

学习本章后，学生应该能够：

1. 定义动机；
2. 列出本章讨论的主要工作动机理论；
3. 描述每种工作动机理论是如何解释工作行为的；
4. 比较和对比几种主要的工作动机理论。

8.1 什么是动机

动机（motivation）是引导个体做出特定行为的内在状态。从一个角度来看，动机与行为在一段时间内的方向、强度和持续性密不可分。方向指的是在众多备择行为中对特定行为的选择，比如，员工可能会选择自愿参加一项需要加班的额外工作，而不是准时回家看电视。强度指的是个体为完成一项任务所付出努力的程度。一个被要求扫地的员工如果扫得很用力很快，说明他付出了很大的努力；如果扫得很轻很慢，就说明他付出了较小的努力。持续性指的是员工连续不断地投入到某种行为中。员工可能会在一段时间内持续努力以完成某事，比如为了成为一名注册会计师，个体会努力学习，并且进行多次尝试直到通过注册会计师考试。

从另一个角度来看，动机涉及对获得或实现某种目标的渴望。也就是说，动机源于个体的需求或渴望。例如，有些人对赚钱有强烈的需求，那么可以推测，他对金钱的高水平动机会影响与赚钱相关的行为。

8.2 工作动机理论

工作动机理论最核心的关注点是一些员工比其他人工作表现更优秀的除能力之外的原因。这些理论能预测各种情境下人们的任务行为选择、努力程度以及持续性。如果人们有完成工作所必需的能力，并且绩效的限制条件也相对较少，那么高动机就应该能促成良好的工作绩效（见第10章对工作绩效的讨论）。

本章涵盖的理论将从不同的角度解读员工的动机。需要理论认为人们有动力去获得某类东西，比如食物或认可。需要层次理论将人类的需求划分成几种类型，并假定人们的行为指向于其需求的满足。双因素理论认为工作多方面的因素可以归为两类需求，一类与工作本身的性质相关，另一类是奖励，比如薪水。

期望理论试图将环境奖励与行为联系起来，涉及人的认知过程，该认知过程解释了获得奖励的可能性对行为的激励作用。

自我效能感理论涉及人们对自我能力的信念如何影响他们的行为。根据这一理论，个体尝试一项任务的动机，与其是否相信自己有能力成功完成这一任务有关。

公正理论与其他理论的最大不同在于它涉及人们的价值观念，而非信念、需要或强化。该理论假设人们普遍重视工作情境下社会关系中的公平性。存在不公平或不平等的情境可能会激发员工采取行动以弥补不公平感。

目标设置理论解释了人们的目标和意愿如何引发行为。类似于需要理论，目标设置理论强调动机源于人的内部，但是也表明了环境影响对动机和行为的塑造。认知控制理论涉及目标，但是强调指向目标实现的反馈，以及目标和当前情境之间的差异如何激发行为。行为理论是在德国发展起来的，解释了工作中的意志（自我激发的和自愿的）行为，它是另一个解释目标如何转化为持续性行为直至目标达成的认知理论。

虽然这些理论是从不同的角度审视动机，但是它们却并不一定会得出不同的行为预测。这些理论中的某些部分是互补的，而且研究者们也已经努力整合其中的某些特征。例如，洛克（Locke）和莱瑟姆（Latham）（1990）就将期望理论、自我效能感理论的某些方面与他们的目标设置理论结合起来。在本章接下来的部分，我们将具体介绍这些动机理论。

这些理论可以描述为由远端到近端的连续统一体（Kanfer, 1992）。**远端动机理论**（distal motivation theories）涉及那些与行为相距甚远的过程。**近端动机理论**（proximal motivation theories）涉及那些与行为密切相关的过程。需要理论是远端理论，因为其涉及的是可以通过多种方式转化为行为的一般性需要。目标设置理论则更近端，因为它涉及引发特定行为的目标，比如推销员设置销售特定数量产品的目标。

8.3 需要理论

这里讨论的两种需要理论都认为动机源于人们对某些事物的渴望。这就意味着，需要既会因人而异，也会在同一个人身上因时间而异。需要理论在心理学领域曾经风靡一时，而近年来，工业与组织心理学研究者将注意力转向更具有认知导向的理论，比如控制理论、目标设置理论以及自我效能感理论。对需要理论关注度减少的主要原因可能是对需要的研究未能发现其与工作绩效的显著联系，这也许是因为"需要"是远离工作绩效的远端概念。也就是说，这些理论中的一般性需要可以通过多种方式、行为来满足。所以，一种特定的需要不太可能与某种特定的行为显著相关。例如，一个对完成挑战性任务有强烈需要的人，既可以在工作中满足这一需要，也可以在工作以外满足自己的需要。尽管如此，需要理论还是通过阐释人们在工作中想要得到的奖励是如何变化的来加深我们对于工作动机的理解。

8.3.1 需要层次理论

马斯洛的**需要层次理论**（need hierarchy theory）（Maslow, 1943）认为，人类需要的满足对于生理和心理健康都是必不可少的。人类的需要是一个包括了生理需要、社会需要和心理需要的层次体系。图 8-1 展示了这种从最低水平的生理需要到最高水平的心理需要的需要层级。最低层的生理需要包括生存所需的生理必需品，比如空气、水和食物。第二层由安全需要组成，指对那些保护我们免遭危险的事物的需要，包括对安全和住所的需要。第三层是爱的需要，包括对来自他人的喜爱和与他人建立联结的需要。第四层是尊重的需要，包括自尊和他人的尊重。最后，是自我实现的需要，关于这一点，马斯洛没有给出准确定义。它指的是个体人生目标的实现和潜力的发挥，或者如马斯洛所说，是一种"对成为……个体所能成为的一切的渴望"（Maslow, 1943：382）。

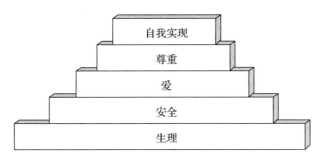

图 8-1　马斯洛的需要层次

根据马斯洛的理论，只有未被满足的需要才能激发动机，人们往往会受到当前未满足的最低层需要的激发。就是说，如果两个层次的需要都未被满足，那么较低层的需要将占主导地位。所以，一个饥饿的人很可能会冒险去偷食物而无暇顾及自己的安危，即使他知道偷窃将会面临很重的处罚。一个安全需要未被满足的人不会想到去聚会上和朋友们玩个痛快。然而马斯洛发现，需要层次结构也可能会出现例外的情况，并且对于一些人而言，某些更高层次的需要比低层次需要更重要。此外，在西方社会，很多人的前四个层次需要已经得到了满足，他们从来没有经历过其中任何一种或几种需要被剥夺，特别是食物。因此，基本需要并不能激发他们的动机。

已有研究并未对需要层次理论提供强有力的支持。Locke 和 Henne（1986）指出，部分原因可能是马斯洛对于理论的陈述过于模糊，因此很难设计出好的测验。尽管缺乏实证支持，需要层次理论仍然对组织有积极的影响。无论是现在还是未来，管理者们不会停止对需要层次理论的学习，这促使他们关注在工作中满足员工需求的重要性。

8.3.2　双因素理论

赫兹伯格（Herzberg, 1968 January/February）的**双因素理论**（two-factor theory）认为动机源自工作的本质，而非外部奖励或工作条件。工作可以满足人们的两类需要，一类是源于人类动物本能的需要，比如生理性需要，另一类是关系到更高水平的、人类特有的心理成长的需要。工作中与动物本能需要有关的方面被称为**保健因素**（hygiene factors），包括报酬、监督、同事关系以及组织政策。工作中与成长需要有关的方面被称为**激励因素**（motivator factors），包括成就、认可、责任以及工作本身的属性。根据赫兹伯格的理论，给员工提供适当水平的激励因素，能够激励员工并提高其工作满意度。保健因素不管多么有利，都无法激发员工动机或工作满意感。

大多数研究者都认为赫兹伯格的理论缺乏根据（Locke & Henne, 1986），主要原因在于双因素结构没有得到研究的支持。尽管理论存在缺陷，但是赫兹伯格的影响仍然不可低估。他的理论促使该领域把为人们提供有意义的工作这一重要问题作为研究重点。在其影响下，很多组织开始运用工作丰富化的工作设计。双因素理论也是 Hackman 和 Oldham（1976）提出的工作特征理论的基础，第 9 章和第 10 章将对工作特征理论进行探讨。

赢得马拉松比赛需要极大的动机，而大多数工作需要付出的努力则比跑马拉松少得多。

8.4 期望理论

期望理论（expectancy theory）试图通过关注激发动机的内部认知状态来解释奖励是如何引发行为的。**强化理论**（reinforcement theory）表明强化会引发行为，期望理论则解释了这种现象何时发生、为何发生。期望理论的基本观点是，当人们相信他们的行为会带来想要的奖励或结果时，动机就会被激发。如果他们不认为自己的行为能够带来可能的奖励，就不会受到激励去做出行动。如果他们并不想要某种行为附带的奖励，那么也不会受到激励去做出相应的行为。

工业与组织心理学领域采用的期望理论有几个略有不同的版本。其中最早的也是最著名的是弗罗姆（Vroom，1964）的理论，即动机/激励力是三类认知的数学函数。激励力与认知的公式如下：

$$激励力 = 期望 \times \sum (效价 \times 工具性)$$

在这个公式中，**激励力**（force）代表了个体从事与工作绩效相关的特定行为或一系列行为的动机量，也可以被认为就是产生行为的动机。**期望**（expectancy）是个体对自己能够达到某种表现的可能性的主观判断。它与自信或自我效能感（我们稍后会讨论）相似，指个体相信自己的工作表现可以达到特定的水平。这种主观可能性意味着人们对自己是否能达到要求的信念程度会发生变化。判断值为 0 说明个体很肯定自己没有能力成功完成某项任务，判断值为 1 说明个体坚信自己必定能够成功完成某项任务。判断值为 0.5 意味着个体认为自己有 50% 的成功机会。

效价（valence）是结果或奖励对个体的价值，即个体对某些事物想要或渴望的程度。在工作情境中，金钱是一个对不同人有不同效价的常用奖励。例如，一些人希望通过加班获得额外的报酬，而另一些人宁愿不要额外的薪水也想拥有休息时间。**工具性**（instrumentality）是个体对特定行为会得到特定奖励的可能性的主观判断。在任何特定情境下，一种行为都可能得到多种奖励或产生多种结果。对每一种可能的结果，将其效价和工具性相乘，然后将所有的效价-工具性的乘积相加，总和再乘以期望就得到了激励力分数。如果激励力分数高，个体就会受到激发进而努力工作，如果激励力分数低，个体就不会受到激发去达成结果。

表 8-1 列举了期望值、效价值和工具性值相结合得到的激励力分数的所有可能组合。这里假设只有一个单一结果。如表所示，只有当三个因素分都高的时候，激励力的分数才会高。如果三个因素中的任何一个分值较低，激励力的分值也会较低。如果三个因素中有一个为零，那么就不会产生动机。

表 8-1 期望值、效价、工具性和激励力的关系

期望值	效价	工具性	激励力
高	高	高	高
高	高	低	低
高	低	高	低
高	低	低	很低
低	高	高	低
低	高	低	很低
低	低	高	很低
低	低	低	极低

大多数情况下，可能有不止一种结果出现，所以将每种结果的效价-工具性乘积相加，情况就更加复杂了。有一个例子能很好地解释这个公式的作用机制。假设在周五的下午，你正在上班，此时老板说需要一个员工自愿加班，并且有加班费。而你觉得自己的工作很无聊，对加班有些厌恶。在这种情况下，有两种结果——获得加班费和忍受几个小时的无聊。如果你认为你有能力加班工作，你的期望值就会高。假设你认为你将会

得到加班费，同时也将会感到无聊，那么二者的工具性分值都会高。因此，决定你加班动机的最终因素将是这两种结果的相对效价。如果正效价高于负效价，即对钱的渴望比对避免无聊的渴望更强烈，那么你就会受到激励而自愿加班。如果钱的正效价低于无聊的负效价，那么你就不会有自愿加班的动机。

期望理论还可以预测个体面对两个或多个选项时的行为选择。假设某一天你的老板找人加班，而你当天刚好有一个晚餐约会，你必须从加班和赴约中选择其一。对每一种可能的行为，都存在相应的期望值、效价和工具性的组合。所以，加班和赴约两个选项都有各自的激励力。理论上说，哪种行为的激励力更大，你就会选择哪种行为。

一些研究支持了期望理论的预测。研究表明，绩效与期望理论中的各个变量以及各变量间的乘法组合有关（Van Eerde & Thierry, 1996）。在一个典型的研究中，一组员工样本参与调查，他们被要求表明对自己的工作胜任力的期望，并分别指出对一系列可能结果的效价和工具性。此外，还要求主管对每个员工进行工作绩效评分，然后分析激励力总分与绩效的相关。

Van Eerde 和 Thierry（1996）对期望理论的元分析不仅关注该理论对工作绩效的预测，还关注了其对努力程度和偏好倾向的预测。结果表明，虽然激励力分值确实与工作绩效相关，但它与努力程度的相关更加显著。类似地，激励力分值与个体对选项偏好（如想辞职）的相关比它与个体实际选择（如真的辞职）的相关更加显著。这些发现表明，动机只是引发工作行为的过程中的因素之一。一个人可能会受到激励更加努力地工作，但这并不一定就能产生更高的工作绩效。对某些事物有偏好并不意味着会真的选择它们，因为可能还有其他的重要因素，比如当你想辞去现在这份工作的时候却还没找到下一份工作。

8.5　自我效能感理论

自我效能感理论（self-efficacy theory）认为动机和绩效在一定程度上取决于人们认为自己是否能够胜任（Bandura, 1982）。换句话说，**自我效能感**（self-efficacy）高的人认为他们有能力完成任务，会受到激励去付诸努力。自我效能感低的人认为他们不能完成任务，也就没有动力付诸努力。某种程度上，这就像一个自我实现的预言，即人总是为了实现自己最初的信念而行动。当然，自我效能感高的人也只有在具备了必要的能力以及达成绩效不存在无法克服的障碍的情况下才有可能胜任。

自我效能感的概念涉及特定任务或行动，人们的自我效能感会随任务而变化。所以，一个学生可能对参加论文考试的自我效能感很高，而对参加多项选择测验的自我效能感很低。这就能解释为什么很多学生会抱怨他们对某一类的考试游刃有余，对另一类就力不从心了。该理论预测，学生在参加他们自我效能感较高的那一类考试时会付出更多的努力。

自我效能感与期望概念十分相似。二者的差别主要在于，期望只针对某个特定时间点的特定活动，而自我效能可能包括了个体对自己在某一生活领域（比如打网球）是否有能力的普遍感受。例如，一个人可能会抱有很高的期望，认为如果自己付出努力就能赢得这场网球赛。而具有高自我效能感的个体会坚信自己是一名优秀的运动员。显然，这两个概念紧密相关，因为一个有高自我效能感的人应该对自己有很高的期望，但这两者是不一样的。一个认为自己擅长打网球的人如果正在和一个世界上最优秀的职业选手交锋的话，他就未必有胜利的信心了。自我效能感理论和期望理论都做出了这样的预测，那就是当人们相信自己能成功时，他们就能很好地完成任务。期望理论还考虑了奖励对动机的影响，自我效能感理论未涉及这一点。

自我效能感理论已经得到了很好的验证，并且无论是在工作场所的内部还是外部，该理论都得到了一定的研究支持（Bandura & Locke, 2003）。培训领域的研究已经表明，个体对特定任务的自我效能感与其在那些任务的相关培训中的表现相关（Hughes, Day, Wang, Schuelke, Arsenault, Harkrider et al., 2013）。例如，McIntire 和 Levine（1991）对那些参加大学打字课程的学生进行了自我效能感和绩效表现的纵向研究。他们分别评估了课程开始前和结束后学生的自我效能感，课程结束时还评估了学生每分钟的打字数和课程成绩。最后，他们要求学生设立个人目标，即到课程结束时，他们认为自己每分钟能够打多少字。结果表明，课程开始前的自我效能感对课程结束时的每分钟打字数有良好的预测效果，对课程成绩的预测力则不甚理想。自我效能感还与目标设置有关，自我效能感越高，设定的目标也就越高。这些结果暗示了自我效能感可能是影响未来绩效的因素之一。涉及目标的研究结果表明自我效能感可能会通过目标设置发挥作用，例如，自我效能感高的学生会设置更难的目标，从而有更好的表现。目标设置将在本章稍后详细讨论。

其他关于培训的研究中也发现了类似的结果。Mathieu、Martineau 和 Tannenbaun（1993）发现，在一节保龄球课之前评估的自我效能感与学生随后课程结束时的成绩相关。洛克和莱瑟姆（1990）对 13 项涉及自我效能感与绩效的研究进行了元分析，这些研究中包括了实验室研究和现场研究。他们发现二者的平均相关为 0.39，最高相关达 0.74。

人们观察到的自我效能感与绩效之间的相关，至少有一些是因为自我效能感的动机影响，但某些相关也可能归因于成功绩效对自我效能感的影响。Davis、Fedor、Parson 和 Herold（2000）在飞行员培训项目中研究了自我效能感，他们发现那些在模拟训练中表现优秀的学员为随后的实战飞行培养出了高度的自我效能感。在 McIntire 和 Levine（1991）的研究中，课程成绩与课程结束时学生的自我效能感相关，与课程开始时学生的自我效能感不相关，说明取得优秀成绩的学生提升了自我效能感。Karl、O'Leary-Kelly 和 Martocchio（1993）发现，在一个快速阅读任务中给予积极反馈会提高初始自我效能感较低者的自我效能感。

Dov Eden 及其同事进行了一系列工作场所的研究，通过操纵个体的自我效能感，观察其对工作绩效的影响。这些实验研究将被试随机分配到实验组和对照组，以控制他们的能力和初始动机。实验组被试会获得信息或培训以提高其自我效能感，对照组被试则没有获得信息或培训。Eden 将这称为**加拉蒂亚效应**（galatea effect），即个体对自己有能力做好某事的信念促使他表现更优，就像一种自我实现预言。Eden 和 Aviram（1993）成功地运用这种方法提高了失业人员的求职成功率。类似地，Eden 和 Zuk（1995）也运用这种方法使得以色列国防军的海军军校学员相信自己不可能晕船。晕船对所有海军来说都是一个大问题，因为它会影响海上的工作绩效。Eden 和 Zuk 做了一个实验，将军校学员随机分配到两组中：其中一组会收到一个简要指示，让他们放心，晕船不太可能发生而且也不会影响他们的绩效表现；另外一组作为控制组，不给予这样的指示。在海上工作时，接受过指示的学员出现的晕船现象少于控制组，表现也更好。这种提升自我效能感的方法非常简单，而且相当有效。

在另一项美国的军事研究中，Jex、Bliese、Buzzell 和 Primeau（2001）将自我效能感与士兵的压力和幸福感联系起来。他们发现，高自我效能感的个体会报告较低水平的工作负担感和心理压力。总的来说，这项研究表明，高自我效能感既能提高工作绩效，也有助于提升员工幸福感。

自我效能感理论在工作情境中是一个很有用的理论。该理论表明，动机和绩效，甚至是幸福感，都能通过增强员工的自我效能感来提高。班杜拉（1982）探讨了个体是如何通过在逐渐变难的任务中不断取得成功来增强自我效能感的。组织可以运用这一原则，向员工分配挑战性逐渐增加的任务，使其不断成功。这种策略对于新员工尤其重要，毕竟他们可能要花上一段时间才能适应工作的方方面面。可以先给新员工分配一些相对简单的任务，再逐渐引入更为复杂的任务，尽可能避免或减少他们失败的经历。随着他们在越来越多的复杂任务上获得成功，他们的自我效能感也会增强。Karl 等人（1993）建议在培训过程中使用这种方法。Morin 和（Latham）（2000）已经表明培训可以显著提升自我效能感。

8.6 公正理论

公正理论提供了另外一种激发动机的方法，它关注组织用于保证公平对待员工的规范。理论的基本假设是人们重视公平并且渴望维持自己和组织之间的公平关系。

公平理论（equity theory）（Adams, 1965）认为，人们渴望实现一种与他人和组织之间的公平或公正的状态。根据亚当斯（1965）的理论，当员工感到自己处于不公平境遇时会产生不满和情绪紧张，因而就想要去缓解这种情况。该理论指明了在什么情况下会发生不公平以及员工会如何降低这种不公平性。

不公平是员工将自己与他人比较进而产生的一种心理状态，尤其是对产出与投入比率的比较。**产出**（outcomes）是员工为组织工作所获得的奖励或具有个人价值的事物，包括报酬、额外福利、优厚的待遇、享受以及地位。**投入**（inputs）是员工对组织做出的贡献，不仅包括他们完成的工作，还包括其为工作而投入的经验和才能。因此，有多年工作经验的人比职场新人有更高的投入。

该理论认为，员工会将自己和其他人的产出/投入比率进行心理比较。也就是说，员工会从心理上评估相对于自己的贡献（投入），他们从工作中获得的回报是多少（产出），这可以用下面的比率表示：

- 产出／投入

员工会将自己的产出／投入比与他们选择的比较对象的产出／投入比进行对比。这些他们选择的比较对象或者说他人，可能是在组织内或组织外做同样工作的人，也可能是工作类型不同的人。他们比较的是产出与投入的比率，而非单独的产出或投入。因此，即使一个人的产出低于投入，他也有可能认为这种境遇是公平的。只有当一个人认为自己的比率与别人的有差异时，才会产生不公平感。这种差异可以是双向的，就是说，当个体觉得与自己相比，别人的产出相对投入更高时，会产生报酬偏低的不公平感；而别人的产出相对投入更低时，会产生报酬偏高的不公平感。

图 8-2 展示了几种可能的比较情况。每种情况都假设目标员工（个体 A）的比率是 10/20，也就是说，A 每付出两个单位的投入，就会获得 1 个单位的产出。需要指出的是，产出和投入的分数并不一定要相等，重要的是产出／投入比率的比较，而非产出与投入的比较。在前两种情况下，比较对象同样是付出两份投入而得到一份产出，所以达到了公平。第 1 种情况，比较对象的产出是 A 的一半（5），而投入也是一半（10）。第 2 种情况，产出和投入都是 A 的两倍（分别是 20 和

40）。接下来的两种情况体现了报酬偏低的不公平，即 A 的比率低于比较对象的比率，导致报酬偏低的感觉。第 3 种情况，比较对象与 A 有同样的产出，但是只付出了 A 一半的投入（10/10）。第 4 种情况，比较对象与 A 有同等的投入，但是获得了两倍的产出。最后两种情况体现了报酬偏高的不公平，即每付出一个单位的投入，A 相对比较对象获得更高的产出。第 5 种情况，比较对象与 A 有同样的投入，但是只获得了 A 一半的产出。第 6 种情况，比较对象付出了双倍于 A 的投入，但只获得了与 A 一样的产出。

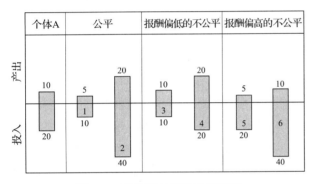

图 8-2　对公平与不公平的图解

注：A 的投入是产出的两倍（见第一栏的柱形图）。另外 6 个柱形图分别代表其他人投入和产出的比较。A 是否会感到公平，取决于他选择谁进行比较。第 1 种和第 2 种情况体现的是公平的情况，两种情况下投入都是产出的两倍。第 3 种情况代表的是报酬偏低的情况，因为该比较对象的产出和 A 一样，但是投入只是 A 的一半。第 4 种情况也是报酬偏低，因为比较对象的投入和 A 一样多，但是产出却是 A 的两倍。第 5 种情况是报酬偏高的情况，因为比较对象的投入和 A 一样，但是产出只有 A 的一半。第 6 种情况也是报酬偏高，因为比较对象的产出和 A 一样，但是投入却是 A 的两倍。

根据亚当斯（1965）的理论，报酬偏低的不公平会导致愤怒情绪，而报酬偏高的不公平会导致愧疚情绪。在两种情况下，员工都将通过几种可能的机制来弱化这种不公平。其中三种机制与组织情境尤为相关，分别是改变投入、改变产出、回避情境。员工会根据不公平的类型是报酬偏高还是报酬偏低，相应地提高或降低生产率来改变投入。员工可能会通过从工作中寻求额外奖励（比如要求晋升）或者通过正式途径进行申诉来改变产出。退缩可以是暂时的，比如迟到或缺勤都可能是减少投入的手段，但也有可能是永久的，比如离职。

已有研究充分支持了报酬偏低会导致绩效下降，但是报酬偏高是否会提高绩效尚有待证明（Bolino & Turnley, 2008）。Greenberg（1990）的研究表明，减薪与工厂工人偷窃行为的增加有关。基于公平理论，Greenberg 认为员工因减薪而产生不公平感后，会通过偷盗来增加产出。Iverson 和 Roy（1994）在澳大利亚的研究发现，员工对不公平的感知与他们的离职意愿以及求职行为相关。这两类变量都可以预测离职（Blau, 2007），我们将在第 10 章中对此进行讨论。

最近，对工作场所公平性的研究已经用**公正感理论**（fairness theory）取代了公平理论，公正感理论从一个不同的视角看待这个问题（Cropanzano, Byrne, Bobocel, & Rupp, 2001）。公正感理论将奖励的分配和分配奖励的程序区分开来，而非关注奖励的公平配置或分配。**分配公正**（distributive justice）与公平理论中的公平概念类似，是人们获得奖励的公平性。**程序公正**（procedural justice）指奖励分配过程的公平性，而非分配的结果。尽管在很多情况下，程序公正最终会使得分配公正，但并非总能如此。例如，过去的奖励政策可能导致一些人的投入与别人相近，但是他们却获得了更高的报酬，这就是分配不公正的例子。每年给薪水偏低的员工小幅涨薪以弥补薪水差距就是一种可能会促进程序公正的新程序，尽管这一薪水差距可能要经过很多年才能真正补足。

公正感理论与公平理论的另一个区别在于，该理论并不假定不公平的感受一定来源于和他人的社会比较。公正感理论认为，当有消极事件发生，并且人们可以感知到这是别人以不公平方式蓄意而为时，就会产生不公平感。例如，假设一家公司未能给员工进行年度加薪，如果员工感到这是管理层蓄意而为，并且拒绝加薪的理由是不合理的，那么这就会被视为一种不公平的消极事件。如果该公司宣布出现财政问题，那么员工可能会认为未能加薪是超出管理层可控范围的，也就不会觉得不公平。然而，如果管理层不能提供有说服力的理由，员工就很可能会产生不公平感。

很多研究都将员工对分配和程序公正的感知与组织的相关产出联系起来。Cohen-Chnarsh 和 Spector（2001）对这些研究进行了元分析，他们发现正如公平理论可能预测的那样，两种形式的公正都与工作绩效、工作满意度以及离职意向有关。研究表明不公正与自愿参加额外工作等积极行为相关（Colquitt, Scott, Rodell, Long, Zapata, Conlon et al., 2013），也与过度缺勤等危害组织的消极行为相关（Robbins, Ford, & Tetrick, 2012）。此外，不公正的经历会给员工带来压力，从而可能导致员工产生情绪困扰，甚至对健康造成负面影响（Robbins et al., 2012）。实际上，Yang、Bauer、Johnson、Groer 和 Salomon（2014）的研究表明，遭受不公正的待遇可能会导致与压力相关的生理变化（皮质醇增加）。

公正的另一方面是，它不仅关乎每个员工对自己待遇的看法，同时也是一个组织或组织中一个单位（如工作团队）的持久性特征。员工可能会赞同组织公平对待他们的方式。已有研究证明这种达成共识的**组织公平氛围**（justice climate）与工作团队的绩效水平相关（Whitman, Caleo, Carpenter, Horner, & Bernerth, 2012）。此外，个体对不公正的感知不仅来自自身的待遇，也包括看到同事遭受不公正待遇时所引起的替代性不公正的感觉。进一步来说，当个体看到他人遭受不公正待遇的效果可能与自己亲身经历不公正待遇的效果极其相似，这种间接的观察经历会让个体产生自己是亲历者的感觉（Siegel Christian, Christian, Garza, & Ellis, 2012）。

8.7　目标设置理论

对工业与组织心理学家来说最有用的动机理论是**目标设置理论**（goal-setting theory）（Locke & Latham, 1990）。目标设置的原理已经在组织中得到广泛应用，不过应用的方法不一定基于目标设置理论。例如，Yearta、Maitlis 和 Briner（1995）指出，79% 的英国组织都采用了某种形式的目标设置。多种多样的目标设置程序已经是工业化社会中的常态。

该理论的基本观点是人们的行为是由他们的内在意向、目的或目标驱动的——这里用到的这三个词可以互换。目标是非常"近端"的概念，因为它与特定行为紧密相联。例如，一个销售人员可能会给每月的销售量设置目标。因为目标与绩效相关行为紧密相联，所以目标设置理论与行为密切相关。

根据该理论，目标是个体有意识地想要达到或实现的东西。目标可以是具体的，比如"下次考试拿 A"，也可以是一般性的，比如"在学校表现良好"。一般性目标，比如在学校表现良好，经常与很多更为具体的目标相联系，比如在考试中得 A。人们的**目标定向**（goal orientation）可以有所不同，有的人关注勤奋学习（**学习定向**，learning orientation），有的人致力于达到一定水平的工作绩效（**绩效定向**，performance orientation）。学习定向的人主要关注知识和技能的增长，而绩效定向的人则关注在特定的工作任务上提高绩效（DeShon & Gillespie, 2005; Payne, Youngcourt, & Beaubien, 2007）。而对一种定向有效的目标策略不一定同样适用于另外一种定向。Kozlowski 和 Bell（2006）提出，两种定向之间可能是不兼容的，专注于绩效会分散对学习的注意力，而专注于学习也会分散对绩效的关注。有关目标设置的大多数研究都关注绩效，而未必适用于学习型目标。

（Locke）和 Henne（1986）提出了目标影响行为的 4 种方式。首先，目标能够将注意力和行动指向人们认为会实现目标的行为。一个以考试拿 A 为目标的学生会投入到学习行为中，比如阅读指定材料以及复习课堂笔记。其次，目标会调动努力，使个体更加勤奋。这个以拿 A 为目标的学生会更加用功地学习材料。然后，目标会增加持久性，从而使个体将更多的时间投入实现目标的行为中，所以，想得 A 的学生会在学习上花更多的时间。最后，目标会激发个体寻求有效策略以达成目标。这个认真的学生会尝试探索有效的学习方法和应试策略。

目标设置理论预测人们会朝着实现目标的方向努力，而工作绩效的提高是目标设置的功能之一。就组织而言，目标设置往往是维持或增加工作绩效的一种有效手段，许多组织也确实用目标设置来达到这样的目的。根据 Locke（2000）的理论，为了使目标设置有效改善工作绩效，必须要考虑几个因素（表 8-2）。第一，员工必须有目标承诺，也就说必须接受目标。一个组织的目标并不一定是员工个人的目标，而只有个人的目标才会激发行为。第二，反馈是必要的，因为它能让人们了解自己的行为到底是朝向目标还是远离目标。如果人们收不到反馈，目标就很难指导行为。第三，目标越难，绩效有可能越好。如古语所说，求其上者得其中，求其中者得其下，求其下者无所得。虽然人们并非总是能达到目标，但是至少在人们最大能力范围内，目标越难，绩效越高。第四，具体而困难的目标比模糊而"竭尽所能"的目标更加有效。模糊目标可能是有效的，但是那种让人们知道何时能够达到目标的具体目标效果最好。第五，自己设定的目标通常比组织分配的目标更好。一般来说，最好让员工自己设定目标或是至少参与目标设定，而不是由上级在没有员工参与的情况下分配目标。这会使目标接受度更高，而目标接受度是目标有效的必要条件。

目标设置理论已被证明在提高工作绩效方面是有效的（Ludwing & Goomas, 2009）。目标设置不仅成为大量研究的主题，还成为提高工作绩效的一种常见方法。例如，Klein、Wesson、Hollenbeck 和 Alge（1999）针对 83 个研究进行了元分析，结果表明目标承诺越高，绩效越好。Kleingeld、van Mierlo 和 Arends（2011）的元分析结果发现，与困难程度低的目标相比，困难程度更高的目标能够带来更好的绩效。围绕目标设置理论的理论和研究都强调应该将一些重要的因素整合到目标设置的程序中（见表 8-2）。

表 8-2　目标设置中改善工作绩效的重要因素

1. 员工接受目标
2. 针对目标实现进程的反馈
3. 困难和有挑战性的目标
4. 具体目标

资料来源："Work motivation theories," by E.A Locke and D. Henne, 1986, in C.L.Cooper and I. T. Robertson (Eds.). *International Review of Industrial and Organizational Psychology*, 1986. Chichester, England: John Wiley.

虽然研究已经表明目标设置可以是有效的，但是一些研究者也讨论了它的局限性。Yearta 等人（1995）指出大部分目标设置研究都涉及单一目标，比如工厂提高生产力。他们认为，当面对复杂的工作和多重目标时，目标越困难，绩效会越低。Doerr、Mitchell、Klastorin 和 Brown（1996）研究表明，就提高一家鱼类加工厂的生产效率来说，群体目标比个人目标更加有效（见"研究案例"）。Ambrose 和 Kulik（1999）列出了目标设置的几个缺陷，其中最重要的是有时候员工过分关注目标以至于忽视了工作中其他同等重要的方面，有时目标还有可能是相互冲突的，以至于朝向一个目标努力会妨碍另一个目标的实现。此外，当人们进行团队合作时，设置个人的目标有可能导致团队绩效更差。当人们在团队中工作时，目标的设置应该是团队的而非个人的（Kleingeld et al., 2011）。最后，Drach-Zahavy 和 Erez（2002）讨论了压力过大时，困难的目标实际上是如何导致绩效更低的。综上所述，当情境相对简单（单一目标和简单工作），同时压力水平较低时，困难的目标效果最好。

● 研究案例

大型组织中已经存在这样一种趋势，那就是通过设立工作群体或者团队而非个人来完成工作。因此，理解群体和个人在行为和反应上有何差异至关重要。其中一个方面就是如何激励以群体为单位工作的人。目标设置对于个人来说可能是一种有效的激励手段，但是对群体来说也同样有效吗？

这项研究是在美国西北部的一个鱼类加工厂中进行的，该厂的工人都不是美国人。这些工人每天工作两到三个小时，清洗和加工船运过来的鲑鱼。研究期间，39名工人参与了一项目标设置实验。实验设置了群体目标、个体目标和没有目标这三种不同的目标条件。采用生产速度的初始基准作为设置目标的标准。目标是以比常规速度快的节奏持续工作。工人会获得反馈，并且达到目标就可得到国家彩票作为奖励。

群体目标是每个人的累积产出都必须达到预定的数量，个人目标是每个人设置一个自己的目标。结果表明，群体目标下的生产率比个人目标下的生产率要高，且这两种条件下的生产率都明显高于没有目标的控制条件下的生产率。群体目标和个人目标条件下加工50条鱼的平均时间分别是538秒和570秒，而没有目标条件下的平均时间是702秒。

这些结果表明目标设置在生产情境下相当有效。此外，群体可能比个人有更积极的反应。正如第12章中即将讨论的那样，群体可能对成员有强有力的影响，激励群体的条件可能对那些群体中的个人也有促进作用。然而，需要注意的是，这项研究涉及的是任务非常简单的单一目标。在更为复杂的情境中，这些效果可能不会发生。尽管如此，在合适的情境下恰当使用目标设置，仍是一种有力的激励工具。

资料来源：From "Impact of Material Flow Policies and Goals on Job Outcomes," by K. H. Doerr, T. R. Mitchell, T. D. Klastorin, and K. A. Brown, 1996, *Journal of Applied Psychology*, 81, 142-152.

8.8 控制理论

控制理论（control theory）(Klein, 1989)是基于目标设置理论建立的，关注反馈对动机的影响，这种动机指的是维持努力指向目标的动机。正如图 8-3 所示，该理论解释的过程始于个体意图实现的目标。这个目标可能是上级分派的，也可能是自己选择的。但是该理论称，个体必须相信这个目标是可以实现的并且接受它。随着时间的推移，个体会在向着目标努力的过程中获得关于绩效的反馈。个体将通过比较当前目标进程与某些内部标准或预期进展来评估反馈。如果进展不大，个体会受到激励去采取行动，可能包括对目标的重新评估和修正，或是采用不同策略以改善绩效。

个体可能只是简单地付出更多努力（更努力地工作），也有可能采取更加有效的新方法（更高效地工作）。

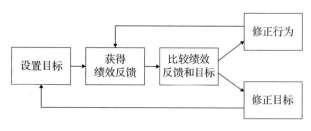

图 8-3　控制理论模型

注：控制理论认为人们设置目标，然后对目标达成程度的反馈进行评估。反馈与目标的差异能激励人们修正自己的行为或目标。

已有证据支持控制理论的预测。例如，Donovan 和 Williams（2003）研究了大学田径运动员在为期 8 周的赛季中的目标和成绩。在赛季开始前，每名运动员都为第一场比赛和整个赛季设置了目标。每一周，运动员都要完成进度汇报，包括他们每周的表现和下一周的目标。运动员们倾向于根据自身表现与先前目标的差异来修正未来目标，并且对较近的下一周目标的调整幅度高于对较远的赛季目标的调整幅度。这说明反馈确实会引起对目标的调整，而不仅仅是增加为达到最初目标的努力。

8.9　行动理论

行动理论（action theory）是德国一种关于工作行为的综合性理论，它描述了一个将目标和意图与行为相联系的过程（Frese & Zapf, 1994）。这一理论主张工作动机理论应当主要关注目标导向或意志导向（自愿的）的行为，这些行为被统称为行动。这样的行动是个体有意去完成某事的产物，小至完成流水线上的一件工件，大至在工作中获得晋升。该理论主要关注行动本身以及引发行动的过程。

行动理论描绘了一种**行动过程**（action process），这种行动过程将认知层级结构与行动和环境反馈联系了起来。图 8-4 表明了这种次序，它始于完成某事或拥有某物的渴望，这一渴望引发了达成或得到它的具体目标和目的。工作场所中的这些目标经常与任务相联系（类似工作分析中的任务），任务定义了每个员工在工作中应该完成的任务的性质。该理论指出，外部任务与内部任务之间有一个重要的区别，外部任务是由组织指派给员工的，而内部任务是员工自己选择的。一个重要的因素是员工把外部任务转化为内部任务的再定义过程，换句话说，就是员工对指派的任务做出改变以使其适应自身的过程。

图 8-4　德国行动理论的行动过程

设置目标的下一步是将目标转化为计划。计划是为达成目标而选择的具体步骤，包括具体的行动和行动的顺序。接下来是计划的执行，执行包括行动。最后，个体接受来自环境或他人的反馈。反馈表明了指向目标的进展如何。积极的反馈有助于维持那些计划以内的行动，消极的反馈会引发对目标、计划或行动的修正。

下面是关于此过程的一个例子。你想挣很多钱，所以会设定一个在大学毕业时找到一份高薪工作的目标。你的计划可能是主修工作机会较多的专业并取得较高的平均绩点。计划的方方面面都会落实到行动上，比如调查多个专业的就业机会，同时努力学习课程。成绩会提供反馈，如果你觉得自己的平均绩点不够高，可能会改变目标，决定接受一份薪水较低的工作，或者改变计划，选择一个不同的专业，或者改变自己的行动，更加努力地学习。

行动理论也包含了人格变量，其中最重要的就是**行动/状态导向**（action versus state orientation）。行动导向的人倾向于遵循行动过程、设定目标、制订计划，然后严格遵守直到达成目标。状态导向的人则相反，他们难以忠于一种行动模式，容易分心，面对挫折的时候容易放弃（Kuhl & Beckmann, 1994）。研究表明，行动导向的人往往在工作中表现得更好（Diefendorff, Hall, Lord, & Strean, 2000; Jaramillo, Locander, Spector, & Harris, 2007），可能部分因为状态导向的人有拖延的倾向（Van Eerde, 2000）。

研究还倾向于支持行动理论中的某些预测。例如，Sonnentag（1998）研究了高绩效和绩效一般的软件程序员的任务行为背后的认知过程，并基于行动理论做了一些预测。不出预料，高绩效者能够更快地理解问题，进而上升到计划阶段（行动过程的第 3 步），更好地利用反馈（第 5 步）。基于行动理论对高绩效者的研究可能有助于提出一些使员工更高效的培训方法。

事实证明，行动理论在提高员工积极性的组织干预设计中也非常有用。Raabe、Frese 和 Beehr（2007）为一家德国公司设计了一种干预措施，以促进员工在工作技能和职业生涯管理方面的提升。基于目标理论的干预仅关注目标，而行动理论则致力于帮助员工制订能够达成他们目标的计划。Rabbe 等人发现这种干预措施成功提高了目标的达成率。

行动理论是一个基于认知的复杂理论，它将个体看作行动的发起者，或是自身行为的原因。这与强调个体如何对环境做出反应的强化理论以及其他动机理论不同。在某种程度上，行动理论是对目标设置理论和控制理论的扩展。我们上面讨论的美国目标设置理论主要涉及目标设置是如何转化为工作绩效的（Farr, Hofmann, & Ringenbach, 1993），控制理论则关注对目标进程的反馈如何影响行为。而行动理论比这两种理论中的任何一种都要更进一步，它对从目标到绩效之间的认知过程进行了探究。

本章小结

本章讨论了从不同角度探讨动机的 9 种理论。两种需要理论（需要层次理论和双因素理论）认为动机源于内部需要。需要层次理论将人类动机分为 5 类。需要是非常广泛的，相应的理论不能明确指出可能发生的具体行为，因而无法得出准确的预测。例如，一个高成就需要者可能会努力工作以取得成功，也可能会把大部分精力用于工作以外的事情以取得成就。双因素理论认为动机来源于与工作有关的两类需要。

期望理论试图解释奖励是如何引发行为的。该理论认为，如果人们相信他们的努力可以带来高绩效，而高绩效能够让他们获得想要的奖励，那么他们就会有很好的工作表现。

自我效能感理论认为人们对自身能力的信念是动机的一个重要成分。那些认为自己没有能力胜任工作的人甚至不会去尝试。高水平的自我效能感或对自身能力的信念，是工作动机以及后续工作绩效的一个必要成分。

公平理论认为人们重视组织给予的公平和公正的待遇。公平理论认为人们会比较自己和他人在工作中的产出/投入比，比较的差异会激励人们采取行动，比如改变对组织的贡献水平，改变从工作中获得的奖励，或是辞职。更现代的公正理论既关注奖励的分配（分配公正），又关注奖励分配程序的公平（程序公正）。他们也认为不同组织的公正氛围不同，公正氛围即员工对公平待遇的共同看法。

目标设置理论认为，人们的行为受有意识的目标和目的的引导。该理论强调了几个重要因素，这些因素决定了目标设置对工作绩效的影响程度。其中有4个因素特别重要，分别是：员工的目标承诺，对目标活动进展的反馈，目标难度以及目标具体性。

控制理论关注针对目标实现的反馈，是目标设置理论的延伸。该理论认为人们会设置目标，然后寻求关于目标活动进展程度的信息。预期进展与实际进展的差异会激励个体重新评估目标，进而修正目标或改变行为以取得更大进展。

德国行动理论将目标与行为相联系来描述行动过程。这一过程始于对获得某物的渴望，渴望进而转化为目标。为了实现目标，计划应运而生，计划的执行包含行动。反馈是对行动的反应，能够引发对先前步骤的调整。

虽然这些理论是从不同的角度审视动机，但它们未必相互排斥，事实上，多个理论的成分已经得到了相互整合。洛克和莱瑟姆（1990）讨论了期望理论、自我效能感理论以及目标设置理论特点的一致性。值得一提的是，他们将自我效能感看作目标承诺的一个重要调节因素。一个对目标实现自我效能感较低的人不可能忠于这个目标。

工业与组织心理学实践

本案例涉及Lynn Summers博士参与设计的一个基于目标的偷盗控制程序。Summers于1977年从南佛罗里达大学取得了工业与组织心理学博士学位。他曾供职于多个组织，目前是北卡罗来纳州人事处的人力资源专家。在此之前，他是Performaworks公司的副总裁。这是一家通过网络提供工业与组织心理学服务的公司，专长之一是在网上进行360度反馈（见第4章）。同事、下属和上级可以在网页上完成对员工个人的测评。员工在浏览了多方反馈之后，可以通过与在线项目的互动完成一份改进计划。Performaworks还通过网络进行其他类型的测评和意见调查。这是工业与组织心理学家如何运用这种新型交流媒介的一个例子。在协助创立公司之前，Summers有自己的咨询业务，项目之一就是协助组织处理员工偷窃。

一家全国快餐连锁店要求Summers修正一项程序以控制餐厅内部的偷窃活动。在餐饮业，内部偷窃比外部盗窃严重得多。这家连锁店想针对那些自己偷食物或是将食物免费送人的员工采取一些措施。Summers调查了这一情况，协助由不同餐厅员工组成的一个团队，提出了6种不同的干预方法。其中比较有趣的一项是目标设置程序，这种方法后来也被证明是最有效的。

目标设置程序相当简单。在每间餐厅，经理都会给一小组员工分派任务，让其负责控制某一类特定物品的偷窃情况，比如鸡胸。该小组会被告知如何计算每天"失踪"的鸡胸数量，还会被分配一个降低该数量的特定目标。

该公司发现，目标设置程序对降低偷窃率效果显著。但是大家都不确定为什么它这么有效。员工并未被告知他们应该如何做才能减少偷窃，他们只是被给予了一个目标。有可能是小组成员本身就有偷窃行为，现在只是停止了而已。也有可能是小组成员知道哪些人偷窃，对他们施加压力使其停止。至少，该程序引导员工关注这个问题，正如我们之前讨论的那样，这是目标设置促进绩效的方法之一。不管为什么目标设置程序会有效，这个例子都表明目标设置可能是改变行为的有效手段之一。经理们经常只需要设定一个目标，然后让下属自由发挥，以寻求实现目标的方法。

讨论问题：

1. 什么因素会导致员工偷窃？
2. 为什么目标设置程序会减少偷窃现象？
3. 还有什么其他干预方法可能会减少偷窃现象？
4. 你认为在大型组织中员工偷窃现象有多普遍？

做中学

工作中的激励案例

找一个与本章讨论的理论之一有关的激励案例，可以是报纸上的文章，也可以是网上的新闻。给出该案例的背景，解释是谁做了什么，然后解释这个案例如何与本章讨论的某个理论相关联。

公司如何激励员工

找一个关于公司如何激励员工的例子，可以来自你自身的工作经验，也可以来自你认识的他人的经验，或者是你在网上找到的内容。解释其中运用的激励方法，以及它是如何与本章讨论的一个或多个理论相关联的。

第9章

对工作的感受：工作态度与情绪

第9章 概要

工作满意度的性质

人们对自身工作的感受

工作满意度的评估

工作满意度的成因

工作满意度的潜在影响

组织承诺

工作中的情绪

本章小结

工业与组织心理学实践

做中学

对美国劳动者的全国民意调查都发现，大多数人对自己的工作感到满意。例如，美国人力资源管理学会在2009年进行了一项调查，发现86%的员工对他们的工作感到满意。2002年的一项民意调查显示，92%的被调查者表示他们喜欢自己的工作，并且相比于美国人，加拿大人对自身工作的满意度更高（Shields, 2006）。

工业与组织心理学家的主要任务之一就是评估员工对工作的态度，特别是他们对工作的满意度，并确定改善工作态度的方法。从工业与组织心理学领域开辟至今，研究者们已经广泛地研究了工作满意度的前因和后果。这也是工业与组织心理学研究最多的两个变量之一（另一个是工作绩效）。正如我们将要看到的，满意度研究的这种普遍性在很大程度上是因为对满意度的评估相对容易。而另一个原因是，工作满意度在许多涉及组织现象（如员工的不端行为、领导力和压力等）的理论中是一个中心变量。工作满意度被认为是员工及组织所产生的种种重要结果（包括从工作绩效到健康状况等）的原因。

然而工作满意度并不是唯一反映人们工作感受的变量。组织承诺反映了人们对工作和组织的依恋。对工作的感受还包括了在工作中体验到的各种积极、消极情绪，比如受到不公正对待的愤怒和得到晋升的喜悦。

在本章中，我们首先介绍工作满意度，包括如何对其进行测量、其潜在原因以及可能产生的后果。工作满意度通常包含在对各种组织现象的研究当中，你会看到它经常出现在本书的其余大部分章节。我们还将介绍组织承诺，许多与工作满意度相关的变量也与组织承诺相关。最后，我们还将讨论工作场所中的情绪，包括其潜在的原因和后果。

目标

学习本章后，学生应能够：

1. 定义工作满意度和组织承诺；
2. 描述工作满意度和组织承诺的区别；
3. 解释如何测量工作满意度和组织承诺；
4. 总结有关工作满意度和组织承诺的可能原因及影响的研究结果；
5. 论述员工在工作中怎样体验情绪及其对组织的影响。

9.1 工作满意度的性质

工作满意度（job satisfaction）是一个态度变量，反映了人们对所从事的工作及其各个方面的感受。简单来说，工作满意度是人们对自己工作的喜爱程度；工作不满意度是人们对工作的厌恶程度。

研究工作满意度的方法有两种：整体法和多面法。整体法将工作满意度视为一种单一的、总体的工作感受。许多研究评估了人们的总体满意度，本章提到的许多研究成果都体现了这一变量。

另一种方法则聚焦于工作的具体方面（facets），或者说是关注工作的不同方面，譬如奖酬（薪酬或附加福利）、工作中的他人（同事或上司）、工作条件和工作本身的性质。表 9-1 列出了最常被研究的方面。多面法使得工作满意度能够呈现出一个更为完善的全貌。个体对不同方面的满意程度通常是不同的。员工有可能对薪酬和附加福利很不满，同时却对工作性质和上司很满意。在下面的论述中，我们会看到这是美国人的一种典型模式。

表 9-1 工作满意度的一般方面

薪酬	工作条件
晋升机会	工作性质
附加福利	沟通
监管/上司	安全
同事	

9.2 人们对自身工作的感受

如前所述，调查结果显示大多数美国人喜欢他们的工作（人力资源管理学会，2009），但这并不意味着他们对工作的所有方面同等喜爱。图 9-1 中列出了美国人对工作各方面的满意度的典型模式，其数据来自工作满意调查表（Job

Satisfaction Survey, JSS）(Spector, 1985) 的常模 (Spector, 2008)。工作满意调查表评估了工作满意度的八个方面，其常模是根据全美的一百多个组织中 36 380 名员工的工作满意度分数编制而来的。如图 9-1 所示，美国人普遍对他们的上司、同事，还有工作性质感到满意；对工作的奖酬，譬如薪酬、晋升机会和附加福利等不太满意。

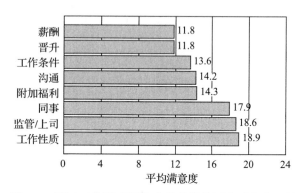

图 9-1　通过工作满意调查表获得的美国人对各方面的平均满意度

资料来源：From "Measurement of Human Service Staff Satisfaction: Development of the Job Satisfaction Survey," by P. E. Spector, 1985, *American Journal of Community Psychology*, 13, 693-713.

一些跨国研究发现，各个国家的工作满意度水平不尽相同。Pichler 和 Wallace（2009）比较了 27 个欧洲国家样本的平均工作满意度水平。他们发现，工作满意度最高的是丹麦、芬兰、瑞典、德国、奥地利，工作满意度最低的是东欧（保加利亚、斯洛伐克、波兰、拉脱维亚）。尽管这些研究显示不同国家的人对工作的感受可能不同，但研究者并没有阐明其中的原因。对各国工作满意度差异的一种解释是，各国之间的基本价值观存在差异。霍夫斯泰特（Hofstede, 2001）评估了 50 个国家的 4 项重要文化价值观。尽管每个国家的个体在价值观上会有差异，但在一些重要工作变量上，不同国家之间还存在价值观的平均差异。这些文化价值观包括个人主义/集体主义、男子气、权力距离、不确定性规避。

个人主义（individualism）反映了人们将自己视为独立自主的个体，并将自身的兴趣和需求置于他人之前的程度。**集体主义**（collectivism）则相反，拥有集体主义观念的人认为自己和他人是相互关联的，并且他们关注自己归属的集体。西方国家（如澳大利亚、加拿大、英国和美国等）的个人主义程度较高，而亚洲国家（如中国和韩国）和拉美国家（如厄瓜多尔和危地马拉）的集体主义程度较高。**男子气**（masculinity）反映了组织关注业绩和工作绩效而忽视员工健康和福利的程度。北欧国家在男子气上的得分较低，这反映出他们高度重视工作中的健康和福利，而得分较高的国家包括日本和奥地利。美国在男子气上的得分则排在前 1/3 之列。

权力距离（power distance）是人们对一个组织或社会中阶层之间的权力和地位差异的容忍度。权力距离高的国家通常会孕育出要求下属服从的管理者。危地马拉和巴拿马等拉美国家的权力距离就倾向于较高的水平，而奥地利和以色列是最低的。美国则位于中下水平。**不确定性规避**（uncertainty avoidance）反映了在不可预知情境下的舒适度。在组织中，人们可以通过遵循成型的程序和规则来保持可预见性。因此，在该维度上分数高的国家，其组织往往非常注重规则。在此维度上分数最高的国家是希腊和葡萄牙，最低的是新加坡和牙买加。美国在不确定性规避的维度上位于较低的后 1/3。

以往研究发现这些维度与许多组织变量有关。在工作满意度方面，Hui、Yee 和 Eastman（1995）发现一个国家的个人主义/集体主义分数与人们对工作中社交方面的满意度显著相关，与个人主义国家相比，集体主义国家的人对同事的满意度更高。同样地，Huang 和 Van de Vliert（2003）发现权力距离与工作满意度相关，高权力距离个体的工作满意度更低。

9.3 工作满意度的评估

通常，我们会通过询问人们对工作的感受来评估工作满意度，评估方式包括问卷和访谈。考虑到问卷法实施起来简便，且花费的时间和精力相对较少，我们大多数时候会使用问卷来评估工作满意度。此外，问卷能匿名完成，这给予了员工更真实地表达态度的机会。我们有时也会通过访谈来了解员工的满意度，不过访谈法更多用在实务而非研究中。也有少数通过询问上司（Spector, Dwyer & Jex, 1988）或观察者（Glick, Jenkins, & Gupta, 1986）的方法来评估另一员工的满意度的情况。但是由于只有员工自身才真正了解自己的态度，这种评估不完全准确。

9.3.1 工作描述指数

在所有现成可用的工作满意度量表中，**工作描述指数**（Job Descriptive Index, JDI）（Smith, Kendall, & Hulin, 1969）最受研究者追捧，对其的效度验证最为彻底和仔细。该量表评估 5 个方面：

- 工作
- 薪酬
- 晋升机会
- 监管/上司
- 同事

该量表的许多使用者会将各分量表的分数求和后得到一个总体工作满意度分数。然而作为量表开发者（Ironson, Smith, Brannick, Gibson, & Paul, 1989）之一的 Smith 并不推荐这种做法，我们讲完各种满意度量表之后会探讨这个问题。

表 9-2 的内容是该量表 72 个题目的样例及其所属的分量表。每个题目都是一个描述工作的形容词或简短的短语。回答分为"是""不确定"或"否"。每个分量表都对其评估的方面给出了一个简短的解释，其后则是关于该分量表的题目。

表 9-2　工作描述指数样题

想一想你当前拥有的晋升机会。以下每个词或短语的描述与其符合的程度如何？在下面每个词语旁边的空白处写上
　　Y 代表"是"，表示它符合你的晋升机会
　　N 代表"否"，表示它不符合你的晋升机会
　　? 代表你不确定
晋升机会
　　没有出头之日的工作
　　不公平的晋升政策
　　定期的晋升
想一想你目前的工作。以下每个词或短语的描述与其符合的程度如何？在下面每个词语旁边的空白处写上
　　Y 代表"是"，表示它符合你的工作
　　N 代表"否"，表示它不符合你的工作
　　? 代表你不确定
目前从事的工作
　　例行公事的
　　令人满意的
　　好的
想一想你现在得到的薪酬。以下每个词或短语的描述与其符合的程度如何？在下面每个词语旁边的空白处写上
　　Y 代表"是"，表示它符合你的薪酬状况
　　N 代表"否"，表示它不符合你的薪酬状况
　　? 代表你不确定
目前的薪酬
　　收入足以应付正常支出

（续）

　　无保障的
　　比我应得的要少
想一想你工作上得到的监管。以下每个词或短语的描述与其符合的程度如何？在下面每个词语旁边的空白处写上
　　Y 代表"是"，表示它符合你工作上得到的监管
　　N 代表"否"，表示它不符合你工作上得到的监管
　　? 代表你不确定
监管/上司
　　没礼貌
　　会称赞做得好的工作
　　监管不力
想一想现在和你共事的多数人或者你遇见的工作相关的多数人。以下每个词或短语的描述与其符合的程度如何？在下面每个词语旁边的空白处写上
　　Y 代表"是"，表示它符合和你共事的人
　　N 代表"否"，表示它不符合和你共事的人
　　? 代表你不确定
同事（人）
　　无聊的
　　负责的
　　聪明的

资料来源：From The Job Descriptive Index, which is copyrighted by Bowling Green State University. The complete forms, scoring key, instructions, and norms can be obtained from Dr. Patricia C. Smith, Department of Psychology, Bowling Green State University, Bowling Green, OH 43403.

大量使用 JDI 量表进行的研究为其有效性提供了强有力的证据。该量表最大的局限性在于它只有 5 个分量表，这可能无法涵盖人们希望研究的所有方面。

9.3.2　明尼苏达满意度问卷

另外一个被广泛使用的工作满意度量表是**明尼苏达满意度问卷**（Minnesota Satisfaction Questionnaire, MSQ）（Weiss, Dawis, Lofquist, & England, 1966）。该量表有两个版本——100 题的完整版和 20 题的简版。两个版本的题目都涉及工作满意度的 20 个方面，但只有完整版计算各方面的得分。简版用于评估总体满意度或者内在和外在满意度。内在满意度是指工作任务的性质以及人们对所做工作的感受。外在满意度着重于工作情境的其他方面，譬如附加福利和薪酬。内在满意度和外在满意度都是几个方面的集合。

表 9-3 展示了明尼苏达满意度问卷的 20 个方面。每个题目都是一句描述某个方面的陈述句，要求员工表达对各方面的满意度。例如，一个关于活力方面的题目是"能够一直保持忙碌状态"。经检验，该量表具有良好的信度和效度。然而一些研究者对于题目是如何被归为内在和外在满意度的问题有所质疑（Schriesheim, Powers, Scandura, Gardiner et al., 1993）。

表 9-3　明尼苏达满意度问卷的维度

活力	能力运用
独立性	公司政策和实践
多样性	报酬
社会地位	晋升
监管（人际方面的）	责任
监管（技术方面的）	创新
道德价值观	工作条件
安全性	同事
社会服务	赏识
权威性	成就

资料来源：From Instrumentation for the Theory of Work Adjustment, by D. J. Weiss, R. Dawis, L. H. Lofquist, and G. W. England, 1966, Minnesota Studies in Vocational Rehabilitation, xxi, Minneapolis: University of Minnesota.

9.3.3 工作满意度通用量表

Ironson 等人（1989）开发了一套测量总体工作满意度的量表，它的题目并不反映工作的诸多方面。**工作满意度通用量表**（Job in General Scale, JIG）是沿袭工作描述指数而开发的，包括 18 个题目，都是关于工作一般内容的形容词或短语。表 9-4 展示了其中的 3 个题目。该量表信度良好，并与其他总体工作满意度量表具有高相关。

表 9-4　工作满意度通用量表的 3 个样题

从整体上想一想你的工作。总的说来，大多数时候它是什么样的？以下每个词或词组的描述与其符合的程度如何？在下面每个词语旁边的空白处写上
Y 代表"是"，表示它符合你的工作
N 代表"否"，表示它不符合你的工作
? 代表你不确定
总体上工作是
令人不快的
特别好的
极差的

资料来源：From the Job in General Scale, which is copyrighted by Bowling Green State University. The complete forms, scoring key, instructions, and norms can be obtained from Department of Psychology, Bowling Green State University, Bowling Green, OH 43403.

9.3.4 总体满意度是各方面满意度的总和吗

研究者一直在争论，究竟总体工作满意度是满意度各方面的总和还是其他不一样的内容。工作描述指数和工作满意度通用量表的开发者 Patricia Cain Smith 认为它们是独立的（Ironson et al., 1989）。然而，许多研究者将满意度各方面的分数之和作为总体工作满意度的指标。明尼苏达满意度问卷的每个题目反映的是一个特定的方面，因此它的总分是满意度各方面的分数之和。满意度各方面通常和总体工作满意度有着高相关的事实证明了这一点。例如，Ironson 等人（1989）发现工作满意度通用量表和工作描述指数量表之间的相关性高达 0.78。另一方面，将分量表的分数求和假定了所有方面都已被测到，且每个方面对总体满意度的影响程度相同。但是，满意度的各方面不大可能对每个人来说同样重要。因此，满意度各方面的总和是总体工作满意度的一个近似值，它不一定能和个体的总体满意度完全匹配。

9.4　工作满意度的成因

是什么使人们喜欢或是讨厌他们的工作呢？许多研究都涉及了这个问题，其中大量研究从环境角度出发，研究了导致员工满意或不满意的工作和组织特征。然而有一些研究表明，在拥有相同工作或工作条件高度相似的人之间，满意度会有显著的差别。诸如此类的发现使得一些研究者开始从人格角度进行探究，他们想证明特定类型的人会倾向于喜欢或是讨厌自己的工作。而其他的研究者则持人－岗匹配的交互观点，将环境因素和人格因素相结合。人－岗匹配的观点认为不同的人偏爱不同的工作特征，它试图去了解什么样的人会对什么样的工作条件感到满意。根据这种观点，工作满意度是个人与工作适配的产物。图 9-2 展示了以上三种观点，即环境观、人格观、交互观。

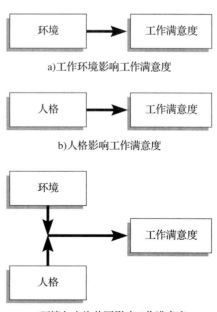

图 9-2　工作满意度成因的 3 个模型

9.4.1 工作满意度的环境成因

大量的研究证据表明，工作的各方面和工作环境与工作满意度相关。换句话说，人们在某些情况下会满意，而在另一些情况下会不满意。在这一部分，我们将探讨工作任务特征、薪酬、工作场所的公正性以及压力性工作条件的影响。

1. 工作特征

工作特征是工作任务本身的内容和性质。只有少数几个工作特征被作为工作满意度的影响因素而研究。其中的5个特征是来自颇具影响力的Hackman和Oldham（1976）的**工作特征理论**（job characteristics theory）（该理论的更多细节见第10章）：

技能多样性（skill variety）：工作所需的技能数；

任务同一性（task identity）：员工做的是工作的全部还是工作的一部分；

任务重要性（task significance）：工作对其他人的影响程度；

自主性（autonomy）：员工能够自己决定如何工作的自由程度；

任务反馈（task feedback）：告知员工完成工作是否正确的明确程度。

这5个核心特征合在一起界定了一项工作的**工作范围**（scope），或者说是复杂性和挑战性。工作特征理论认为工作范围大会带来工作满意，而工作范围小则导致厌烦和不满。

许多针对不同工作类型的研究表明，这5个特征都与工作满意度相关。Fried和Ferris（1987）针对核心工作特征与总体满意度关系的研究进行了元分析。表9-5展示了Fried和Ferris得出的工作特征和总体工作满意度之间的平均相关系数。可以看到相关系数的范围在0.20（任务同一性）到0.45（工作范围）之间。工作范围是5个核心特征分数之和。

表9-5 工作特征维度与工作满意度的平均相关系数

特征	平均相关系数	对特征的描述
技能多样性	0.29	工作所需的技能数
任务同一性	0.20	员工做的是工作的全部还是工作的一部分
任务重要性	0.26	工作对其他人的影响程度
自主性	0.34	员工能够自己决定如何工作的自由程度
任务反馈	0.29	告知员工完成工作是否正确的明确程度
工作范围	0.45	工作的整体复杂性，5项单独核心特征得分之和

资料来源：From "The Validity of the Job Characteristics Model: A Review and Meta-Analysis," by Y. Fried and G. R. Ferris, 1987, *Personnel Psychology*, 40, 287-322.

大多数讨论工作特征对工作满意度影响的研究存在这样的局限性，即工作特征是通过向员工本人发放问卷来评估的。正如在第2章中讨论过的，仅仅证明变量之间存在相关并不意味着一个变量必然导致另一个变量的变化。例如，比起不喜欢自己工作的人，喜欢自己工作的人可能会用更为赞许的措辞来描述他们的工作，从而报告更大的工作范围。因此，工作满意度可能是造成问卷中员工所报告工作特征的原因，而非结果。尽管Fried和Ferris（1987）的研究结果与某些工作特征可以影响工作满意度的观点相一致，但仍然需要更多的证据来支持这一结论。

遗憾的是，使用不同方法进行的研究并不总是支持这5个工作特征会影响工作满意度的观点。例如，Spector和Jex（1991）以来自不同行业的员工为样本，同时使用问卷和工作分析技术来评估工作特征，问卷法得出了工作特征与工作满意度相关的结论，而工作分析所得的数据却不支持这样的结论。

另外，一些工作特征有所变化的准实验现场研究为工作特征对工作满意度的短期影响提供了一些支持。Holman、Axtell、Sprigg、Totterdell和Wall（2010）的研究发现，核心工作特征在9

个月内有提高的个体,其工作满意度也会得到提高。Griffin(1991)做的一项类似的准实验研究也表明,核心工作特征的提高会使工作满意度提升。然而,在随后两年的跟踪调查中,工作满意度又回到了工作变化之前的水平。他的研究结果表明,工作满意度的变化可能是短暂的,一旦人们习惯了工作的变化,工作满意度就会回到基线水平。换句话说,环境的新颖性会引起工作满意度的变化。

尽管在美国和其他西方国家,员工报告的工作特征和工作满意度之间的相关具有跨样本的一致性,但这种结论可能不具有普遍性。Pearson和Chong(1997)就未能在马来西亚发现同样的结果。在一组护士样本中,5个核心特征和工作满意度之间不存在相关关系。研究者认为在集体主义的亚洲文化中,比起工作任务的性质,人们更重视与同事以及上司的关系,并将之作为获得高工作满意度的一种方式。然而,在中国香港进行的一项研究发现,工作特征和工作满意度的相关性与美国非常相似(Wong, Hui, & Law, 1998)。很明显,我们在把结果从一个国家或地区推广到其他国家或地区时要十分谨慎,不能擅自认定在一处适用的结果在任何地方都适用。

2. 薪酬

尽管薪酬本身与总体满意度有一定的关联,但它显然与薪酬满意度的关联更密切。Brasher和Chen(1999)调查了当时的大学毕业生,发现他们的起薪水平和薪酬满意度的相关($r=0.36$)要远高于和总体满意度的相关($r=0.17$)。此外,与实际薪酬水平相比,薪酬发放的公正性,或者说公平性(见第8章关于公正理论的讨论)对薪酬满意度来说是更为重要的决定因素(Williams, McDaniel, & Nguyen, 2006)。你会发现那些领着最低工资的人对自己的薪酬感到满意,而职业运动员和艺人可能对6位数甚至7位数的薪酬感到不满意。

这就引出了一个假设:如果比较从事不同工作的人的薪酬和薪酬满意度,我们会发现二者之间几乎或者完全不相关。当人们的工作不同时,赚得更多的人不一定会对其工作更满意。另外,如果我们的样本是从事相同工作的一群人,那么赚得多的人应该就会对工作更满意。有两个研究支持这一假设。Spector(1985)发现,在三个工作不同的员工样本中,薪酬水平和薪酬满意度的平均相关系数只有0.17。Rice、Phillips和McFarlin(1990)发现,在从事同样工作的心理健康专业人员的样本中,薪酬水平和薪酬满意度的相关要高得多,相关系数达到了0.50。个体怎样与从事相同工作的他人进行薪酬比较(而非与总体人群比较)会影响其薪酬满意度。有关公正和薪酬满意度的研究为公正性与满意度的关系提供了更为直接的支持。Cohen-Charash和Spector(2001)在他们的元分析中发现,分配公正和程序公正(见第8章)与薪酬满意度高相关,相关系数分别为0.58和0.45(见表9-6)。

表9-6 分配公正和程序公正与工作满意度的相关

工作满意度类型	分配公正	程序公正
总体工作满意度	0.39	0.40
薪酬满意度	0.58	0.45
主管满意度	0.36	0.47
工作性质满意度	0.32	0.31

资料来源:From "The Role of Justice in Organizations: A Meta-Analysis," by Y. Cohen-Charash and P. E. Spector, 2001, *Organizational Behavior and Human Decision Processes*, 86, 538-551.

3. 公正

正如第8章对公正理论的讨论所指出的,公正感是人们的工作行为和反应的重要决定因素。分配公正是个体感知到的工作报酬分配的公正程度,而程序公正是个体对工作报酬分配程序所感知到的公正程度。Cohen-Charash 和 Spector（2001）的元分析显示，这两种形式的公正与总体满意度以及满意度的各方面都存在相关。总体工作满意度与薪酬、监管以及工作性质等方面的满意度都和这两种公正感显著相关（见表 9-6）。值得注意的是，比起程序公正，分配公正与薪酬满意度的相关更高。这说明尽管两者无疑都很重要，但对于满意度而言，薪酬分配要比分配程序更重要。对于监管满意度来说，程序公正比分配公正更重要，这也许是因为分配任务和奖励的程序是由主管决定的。

9.4.2 工作满意度的个人成因

大多数有关工作满意度成因的研究都是从环境视角出发的。不过有一些研究者认为，个人特征对工作满意度的产生也很重要（Staw & Cohen-Charash, 2005）。个人特征包括人口统计学变量（例如年龄、性别和种族）和人格。在这部分，我们将讨论可能影响人们对工作的反应和工作满意度的因素。

1. 人格

工作满意度可能部分由人格决定的观点可以追溯到霍桑实验。霍桑实验的研究者们发现，那些被他们称为"习惯性踢皮球者"的人会持续不断地抱怨工作（Roethlisberger, 1941）。无论研究者们为他们做了什么，"习惯性踢皮球者"总是有新的抱怨。Bowling、Beehr 和 Lepisto（2006）针对跳槽者研究了满意度的稳定性。他们发现，这些人 5 年间的工作满意度之间存在关联，即他们在一份工作上的满意度和在另一份工作上的满意度存在相关。Bowling 等人由此推断，工作满意度部分是由基本人格决定的。某些人倾向于喜欢自己的工作，而另一些人倾向于不喜欢自己的工作。Newton 和 Keenan（1991）做了一个类似的研究，他们发现除了人格之外，环境的作用也很重要。他们研究了一群大学毕业后工作头四年的英国工程师，也发现了工作满意度在时间跨度上的一致性。此外，他们还发现换了工作的工程师，其工作满意度有所提高。Dormann 和 Zapf（2001）对此类研究做了元分析，发现比起换了工作的人的工作满意度与工作环境的相关（平均相关系数为 0.18），没换工作的人的工作满意度（平均相关系数为 0.42）跨时间的稳定性更高。因此，尽管人格可能影响满意度，工作环境也很重要。

Staw、Bell 和 Clausen（1986）研究了人们在数十年内的工作满意度（见"研究案例"），为人格影响的跨时间一致性提供了更强大的证据。他们发现，青少年时期测得的人格对直到 50 年后的工作满意度都有预测作用。

◆ 研究案例

许多工业与组织研究的局限之一是它们的数据是在单一时间点收集的。Staw、Bell 和 Clausen（1986）的研究则作为一项对工作满意度的长期纵向追踪研究脱颖而出。该研究持续了 50 年并对比了青少年时期的人格和他们之后的工作满意度。

该研究使用了加州大学伯克利分校 20 世纪 20 年代开始的代际研究数据。在三组被试的一生中，研究者通过访谈和问卷进行数次评估。Staw 等人（1986）让几名评价者（临床心理学家或精神病学领域的社工）阅读每个被试档案中的大量材料并对被试的几项人格特质进行评分。17 项特质的得分被合并为情感倾向分数。这些特质包括敏感、惩罚、居高临下、敌对、多疑、易怒和喜怒无常等。

结果表明，青少年时期的情感倾向分数和直到 50 年后的工作满意度之间存在显著相关。46 名有完整数据的被试的情感倾向性和满意度之间的相关系数是 0.37。这比许多已发现的工作环境与工作满意度之间的相关都要大。

正如 Staw 等人所指出的，对这些结果有几种解释。首先，这里评估的情感倾向可能与个人的世界观有关。消极倾向者可能对包括工作在内的生活所有方面的认知都比积极倾向者糟糕。另一种解释是，倾向性可能会影响职业选择，消极倾向者的工作可能就比积极倾向者更差。虽然这项研究本身没有回应这些解释，但它至少说明了人格可能会通过一些尚未确定的机制预测工作满意度。这些结果显示，为了提升工作满意度，组织在实施工作变动时应仔细考虑个体的人格特质。

资料来源：From "The Dispositional Approach to Job Attitudes: A Lifetime Longitudinal Test," by B. M. Staw, N. E. Bell, and J. A. Clausen, 1986, *Administrative Science* Quarterly, 31, 56-77.

这些研究表明工作满意度的跨时间一致性支持了人格重要性的观点，但它们并没有阐明相关人格特质的本质。人们已经研究了多项人格特质，这里我们专注于最受关注的那几项。

负性情感（negative affectivity, NA）是个体在多种情境中体验到消极情绪（如焦虑、抑郁等）的倾向。Waston、Pennebaker 和 Folger（1986）将负性情感的概念引入了工作情境，他们假设负性情感程度高的人更容易感到不满，因为他们倾向于以消极的方式看待世界的方方面面。这与之前提到的"习惯性踢皮球者"的概念是一致的，这种人总是想着生活的消极方面。Connolly 和 Viswesvaran（2000）对 27 项研究进行的元分析支持了这一理论观点，他们发现负性情感和工作满意度之间的平均相关系数是 -0.27，这表明负性情感程度高的个体往往在工作满意度上得分较低。

正性情感（positive affectivity, PA）是个体在不同情境中体验到积极情绪（如热情或快乐）的倾向。正性情感程度高的人比较乐观，关注生活的光明面。他们对工作的看法也是积极的，从而会获得较高的工作满意度。Bruk-Lee、Khoury、Nixon、Goh 和 Spector（2009）在对工作满意度和人格的元分析中发现，正性情感是工作满意度的最佳预测因素，其平均相关系数为 0.41。

心理控制源（locus of control）是指个体是否相信自己能够控制人生中影响他的事件。相信事件是由自己控制的人称为内控者，认为命运、运气或有影响力的他人掌控着事件的人称为外控者。研究发现内控者比外控者对工作更满意（Ng, Sorensen, & Eby, 2006; Wang, Bowling, & Eschleman, 2010）。

虽然这些研究显示出人格特质与工作满意度有关，但其原因尚未得到很好的阐释。虽然具有某些人格特质的人会比具有其他人格特质的人更容易感到满足，但实际情况可能比这更复杂。例如，我们将在第 10 章中看到，人格与工作绩效有关。具有某些人格特质的个体能更好地完成工作，并因此获得奖励，从而可能获得更高的满意度。这种满意度可能不是来自人格本身，而是来自工作绩效。此外，人格可能也与职业选择有关。也许具有特定人格特质的人选择的工作更好，因而对工作更满意（Spector, Zapf, Chen, & Frese, 2000）。显然，研究还需要确定人格特质为何与工作满意度相关。

2. 性别

大多数对比男性和女性总体工作满意度的研究都没有发现二者存在差异。涵盖了多种样本和数千名员工的元分析研究也没有发现性别差异（Witt & Nye, 1992）。Greenhaus、Parasuraman 和 Wormley（1990）的研究发现，即使样本中两性的工作分布并不相同，其中男性更多从事管理性、专业性工作，而女性更多从事文职工作，也并没有显著的性别差异。这说明比起男性，女性可能更喜欢收入较低但是承担责任也相对较少的工作，或许是因为她们对自己的收益期望较低，又或许是因为她们只是将自己与处境相似的其他女性做比较。

大多数美国人都说他们热爱自己的工作。

3. 年龄

许多国家的劳动人口年龄在逐渐提高，这有两个原因，其一是人口结构的变化（人口老龄化），其二是法律禁止了年龄歧视。工作满意度在人的一生中可能发生的变化已经成为工业与组织心理学家感兴趣的一个问题。有两项大样本研究发现年龄和工作满意度存在曲线相关，其中一项在英格兰进行（Clark, Oswald, & Warr, 1996），另一项在包括美国在内的9个国家进行（Birdi, Warr, & Oswald, 1995）。在这些研究中，工作满意度最初随年龄的增长而下降，在26岁至31岁到达最低点，其后在剩余的职业生涯中逐渐上升。尽管这种模式可能是由年龄造成的，但其他因素也很重要。其中一个因素是工龄，有研究表明工作满意度在聘用初期较高，在"蜜月期"之后下降（Boswell, Shipp, Payne, & Culbertson, 2009）。年龄与工龄有关（只有年长的员工才能有多年的工作经验），因此，工作满意度与年龄的关系可能部分归因于工龄。年轻的员工初来乍到，对工作充满好奇，因此他们的工作满意度高。随着员工年龄的增长，他们的平均工龄增加，很多人会在

度过"蜜月期"之后体验到更低的工作满意度。但随着时间的推移，工作满意度将会上升，这可能是由于员工适应了工作生活并获得了经验和技能。

4. 文化和种族差异

美国和其他国家劳动力构成的另外一个变化趋势就是越来越多元化。如果组织要恰当地处理多样化的劳动力，那么他们必须了解来自不同种族和文化背景的员工对工作的看法以及他们对工作的感受。在美国，有几项研究对比了黑人和白人员工的工作满意度，其中一些研究发现，黑人的满意度要稍低于白人（Greenhaus et al., 1990），但有关满意度差异的研究也注意到了其他变量差异的影响，这表明这些样本中的被试的工作经验可能有所不同。也许，造成黑人工作满意度较低的原因是工作的差异而非种族差异。Somers 和 Birnbaum（2001）在以医院的黑人员工和白人员工作为被试的研究中考虑到了这种可能性，发现在控制了人口统计学变量（如年龄和受教育程度）和工作类型的情况下，种族差异并不存在。

9.4.3 人-岗匹配

多数研究者倾向于将环境和个人因素视为工作满意度的两种独立影响因素。换句话说，他们研究了可能带来满意度的工作特征或个体特征。然而另一种方法是研究这两个因素的交互作用。人-岗匹配的方法认为，当个人和工作匹配良好时才会产生工作满意度。然而，人与工作之间的匹配方式有许多种，其中包括任务需求与个人能力之间的对应（Greguras & Diefendorff, 2009）。

很多人-岗匹配研究考察的是人们声称自己在工作中想要得到的和已经拥有的东西的一致性，通过"拥有"和"想要"之间的差异来表示人和工作的匹配程度（Yang, Che, & Spector, 2008）。例如，Warr 和 Inceoglu（2012）发现，在自主性、

职业发展、地位和他人支持上的不匹配会导致个体对工作不满意。许多研究也一致表明，"拥有"与"需要"之间的差异越小，工作满意度越高。例如，Verquer、Beehr 和 Wagner（2003）对 21 项人-岗匹配研究的元分析发现，用多种方法测量出的匹配度都与工作满意度相关。

研究人-岗交互的另一种方法是考察特定个体与能预测工作满意度的工作变量间的相互作用，即将个体变量视为工作变量与工作满意度之间关系的调节者。**调节变量**（moderator variable）会影响其他两个变量之间的关系。某一特定工作变量可能与处于某一特定个体（调节）变量水平的人的工作满意度有关，而与处于另一水平的人的工作满意度无关。譬如对于同样的工作环境，男性和女性的反应可能不同。因此，工作环境或许与男性的工作满意度存在正相关，而和女性的工作满意度没有相关。我们可以说性别调节了工作环境和工作满意度之间的关系，它决定了这两个变量是否相关。

工作特征领域的许多研究试图找出对较大工作范围（比如在 Hackman 和 Oldham 的 5 项核心工作特征上得分较高）反应最积极的那类人。Hackman 和 Oldham（1976）的理论中有一个人格变量叫作**成长需要强度**（growth need strength，GNS）。它是指个体对获得高层次需要（如自主性、成就感）满足的需求程度。对成长需要强度作用的元分析表明，成长需要强度调节了工作特征和工作满意度的关系（Loher, Noe, Moeller, & Fitzgerald, 1985）。与成长需要强度低的个体相比，工作特征和工作满意度在成长需要强度高的个体身上存在更强的相关。

图 9-3 中表示的就是这种关联性。图的横轴表示工作范围，纵轴表示工作满意度。一条线代表的是高成长需要强度者，另一条线代表低成长需要强度者。如图所示，高成长需要强度者会对较大的工作范围感到满意，而对较小的工作范围感到不满。而工作范围对低成长需要强度者来说并不重要，他们的工作满意度始终与工作范围无关。

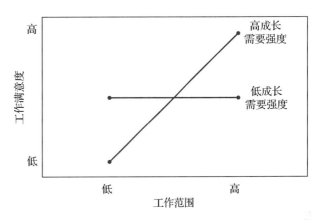

图 9-3　成长需要强度对工作范围-工作满意度关系的调节作用

注：对成长需要强度高的人来说，工作范围大时满意度高，工作范围小时满意度也低。对成长需要强度低的人来说，工作范围不影响满意度。

9.4.4　不充分就业

人-岗不匹配的一种重要形式是**不充分就业**（underemployment），意指某人从事的工作质量低于其能力的程度。不充分就业可分为两种类型（Friedland & Price, 2003）。其中，当个体的收入不足以支撑其经济需求时，就会出现经济不充分就业。在美国，经济上未充分就业的个体通常被称为在职穷人，这些人的收入较低，几乎没有附加福利（如医疗保险），且没有工作保障（Jensen & Slack, 2003）。而当员工从事的工作低于其技能水平时，会出现技能不充分就业，例如一个拥有会计硕士学位的人担任银行保安的工作。

经济变化在影响工业化国家劳动力市场的同时也引起了人们对不充分就业的担忧。不充分就业率因国家和员工背景而异。例如，一项全国性的调查发现美国人的不充分就业率为 50%（Friedland & Price, 2003）。一项研究也表明，爱尔兰的情况更糟，有 3/4 的大学生不充分就业（Cassidy & Wright, 2008）。英国的情况似乎要好一些，商学院毕业生的不充分就业率为 37%（Nabi, 2003）。不充分就业带来的影响不容小觑，因为它与工作中的反生产行为（Luksyte, Spitzmueller, & Maynard, 2011）、工作不满（Maynard, Mathieu, Rapp, & Gilson, 2012）和离职（McKee-Ryan & Harvey, 2011）有关。因此，不充分就业对员工和他们的雇主都会有消极影响。

应届毕业生是与不充分就业特别相关的一个群体，他们比普通求职者需要更长的时间才能找到工作，也更有可能遇到不充分就业的情况（Koen, Klehe, & Van Vianen, 2012）。应届毕业生难以找到合适工作的可能原因之一是他们经验不足、缺乏求职技能。Koen 等人（2012）开发了一个旨在提高这些技能的生涯适应力培训项目，看看它是否有助于大学生在毕业后找到更好的工作。表 9-7 列出了培训中涉及的主题。Koen 等人（2012）在培训六个月后将受训的学生与未受训的对照组学生进行对比，发现接受培训的学生有更高的就业率、更高的工作质量和更高的工作满意度。

表 9-7　生涯适应力培训的主题

探索自己的知识、技能和能力
探索职业兴趣与职业选择
工作信息搜寻策略
设定目标并制定实现目标的计划
克服求职过程中的障碍

资料来源：From "Training Career Adaptability to Facilitate a Successful School-to-Work Transition," by J. Koen, U.-C. Klehe, and A. E. M. Van Vianen, 2012, *Journal of Vocational Behavior*, 81, 395-408.

9.5　工作满意度的潜在影响

许多与组织相关的变量被视为工作满意或不满意的结果。有些行为对组织健康有重要影响，工作绩效、离职和员工缺勤是其中的三类。工作满意度还与一些直接影响员工健康和幸福感的变量有关。

9.5.1　工作满意度和工作绩效

直观来看，工作满意度与工作绩效相关这一观点似乎显而易见。感到满意的员工不就该是高产的吗？Judge、Thoresen、Bono 和 Patton（2001）对 312 项研究进行元分析，发现工作绩效和工作满意度之间的相关并不高（工作绩效与总体满意度的平均相关系数为 0.20）。在这个元分析中得到较低相关系数的部分原因可能与许多研究中可用的工作绩效的测量方式有关。多数研究采用上司评定绩效的方式，正如在第 4 章中讨论的，这种方法存在一些局限性。上司的评定常常会出现误差，当评定用于组织目的时更是如此。这使得对绩效的评定不准确，致使统计中存在额外误差。如果使用更准确的绩效测量方法，满意度和绩效之间的相关性可能会更高。

尽管绩效和满意度明显相关（Schleicher, Watt, & Greguras, 2004），但存在两种截然相反的解释。第一种解释认为满意度带来了绩效。热爱自身工作的人工作更卖力，因此有更好的绩效。第二种解释认为绩效带来了满意度。表现出色的人可能因其绩效而获得奖励，奖励可以提高满意度。一个表现出色的人可能会得到更高的薪酬、更多的认可，这就可能提升工作满意度。这两种解释如图 9-4 所示。在图的上半部分，满意度促进了努力，努力转而带来了绩效。在下半部分，绩效带来了奖励，奖励又带来了满意度。

Jacobs 和 Solomon（1977）的一项研究支持了第二种解释。他们假设当绩效带来回报时，满意度和绩效的相关会更高。其基本思路是表现好的员工会因为受到奖励而更加满意。Jacobs 和 Solomon 发现绩效与奖励挂钩确实会带来更高的满意度-绩效相关，这为他们的假设提供了支持。

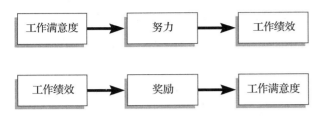

图 9-4　工作绩效和工作满意度关系的两个可能模型

注：在第一个模型中，工作满意度促进了工作努力，从而提高了工作绩效。在第二个模型中，工作绩效带来了奖励，进而提高了工作满意度。正如文中所说，有证据支持第二个模型。

9.5.2　工作满意度和离职

辞职或者离职与工作满意度密切相关。许多研究显示，对工作感到不满的员工比感到满意的员工更可能辞职（Blau, 2007）。

工作满意度和离职率之间的相关被理解为满意度影响行为的标志。一个有可能证明工作满意度和离职率之间的联系的原因与离职的本质和有关离职的研究设计相关。多数的离职研究是预测性的，它们测量了一个样本（员工）的工作满意度后，等待数月或数年来看有谁离职。这些研究的预测性质使人们得出这样的结论：不满意是导致员工离职的一个因素。

9.5.3　工作满意度和缺勤

传统观点认为缺勤是员工对工作不满的一项副产品。讨厌自己工作的人比热爱自己工作的人更可能出现缺勤。一些元分析考察了这个问题，发现工作满意度和缺勤之间的联系是不一致的，并且相关性通常很低。例如，Bowling 和 Hammond（2008）研究缺勤与总体工作满意度的关系，发现二者的平均相关系数为 -0.12。不过，Tharenou（1993）以澳大利亚蓝领工人为样本研究了缺勤与工作满意度之间的关系，发现二者相关系数高达 -0.34。为何有些研究发现的缺勤-工作满意度相关要高于其他研究？其原因尚不完全清楚，但似乎在某些情况下，缺勤和满意度是有关联的。

缺勤和工作满意度的相关如此低的一个原因可能是，员工缺勤的原因有很多（Kohler & Mathieu, 1993），包括自己生病、家人（尤其是孩子）生病、私事和疲劳，以及仅仅是不想去上班等。尽管其中一些原因可能与工作满意度有关，但是其他原因可能与工作满意度根本没什么关系。例如，因为不想去上班而缺勤可能与工作满意度有关，但因为孩子生病而缺勤就和工作满意度没什么关联了。因此总体上来说，缺勤与工作满意度不太可能有高相关。只是有些原因导致的缺勤可能会比其他原因导致的缺勤与工作满意度的相关更高一些（Kohler & Mathieu, 1993）。

9.5.4　健康与幸福感

工业与组织心理学家一直关注的一个问题是，对工作的不满是否会影响员工的健康和幸福感。相关研究表明，工作满意度与各种健康相关的变量有关。比如说，对工作不满的员工比对工作满意的员工报告更多的生理症状，诸如睡眠障碍、肠胃不适等（Bowling & Hammond, 2008）。研究还发现，不满和焦虑、抑郁等工作中的消极情绪相关（Bowling & Hammond, 2008; Jex & Gudanowski, 1992）。这些消极的情绪状态可以看作工作中心理健康和幸福感的指标。而工作满意度和心脏病等更严重的健康问题相关的证据更难以获得（Heslop, Smith, Metcalfe, Macleod, & Hart, 2002）。

9.5.5　工作和生活满意度

另一个重要议题是工作满意度对总体**生活满意度**（life satisfaction）的影响。生活满意度是个体对自己生活的满意程度，它被认为是总体幸福感和情绪幸福感的指标。关于生活满意度的研究发现它与工作满意度存在相关（Bowling & Hammond, 2008）。

对于工作和生活满意度之间如何相互影响

的问题，存在三种假设（Rain, Lane, & Steiner, 1991）。溢出假说认为，对生活中一个领域的满意（或不满意）会影响（或者说是溢出到）另一个领域。因此，家庭中的问题和不满会影响个体对工作的满意度，反之工作中的问题和不满也会影响个体在家庭中的满意度。补偿假说认为，对生活中某一方面的不满会在另一方面得到补偿。一个工作不尽如人意的人会在生活的其他方面寻求满足。一个家庭生活不尽如人意的人可能会在工作中寻求满足。分割假说认为人们会将自己的生活分割开来，生活中某一方面的满意度与其他方面的满意度没有关系。

这三种假设对于工作和生活满意度的关系给出了相互矛盾的预测。溢出假说预测工作满意度与其他生活领域的满意度呈正相关。补偿假说预测由于生活中一方面的不满会为另一方面的满意度所补偿，所以呈负相关。分割假说则预测由于人们将不同领域的满意度独立开来，所以它们之间不存在相关。Rain 等人（1991）指出，由于研究一致发现工作和生活满意度之间存在正相关，因此只有溢出假说得到了研究的支持。

9.6 组织承诺

组织承诺（organizational commitment）是工作领域中另一个被广泛研究的变量。它和工作满意度存在高相关，却又明显不同，因为其关注点在于个人对组织的依恋而非个人是否喜欢自己的工作。组织承诺有三个成分（Meyer, Allen, & Smith, 1993），分别是：

- 情感承诺
- 继续承诺
- 规范承诺

情感承诺（affective commitment）是员工因情感依恋而想要留在组织中。**继续承诺**（continuance commitment）是员工因需要薪酬和福利或是找不到其他工作而必须留在组织中。**规范承诺**（normative commitment）是员工出于价值观而认为自己有义务继续留在组织中，并认为这是正确的做法。

梅耶等人（1993）探讨了三种承诺的性质和来源。图 9-5 展示了每种承诺的影响因素。如图所示，每种承诺都有不同的影响因素。情感承诺源于工作条件和期望满足，即这份工作是否给予员工期望的回报。继续承诺源于为组织工作所得的收益和缺乏可供选择的工作。规范承诺源于员工个人的价值观以及对雇主的责任感。这种责任感收自组织所提供的帮助和恩惠，譬如为员工支付学费。

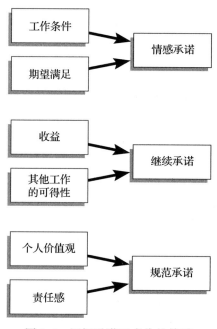

图 9-5 组织承诺三成分的前因

注：每种承诺都有不同的前因变量。工作中的愉快经历引发情感承诺。对工作的成本投入和换工作的难度引发继续承诺。规范承诺源于一种责任感，这种责任要么源于个人的价值观，要么源于组织对个人的恩惠。

9.6.1 组织承诺的评估

梅耶等人（1993）的承诺三成分模型可以通过他们开发的量表进行测量。表 9-8 列出了每个成分的各两个题目。量表会产生三个独立的分数。利用该量表进行的研究支持了三种承诺是独立变量的观点（Dunham, Grube, & Castaneda, 1994），并且在许多研究中，研究者都对这三种承诺进行了评估。

表 9-8　梅耶、阿伦和史密斯（1993）的三成分组织承诺量表中的 6 个题目

情感承诺
我很乐意在这个组织中度过我剩余的职业生涯
我真的把组织的问题当成我自己的问题

继续承诺
目前，留在现在的组织中既是一种需要，也是一种愿望
就算我想，现在离开这个组织对我来说也是很困难的

规范承诺
我没有义务留在现在的雇主这里
即使对我有利，我也认为现在离开组织是不对的

资料来源：From "Commitment to Organizations and Occupations: Extension and Test of a Three-Component Conceptualization," by J. P. Meyer, N. J. Allen, and C. A. Smith, 1993, *Journal of Applied Psychology*, 78, 538-551.

9.6.2　组织承诺和其他变量

涉及许多组织变量的研究已经包含组织承诺。Cooper-Hakin 和 Viswesvaran（2005）对近 1 000 项研究进行了元分析，将承诺与几个假设结果变量联系起来。表 9-9 总结了他们的研究结果，列出了 4 个重要变量和 3 种承诺的联系。工作满意度与情感承诺之间存在高相关，这并不令人意外，因为这两个变量都是对工作的态度。如前所述，工作绩效也和情感承诺之间存在高正相关，相关水平与工作满意度相当。继续承诺与工作绩效之间存在负相关，且相关关系很弱。这些结果说明因情感依恋而工作的人往往会表现得更好，而那些仅仅是为工作而工作的人会干得比较糟糕。

表 9-9　组织承诺类型与几个变量间的平均相关系数

变量	情感承诺	继续承诺	规范承诺
工作满意度	0.50	0.09	0.29
工作绩效	0.22	-0.09	0.06
离职意向	-0.48	-0.15	-0.29
离职	-0.17	-0.20	-0.13

资料来源：From "The Construct of Work Commitment: Testing an Integrative Framework," by A. Cooper-Hakim and C. Viswesvaran, 2005, *Psychological Bulletin*, 131, 241-259.

值得一提的是，离职已经成为众多承诺研究的焦点（Somers, 2009）。因为承诺代表了人对工作的依恋程度，所以我们认为它应该和离职相关。低承诺的人比高承诺的人更可能辞职。Cooper-Hakin 和 Viswesvaran（2005）发现，离职（表格中最后一行）与三种承诺都呈负相关，它和继续承诺的相关程度最高。与离职不同的是，离职意向和继续承诺的相关程度最低。这些结果说明情感承诺和辞职的意愿（离职意向）的相关最强，但是继续承诺所反映的实际工作投入才是由意向转变为实际离职行动这一过程中最重要的因素。

研究者对承诺和潜在前因变量的关系也进行了研究。梅耶、Stanley、Hercovitch 和 Topolnytsky（2002）对 155 项研究做了元分析，发现承诺和工作压力有关（认为自己工作压力大的人承诺水平低），也和组织公正有关（认为自己受到不公正待遇的人承诺水平低）。不过比起其他两种承诺，情感承诺与这些变量的相关更强。继续承诺与个体的技能迁移能力之间的相关最高，这很合理，因为缺乏迁移能力的员工难以跳槽，从而导致更高水平的继续承诺。

个体差异被视为承诺的潜在前因变量。Choi、Oh 和 Colbert（2015）通过元分析发现，大五人格的所有维度都与情感承诺显著相关，而没有任何一个维度与继续承诺显著相关。显然，人格的作用对于情感承诺来说更加重要，这可能是因为人格与情感的联系更紧密。与工作满意度一样，组织承诺同样不存在性别和种族差异。例如，Ng、Butts、Vandenberg、DeJoy 和 Wilson（2006）发现男女之间、白种人和其他人种之间的组织承诺水平都是相当的。

在将这些有关组织承诺的发现推广到其他国家或地区时需要谨慎。Robert、Probst、Martocchio、Drasgow 和 Lawler（2000）调查了一家跨国公司在印度、墨西哥、波兰和美国这四个国家的员工。

在美国（正如预期）和波兰，组织承诺和辞职意向有高相关。但在墨西哥，它们之间的相关就稍微低一些，在印度甚至根本不显著。显然，低承诺的印度人和墨西哥人比那些低承诺的美国人和波兰人更不愿意辞职。

也许这些跨国差异与文化价值观也有一定的关系。正如本章先前所讨论的，个人主义-集体主义反映了个体是关注自己（个人主义）还是关注他人（集体主义）。作为集体主义社会中的一分子，印度人和墨西哥人可能会对雇主产生更高的忠诚度，这阻碍了低承诺转变成离职。实际上，Cohen（2006）发现以色列的集体主义者比个人主义者有着更高的组织承诺，并且更可能通过行动来帮助雇主。

承诺的概念已经从组织领域延伸到了其他与工作相关的领域。Vandenerger、Bentein 和 Stinglhamber（2004）开发出了用于评估对上司和工作团队或同伴的承诺的量表。他们发现，比起对组织或上司的承诺，对团队的承诺能更好地预测离职情况。团队承诺也被证明与团队绩效相关（Neininger, Lehmann-Willenbrock, Kauffeld, & Henschel, 2010）。这些发现说明，在决定是否跳槽时，同伴间的关系可能是最重要的影响因素，它同时也会影响同事间的合作程度。

梅耶等人（1993）提出了**职业承诺**（occupational commitment）的概念，它是指对职业或专业而非特定组织的承诺。人们可能会对自己的职业（比如会计或法律行业）十分忠诚，但是对目前的老板并无承诺可言。个体承诺的焦点对于决定其行为反应是很重要的。例如，Keller（1997）发现工程师和科学家的职业承诺与绩效的客观测量（发表的文章数）相关，组织承诺与之则不相关。在论文发表方面的成就可能与个体对其职业而不是其组织的看法有关。此外，Cropanzano、Howes、Grandey 和 Toth（1997）发现职业承诺与离职意向之间的相关比组织承诺与离职意向之间的相关要低。Lee、Carswell 和 Allen（2000）在对职业承诺研究的元分析中发现，职业承诺与工作满意度的平均相关度（$r=0.37$）比通常所得的组织承诺与工作满意度的相关要低。我们可以预测，职业承诺与产生职业成功的行为的相关最高。组织承诺和与当前工作有关的行为及变量的相关最高。

最后，在有工会的职业和工作场所中，人们对工会的承诺程度可能会发生变化。事实表明，此种承诺与个人对工会活动付出的时间和精力有关。例如，Fullagar、Gallagher、Clark 和 Carroll（2004）发现工会承诺可以预测一个人未来10年内参加工会活动的情况。这说明某些类型的承诺和工作满意度一样，可能在相当长的时间里保持稳定。

9.7　工作中的情绪

对大多数人而言，工作是生活的重要组成部分，它不仅提供了维持生计的资源（薪酬和福利），还带来了使命感和社会接触。人们不可避免地会对工作场所中的事件和情况做出情绪反应。完成一项重要的工作可能会带来自豪和喜悦等积极情绪，而和上司的激烈争执会让人觉得生气和烦躁。此外，工作中的情绪表达有时可能是工作的重要组成部分。人们通常期望推销员保持微笑且友善，并且期望警察在与罪犯打交道时表现得较为严肃。

区分情绪状态和心境是很重要的。情绪状态是对愤怒或恐惧等具体情绪的即时体验，通常是对某种情境（如老板朝你大吼等）的反应。心境是一种由积极或消极指向（或者说是好心情/坏心情）构成的长期状态，它持续时间长，而且不像喜悦或者悲伤这样的特定情绪那么具体（Fisher, 2000）。研究工作场合中的情绪状态和心境都是很重要的。

9.7.1　工作中情绪的起因和后果

Brief 和 Weiss（2002）探讨了工作中那些压

力性的和令人厌恶的事件（包括惩罚）如何导致消极的情绪状态和心境。这可能包括应付冲突的要求（比如在有重要工作会议的日子里孩子生病了）、过大的时间压力和不公平对待。他们还讨论了引发积极情绪的事件，包括受到同事和上司的积极心境的激发。工作上的奖励尤其能引发积极情绪，例如拿到奖金或者升职，以及被上司赏识等不那么物质性的奖励。

情绪与员工行为和其他对组织有影响的变量相关。Ashkanasy、Hartel 和 Daus（2002）对比了积极和消极心境带来的影响。他们指出，积极心境与更高的创造力、更高的工作满意度、更少的离职、更高的情境绩效（例如自愿去做超出工作核心任务以外的事情，见第 4 章）和更好的工作绩效有关。消极心境则和低工作满意度、更高的缺勤率和离职率有关。正如我们在第 10 章中将要看到的，情绪还和反生产工作行为（比如直接对同事进行言语攻击和故意不尽力）有关。积极情绪导致更少的有害行为，而消极情绪导致更多的有害行为（Fox, Spector, & Miles, 2001）。

Fuller、Stanton、Fisher、Spitzmüller、Russell 和 Smith（2003）的一项研究提供了支持心境和工作满意度相关的证据。他们要求 14 名员工在 1 000 多种压力情境下完成心境和满意度的测量。结果正如预期的那样，压力事件会导致更多的消极心境，而积极心境和更高的工作满意度有关。

9.7.2 情绪劳动

私营企业很早就已经认识到，员工与顾客打交道时的情绪表达是客户服务的重要组成部分（Grandey, Fisk, Mattila, Jansen, & Sideman, 2005）。对员工来说，接待一些举止粗鲁甚至有时骂人的顾客会很困难（Grandey & Diamond, 2009）。许多企业中有关情绪表达的规章制度都要求员工表现出积极情绪，诸如对顾客微笑、表现出享受工作等（Diefendorff, Richard, & Croyle, 2006），即便是在顾客并不友善时也要遵守这些规则。员工按要求在工作中表现出特定情绪的过程称为**情绪劳动**（emotional labor）。该概念使人们意识到员工维持积极感受的表象可能需要付出努力（Glomb & Tews, 2004）。

情绪劳动对员工来说是一把"双刃剑"。其影响到底是积极的还是消极的取决于许多因素。或许最重要的是情绪劳动是如何进行的。深层扮演是情绪劳动的一种形式，指的是员工真切地体验到自己试图表现的情绪。表层扮演是情绪劳动的另一种形式，指的是个体隐藏真实感受并假装感觉良好。表层扮演或在并不快乐时装作开心，会导致**情绪失调**（emotional dissonance），带来压力和消极影响（Hulsheger & Schewe, 2011）。而深层扮演或者让自己感受到展现给他人的积极情绪，会对工作满意度、幸福感（Judge, Woolf, & Hurst, 2009）和工作绩效（Kammeyer - Mueller, Rubenstein, Long, Odio, Buckman, Zhang et al., 2013）产生积极影响。Johnson 和 Spector（2007）发现深层扮演和表层扮演与倦怠的情绪耗竭成分的相关是相反的（见第 11 章关于倦怠的讨论）。采用表层扮演的个体比对照组体验到更多的疲惫感，而采用深层扮演的个体比对照组体验到更少的疲惫感。最后，Yanchus、Eby、Lance 和 Drollinger（2010）发现，表层扮演与较低的生活满意度相关。

个体因素和组织因素都会影响情绪劳动及其对员工的可能作用。首先，已有研究发现女性（Johnson & Spector, 2007）和年长的员工（Dahling & Perez, 2010）更多地采用深层扮演。其次，情绪劳动与幸福感的关系因性别和人格而异。表层扮演对女性的消极影响大于对男性的消极影响（Johnson & Spector, 2007），对内向者的消极影响大于对外向者的消极影响（Judge et al., 2009）。

此外，当员工具有高自主性和控制能力时，情绪劳动的消极影响也会减少（Grandey, Fisk, & Steiner, 2005）。若员工能够掌控局面（譬如在如何对待粗暴顾客方面获得自主权），将会减少情绪劳动的消极影响，这大概是因为员工不必在受到粗鲁对待时假装高兴。

情绪劳动的形式不仅会影响员工，也会影响作为观察者的顾客。Groth、Thurau 和 Walsh（2009）研究了顾客对客服员工情绪劳动的反应。他们以学生为被试，要求学生在客户服务期间完成一项问卷调查，并要求等待为他们提供服务的员工也完成一项关于情绪劳动的平行问卷调查。结果表明，顾客能够察觉到员工采用的是深层还是表层扮演。一个更重要的发现是，深层扮演会让人们对服务接触有更积极的看法。因此，似乎只有深层扮演才能提高服务接触质量，从而真正地实现情绪劳动的组织目的。

本章小结

工作满意度是人们喜欢或讨厌其工作的程度（总体满意度），或是喜欢或讨厌其工作中某一方面的程度（对工作具体方面的满意度）。向员工分发问卷是测量工作满意度的常用方式。以下是几种广泛使用的工作满意度量表：

- 工作描述指数（JDI）
- 明尼苏达满意度问卷（MSQ）
- 工作满意度通用量表（JIG）

研究对工作满意度与一些工作环境变量间的联系进行了考察。研究表明，工作满意度与工作特征、薪酬以及公正存在相关。研究还发现它与个体特征（包括年龄）以及各种人格变量（如负性情感、正性情感和心理控制源）存在相关。最好将工作满意度理解为工作特征与个体之间的交互作用的结果。人-岗不匹配与工作不满有关。不充分就业是人-岗不匹配的一种形式，指个体从事的工作的技能要求低于其技能水平，它与工作不满和其他负面后果有关。

研究也对工作满意度与一些员工行为间的联系进行了考察。缺乏满意度似乎是造成员工离职的一个原因。工作满意度与工作绩效之间有一定的相关，而与缺勤有较弱的相关，但我们还不清楚满意度是不是这二者的原因。有证据表明绩效与满意度相关。工作满意度还和员工健康相关的变量有关，但是未来的研究需要去探究工作态度具体是如何影响健康的。

组织承诺是另一个被工业与组织学研究者广泛研究的态度变量。承诺表示员工对组织的依恋。它与工作满意度高相关，但在概念上有所不同。承诺的三个成分是情感承诺、继续承诺和规范承诺。组织承诺与工作满意度很相似，也和一些变量存在相关，包括工作满意度、工作绩效、离职、压力和公正等。

员工在工作中的积极情绪体验可能对员工和组织有积极影响，而消极情绪可能会带来消极影响。从事情绪劳动的要求可能对顾客有积极影响，但对员工有消极影响，尤其是当员工伪装情绪（表层扮演）和对顾客服务工作缺少控制感的时候。

工业与组织心理学实践

本案例是 Charles E. Micheals 博士做的一项工作满意度研究。Michaels 博士 1983 年在南佛罗里达大学获得了工业与组织心理学博士学位。他现在是南佛罗里达大学的一名管理学副教授。作为一名教授，他主要从事教学、科研和为当地及国家级组织提供咨询等方面的工作。Michaels博士是工作满意度方面的专家，他的很多咨询项目和研究工作都在这一领域。

有一个咨询项目是对一个县消防局进行的工作满意度调查。该项目的特别之处在于Michaels是受雇于消防员工会而不是管理部门。虽然工业与组织心理学家一般为管理部门工作，但偶尔也会为工会工作。工会代表找Michaels来做满意度调查是因为工会成员中存在很大的不安情绪。新的消防队长和两年的工资冻结共同导致了消防员的普遍不满。工会代表希望这项研究能够推动管理上的变革。

Michaels在项目伊始访谈了几组员工。通过访谈制作了一份适合该组织问题的满意度问卷。他用问卷调查了所有的消防员，发现他们的工作满意度相当低，特别是对薪酬和沟通两方面很不满意。

研究的结果被汇编成一份报告，交给了工会代表。他们利用这份报告成功地提高了薪酬、改善了沟通。一年后Michaels再次进行调查，发现消防员的工作满意度显著提高。此外，提升幅度最大的是薪酬和沟通方面的满意度。这个案例说明工作满意度调查可以用于改善员工的工作环境。

讨论问题：
1. 你觉得是哪些事情提升了消防员的工作满意度？
2. 如果Michaels是被管理部门聘请，你觉得这项研究的结果会有所不同吗？
3. 你觉得如果城市管理部门不理会这项研究结果，会有什么样的后果？
4. 请思考一下，Michaels还能用哪些方法来测量工作满意度？

做中学

工作满意度的方面

翻看表9-1常见工作满意度方面的列表。找到至少5个你认识的在职员工，请每个人指出他们对当前工作是否满意。然后计算对每个方面满意的人数的百分比。满意度的模式和图9-1中的匹配情况如何？注意，图中没有展示安全性。如果这是在课堂上完成的，你可以和其他同学一起将数据进行汇总。

观察情绪劳动

去一家商店或者餐馆观察销售人员或服务员和顾客间的互动。观察5个不同员工和顾客初步接触时的互动。记下员工是否表现出某种情绪。员工有微笑（或者甚至是大笑）吗？顾客有没有回以微笑？员工有做出肢体接触（比如握手或者轻拍顾客的背等）吗？另一个可选的任务是，在2个或者多个组织中进行观察，看看员工对顾客采取的行为是否存在差异。

第10章

员工的生产和反生产行为

第10章 概要

生产行为：任务绩效

组织公民行为

反生产工作行为：退缩

反生产工作行为：攻击、蓄意破坏和偷窃

本章小结

工业与组织心理学实践

做中学

1991年11月14日，前美国邮政局员工Thomas McIlvane携带枪支来到密歇根州罗亚尔奥克市的邮局，在开枪射死4名同事、射伤4名同事之后饮弹自尽。他由于不服从管理而被开除，而其极端的愤怒酿成了这出惨剧。之后的调查指出，他曾遭受主管恶劣的对待。针对该事件以及其他类似事件，美国邮政局开展了一项员工援助计划，为存在困扰的员工提供咨询服务。该计划聘请了临床心理学家而不是工业与组织心理学家，用以解决员工的情绪问题。

尽管该事件引起了最广泛的媒体关注，但是美国邮政局却不是唯一一家发生这类暴力事件的组织。例如，2008年6月25日，美国肯塔基州亨德森市Atlantis Plastics公司的员工Wesley Higdon，在和领导发生争执后杀死了他的5名同事。然而，工作中极端暴力的情况还是非常少见的。在工作场所中的大多数攻击行为远没有导致这样惨烈的后果，故而很少有媒体报道。事实上，没有导致凶杀或重伤的员工斗殴是常见事件，并且大多数不会闹到警察局。更常见的是员工之间的言语攻击。以上所述的攻击行为以及其他形式的反生产工作行为，例如蓄意破坏、偷窃和退缩（缺勤、迟到和离职），是组织所面临的一大问题。

Rotundo 和 Sackett（2002）区分了三类员工所表现出的与绩效相关的行为。反生产工作行为（counterproductive work behavior，CWB）是伤害组织和组织内人员的行为。任务绩效是工作分析中所描述的绩效的核心维度，并且可能是绩效评估体系的重点。例如，客户服务人员为客户服务，而教师则负责授课。组织公民行为（OCB）则与我们在第 4 章中讨论的关系绩效相似，是指超出工作核心维度但有利于组织绩效的活动，包括自愿承担额外的工作或者协助同事完成某项任务等行为。后两个方面的绩效对组织是有益的。在本章中，我们将讨论以上三个与绩效相关的领域。

目标

学习本章后，学生应该能够：

1. 讨论环境和个人特征如何影响工作绩效；
2. 解释如何利用人因工程学原理来提高工作绩效；
3. 总结关于组织公民行为的研究；
4. 总结关于员工退缩行为起因的研究；
5. 讨论环境和个人因素如何导致了反生产工作行为。

10.1 生产行为：任务绩效

为了达成组织目标，员工必须正确、及时地完成工作任务。对于政府部门和私营企业也是如此，在政府部门，不良绩效意味着无法为人民提供规定的服务；在私营企业，不良绩效可能就意味着企业的破产。从社会的角度来看，雇用那些能够出色完成工作的员工，对组织中的每个人都有好处。高绩效能够提高组织生产力，这将直接提升组织所提供产品或服务的质量，还能促进国家和全球的经济发展。

人们只有在具备足够能力和动机的时候才能把工作做好。组织实践和工作条件都可能增强这些个人特征或是成为工作绩效的制约因素。图 10-1 展示了能力和动机对绩效的促进以及组织约束对绩效的阻碍作用。

10.1.1 能力和任务绩效

如第 3 章中所述，在大多数选拔中，工业与组织心理学家将主要精力聚焦于确定某项工作所必需的胜任素质（知识、技能、能力和其他个人特征），并找到拥有这些能力和特征的人。一旦界定了这些胜任素质（通常是通过工作分析），就可以实施选拔程序以寻找具备适当特征的个体了。尽管胜任素质包含多种特征，但是大部分选拔工具（见第 5 章）都是用于测量能力和技能的。最后，除了员工本身具有的，额外需要的知识和技能则可以通过培训而获得。如果组织想要员工具备达到高绩效的必要素质，就必须遵循工作分析、选拔和培训这三个步骤。

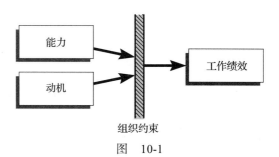

图 10-1

注：高工作绩效需要能力和动机的支持，而组织约束，例如培训不足，会妨碍高绩效的产生。

众所周知，各种能力和技能的测量与工作绩效相关（见第 5 章和第 6 章）。而且显然工作性质决定了其所要求的特定能力和技能的组合。例如，Gutenberg、Arvey、Osburn 和 Jeanneret（1983）的研究表明认知能力能够预测大部分工作的绩效。工作对脑力的要求越高，认知能力和工作绩效之间的关系就越紧密。换句话说，相比于简单的工作（比如文档管理员），认知能力对那些要求更多脑力劳动的工作（如工程师）更加重要。Caldwell 和 O'Reilly（1990）证实，将人的能力与工作分析得出的胜任素质要求相匹配能够有效地提高工作绩效。他们还发现那些能力与工作相匹配的员工，其工作满意度更高。这些结果与工作绩效可能促进满意度的观点相一致（见第9章）。具有达到高绩效所需特征的员工在工作中将更成功，也会更满意。

10.1.2 动机和任务绩效

动机是个人特征，也是个体内在条件（如人格）和外在环境共同作用的产物。意欲提高员工动机的组织更多地关注了环境干预而不是人员选拔。理论上，在招聘时应该评估应聘者的工作动机并雇用那些动机水平最高的人。但是工业与组织心理学家在选拔时更多地关注了能力和技能的测量而忽略了动机。关于提高员工动机的手段，主要涉及工作的结构、激励机制或是技术的设计等方面。这些都会在本章中进行讨论。

10.1.3 个人特征和任务绩效

有些员工特征与工作绩效有关，并会影响个体的工作能力。另一些特征则会影响员工努力工作的动机（Tett & Burnett, 2003）。多数情况下，我们很难区分是能力还是动机影响了工作绩效。例如，能力强的个体，其动机水平往往也很高。个体的高能力会促成高绩效和相应的奖励，进而其工作动机会提高。高能力者之所以有更好的表现，也可能是因为他们完成工作更有技巧，或是投入了更多的努力，或者二者皆有。

已有研究证实，认知能力（数学或言语推理）能够预测几乎各类工作的绩效（Schmitt, Gooding, Noe, & Kirsch, 1984）。在第3章和第5章中，我们讨论过特定能力测验与工作绩效的相关，在此不再赘述。本章将探讨被视为基本人格维度代表的"大五"人格特质。此外，我们还将讨论心理控制源和年龄与绩效之间的关系。

1. 大五人格和任务绩效

当今许多心理学家认为人类的人格可以用5个维度来描述，这5个维度被称为"**大五**"（Big Five），包括外向性、情绪稳定性、宜人性、尽责性、经验开放性（Barrick & Mount, 1991）。表10-1给出了每个维度的简要描述。

表10-1　大五人格的维度

维　度	描　　述
外向性	社交的、合群的、果断的、健谈的
情绪稳定性	低水平的焦虑、抑郁、愤怒、担忧和不安等
宜人性	谦虚的、灵活的、善良的、合作的
尽责性	可靠的、负责的、勤奋的、成就导向的
经验开放性	富于想象的、好奇的、心胸宽广的、聪明的

资料来源：From "The Big Five Personality Dimensions and Job Performance: A Meta-Analysis," by M.R.Barrick and M.K.Mount,1991, *Personnel Psychology*, 44,1-26.

一些元分析研究总结了大五人格维度和工作绩效之间的关系（Hurtz & Donovan, 2000; Salgado, 2003）。两项研究均发现人格与工作绩效相关，并且尽责性具有最强的预测力。Hurtz 和 Donovan（2000）发现，特定人格维度和工作绩效的相关在某些工作中比在其他工作中更高。虽然平均相关系数并不大，但是上述研究表明，对不同工作的绩效而言，人格是一个重要的影响因素。此外，当研究者将特定人格特质与特定工作和任务进行精确匹配时，发现二者之间有着更强的相关（Hogan & Holland, 2003; Tett, Steele, & Beauregard, 2003）。例如，如果一项工作要求员工有处理压力的能力（像警察那样），那么情绪稳定性将会对工作绩效有一定的预测作用。对于必须和潜在客户一对一交涉的销售人员来说，外向性则会变得非常重要。

2. 心理控制源和绩效

心理控制源是人们对自己控制环境刺激之能力的信念（见第9章）。研究发现，与不相信自己能控制环境刺激的外控者相比，相信自己能控制的内控者有更高的工作动机（Ng, Sorensen, & Eby, 2006; Wang, Bowling, & Eschleman, 2010）。

尽管内部动机越强，绩效可能越高，但心理控制源和绩效之间的相关仍然很小（Ng et al., 2006），这说明二者之间的关系很复杂。Blau（1993）研究了银行出纳员的心理控制源与两种不同的任务绩效之间的关系（见"研究案例"）。Blau指出，内控者的工作动机水平更高，这促使他们在工作中表现得更为积极主动；外控者则更为顺从，并且能更好地应对那些不需要多少主动性却高度结构化的任务。诚如Blau所发现的，内控者在发展重要工作技能方面表现更佳，而外控者在做高度结构化的日常文书工作方面更胜一筹。Blau的研究表明，人格和工作绩效之间的关系取决于绩效的具体维度。

● 研究案例

大多数关于工作绩效的研究并未考虑到，工作绩效的不同方面可能会受到不同因素的影响。Blau（1993）的研究是一个例外，该研究探讨了心理控制源与3种不同的绩效指标之间的关系。Blau假设内控者在某些方面会做得更好，而外控者在另一些方面会更优秀。具体来说，内控者在要求独立性和自主性的工作上表现更好，而外控者在要求服从规则和上司指令的工作中表现更好。

被试是146名银行出纳员。研究者测量了被试在工作中的心理控制源和3种绩效（生产率、现金短缺和自我发展）。生产率指的是每个出纳员的客观工作量，它代表了他们工作中高度结构化的部分。现金短缺是对记账准确性的客观测量，它也代表了工作中高度结构化的部分。自我发展则由出纳员的上级评估，指的是出纳员通过积极自主的行动来强化自身技能的程度。

像Blau预测的那样，心理控制源和不同绩效之间的相关是不同的，它与生产率、现金短缺和自我发展之间的相关系数分别是0.27、0.05和−0.30。在生产率方面，外控者明显比内控者更好，但在自我发展方面，内控者的表现更为突出。心理控制源和现金短缺之间的相关并不显著。而生产率和自我发展之间呈负相关，这意味着那些工作效率最高的员工，其自我发展水平最低。

上述结果表明，对于同一份工作的不同方面而言，不同的人各有所长。生产率最高的出纳员在自我发展方面做得最差。这可能也反映出每个员工在工作的不同方面所投入的时间和精力不同。外控者可能将重点放在与生产率有关的日常工作要求上，而内控者或许是为了未来获得晋升，会更努力地学习新的任务。该研究强调了工作绩效的复杂性。组织应该认识到，高效的员工可以有不同的表现形式。

资料来源：From "Testing the Relationship of Locus of Control to Different Performance Dimensions," by G. Blau, 1993, *Journal of Occupational and Organizational Psychology*, 66, 125–138.

3. 年龄和绩效

很多人坚信工作绩效会随着年龄的增加而下降。这种认为老年员工效率低的固有观念，可能源于许多身体机能随年龄增长而下降的事实。比如，几乎所有的专业运动员都会在40岁之前退役。然而，研究表明这种刻板印象并不正确。实际上在很多工作中，年长的员工和他们的年轻同事一样高产。

Ng和Feldman（2008）对280个探讨年龄和任务绩效以及其他绩效相关变量间关系的研究进行了元分析，发现工作绩效并不会随年龄的增长而降低，绩效和年龄之间几乎没有关系。要说有关的话，与年轻员工相比，年长员工执行任务时的表现略好些，有更多的组织公民行为，发生事故的次数更少，缺勤和迟到的可能性也更小。此外，Ng和Feldman（2012）在另一项元分析中发现，年长员工比年轻员工更有动力。尽管有些能力会随年龄的增长而下降，但其他技能和工作智慧可能会随着经验的积累而得到增长，进而促使工作效率和动机水平的提高（Warr, 2001）。年长员工可以通过更好的任务策略、时间管理或更高效的行动方法，弥补其在生理机能方面的欠缺。大部分年长的工作者能适应绝大多数工作对生理机能的要求，除非他们有健康方面的问题。当然，即使是最年轻的工作者，不良的健康状况也会对他们的工作绩效造成不利的影响。

10.1.4 环境条件和任务绩效

工作环境可以从多方面对工作绩效产生影响。环境可以对员工的动机产生或积极或消极的影响，进而增强或减弱员工的努力程度。同样地，环境既可以通过让员工更容易地完成工作来促进绩效，也可以通过某些约束条件来干扰绩效。一项研究表明，仅仅是允许员工戴着立体声耳机听音乐就可以降低其紧张感，从而提高工作绩效（Oldham, Cummings, Mischel, Schmidtke, & Zhou, 1995）。在本章中，我们将会讨论工作特征、激励机制、技术设计和组织约束这些更为复杂的因素。

1. 工作特征和任务绩效

Hackman和Oldham（1976, 1980）的工作特征理论是当下最具影响力的理论之一。该理论将工作性质和绩效相联系，其理论假设是：工作任务的内在性质可以激励员工。当工作有趣而且令人愉快时，人们就会喜爱这个工作（见第9章），进而产生较高的工作动机和绩效。

图10-2展示了工作特征理论。根据该理论，工作的特征引发了一系列促进满意度、动机和任务绩效的心理状态。工作的特点或者核心特征（见表9-5的描述）引发了三种心理状态。技能多样性、任务同一性和任务重要性使个体体验到工作意义感，自主性使个体产生责任感，反馈使个体产生对结果的认识。上述三种状态对员工的满意度和动机而言至关重要。当工作能够引发出这些状态时，个体会受到激励，产生满意度，并取得高工作绩效。

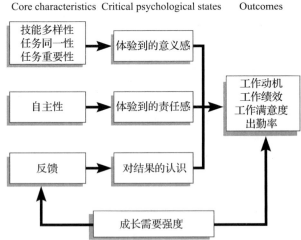

图10-2 Hackman和Oldham（1976）的工作特征模型

资料来源：From "Motivation Through the Design of Work: Test of a Theory," by J. R. Hackman and G. R. Oldham, 1976, *Organizational Behavior and Human Performance*, 16, 250-279.

核心特征的水平决定了一项工作对员工的激励程度。Hackman 和 Oldham（1976）指出一项工作的**激励潜力分数**(motivation potential score, MPS) 可以通过综合核心工作特征的分数来计算。具体的公式如下：

$$MPS = (技能多样性 + 任务重要性 + 任务同一性)/3 \times 自主性 \times 反馈$$

需要注意的是，引发意义感的三项特征是均等的。激励潜力分数等于三项特征的均值和自主性（引发体验到的责任感）与反馈（引发对结果的认识）的乘积。该公式的乘法关系意味着如果一项工作引发的某一个或多个心理状态的值过低的话，那么该工作就不能激励员工。而如果这三项中有一个值为 0 的话，该工作的激励潜力就等于 0。

该理论的最后一点是成长需要强度（growth need strength, GNS）的调节作用。如第 9 章中所提到的，成长需要强度是一种人格特质，与个体满足其更高层次的需求（诸如个人成长、自主性或成就）有关。根据 Hackman 和 Oldham（1976）的理论，工作特征 - 心理状态 - 结果这一关系链，通常适用于高成长需要强度的个体。这意味着该理论是一种人 - 岗匹配理论，即只有某些类型的人才能做好高激励潜力的工作。然而，他们对低成长需要强度的人所谈甚少，也没指出可能激励这类人的因素所在。

通过员工的自我报告来测量核心工作特征的研究确实揭示了动机和绩效之间的关系（Fried & Ferris, 1987）以及成长需要强度的调节作用（Loher, Noe, Moeller, & Fitzgerald, 1985）。然而，采用其他方法得到的研究结果并不一致。有些研究发现为提高工作的激励潜力而变革或再设计工作会提高绩效，但也有研究表明工作再设计没有效果。Griffin（1991）的一项有趣的纵向研究表明，工作再设计对工作满意度具有暂时的提高效应，而对工作绩效具有延迟的提高效应。这些结果表明工作条件、满意度和绩效之间的关系要比工作特征理论所展示的复杂得多。

2. 激励机制和绩效

激励机制针对员工的每个工作单元给予奖励，是提高任务绩效（至少是提高工作量）的一种可能途径（见第 8 章的强化理论）。销售提成制度和工人的**计件工资制**（piece-rate system）都是这种机制的常见例证。激励机制通过对有益于组织的员工行为进行奖励来激励员工。大多数激励机制针对工作绩效进行奖励，但也有一些会针对诸如出勤率之类的行为进行奖励。

尽管激励机制可以提高产能，但它也不是百试百灵的。例如，Yukl 和 Latham（1975）发现在他们实施计件工资制后，只有 2/3 的小组提高了产量。Coch 和 French（1948）对工厂工人进行了经典的研究，揭示了工人间的同伴压力是如何削弱计件工资制之作用的。例如，来自同事的压力可以让一名工人的产量减半。

为了让激励机制能够有效运作，有 3 个因素必须重视。首先，员工必须有能力增加产出。如果他们的能力已经达到极限，引入激励机制也是徒劳。其次，员工必须想要这些激励。并非每个人都会为了钱或者其他奖励而加倍努力工作。要想激励机制起作用，奖励本身必须是员工想要得到的东西。最后还要注意，如果工作中存在提高绩效的生理或心理上的限制，激励机制也很难发挥作用。就像没有顾客的商店，售货员是无法卖出货物的。图 10-3 就展示了上述 3 个因素如何共同决定了激励机制的有效性。

3. 技术的设计

霍桑研究表明，对于工作绩效，社会因素比物理环境更重要。但毋庸置疑的是，工作环境的物理特性也会对工作绩效产生影响。**人因工程学**

（human factors）[又称**人类工效学**（ergonomics）或**工程心理学**（engineering psychology）] 研究的就是人与物理环境（包括工具、设备和技术）之间的相互作用。人因工程学家致力于设计出能够使工作更加安全和更易完成的物理环境。通过他们过去几十年的努力，人因工程学家开发出了一些切实有效的设计原则和流程。从汽车和家用电器到军用飞机和核电站的所有设计中都可以发现该领域所产生的影响。

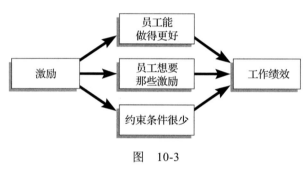

图 10-3

注：如果员工有能力做得更好，如果他们想要这些激励并且约束条件很少，激励就可以提高绩效。

（1）显示器和控制器

人因工程学主要关注的是人与工具、机器或技术之间的相互作用。其关注的两大主要领域是信息对人的呈现和人对工具或机器的操纵。

以汽车领域为例，驾驶员必须获知行车的速度，并且对速度和行车方向进行控制。人因工程学的原则将指导工程师如何最好地呈现信息和设计控制器，以及如何最大限度地提高精确性并减少人为错误。机器可以通过多种方式向人们提供信息。信息的性质和用途决定了其最佳呈现方式。大部分机器信息都是通过视觉或听觉，或者视听两个通道传递给我们的。对于危险或者警告信号，比如在铁路岔道口，要通过警钟和闪烁的信号灯，即视 – 听双通道，将信号传递给人们。此外，还可以使用触觉线索。手机可以通过振动作为来电或短信提示。任天堂的 Wii 和微软的 Xbox 等游戏机上的控制器会发出振动信号，表明游戏中正在发生如角色受到攻击或附近发生爆炸等危险的事情。

机器的大部分信息都是以视觉形式呈现的。图 10-4 展示了定量信息（飞机飞行高度）的两类视觉呈现方式。图中上方的显示器类似于传统的钟表，短而粗的指针代表高度的千位，长而细的指针代表高度的百位。下方的显示器则通过展示数字来显示高度。显然，飞行员需要快速而准确地确定所在高度，稍有差池就可能酿成灾难。在这方面，数字显示器比指针显示器更好，因为飞行员很容易将两根指针弄混（Buck, 1983）。比如 2 100 英尺⊖有可能被误读为 1 200 英尺，这对于那些试图飞过 2 000 英尺高山的飞行员来说就是个问题了。

由人通过控制器来操控的机器也通过显示器来提供反馈信息。控制器的最佳设计是由机器的使用用途和使用情境所共同决定的。大多数控制器都是用手或脚来操作的，当然也有其他的可能（比如用膝盖或者手肘进行操作）。当需要精细或精确地操纵动作时，手动控制是最佳选择，例如汽车的方向盘。而当操作时的力量比精确度更重要时，脚部控制是最佳选择，比如汽车的刹车踏板。

图 10-4 飞机高度的两类显示器

资料来源：From "Control and Tools"(p. 214) by J. R. Buck, 1983, in B. H. Kantowitz and R. D. Sorkin (eds), *Human Factors: Understanding People - System Relationships*, New York, NY: John Wiley.

⊖ 1 英尺 =0.304 8 米。

在设计控制器时有几点必须注意。首先，控制器要安置在合适的地方，并且将相似功能的控制器放在一起。比如一个设计精良的汽车控制台，会将灯光控制器放在一起，把挡风玻璃刮水器和洗涤器的控制器放在一起，将暖气和空调的控制器放在一起等。驱动前车窗的控制器应当放在驱动后车窗控制器的前面，而控制右侧零件的控制器要放在控制左侧相同零件的控制器的右边。

其次，可能产生重要后果的控制器应当能够通过触觉来辨认。这一点对于车载收音机的音量调节控制器并不重要，但是对于飞机的起落架来说却是至关重要的。图10-5就展示了几种不同的棒状操纵杆的旋钮，例如汽车的变速杆。每一个都可以通过触摸来辨别，此类旋钮也在飞机上使用。

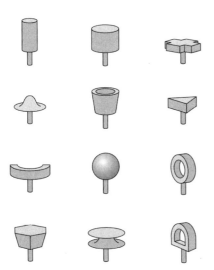

图10-5 能通过触碰来辨别的几种不同的棒状操纵杆的旋钮

资料来源：From *Human Factors：Understanding People-System Relationships* (p. 311), edited by B. H. Kantowitz and R. D. Sorkin,1983, New York, NY: John Wiley.

然后，控制器必须提供适当的反馈，这样人们才能知道功能是否已经完成（Wickens, Lee, Liu, & Becker, 2004）。对于一个开关装置，你可能需要听见"咔哒"一声或是有触感，以得知开关被启动或是被关闭。而有些装置使用了弹簧，这样操作者就可以感知到控制杆被锁定到位。最后，控制杆被移动的方向应该与机器即将移动的方向相匹配。增加的某些因素应当是将控制杆向上或向右推动，或是顺时针旋转旋钮。相反地，如果减少某些因素则应将控制杆向下或向左推动，或是逆时针旋转旋钮。这是大多数带有音量控制的设备（比如收音机和电视机）所遵循的一般规则。就像大部分交通工具那样，要想使机器向右移动就必须顺时针或者向右移动控制杆。

（2）人机交互

上述显示器和控制器的原则已经存在很多年了，如今对它们进行研究的需求已不多。人因工程学家将注意力转移到了更为复杂的人机交互上。人机交互指的是人和计算机及其他电子技术的交互作用，此技术为白领和蓝领的工作场所带来了巨大的变化。自动化和计算机化改变了许多工作的性质，人们也不得不使用基于这些技术的系统来完成越来越多的工作。网络系统正在快速取代实际的纸笔系统，以完成许多书面任务（如结账）。

人机交互的一个主要问题就是机器和人类之间的信息交流，即计算机和其他电子设备向人提供信息和人向这些设备下达指令的最好方式是什么。为了使人能够更有效地与电子设备进行信息交流，人因工程学家必须对系统如何运行形成一个概念性的理解或**心智模式**（mental model）（Wickens et al., 2004）。就像会开车的人拥有如何操控才能使得汽车朝着合适的方向运行的心智模式。这种心智模式将提高人们使用各类电子设备（例如手机或笔记本电脑）的能力。

Frese（1987）指出，提高人们对计算机的有效利用率需要考虑两个关键要素：培训和恰当的系统设计。因为在很多工作中，员工可能不具备操纵系统所必需的所有技能，所以培训是必需的。即便他们具备了这些技能，计算机系统和软件的持续更新也要求持续的培训来维持工作效率。关于计算机培训的研究提出了几种可以提高绩效的方法。例如，Augustine 和 Coovert（1991）就证实了利用动画模型可以有效地提高处理计算机任务的工作绩效。动画模型以形象动作的方式来展示计算机系统，而不是给出书面描述或指令。该方法类似于电子游戏（如任天堂 Wii 或者微软 X-Box）的演示部分，即以动作的形式来展示游戏。

许多现有的系统设计很差或者很低效，因此系统设计仍是至关重要的。人机交互研究为设计便于人们学习和使用的最优化系统提供了很多见解。Coovert（1990）提出最好的系统是以使用者表征问题的方式来展示问题。要求使用者采取新方法去看待熟悉问题的系统很难学。

情况也并非总是如此，现今的电子设备（如智能手机）就是从用户角度设计的。信息显示在触摸屏上，从而可以轻松与设备进行交互。屏幕上的图标（小图片）和小装置（能够显示不断更新的信息的图标）代表了你所想要使用的功能。例如，在安卓手机上，如果你触摸了类似于电话听筒的图标，就会弹出拨号屏幕，触摸人形的图标就会进入个人电话簿。屏幕顶部的图标提供了重要的信息，比如，电池图标用于显示剩余电量，天线图标指示了信号强度。运用这些易于学习且直观的图标，可以让使用实际上是一台"手持电脑"的复杂智能手机成为可能，而且无须进行大量的计算机培训。

至此，我们已经讨论了个人使用者和技术产品的交互影响，而技术产品也可以用来推动员工合作。**计算机支持协同工作**（computer supported cooperative work，CSCW）就是研究如何使用技术来帮助共同工作的员工的（Coovert & Thompson, 2001）。基于计算机的技术使人们可以给千里之外的人发送即时信息（电子邮件或短信），或者看到他们并听到他们说话（视频会议）。人们可以在只进行线上"见面"的虚拟团队中工作。将这种技术的效果和有效性与现实中的交流进行对比的研究较为新颖少见，但我们知道它们之间是有差异的。例如，通过电子邮件在一起工作的人比现实中相互交流的人，更不受限制（更容易发表带有敌意的评价和攻击他人），更不可能遵从对方的观点，在达成决定的时候有更多困难，并且更难协调工作（Coovert & Thompson, 2001）。针对这一领域的研究需要指出如何去克服上述困难，如通过对技术的更优设计，或者通过对人员更有效的培训，使人们成为更有效率的 CSCW 使用者。

人因工程学原则可以用来设计工具和设备，使人们可以更轻松、高效地完成工作。但这点是否可以切实转变成更好的工作绩效，还要依赖许多其他因素。如果员工缺乏努力工作的动力，通过优化设计简化其工作任务的做法可能意味着做相同工作时可以付出更少的努力。另外，尽管某些任务可能能够被更有效地完成，但下面将要讨论的工作环境中的约束也可能妨碍绩效的提高。

从人因工程学的视角来看，设计出能够对人们有帮助的技术是其目标。然而，技术也是有代价的，并非所有影响都是积极的。在生产中引入计算机确实改变了工作，但不全然是向好的方向改变。新的工厂系统可能更高效，但它们也增加了员工工作时的无聊感和压力（Wall & Davids, 1992）。那些过去在装配线上积极工作的工人现在转变为被动地盯着机器工作。任务控制感的丧失与工作不满和情绪不佳有关（Mullarkey, Jackson, Wall, Wilson, & Grey-Taylor, 1997）。

10.1.5 组织约束

组织约束（organizational constraints）是工作环境中那些妨碍和阻挠任务执行的方面。它们可能来自工作中的任何方面，包括物理环境、上司的管理以及必要的培训、工具、设备或时间的缺乏等。Peters 和 O'Connor（1980）请 62 名员工描述工作中妨碍其工作绩效的事件，经过分析从这些关键事件中提炼出了 8 个不同的约束领域。表 10-2 呈现了这些领域的简单描述。

表 10-2 8 个组织约束领域

工作相关信息：例如工作需要的数据和信息
工具和设备：工具、装备、设备和工作所需的机械，比如计算机或卡车
材料和物资：工作所必需的材料和物资，比如木材或纸张
预算支持：为获取工作所需资源而必须支出的费用
从他人那里要求服务和帮助：他人可以给予的帮助
任务准备度：员工是否有工作必需的胜任素质
时间保证：有足够时间来完成任务
工作环境：工作环境的物理特征，比如建筑或天气

资料来源：From "Situational Constraints and Work Outcomes: The Influence of a Frequently Overlooked Construct," by L.H. Peters and E.J. O'Connor, 1980, *Academy of Management Review*, 5, 391-397.

根据 Hochwarter、Witt、Treadway 和 Ferris（2006）的研究，组织约束对工作绩效有不利的影响，它会阻止员工充分施展其用以完成任务的技能。Klein 和 Kim（1998）发现销售人员报告的受约束程度与其实际销售业绩相关。那些对约束程度评分最高的人的销售额最低。Tesluk 和 Mathieu（1999）在对道路养护工人绩效的研究中发现了类似的结果，约束程度越高，由经理评定的员工绩效越低。O'Connor、Peters、Rudolf 和 Pooyan（1982）进一步证实组织约束可以对员工幸福感造成和绩效一样的不利影响。他们发现，报告了高组织约束的员工有更高的不满意感和挫折感。类似地，Jex 和 Gudanowski（1992）发现报告高组织约束的员工更有可能离职。由此看来，组织约束不仅会对任务绩效造成不利影响，而且还会对满意度、挫折感和离职产生不利影响。必须指出的是，大多数对组织约束的研究都是完全基于员工的自我报告。在研究中，除了通过人们的感知，还有必要用其他方法来证实工作环境的重要性。

10.2 组织公民行为

组织公民行为（organizational citizenship behavior, OCB）是指超出核心工作任务要求（在工作描述中列出的任务要求）且有益于组织的行为。组织公民行为通常采用上级对下属的评估进行测量。表 10-3 呈现了目前常用的 Smith、Organ 和 Near（1983）的组织公民行为量表中的题目。值得注意的是，尽管其中有些题目符合超出工作任务要求的定义（例如提建议），但也有些不符合（例如守时）。

表 10-3 组织公民行为量表中的 4 个题目

协助主管的工作
提出创新建议以促进部门工作
守时
无法来工作时提前请假

资料来源：From "Cognitive Versus Affective Determinants of Organizational Citizenship Behavior." By D. W. Organ and M. Konovsky, 1989, *Journal of Applied Psychology*, 74, 157-164.

Organ 和 Konovsky（1989）将组织公民行为分为两类：被明确要求的和未被明确要求的。利他主义就是指即使没有明确要求也去帮助同事或上司解决问题，它可能包括了帮助缺席的同事或提出改进工作的建议之类的行为。服从则是指做应该做的事并按规则办事，比如准时上班和不浪费时间。

组织公民行为是一种能提高整体组织效率的重要员工行为。然而，表现出较多组织公民行为的个体在其他方面并不一定有最出色的表现。MacKenzie、Podsakoff 和 Fetter（1991）研究发现推销员的组织公民行为和客观销售绩效之间几乎没有关系。销售量最高的员工和销售量最低的员工在组织公民行为方面并没有区别。在有些情况下，低绩效的推销员也可能通过其组织公民行为对组织做出突出贡献。P. M. Podsakoff、Ahearne 和 MacKenzie（1997）对造纸厂的 40 个班组进行了研究，发现班组成员的组织公民行为与班组整体绩效有关，而非个人绩效。同时，班组成员的组织公民行为水平越高，班组的总产量越高且出错率越低。同样地，N. P. Podsakoff、Whiting、Podsakoff 和 Blume（2009）的一项元分析发现，工作群体中的高水平组织公民行为与组织盈利能力、顾客满意度相关。

有几个因素被认为是组织公民行为产生的原因。Hoffman、Blair、Meriac 和 Woehr（2007）通过元分析发现，当员工满意其工作、具有高水平的情感承诺、感觉到被公平对待、同上级关系良好时，更可能表现出组织公民行为。此外，Eatough、Chang、Miloslavic 和 Johnson（2011）的研究则发现，高工作压力会抑制组织公民行为。还有一些人格特质也与其相关，大五人格中的宜人性和尽责性（Chiaburu, Oh, Berry, Li, & Gardner, 2011），以及正性情感（Kaplan, Bradley, Luchman, & Haynes, 2009）是组织公民行为的最佳预测指标。另外，组织公民行为可能会"传染"，即当团队中有人表现出组织公民行为时，团队成员很可能也会表现出类似行为（Bommer, Miles, & Grover, 2003）。上述的部分结果在其他国家和地区也得到了证实。Farh、Podsakoff 和 Organ（1990）在中国台湾地区发现组织公民行为与工作满意度、员工感知到的上司支持行为相关。Munene（1995）在尼日利亚发现组织公民行为与工作满意度、组织承诺相关。

McNeely 和 Meglino（1994）将组织公民行为分为帮助其他员工的行为（OCBI）和有益于组织的行为（OCBO）两种类型。他们发现不同类型的组织公民行为与不同的变量相关。例如，前者与个人对他人的关心相关，后者与员工的公平感相关，而这两种类型都与工作满意度相关。同样地，组织承诺与这两种组织公民行为也有关。研究发现，在美国（Lavelle, Brockner, Konovsky, Price, Henley, Taneja et al., 2009）和土耳其（Wasti, 2005），组织承诺与 OCBO 的相关比 OCBI 更高。然而，组织公民行为是与情感承诺而非继续承诺有关（Johnson & Chang, 2006）。另外，Lee 和 Allen（2002）报告了这两种组织公民行为都与工作中的积极情绪相关，但只有 OCBO 与程序公正相关。所有这些结果表明，许多因素结合起来导致了两类组织公民行为的产生，一些因素是二者共有的，而一些因素只对应其中一种。

尽管组织公民行为通常被认为是个人出于无私的理由而采取的无私行为，但最近的研究表明，至少在某些情况下，此类行为可以作为工作上获取成功的策略。Hui、Lam 和 Law（2000）在对一家跨国银行出纳员进行的研究中，评估了员工获得晋升前后的组织公民行为水平。在晋升前，每个被试都会被问到他们是否认为组织公民行为会提高其升职的概率。结果发现，那些认为组织公民行为会提高升职概率的员工，其晋升前的组织公民行为水平较高，但是在升职后开始下降。这表明那些员工将组织公民行为作为其寻求升职的一个策略，一旦目标达成就开始减少组织公民行为。

10.3　反生产工作行为：退缩

几乎在每个大型组织中，员工每天都会有一些迟到、缺勤甚至离职的现象。所有这些退缩行为，无论是暂时的（缺勤或迟到）还是永久性的（离职），都使得员工在规定时间或被需要时无法工作。多数研究认为这些退缩行为是相关行为，关于退缩的模型认为每一种形式的退缩都是对工作不满的反应。确有研究表明，缺勤和迟到、离职均相关，但迟到和离职行为无关（Berry, Lelchook, & Clark, 2012）。也就是说，经常缺勤的员工也经常迟到，并且更有可能离职。

10.3.1 缺勤

缺勤是指员工没有按照规定时间安排来上班，是组织面临的一个主要问题。许多工作要求员工即使在考勤员不在的情况下也要到岗。缺勤现象迫使组织要么招聘更多的人来确保每天有足够的员工上班，要么安排替补者随时待命。毫无疑问，大部分读者对代课老师不会感到陌生。同样地，许多组织尤其是工厂都会为某些工作预留替补者。这些替补的员工通常是被要求来加班的，组织为此支付他们更高的加班工资。

现有关于缺勤起因的研究主要集中在退缩行为是对令人不满的工作及工作条件的回应。缺勤和工作满意度之间存在相关，但是研究发现二者的相关很低。正如第9章指出的，Bowling 和 Hammond（2008）的元分析发现两者的相关系数为 −0.10。Farrell 和 Stamm（1988）对72个缺勤研究进行元分析，指出缺勤的2个最佳预测指标是先前的缺勤史和组织有关缺勤的规章制度，而不是工作满意度。那些过去经常缺勤的人更可能在今后缺勤。而在那些通过发全勤奖或者惩罚缺勤者来控制缺勤的组织中，缺勤率会更低。

显然，员工往往会因为生病或者缺乏工作动力而缺勤，除此以外家庭责任也是其缺勤的主要原因之一。Goff、Mount 和 Jamison（1990）发现照顾孩子的责任与缺勤之间的相关要比工作满意度与缺勤的相关高出许多。Erickson、Nichols 和 Ritter（2000）发现缺勤与家庭中6岁以下儿童的个数紧密相关。芬兰的一项研究表明，需要照顾小孩的年轻妈妈缺勤率最高（Elovainio, Kivimaki, Vahtera, Virtanen, & Keltikangas-Jarvinen, 2003）。总体而言，这些研究结果表明，照顾孩子的需要可能引发缺勤，这是一种无论员工是否喜欢自己的工作都难以避免的工作-家庭冲突（见第11章）。

Dalton 和 Mesch（1991）要求被试将其缺勤归入两类之一：因病缺勤还是因其他事情缺勤。他们发现这两类缺勤在与其他变量的相关上存在差异。因病缺勤与工作满意度和性别相关。对工作不满的员工和女性病假更频繁。因其他事情缺勤与工龄和缺勤政策相关。在那些员工工龄较长及缺勤政策宽松的组织中缺勤现象更多。这些研究表明不同的缺勤类型有着不同的原因，组织应该用不同的方法来减少员工的缺勤。

Nicholson 和 Johns（1985）尝试用不同的方法来解释缺勤。他们指出缺勤可能是由组织或团队的缺勤文化造成的。也就是说，在任何组织中，都有约定俗成的社会规则来决定旷几次工以及何种原因的缺勤是合适的。一个组织的文化可能鼓励缺勤，即员工不想来上班的时候可以不来。另一个组织的文化则可能只允许员工在确实不得不缺勤的情况下才可以不来上班。为支持以上观点，Biron 和 Bamberger（2012）的研究表明，缺勤规范（同事们觉得缺勤是否可接受）可以预测员工的缺勤行为，特别是在炎热、吵闹等令人不愉快的工作环境下。也就是说，如果环境令人厌恶并且员工所在的群体认为缺勤可以被接受，员工就更有可能真的缺勤。

图10-6展示了缺勤文化和缺勤政策是引发缺勤的两个最重要的因素。虽然工作满意度一直是大多数缺勤研究的焦点，但文化和政策似乎掩盖了其潜在影响。如果缺勤会受到惩罚或者被同事，那么由于对工作不满而想要请病假来逃避工作的人可能就不会真的请假。因此，组织可以通过改变政策来鼓励出勤或惩罚缺勤，进而减少缺勤。在一项研究中发现一个非常简单的方法，即将员工缺勤的天数通过邮件发送给他们（Gaudine & Saks, 2001），仅仅让员工知道管理者关注缺勤行为就足以让其减少缺勤。

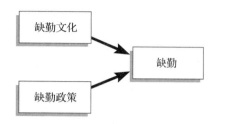

图 10-6 工作群体的缺勤文化和组织的缺勤政策都影响员工缺勤

10.3.2 迟到

大部分工作要求员工按照固定的工作时间表上下班，但总有员工不能准时来上班。一些员工可以通过不休息、快速地吃完午饭或者加班来弥补这些时间。但是，他们经常无法补足或者有些情况根本无法弥补。举个例子，如果一名教授上课迟到了，上课的时间是没有办法重新安排的。迟到导致组织安排替代者，从而产生额外成本，并且可能会给其他被迫分担这些工作的同事增加不公平的负担。

有很多因素可以导致迟到。Koslowky（2000）指出除了诸如工作满意度等工作态度，还有其他一些重要原因可能导致迟到，包括通勤距离和方便程度以及工作–家庭冲突。上班路程远的员工可能被堵在路上。有孩子的员工可能因为孩子生病需要就医而迟到。另一个重要的原因是文化。一些文化要比另一些文化更看重守时，比如美国人比巴西人更看重守时。组织同样有迟到文化，就如同缺勤文化一样（Elicker, Foust, O'Malley, & Levy, 2008）。

Foust、Elicker和Levy（2006）认为，比起其他的、更一般的工作态度，对迟到的态度更能决定迟到行为。他们开发了一个迟到态度量表，该量表调查了员工自己的行为（对迟到感到内疚）和同事的行为（对同事的迟到感到失望）。采用该量表对员工进行调查后发现，相比于工作满意度或者组织承诺，对迟到的态度能够更好地预测迟到行为。最后，Iverson和Deery（2001）对迟到和早退进行研究，发现它们之间存在相关。迟到和早退都与不公平感（见第8章）和工作不满意相关。

10.3.3 离职

每个组织都时不时会有员工离开。员工这样的离开行为称为**离职**（turnover）。在给定时间里，离职员工的百分比称为离职率。离职率过高时，组织就会有更多的员工缺乏经验和培训，进而导致效率低下，加大完成组织的目标的难度，而且填补离职者的岗位会造成很高的招聘成本。因此，高离职率的组织的绩效比低离职率的组织的绩效更差也不足为奇了（Park & Shaw, 2013）。

并非所有的离职都对组织不利，其影响取决于离职者。如果是高绩效者而非低绩效者离职的话，离职将会给组织带来问题。Trevor、Gerhart和Boudreau（1997）研究发现工作绩效和离职之间是一个曲线型关系，即表现最好的和最差的员工最有可能离职。如果能找到更好的人选来代替低绩效者，那么离职将对组织有利。然而，那些导致了低绩效者离职的情况往往也会造成高绩效者的离职。

低绩效者离职有很多原因。当薪水和奖金总是同绩效挂钩时，他们会因为收入太低而离职（Williams, 1999）。此外，如果知道自己表现不好，他们会去试着找其他更适合自己的工作。还有一种常见的情况，就是上司会给"目标"员工找麻烦来"鼓励"他们离职。例如，不给绩效差的员工发奖金，给他们安排令人讨厌的任务，或通过给他们脸色来达到让他们离职的目的。然而，这种使员工离职的方式可能会影响到那些非"目标"员工，从而引起严重的问题。因为对一个员工制造麻烦会创造一个不友善、不舒服的工作环境。如果那些被烦扰的员工提出诉讼，还可能产生法律纠纷。如果上司和"目标"员工的性别或种族不同，还可能牵扯到歧视的问题。所以，故意制造困难是一种不道德的行为，即使是低绩效者也应该被公平真诚地对待。

对于许多工作而言，寻找替代者的招聘、雇用和培训过程的成本很高。招聘高级经理人可能需要好几个月去搜寻应聘者，奔波于各地进行高成本的面试以及最终承诺高薪和分红。对于另一些工作而言，在员工能够正式工作前需要长时间的系统培训。在军队中，训练一个合格的战斗机飞行员需要一年多的时间。如果飞行员的离职率很高，政府的开销将会是巨大的。

工作满意度是众多离职研究中的核心变量（Griffeth, Hom, & Gaertner, 2000）。图10-7展示了离职过程，即工作满意度影响离职意向，进而导致离职发生。此外，离职意向和离职之间的关系受到失业率的影响。对工作不满意的人可能会有离职意向，而离职意向通常是离职行为的前兆。但是，人们只有在找好下一份工作后才会辞掉工作。正如模型所示，失业率反映了可供选择的就业机会，它影响了人们对工作的不满和离职意向是否会转变为离职行动。

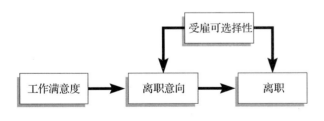

图10-7 工作满意度和失业率对员工离职的影响

有充分的证据支持上述模型中的命题。首先，工作满意度和离职意向之间存在相关（Bowling & Hammond, 2008），这和满意度导致行为意向的看法是一致的。其次，Swider、Boswell和Zim-merman（2011）发现工作满意度与求职行为相关，而求职行为与离职是有关的。再次，Jiang、Liu、McKay、Lee和Mitchell（2012）的元分析发现，工作满意度及离职意向能够预测未来的离职。这些研究结果均支持了工作满意度、求职行为及离职意向是离职行为的前兆。最后，研究表明失业率可以调节工作满意度与离职之间以及离职意向与离职之间的相关（Trevor, 2001）。当失业率低并且可供选择的工作机会多时，满意度、离职意向和离职之间的相关就高；但是当失业率高、可供选择的工作机会少时，工作满意度和离职意向对离职的预测力就变得很小。换句话说，对工作不满意的人可能希望换个工作，但是只有存在可供选择的工作时，他们才会离职。

Dickter、Roznowski和Harrison（1996）对那些喜欢或不喜欢自己工作的离职者进行了数年的追踪研究。两组人的离职率都是从受聘之日起开始上升直到工作2年后开始下降。在步入工作的前4年，不满意自己工作的人比满意的人更可能离职。工作4年后两组之间的差异消失。很显然，工作满意度对离职的影响是有时间限制的。这也许是因为那些不喜欢其工作的人最终放弃了离职并适应了其工作环境。

尽管很多人是因为不满意工作而离职的，但还是存在其他的离职原因（Maertz & Griffeth, 2004）。第一，员工可能因为健康原因而离职。心脏病幸存者常常会对他们的生活方式做出巨大的改变，而离职就是其中之一。第二，由于事故造成的残疾可能导致员工无法完成原来工作的任务。正如第11章提到的，交通事故是导致严重工伤的常见原因。第三，人们有时会为了追求其他兴趣而选择离职。比如继续深造、为诸如奥运会之类的体育比赛进行训练。第四，人们也许会因为怀孕（Lee, Wilbur, Kim, & Miller, 2008）等家庭原因离职。第五，人们可能会因为他们的配偶在其他地方获得了更好的工作而选择离职。

尽管有些原因已经超出了工作范畴，但是组织仍可以采取很多措施来应对导致离职的问题。组织可以创造更安全的工作环境来减少事故伤害，鼓励健康的行为以预防员工生病。许多组织制订了员工健康计划，包括锻炼计划、吸烟和体重控制课程以及压力管理工作坊。组织的政策和实际行动可以帮助员工在追寻其他兴趣的同时继续留任。举个例子，日托和弹性工作制可以帮助那些有小孩的员工更好地继续他们的工作。有了日托政策，员工可以带他们的孩子来工作，并且在休息和午饭时间和孩子待在一起。让孩子在身边可以让员工安心并集中注意力工作。弹性工作制则可以使员工既完成工作，又兼顾自己的其他事情，这样一些员工就不必离职了。

10.4 反生产工作行为：攻击、蓄意破坏和偷窃

愤怒的员工枪击同事甚至饮弹自尽的例子引发了对员工攻击行为的广泛关注。类似的极端情况很罕见（Neuman & Baron, 1997），并且此类问题是临床心理学或犯罪学的研究范围，而那些不太极端的损害组织的行为才是工业与组织心理学研究的重要内容。**反生产工作行为**（counterproductive work behavior，CWB）是指那些意欲伤害组织或者诸如同事、上司和客户等其他人员的行为。反生产工作行为包括进行身体和语言攻击、对同事做出有敌意和令人讨厌的行为、破坏组织财产、故意出错、偷窃和消极怠工。

对组织来说，蓄意破坏和偷窃是最主要的问题。蓄意破坏，包括毁坏组织财产和消极怠工，会造成直接的经济损失和间接的损失——由于维修工作所需材料导致的效率损失。虽然很多破坏行为是明目张胆的，比如烧毁建筑，但是更多的蓄意破坏都在暗中进行并且难以证实。通常情况下，几乎无法证实一件设备的损坏是偶然的还是故意的。例如，员工可能故意忽视设备上的警告信息，如卡车上油量或水量过少的指示灯；员工在明知道会造成损害的情况下还是会取出设备中的油或水。如果员工足够小心，很难证明他们故意破坏了设备。

在美国，每年由于员工偷窃造成的经济损失有数十亿美元（Greenberg, 2002）。对全美零售商的调查发现，员工偷窃给商店带来的损失比扒手更大（Hollinger, Dabney, Lee, Hayes, Hunter, & Cummings, 1996）。组织会花费大量财力和资源来防盗。许多组织试图利用纸笔测验来评估诚信，以淘汰有偷窃倾向的员工（见第5章）。另一些组织会对应聘者和在职员工进行测谎。

Bennett和Robinson（2000）通过从电话黄页中随机抽取的方式，对俄亥俄州托莱多市的居民进行了一次匿名邮件调查。他们列出一个包括蓄意破坏和偷窃的反生产工作行为列表，结果发现其中很多行为是很常见的。例如，1/4的被调查者承认伪造过发票来获得报销，实际上他们没有花过那些钱；1/3的被调查者承认对同事做过恶作剧；52%的人承认未经允许带组织财物回家；61%的人不按照指导来工作；78%的人曾取笑同事。

图10-8展示了反生产工作行为的成因的模型。反生产工作行为是由有压力的工作条件导致的，比如组织约束（如本章前面所叙述的）和不公正待遇。例如，在本章开头提到的，Thomas McIlvane在他袭击同事的那天就失去了因被解雇而起诉邮局的机会。压力性条件和不公正待遇会引发诸如愤怒和恐惧的负面情绪。这些情绪反过来可能会引发建设性的行为，如找出更好的方法

克服压力或者不公正感，或者引发破坏性的行为，如反生产工作行为。

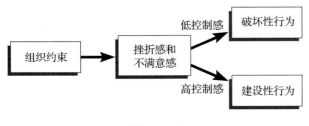

图 10-8

体验到的控制感在一定程度上决定了员工是选择建设性的还是破坏性的反应。一个相信建设性努力会有效的员工很可能去尝试建设性的行为。一个觉得自己无法控制局面的员工更可能用反生产工作行为来处理负面情绪。

许多反生产工作行为都是不合法的，这就导致除匿名调查以外的研究很难进行。对上述模型的支持主要来自让员工报告自己的工作和行为反应的调查研究。这些研究表明，员工报告的压力性工作条件和不公正待遇与反生产工作行为相关（Hershcovis, Turner, Barling, Arnold, Dupre, Inness et al., 2007）。而 Meier 和 Spector（2013）的一项纵向研究发现，压力性工作条件不仅会随着时间的累积而导致反生产工作行为，这些行为还会进一步导致未来的压力性工作条件。

除了工作场所的因素，人格同样与反生产工作行为有关。例如，有研究（Berry, Carpenter, & Barratt, 2012; Iliescu, Ispas, Sulea, & Ilie, 2015）发现大五人格中的宜人性和尽责性越低的个体，越有可能做出反生产工作行为。特质性易怒，是指即使受到轻微的挑衅也很可能发怒的倾向（Spielberger, 1996），它也许是最能预测反生产工作行为的人格特质。不难想象，那些易怒的人更可能有反生产工作行为（Hershcovis, Turner, Barling, Arnold, Dupre, Inness et al., 2007）。与反生产工作行为相关的不仅仅是员工体验到愤怒的倾向，还有体验到其他负面情绪的倾向。负性情感水平高（见第 9 章）的人更可能有反生产工作行为（Penney & Spector, 2005）。把易于引起反生产工作行为的人格和环境因素错误地组合在一起，将使该行为发生的可能性最大化。

可惜的是，几乎所有对反生产工作行为的研究都是在北美进行的，因此我们对与加拿大和美国文化不同的国家的情况知之甚少。其中一个例外是在土耳其进行的反生产工作行为研究（Bayram, Gursakal, & Bilgel, 2009），该研究发现压力性工作条件和工作满意度与反生产工作行为之间存在类似的相关关系。

本章小结

员工的生产和反生产工作行为是工业与组织心理学领域所关注的重要内容。其中与绩效相关的三个领域包括任务绩效、组织公民行为（OCB）和反生产工作行为（CWB）。

任务绩效是工业与组织心理学领域的核心变量。该领域的许多研究和实践都关注理解、评估和提高任务绩效。绩效是能力与动机交互作用的结果。环境和个人因素也是重要的影响因素。研究表明个人特征，比如大五人格和心理控制源，都与绩效相关。工作特征、激励机制和科技发展则是重要的环境因素。

人因工程学的一个主要目标是通过设计工具和设备来提高任务绩效。虽然霍桑实验认为社会环境要比物理环境更重要，但物理环境仍然影响着任务绩效。诸如控制器的设计和信息的呈现形式等物理条件都对绩效有重要影响。

组织约束是阻碍高绩效的工作环境特点之一。这些约束条件会导致更低的工作满意度和更多的员工离职。

组织公民行为（OCB）是一种超出核心工作任务要求且有益于组织的行为。它包括利他（帮助别人）和服从（服从规则）行为。组织公民行为很重要，因为它对组织有益。工作满意度和上级的支持行为都与员工组织公民行为的多少相关。

退缩行为（缺勤、迟到和离职）是给组织造成很多麻烦的反生产工作行为。大多数研究认为它们是对工作不满意的表现。至少在有足够工作机会的情况下，该结论可能更适用于离职而非缺勤和迟到，后者与工作满意度的关系不大。此外，退缩行为还有其他很多原因，其中只有一些涉及工作态度。

还有更为严重的反生产工作行为（例如工作中的攻击行为、对他人的敌意、蓄意破坏和偷窃），它们也会给组织带来巨大的损失。有关研究结果显示，这些行为是对引发负面情绪的压力性工作条件和不公正待遇的反应。另外，认为自己对工作缺乏控制的员工更可能有此类行为。特质性易怒、特质性焦虑、宜人性、尽责性和情绪稳定性等人格特质也都与反生产工作行为相关。

工业与组织心理学实践

这个案例是 Jeanne M. Carsten 博士所做的一个研究离职的项目。Carsten 于 1987 年在南佛罗里达大学获得了工业与组织心理学博士学位，之后一直在纽约为全球最大金融公司之一的摩根大通工作。她目前的职务是战略计划和实践经理，该工作覆盖了工业与组织心理学领域的许多方面，包括态度调查、员工发展、选拔和培训。她的主要工作之一就是执行那些旨在解决特定组织问题的项目。

她工作后负责的第一个主要项目是解决银行出纳员的离职率过高的问题。虽然员工的高离职率是正常而且可预见的，但是银行的管理层认为这还是太高了。Carsten 负责找出原因并提供解决方案。

项目的第一阶段是收集信息。通过对出纳员和他们的主管进行访谈来找出离职的原因。出纳员被问到在工作中遇到过哪些问题。此外，还调查了薪资水平，以确定其他银行的出纳员的薪酬是否更高。结果发现事实就是如此。

项目的第二阶段是为银行的管理层准备并展示行动计划，包括涨工资、培训主管使其能更好地协助自己的下属、明确工作绩效标准和提供额外的出纳培训等12条建议。

在项目的最后阶段，几乎所有的建议都付诸实施了。此后，离职率下降了近50%。在没有对照组的情况下，我们很难确定是哪些特定因素降低了离职率。在项目进行期间，全国性失业率增加了，这也可能会降低离职率。但是，Carsten 指出，他们的离职率要比其他银行更低，这证明这些改变是有效的。此外，许多变革措施，比如改善主管的工作和明确工作绩效标准还可能因为其他原因对组织有利，而不只是减少离职的人数。这个案例说明了一个为组织工作的工业与组织心理学家是如何帮助员工改善工作环境的。

讨论问题：

1. 你认为银行出纳员为什么要离职？
2. 哪些因素会使你继续从事一个你不喜欢的工作？
3. 你认为 Carsten 的干预措施除了降低离职率之外，还有其他的贡献吗？
4. 你认为这家银行的员工还会有其他形式的退缩行为吗？

做中学

汽车的人因工程学设计

检查一辆汽车中是否符合人因工程学设计的例子。列出涉及显示器（比如操纵板）和控制器的功能列表。你能找到多少关于本章讨论过的原理的例子？

组织公民行为

访谈至少五个在职的朋友或家庭成员，他们曾经在工作中见过哪些组织公民行为。首先，将组织公民行为的定义（一种对组织有益，但超出核心工作任务要求的行为）告诉他们。然后记录他们所说的例子。最后可以总结出有多少例子对组织有益，有多少对他人有益，或者有多少对二者都有益？

第 11 章

职业健康心理学

第 11 章　概要

职业健康与安全

工作时制

职业压力

工作－家庭冲突

倦怠

本章小结

工业与组织心理学实践

做中学

《芝加哥烈焰》(Chicago Fire) 和《拯救我》(Rescue Me) 这一类的电影、电视节目特别强调了消防员工作的激烈性和高危性。对消防员来说，必须进入正在燃烧、随时可能倒塌的建筑物里处理受伤和濒死的人员，这显然是有压力的。那么，从事这类工作是否会对消防员的健康和幸福感产生不利影响呢？Del Ben、Scotti、Chen 和 Fortson（2006）对美国一个州的消防员进行调查，发现约 5% 的被试出现了创伤后应激障碍（PTSD）的所有症状，而 22% 的被试表现出部分症状。该研究的参与者不包括那些可能是因创伤后应激障碍或其他健康问题而离职的消防员。因此，实际上出现问题的消防员的比例可能更大。正如这项研究所表明的那样，工作特征和工作相关经历对健康和幸福感有重要影响。在这项研究中，消防员们提到他们遇到的最严重的创伤性事件是必须与死者、受伤的人或濒死的人打交道。消防员并不是处理这些问题的唯一职业。诸如护士和医生这类卫生行业的工作者，也要与受伤和死亡事件打交道。警察也和其他危险行业的从业者一样，他们不仅要处理这些问题且自身也面临着受伤或死亡的风险。

表 11-1 列举了工作中部分常见的疾病和伤害来源及部分经常受到这些问题困扰的普通职业。这些来源是工作中具体的、可能影响身体健康的物理条件，如设备或有毒物质。这些来源的影响都比较直接，但是一些人要长期暴露于这类环境之中才会生病或受伤。例如，打字等重复性动作，可能需要几年才会使人受伤或失去劳动能力。尽管大部分工作的员工都可能暴露于可能的问题来源中，但一些职业遇到这些问题的可能性更大。例如，公园管理员或盖屋顶的工人这类户外工作者最有可能碰到极热或极冷情况。如果大厦里没有足够的供暖设备或空调的话，即便是办公室的工作人员也很可能感受到极端的温度。虽然对多数职业来说受到突袭的可能性微乎其微，但实际上每个人都有可能在工作中遭到攻击，比如警察和出租车司机更有可能成为突袭事件的受害者。

表 11-1　普通职业中员工的常见疾病和伤害来源

来源	职业	来源	职业
传染性疾病	牙医、护士	身体攻击（非致命的）	疗养院助手、精神科护士
巨大的噪音	航空公司的行李搬运工、音乐家	重复动作和起重	数据录入员、护士
身体攻击（致命的）	警察、出租车司机	有毒物质	专业灭虫人员、农民

除了表 11-1 列出的物理条件，一些非物理条件也可能影响从业者的身体健康和情绪幸福。非标准的工作时制（例如倒夜班）被认为是生理和心理问题的起因。在职业压力的文献中，几种非物理性的工作条件被频繁提及。诸如人际冲突、缺乏控制、组织约束和工作负荷等条件都与身体健康和情绪幸福有关。

在本章中，我们将同时关注影响员工在工作中的健康、安全和幸福感的生理与心理因素，这些内容构成了职业健康心理学（occupational health psychology，OHP）。这一新兴的心理学分支学科（结合了医学和公共卫生学等其他学科）与工业与组织心理学有所重叠，且重点关注的是与职业健康和幸福感有关的心理因素。它研究的是个体对物理和非物理工作条件的心理反应以及对健康产生影响的行为。本章将讨论以下内容：影响健康的物理条件、职业压力、职业事故、工作和家庭之间的相互影响以及倦怠。

目标

学习本章后，学生应该能够：

1. 描述事故的原因和可以采取的预防步骤；
2. 列举影响员工健康的主要物理工作条件；
3. 解释工作时制是如何影响员工健康和幸福感的；
4. 讨论职业压力的本质，包括其成因和影响；
5. 定义倦怠并说明其与员工健康和幸福感的关系。

11.1　职业健康与安全

物理工作条件会对人的身体造成直接影响。有时这种影响会立刻显现，比如一名员工在车祸中受伤。但有时，疾病或伤害可能是由于员工多年暴露于有害的工作环境（如巨大的噪音）或有毒物质中才出现的。通过采用安全工作场所设计和安全工作程序等办法，可以避免事故的发生或减少个体暴露于有害条件的情况。除了对身体的影响，疾病和损伤也会对情绪健康有所损害。可以确定的是，严重的疾病和损伤与某种水平的心理痛苦和创伤有关，尤其是当个体受重伤时。

在这一节，我们首先讨论与事故和安全相关的行为。事故是在工作中发生并造成直接伤害的事件，例如手被卡在机器里或是手指被刀切断。正如我们将会看到的那样，事故是工作场所中的一个大问题，它给员工和组织都带来了巨大的损失。接着，我们将讨论四种常见的、可能导致工作伤害和疾病的情境：传染病、重复动作或举重、有毒物质、工作场所暴力。

通常，不安全行为或不当的工作场所设计会导致员工暴露在易受伤害的情境中，但其实这些是可以避免的。

11.1.1 事故和安全

事故是美国人继心脏病、癌症、中风和呼吸道疾病后的第五大死因（美国国家安全委员会，2005～2006）。20世纪美国最主要的成就之一就是将工作场所的事故发生率降低了90%，只有10%的意外死亡发生在工作场所，这就使得当今美国的大多数员工能够比其他地方的员工更安全地工作。然而，2014年美国仍有4 679人死于工作场所（美国劳工部，2015），这超过了整个伊拉克战争的总伤亡人数4 422人（美国国防部，2013）。此外，在工作场所中，非致命性事故的数量远远超过致命性事故的数量。例如，Glasscock、Rasmussen、Carstensen和Hansen（2006）在丹麦进行的研究发现，36%的农场工人在过去一年中受伤，其中约1/3的人需要就医。

与年长的工人相比，年轻的农场工人由于缺乏经验且更倾向于冒险，因此他们的事故发生率甚至更高（Cigularov, Chen, & Stallones, 2009）。

由于事故会给员工和组织双方都带来损失，因此我们需要重点关注对事故的预防。总体来说，致命事故和非致命事故的代价都是昂贵的。仅在美国，每年事故相关的费用就高达约2 500亿美元（Leigh, 2011），这些费用大部分由雇主和他们的保险公司来支付。为了预防事故的发生，人们尝试了很多方法。有的关注设备的设计，有的则聚焦于员工自身。最佳策略因特定的情境和对事故起因的分析而有所不同。解决方法一般非常简单，例如让员工带上护目镜以防眼睛受伤。从安全角度来看，设备设计不够理想（或者可以设计得更好）时，人因工程学（人类工效学）的应用可能是有效的。例如，有一段时间，手推式割草机的设计会导致操作者将一只手或脚卷进旋转的刀片中，因此它也被人们视为一个危险设备。之后在美国销售的所有新式割草机都必须设有一个手柄释放开关，即当操作员放开手柄的时候就关掉引擎（或使刀片停止运作）。这个设计降低了操作者不小心把一只手或一只脚伸进运作的刀片中的可能。好的设计不仅能够有效地降低事故和伤害发生的概率，还可以减轻员工的压力反应（Kompier, Aust, van den Berg, & Siegrist, 2000）。

预防工作场所事故的一个主要难点在于让员工配合使用适当的安全设备并做出安全行为。人们经常会认为安全装置不方便或安全设备不舒服。例如，一些员工因为讨厌割草机的手柄释放开关而用胶带粘住它。工作中的操作惯例可能会妨碍员工采取某些特定的措施，因为这些措施可能被认为浪费时间、耗费过多精力，或者反映了个人面对危险情境时缺乏勇气。与事故相关的因素见表11-2。

表 11-2　与工作事故和安全有关的因素

物理工作场所的设计
对安全的管理承诺
人格特征
强调生产而非安全的管理
安全氛围
安全培训
工作和家庭压力
鼓励安全的工作场所规范

安全氛围是员工对组织鼓励并赞赏使用安全程序、做出安全实践和安全行为程度的感知（Zohar, 2010）。氛围反映在组织政策和与安全相关的实践中，比如安全设备的使用。同样，员工和上司的安全行为规范也能够反映组织的安全氛围（Fugas, Melia, & Silva, 2011）。当同事们遵循安全程序时，员工可能会做出同样的行为（McGonagle, Walsh, Kath, & Morrow, 2014）。研究已经清楚地表明，安全氛围既与事故有关（Nahrgang, Morgeson, & Hofmann, 2011），又与安全行为和工伤有关（Beus, Payne, Bergman, & Arthur, 2010; Kao, Spitzmueller, Cigularov, & Wu, 2015）。与低安全氛围组织相比，高安全氛围组织的员工行为更安全，事故也更少。这些研究采用的是同时测量安全氛围和其他变量的横断设计。这就留下了一种可能性，安全氛围是事故的结果而不是原因。Neal 和 Griffin（2006）进行了一项更为严谨的研究，他们发现安全氛围能够预测三年后的事故，这就使事故引起安全氛围的观点不太能成立了。

组织对生产率和安全的重视程度的平衡情况也会影响事故的发生（Humphrey, Moon, Conlon, & Hofmann, 2004）。例如，Kaminski（2001）研究了美国 86 家小型制造企业的事故发生情况，发现报酬激励机制与工作中的伤害有关。按小时支付流水线工人报酬的工作要比按生产率支付报酬的工作更加安全，因为后者鼓励工人快速工作，这会对安全造成危害。

工作内外的压力可能是另一个重要因素。如 Savery 和 Wooden（1994）调查了澳大利亚 61 个不同组织中的工人。发现压力事件（如离婚）的频率与工作事故有关。人们对工作的感受和对安全的态度也对事故和伤害存在影响。对工作满意的人（Barling, Kelloway, & Iverson, 2003）和对安全持积极态度的人（Newnam, Griffin, & Mason, 2008）在工作中发生事故的概率较低。

最后，个体差异也是事故和伤害的一个影响因素。Christian、Bradley、Wallace 和 Burke（2009）的一项元分析总结了与工作场所事故相关的人格研究。他们发现，大五人格中的尽责性和情绪稳定性都与事故呈负相关：这两种特质得分都高的个体比得分低的个体发生事故的可能性小。尽责的人往往会认真遵守规则，因此尽责的员工可能会遵守安全规则从而避免事故（Beus, Dhanani, & McCord, 2014）。情绪稳定性高的人能够避免事故的原因尚不清楚，但可能如前所述，是因为他们缺少与事故有关的压力体验。

组织可以采取很多措施来鼓励安全。最简单的方法可能是提供安全培训。已有研究清楚地表明，安全培训可以提高员工的安全知识并鼓励其安全行为（Burke, Salvador, Smith-Crowe, Chan-Serafin, Smith, & Sonesh, 2011; Robson, Stephenson, Schulte, Amick, Irvin, Eggerth et al., 2012）。Zohar 和 Polachek（2014）的一个现场实验表明，培训主管是提高安全性的有效途径。他们将一家制造公司的主管随机分为两组：接受关于如何向下属提供安全信息指导的培训组和控制组。他们发现，面对接受过培训的主管，其下属会感知到更好的安全氛围，在工作中也会做出更多的安全行为。

11.1.2 传染病

那些必须与公众打交道的员工（如理发师、警察、售货员、教师）很有可能暴露于传染病中，尽管多数情况只会引发如感冒或流感等相对较轻微的疾病。在必须与重病患者打交道的医疗保健行业中，其工作人员需要特别关注的是暴露在严重传染病环境下的风险。尤其值得关注的是乙肝（HBV）和艾滋病毒（HIV）感染，因为这两种病毒都可能致命。全球都采纳了一项所有健康服务专业工作者都应遵守的协议：**普及性预防守则**（Universal Precautions），即一套能够帮助健康服务专业人士避免接触病人体液的安全程序。这些措施包括：

- 将尖锐物品（如针头）丢弃在锐器盒中
- 处理血液或体液时戴一次性手套
- 立即用消毒剂清洗所有流出的体液
- 系围裙、戴口罩

不幸的是，尽管研究表明普及性预防守则是非常有效的，但大量的健康服务工作者未能遵循这些程序。Gammon、Morgan-Samuel 和 Gould（2008）总结了在全世界范围内进行的 37 项普及性预防守则的研究结果。他们发现这些措施的执行情况很是令人失望。虽然某些行为的执行度很高，如正确处理尖锐物品（91%），但其他行为的执行度很低，如戴口罩（30%）。对于护士来说，正确处理尖锐物体是他们特别关心的问题，因为意外的针扎和锐器伤较常见。Talas（2009）指出，每年都有 4% 的医院护士被锐器刺伤，缺乏经验的护理专业学生的受伤率几乎是他们的 10 倍。显然，为了降低健康服务工作者特别是学生传染病暴露的风险，我们还有很多工作要做。对一般事故来说需要注意的重要因素也可能同样适用于传染病暴露，例如鼓励遵循普及性预防守则的安全氛围。

11.1.3 肌肉骨骼疾病

许多工作都需要不同的身体部位做出动作，这些部位都可能会因此受伤。有些伤害可能是由重复动作导致的，例如在传统流水线上，员工一遍又一遍地执行相同的操作。还有其他一些要求搬运重物或人员的工作，例如仓库工人必须装载卡车或护士必须把病人抬起来。重复的动作会导致**重复性劳损**（repetitive strain injury），其中涉及的身体部位可能会发炎，甚至永久损伤。举重通常会导致下背部的急性损伤。这两种损伤都属于**肌肉骨骼疾病**（musculoskeletal disorder，MSD）的类型。无论是哪种类型，此类伤害都是组织面临的重要问题，因为它们会导致员工缺勤和效率低下，对组织生产力产生不利影响（Escorpizo，2008）。

正如 Faucett（2005）所指出的那样，肌肉骨骼疾病与工作任务的生物力学和员工心理因素都有关系。在生物力学方面，重复动作、身体受力过强和姿势不当都可能会造成损伤。因此，当举起过重的东西时，背部以错误的方式弯曲就可能会造成背部受伤。在心理方面，肌肉骨骼疾病与工作压力有关（我们将在本章后面部分讨论）。如果个体的自主性和控制感较低（Larsman & Hanse，2009），工作需求较高（Hauke，Flintrop，Brun，& Rugulies，2011），在工作中与他人争论（Nixon，Mazzola，Bauer，Krueger，& Spector，2011），对工作不满意（Sobeih，Salem，Daraiseh，Genaidy，& Shell，2006），就更有可能患上某种肌肉骨骼疾病。

岗位不同，员工的肌肉骨骼疾病发生率以及身体受伤部位都各不相同（Nordander，Ohlsson，Akesson，Arvidsson，Balogh，Hansson et al.，2009）。例如，开公交车或地铁的城市交通运输人员最容易产生背部或颈部疼痛（Greiner & Krause，2006）。护士因要搬运病人而伤到背部（Rickett，Orbell，& Sheeran，2006）。牙医也倾向于患有颈部和背部的损伤，但他们也会遇到肩膀和手腕/手的问题（Palliser，Firth，Feyer，& Paulin，

2005）。整天站着的销售人员有腿部和下背部疼痛的风险（Pensri, Janwantanakul, & Chaikumarn, 2009）。那些需要大量敲击键盘或打字的员工有**患腕管综合征**（carpal tunnel syndrome）的风险，这是一种由于重复使用手指和手腕导致手腕受损并伴随疼痛、麻木、手指和手无力的疾病。

可以采用成本相对较低的策略来减少肌肉骨骼疾病。首先，合适的工具和设备设计能够大幅度降低身体受到的压力。分离式键盘（如图 11-1 所示）将按键倾斜安置以帮助打字者保持手腕笔直，从而减少伤害。使用升降机械设备来搬运重物可以减少急性举重损伤（Rickett et al., 2006），例如图 11-2 所示的患者升降装置。

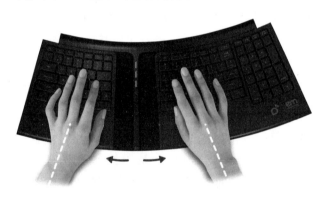

图 11-1　使用电脑键盘时有助于减轻手腕压力的装置
资料来源：Handout/MCT/NewsCom.

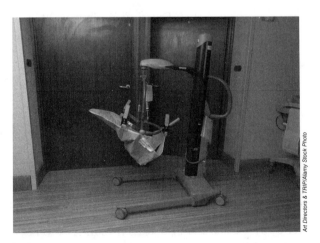

图 11-2　一种可以帮助健康服务人员（如护士）避免背部受伤的患者升降装置

第二个策略是允许员工频繁休息。在瑞典，法律规定了组织能够要求员工不间断使用计算机键盘的最长时间和员工每天进行打字的最长时间。在美国，也讨论过类似的法案，但尚未颁布。设备设计和休息的组合，能够有效地降低员工罹患令其虚弱的肌肉骨骼疾病的可能性。

11.1.4　有害物质

研究已经表明有害和有毒物质会影响健康，因此，员工暴露于这类物质中的问题受到越来越多的关注。暴露于有害物质中对健康造成的不利影响（如癌症）可能需要几年或者几十年的时间才能逐渐显现出来。此外，不是每个暴露于有害物质中的人都会出现症状。因为许多因素都可能导致某些个体患病，所以很难确定暴露于有害物质的影响究竟有多大。

在许多工作中，员工都有可能接触有害物质，而且往往是在意想不到的地方。如果化工厂的员工或使用杀虫剂的农场工人暴露在有害物质中，这并不奇怪。但在密闭建筑物的办公室里工作的员工不会预想到，他们会暴露在复印机中的墨粉或者用于清除油墨的溶剂等各种化学物质中。此外，人们对各种物质的敏感性也存在差异。暴露在有害物质中引起的反应可能从很轻微（如头痛或恶心）到严重，再到重要器官（如肾脏或肝脏）受到永久性损伤。有时只有少数敏感个体才会出现症状，但是一个办公室的多数员工都生病的情况也并不少见。例如，所谓病态楼宇现象的出现，可能就是由有害物质或者微生物引起的。

另一个是涉及对各种物质（比如最常见的灰尘、霉菌和花粉）产生过敏性反应的问题。由于建筑物被完全封闭以及空气流通不畅，过敏原浓度增加，在美国这已经成为一个日益严重的问题。

常见的过敏反应包括鼻塞、咳嗽、流眼泪和出皮疹，有哮喘和其他呼吸系统疾病的员工会出现严重的甚至是致命的状况。

使员工暴露在有害物质中的组织要面临被身患疾病或残疾的员工起诉的风险。在美国，职业安全与卫生管理局（OSHA）负责监督工作场所中是否有防护设施用于保护员工。许多国家都有法律来保护员工免受有害物质和其他影响健康状况的伤害。

11.1.5　工作场所暴力

随着"发疯了（going postal）"这个词成为我们日常词汇的一部分，当提到工作场所暴力时，很多人就会想到美国的邮政局。多年来，新闻媒体报道了多起愤怒的邮政员工枪杀同事和上司的案件，其中多起是致命的。如此突出的工作场所暴力事件新闻报道无疑给人一种工作场所特别危险并且同事是重大威胁的错误印象。虽然在工作场所确实发生过凶杀案，但这并不是凶杀案发生的主要背景。美国劳工统计局（2010 年）报告称，2008 年美国共发生 526 起工作场所凶杀案，约占当年美国凶杀案总数 16 272 起的 3%（联邦调查局，2010a）。此外，同事杀人案非常少见，大约 15% 的工作场所杀人案件是由同事所犯（Sygnatur & Toscano, 2000）。受害者为女性的同事凶杀案更为少见。尽管女性占美国劳动力的 43%（按工作时间计算），但她们只占凶杀案受害者的 19%（美国劳工统计局，2010）。

根据犯罪者和工作场所的关系，可将工作场所暴力划分为四种类型（Merchant & Lundell, 2001）。第一类暴力由与组织没有任何事务关系的个体实施，如实施抢劫的人；第二类通过组织的客户、顾客或病人实施；第三类由组织的员工实施；第四类是关系暴力（如虐待配偶），它会溢出到工作场所。工作的性质在很大程度上决定了不同种类的暴力行为在工作场所中发生的可能性。表 11-3 列出了各种暴力类型中风险最高的职业。

表 11-3　与四种工作场所暴力类型相关的职业

暴力类型	定义	可能从事的职业
第一类	陌生人犯罪	便利店店员 出租车司机
第二类	客户/顾客/病患	护士 社会工作者
第三类	其他员工	任何有同事的工作
第四类	关系	任何工作

对于大多数职业来说，致命性攻击是极为少见的，并且员工在工作场所中其实比他们去的其他任何地方都更安全。但是，有些职业面临凶杀案的风险要明显高一些。尽管美国工作场所凶杀案的平均发生率是每 10 万名员工中 0.70 例，但出租车司机（41.4）、酒类专卖店员工（7.5）、警察（7.0）、加油站服务人员（4.8）的风险要大得多（美国国家职业安全卫生研究所，1996）。2008 年，美国有 41 名执法人员是凶杀案受害者（联邦调查局，2010b）。

当然，非致命性攻击是一种更普遍的职业伤害，特别是对于那些与公众打交道的工作者来说。一项对美国工人的全国性调查发现，6% 的人表示在前一年曾遭受过身体暴力，近 1% 的人曾被武器袭击（Schat, Frone, & Kelloway, 2006）。在健康服务机构工作的人，例如护士，容易遭受第二类暴力，这类暴力主要来自病患（Gillespie, Gates, Miller, & Howard, 2010）。健康服务行业的多数案例并不会危及生命，但仍会对员工的心理造成创伤（Walsh & Clarke, 2003）。

工作和组织的许多因素都可能使得员工成为身体暴力的目标。有些与工作本身的性质以及员工暴露在潜在暴力环境中的方式有关。LeBlanc 和 Kelloway（2002）分析了特别容易遭受暴力侵害的工作性质。对他人进行物理控制（如监狱工作人员）、操纵武器（警官）、接触服药者（护士）以及行使安全职能（执法官员）的工作都特别危险。在组织层面，工作场所奖励和支持员工采取避免暴力行动的程度也有所不同。与安全氛围一样，上司也可以鼓励**暴力预防氛围**（violence prevention climate），以最大限度地降低员工遭受攻击的风险（Kessler, Spector, Chang, & Parr, 2008）。

11.2 工作时制

虽然大多数员工都执行每个工作日白天工作大概 8 小时的标准工作时制，但是包括长轮班、夜班和周末加班在内的非标准工作时制也很普遍。工业与组织心理学家特别感兴趣的是 3 种工作时制类型：夜班、长轮班和弹性工时。

11.2.1 夜班

许多组织，比如医院和警察局，每天 24 小时运转，排满全天就需要使用两班或三班员工。一个典型的三班倒序列如下：

- 上午 8 点到下午 4 点
- 下午 4 点到午夜 12 点
- 午夜 12 点到上午 8 点

它们分别被称为白班、晚班和夜班或大夜班。一些组织雇用员工按固定班次进行工作，即他们始终在同一班次工作。另一些组织使用轮班制，即员工在某一段时间内（如一个月内）都在一个班次上工作，然后切换或轮换到另一个班次。如果组织采用三班倒序列，那么每位员工将有 1/3 的时间上夜班。

上夜班最明显的健康问题是睡眠障碍，即要么无法入睡，要么睡眠质量差（Daus, Sanders, & Campbell, 1998）。正常睡眠/觉醒周期的中断会影响个体全天生理变化的**昼夜节律**（circadian rhythm），包括体温变化和血液中激素水平的变化。昼夜节律和睡眠/觉醒周期的中断可能是夜班员工出现健康问题的影响因素。夜班员工还可能经历更多的心理健康问题，如焦虑或抑郁（von Treuer, Fuller-Tyszkiewicz, & Little, 2014），以及身体健康问题（图 11-3）。最常见的身体健康问题可能是消化系统受到影响（Koller, Kundi, & Cervinka, 1978）。Akerstedt 和 Theorell（1976）对员工在上夜班前、上夜班中以及夜班结束后一段时间内的生理变化进行了研究。这项研究在 5 周内每天 2 次评估血液中与胃酸分泌有关的促胃酸激素水平。结果显示，上夜班期间的促胃酸激素分泌减少，可能是消化系统出现问题的主要原因。

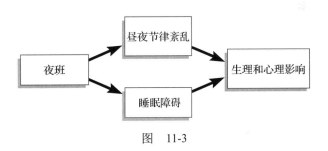

图 11-3

除了健康问题，轮班还会引起社会问题。不得不在晚上工作白天睡觉的状况会将员工从家庭与朋友中孤立出来。Bohle 和 Tilley（1998）调查了医院护士对轮班的感受，发现预测不满意的最佳指标是工作和非工作活动之间的冲突，报告高冲突水平的个体往往对轮班工作最不满意。

有一些办法可以将夜班的负面影响降到最低。Barton 和 Folkard（1991）发现，临时性夜班者相较永久性夜班者有更大的睡眠问题，但永久性夜班者与白班者相比却没有出现更多的睡眠问题。这些结果表明，永久性夜班可能比轮班造成的问题更少。另外，Barton 和 Folkard 发现，他们研究中永久性夜班的护士都是自愿上夜班的。考虑到人们适应夜间工作的能力各不相同（Saksvik-Lehouillier, Bjorvatn, Hetland, Sandal, Moen, Mageroy et al.,

2012），参与者很可能由能够经受夜间工作的人组成。对于使用轮班制的组织，有一种方法可以减少负面影响。Karlson、Eek、Orbaek 和 Osterberg（2009）表明，通过逆顺序倒班法（从白班到夜班到晚班）和让人们一次轮班几周的方法可以将轮班制的消极影响降到最低。

长途车司机有时会长时间工作，睡眠模式会受到干扰。

11.2.2　长轮班

典型的全职轮班工作时间是 8 小时。然而，许多组织已经实行更长的轮班时间，许多员工从事的工作没有固定轮班时间，但实际需要更长的工作时间。例如，卡车和公交车司机可能面临无法在 8 小时内完成的线路安排。最受欢迎的替代方法是每周工作 4 天、每天工作 10 小时的轮班形式，或每周工作 4 天、每周工作 40 小时的轮班形式。一些每天 24 小时都开工的组织可以实行每天两个 12 小时的轮班。

长轮班带来的一个重要难题就是疲劳（Bendak, 2003）。对于脑力劳动或体力劳动的工作，每班工作 10～12 小时会令人相当疲惫，但许多员工喜欢长工作日，因为这让他们有更多时间从工作中恢复，每周也有更多可利用的空闲时间（Bendak, 2003）。长轮班可以带来较高的工作绩效和工作满意度（Baltes, Briggs, Huff, Wright, & Neuman, 1999）。与之相反，Raggatt（1991）对澳大利亚公交车司机进行的一项研究发现，长轮班可能会带来严重的健康后果（见"研究案例"部分）。每班的工作时间长度与员工的睡眠问题、饮酒和兴奋剂的使用有关。这些后果也与工作不满和糟糕的身体健康有关。因此，长轮班会对某些工作产生不利影响，而对另一些工作则可能是有益的。

● 研究案例

对工作环境和工作压力的问卷研究存在一个局限，即多数被评估的变量是相当抽象的理论构念，如自主性和角色模糊。本研究（Raggatt, 1991）则不同，所选择的主要工作环境变量是过去一个月的工作时数。设计这项研究是为了确定长时间工作是否与一些心理、生理和行为上的压力以及事故有联系。

本研究的被试是 93 名澳大利亚公交车司机。被试被要求完成一份关于工作满意度、心理困扰、健康症状、睡眠问题、超速驾驶、服药、饮酒和以往事故数量的调查问卷，同时报告自己在研究开始前四周内的工作时数。研究中的许多被试轮班时间很长，大多每周工作都超过 40 小时，每天工作 12～14 小时非常常见。

结果表明，长轮班和服用药物（如兴奋剂）、饮酒及睡眠困难有关。这些压力与健康症状、心理困扰、工作不满以及事故存在相关。被试还报告了远多于普通人的健康症状、抑郁、焦虑和疲劳问题。

Raggatt 提出了一个模型，认为工作要求会导致疲劳和睡眠障碍，特别是要求司机长时间轮班。司机们的应对策略通常是使用兴奋剂保持清醒，使用镇静剂和酒精进入睡眠。驾驶和睡眠不足造成的疲劳，以及药物和酒精的使用，共同增加了生理和心理压力。Raggatt 建议，给予司机更多的休息时间和更短的工作班次安排可以缓解许多与健康相关的重要问题。组织需要注意长时间轮班对健康的影响。

资料来源：From "Work Stress Among Long-Distance Coach Drivers: A Survey and Correlational Study," by P. T. Raggatt, *Journal of Organizational Behavior,* 12, 565–579.

然而，不仅长轮班会对员工产生不利影响，每周工作的小时数也会让员工面临更高的工作要求和其他工作压力事件（Ng & Feldman, 2008）。长时间的工作与任职者的高血压（高的血液压力）有关（Yang, Schnall, Jauregui, Su, & Baker, 2006）。这种有害影响似乎仅仅发生在那些非自愿长时间工作的员工身上，而此类非自愿情况在那些缩减规模或裁员后的组织中经常发生（Sparks, Cooper, Fried, & Shirom, 1997）。裁员中的"幸存者"通常要花更多的时间来完成被解雇同事的工作。欧盟委员会在20世纪90年代中期出台规定，限制其成员国员工的工作时数，包括每天和每周的最大工作时数（分别为13小时和48小时）。但是，这样的限制尚未在美国和其他非欧洲工业化国家实施。

11.2.3　弹性工作制

固定的工作时制仍然是普遍现象，但是越来越多的组织已经在尝试被称为**弹性工时**（flextime）的弹性工作制，即允许员工自己决定或至少参与决定自己每天工作几小时。2004 年，约 28% 的美国工人没有固定的工作时间表（美国劳工部，2004）。这种工作制种类繁多，从只要求员工在每天规定的时间内工作，到允许员工可以提前或者推迟一小时开始工作。正如本章随后在工作-家庭冲突部分所探讨的，弹性工时可以作为家庭友好政策的一部分，以使有工作的父母有更多的灵活性来承担照顾孩子的责任。

从组织角度看，弹性工作制的一个优势是其允许员工在他们自己的时间而不是工作时间内处理私人事务。因此，员工可以在早上去看医生而晚一点开始工作。意料之中，Baltes 等人（1999）的元分析证实弹性工时比固定工作制下的缺勤情况更少，并且 Ralston（1989）发现弹性工时下的迟到情况也更少。然而，弹性工作制与工作绩效、满意度之间的关系还不太一致。Baltes 等人（1999）发现，弹性工时提高了客观测量的生产率，却未促成更高的上司评定的绩效。员工在弹性工时下的工作满意度略高，但该效应的幅度较小。

11.3　职业压力

每个人都曾在某个时刻有过**压力**（stress）体验。参加考试对多数学生，尤其是对于那些想考出好成绩的学生来说是一个具有压力的情境。多数工作都有一些让员工感觉到有压力的情境。被上司斥责，时间太紧以至于一项重要的任务不能完成，或者被告知可能被解雇，这些几乎是所有人都会感到有压力的情境。在本节中，我们将回顾已知的职业压力的影响。

11.3.1　职业压力过程

为了理解职业压力，你首先要了解压力过程涉及的几个概念。**工作压力源**（job stressor）是一种需要员工进行适应性反应的工作条件或情境（Jex & Beehr, 1991）。被斥责、时间太少以及被告知可能被解雇都是工作压力源。**工作压力**（job strain）是员工对压力源的消极反应，比如愤怒、焦虑或者诸如头痛等躯体症状。Jex 和 Beehr

（1991）将压力反应分为心理反应、生理反应、行为反应。

如表 11-4 所示，心理反应涉及情绪反应，如焦虑和沮丧。生理反应包括症状和疾病，前者如头痛或胃部不适，后者如癌症。行为反应是对工作压力源的反应，包括物质滥用（如饮酒）、抽烟、事故和反生产工作行为。

表 11-4　三种类型的工作压力举例

工作压力	特定后果举例
心理反应	愤怒
	焦虑
	沮丧
	工作不满意
生理反应	躯体症状
	头晕
	头痛
	心跳加速
	胃部不适
	疾病
	癌症
	心脏病
行为反应	事故
	抽烟
	物质滥用
	离职

资料来源：From "Emerging Theoretical and Methodological Issues in the Study of Work-Related Stress," by S. M. Jex and T. A. Beehr, 1991, *Research in Personnel and Human Resources Management*, 9, 311–365.

职业压力的过程模型假设工作压力源导致了工作压力。然而，人们普遍认识到这个过程并不是无意识的，员工对压力源的感知和评估是这个过程的重要环节。评估是个体解释一个事件或情境对自身产生威胁的程度。并不是每个人都将同一种情况视为工作压力源。有人把被分配了额外的工作任务看作给领导留下好印象的机会，而有人将这看作对其空闲时间的不公平要求。

图 11-4（Frese & Zapf，1988）阐明了工作压力源导致工作压力的过程。在这个模型中，工作压力源（步骤 1）是工作环境中的客观条件或情境，例如工作时可能着火了。但是，要使火成为压力源，员工必须要意识到火的存在才可以。这就引出步骤 2，感知压力源。然而仅仅感知到压力源还不足以导致压力。员工必须将压力源评价为令人厌恶的或是有威胁的（步骤 3）。如果一栋建筑物起火，几乎所有人都会将这种情况评估为威胁。但如果仅仅是一个烟灰缸着火，应该不会有很多人将其视为威胁。然而，如果出事地点满是易燃材料，即便是一根点燃的火柴也是很危险的。对情况的解释或评估决定了是否会进入后续步骤，产生压力。在这一模型中，压力分为短期的（步骤 4）和长期的（步骤 5）两种。短期压力是立即发生的，员工一看到火，就会感到恐惧（心理反应），变得恶心（生理反应），继而跳出窗外（行为反应）。从中经历过足够严重的创伤的个体可能患创伤后应激障碍（PTSD），这是一种长期压力。

图 11-4　工作压力的五步过程模型

资料来源：From "Methodological Issues in the Study of Work Stress: Objective vs Subjective Measurement of Work Stress and the Questions of Longitudinal Studies" (pp. 375-411), by M. Frese and D. Zapf, 1988, in C. L. Cooper and R. Payne (Eds.), *Causes, Coping and Consequences of Stress at Work*, Oxford, England: John Wiley.

11.3.2 工作压力源

工作环境中的许多事情都能产生压力。有些是在大多数工作中都会出现的情况，例如与同事的冲突或者沉重的工作负荷，也有些是具体到特定职业的。例如，Parasuraman 和 Purohit（2000）发现，对于乐团的演奏家来说，一个主要的压力源是被要求做违反他们艺术完整性的事情。但这种情况对于护士来说是不存在的，因为她们必须面对的是由濒死病患带来的压力。尽管许多工作中的不同情况都可能会成为工作压力源，但也只有为数不多的几种得到研究。

1. 角色模糊和角色冲突

研究者经常将角色模糊和角色冲突作为角色压力一起进行研究。**角色模糊**（role ambiguity）是员工不确定他们的工作职能和责任的程度。许多管理者未能给他们的下属提供清晰的指导和方向，导致员工不清楚自己应该做些什么。

当人们在工作中（内部角色）或工作与非工作（外部角色）之间遇到不相容的要求时，就产生了**角色冲突**（role conflict）。内部角色冲突由工作中的多种要求引发。例如，两名上司可能提出了互不相容的要求。一个可能要求员工在工作中更加仔细，而另一个可能要求员工干得快点。这两种要求是互不相容的，因为员工要更加仔细，就不得不把工作放得更慢。这种不相容性在角色冲突中得到反映。

外部角色冲突发生在工作领域要求和非工作领域要求之间。例如，当员工有了孩子，孩子的需求与工作的要求产生矛盾时，此类冲突就会经常发生。当孩子生病时，一位家长可能不得不离开工作岗位而待在家里，从而体验到角色冲突。这类角色冲突会在工作-家庭冲突这一部分予以讨论。

有关角色模糊和角色冲突的研究主要关注心理压力。Jackson 和 Schuler（1985）的元分析结果表明，高水平的两种角色压力与低工作满意度、高度焦虑/紧张和离职意向相关。Glazer 和 Beehr（2005）指出，不仅在美国，在匈牙利、意大利和英国等国家，角色相关变量也与心理压力有关。但是，角色压力源的研究大多采用员工自陈量表。这意味着角色压力源是在五步模型中的评估阶段（步骤3）加以评定的，因而不清楚客观工作条件在多大程度上对这些评估有影响以及这些条件是否会导致心理压力。Jex 和 Beehr（1991）怀疑角色模糊和角色冲突或许不是非常重要的压力源。一些研究强调它们不那么重要。在这些研究中，员工被要求讲述最近工作中发生的压力性事件，但是被试很少提及反映角色模糊和角色冲突的事件（C. Liu, Spector, & Shi, 2007）。

2. 工作负荷

工作负荷涉及工作施加给员工的工作要求，可以分为两种类型：定量的和定性的。定量工作负荷是一个人的工作量。高定量工作负荷意味着一个人要做的工作太多。定性工作负荷是相对于一个人能力而言的工作难度。高定性工作负荷意味着工作太困难以至于员工不能轻松完成工作任务。在工作中，员工可能只体验到一种工作负荷。员工可能有很多工作要做但不一定难做，或者要做的工作很困难却不一定很多。第三类工作负荷是一个人使用通信技术与工作持续联系的程度。Barber 和 Santuzzi（2015）指出，人们可以体验到**职场通信压力**（workplace telepressure），即非工作时间需要不断检查和回复工作电子邮件和其他信息的工作要求。

有研究发现，工作负荷与所有的压力类型（如心理的、生理的和行为的）都相关（Jex & Beehr, 1991）。该研究采用多种方法，使我们能够得到关于这种压力源的可能后果的更明确的结论。

问卷调查结果也显示，员工报告的工作负荷与多种压力反应有关。Spector、Dwyer 和 Jex（1988）发现，工作负荷与焦虑、沮丧、工作不满、离职意向等心理压力反应以及健康症状等生理压力反应显著相关。Karasek、Gardell 和 Lindell（1987）发现工作负荷与抑郁、耗竭、工作不满、健康症状和心脏病等压力反应有关。

3. 不合规任务

Norbert Semmer 和他的瑞士同事注意到，员工在工作中有时会被要求做他们认为不适当的任务，例如护士被要求做看护工作（Semmer, Tschan, Meier, Facchin, & Jacobshagen, 2010）。他们认为**不合规任务**（Illegitimate Tasks）是那些要求员工做的却超出了员工可接受范围的任务。不合规任务有两种类型：一种是不合理的任务，即可能很重要但应该由他人完成的任务；另一种是不必要的任务，即根本不需要完成的任务。要求员工做他们认为不合规的任务会对员工自身和组织产生不利影响。被要求执行此类任务的员工可能会感到不满和不公正（Stocker, Jacobshagen, Semmer, & Annen, 2010），这可能导致他们做出反生产工作行为（Semmer et al., 2010）。

4. 社会性压力源

当被问及最近工作中发生的最有压力的事件时，员工经常提到那些涉及人际关系的事件（C. Liu et al., 2007）。能够与他人友好相处是幸福感的一个重要元素，而不能与他人友好相处会成为一种严重的压力源。因为员工把自己的时间大量花费在工作上，与同事、上级和其他人的社交关系在某种程度上会成为他们生活中最重要的事。涉及他人的压力事件被称为**社会性压力源**（social stressors），包括人际冲突以及被组织内外的他人（如同事、上司、下属、客户、消费者、患者或公众人士）虐待。

人际冲突发生在人们与他人发生争论和纠纷的时候。人际冲突可能是轻微的分歧，也可能是激烈和恶劣的互动，这些互动可能会变成肢体冲突。C. Liu、Yang 和 Nauta（2013）对三所大学的员工进行调查，发现那些与他人发生冲突的员工更容易感到焦虑和抑郁。Bowling 和 Beehr（2006）对 28 项关于人际冲突与工作压力关系的研究进行了元分析，发现冲突既与身体上的压力反应（如头痛和胃痛）有关，也与心理上的压力反应（如工作不满）有关。从 1990 年到 1991 年，Dormann 和 Zapf（1999）在德国开展了一项纵向研究，在国家统一前后对一个员工样本进行了评估，其中包括对冲突和抑郁症状等社会性压力源的问卷测量。他们发现社会性压力源与一段时间后的抑郁症状存在相关，因而提出糟糕的人际关系可能会导致心理压力。

人际冲突假定两人或两人以上有双向互动，而一些社会性压力源主要是单向的，一个或多个个体目标在某种程度上受到一个或多个行动者的虐待。此类压力源可能是相对温和的无礼行为，也可能是更激烈的言语辱骂和攻击行为。有时这类事件会升级为身体对抗甚至暴力行为。不管行动者是组织成员（如同事或上司）（Hershcovis, 2010）还是非组织成员（如顾客）（Milam, Spitzmueller, & Penney, 2009），成为被虐待的对象都是有压力的。

正如 Lim、Cortina 和 Magley（2008）所解释的那样，**无礼行为**（incivility）由粗鲁和淡漠的低强度言语行为组成，这些行为并不总是有明显伤害他人的意图。这类行为可能包括轻蔑的评论或讽刺、带有敌意的眼神或者忽视某人等。通常情况下，即使行动者可能并没有任何冒犯的意图，目标对象也会觉得自己没有受到尊重。不管意图如何，那些感觉自己是无礼行为的目标对象的个体会表现出紧张的症状，例如情绪困扰和对工作不满（Lim & Lee, 2011; Zhou, Yan, Che, & Meier, 2015）。无礼行为会对组织和员工产生不利影响。研究表明，无礼行为会对工作绩效产生负面影响（Sliter, Sliter, & Jex, 2012），而受到无礼行为影响的员工更有可能表现出反生产行为（Sakurai & Jex, 2012）。

更极端的虐待形式可能包括明显的员工辱虐，在极端情况下甚至可以被视为欺凌（Rayner & Keashly, 2005）。**欺凌**（bullying）是一段时间内直接指向某人的持续重复的辱虐行为。它包括口头和身体上的行为，如一些欺凌者采取身体攻击和暴力威胁的方式。尽管人们一般认为欺凌是单个行动者对一个或多个目标进行的，但工作场所的欺凌可能是多个行动者对一个目标的行为。这种行为有时称为**滋扰行为**（mobbing）（Zapf & Einarsen, 2005），在欧洲比在北美更为普遍。Zapf 和 Einarsen（2005）认为欺凌和滋扰行为是社会性压力源的极端形式，对受害者会产生严重的影响。Nielsen 和 Einarsen（2012）在对欺凌的元分析中发现，被欺凌的受害者可能会出现焦虑、抑郁、身体健康问题以及创伤后应激障碍症状。

5. 组织政治

组织政治意味着员工感知到其同事和上级做了将个人利益置于组织和他人利益之上的自利行为。它也包括奖励被认为是基于偏袒而不是实绩的情况（Kacmar & Carlson, 1997）。组织政治可以导致压力反应，因而被认为是一种压力源。例如，Hochwarter、Kacmar、Perrewé 和 Johnson（2003）调查了来自不同组织的 311 名员工，发现组织政治知觉与心理和生理压力反应都有关系。同样，Vigoda（2002）在三个以色列样本组成的系列研究中也发现，组织政治与心理和生理压力反应、低组织承诺和低工作满意度相关。

6. 控制

控制是指员工能够对自己的工作做决定的程度。这些决定涉及工作的各个方面，包括何时做、在哪做、怎样做和具体任务是什么。高控制的员工能够设定他们自己的工作时制，选择他们自己的工作任务以及决定如何完成这些任务。在低控制的工作中，工作时制是设定好的，工作任务由他人分配，甚至完成工作任务的程序常常也被限定了。大学教授能决定自己教什么课程，如何教授，甚至常常能决定在何时何地上课，因而有较高的控制水平。工厂的工人按照固定时间表去做被分配的具体工作，也会被精确地告知如何完成任务，因而通常控制水平较低。许多工厂的工作由机器决定速度。换句话说，工作是以传送带上固定的速率决定的，工人必须跟上机器，导致他们对工作速度的控制力很低。

控制是职业压力过程中一个极其重要的组成部分，缺乏控制可能成为压力源。自主性是工作特征理论的一个组成部分（见第9章和第10章）。研究发现，控制感与三类压力反应都有关联，其中与心理压力关系的研究结果最为一致。表 11-5 给出了 Spector（1986）的元分析中报告的控制感与几种压力的平均相关系数。如表所示，高控制与高工作满意度、高组织承诺、高工作投入以及高绩效相关；低控制与高情绪困扰、高离职意向、不良的健康症状、高缺勤和高离职相关。

表 11-5 控制感与工作压力的平均相关系数

压力源	平均相关系数
工作满意度	0.30
组织承诺	0.26
工作投入	0.41
情绪困扰	−0.25
离职意向	−0.17
健康症状	−0.25
缺勤	−0.19
工作绩效	0.20
离职可能性	−0.22

资料来源：From "Perceived Control by Employees: A Meta-Analysis of Studies Concerning Autonomy and Participation at Work," by P. E. Spector, 1986, *Human Relations*, 11, 1005–1016.

Spector（1986）在元分析中总结，有关控制的研究关注的是员工在工作中体验到的控制感。这些研究大多采用向员工发放问卷的方法来评估控制和压力。这类研究无法确定工作压力是控制感的结果，还是控制感是压力的结果。也许不喜欢自己工作、低承诺或健康状况不佳的员工，都会把他们的工作感知为低控制的，但其工作本身可能并非如此。如前所述，有证据表明，人们感受工作的方式影响了他们对工作的知觉，包括控制感（Spector, 1992）。换句话说，假定的压力可能导致假定的压力源，而并非反过来。使事情更加复杂的是，有研究发现，在工作中表现良好的员工被给予了更多的控制权（Dansereau, Graen, & Haga, 1975），这表明绩效影响员工拥有的控制权，表现良好者被给予的额外控制权可能提升了他们的工作满意度。这意味着压力源是由压力导致的，而不是压力源导致了压力。然而，已经有一些关于客观控制的研究使得我们能对控制在职业压力中的角色得出更确定性的结论。

关于客观或实际控制的研究因其不依赖于员工的主观报告而有助于解释控制对压力影响的问题。这些研究让我们得以不依赖于员工的感知或评估（或是图11-6中职业压力模型的第1步），而对低控制的影响得出结论。客观测量的结果并不总是与控制的主观报告相一致。例如，C. Liu、Spector 和 Jex（2005）指出，采用职业信息网（O*NET）（见第3章）测得的控制分数与缺勤和生病相关，但与心理压力无关。而员工的控制感与疾病和心理压力相关，但与缺勤无关。

11.3.3　要求/控制模型

要求/控制模型（demand/control model）认为，工作压力源的影响是工作要求与员工控制之间复杂的相互作用（Karasek, 1979）。工作要求是压力源，例如需要适应的工作负荷。换句话说，工作要求会消耗员工应对环境的能力。根据这一理论，只有在控制不足时，工作要求才会导致压力，或者说，拥有控制减少了工作要求的消极影响，即控制是压力缓冲器。图11-5阐明了控制对工作要求与压力之间的关系的影响。如图所示，当员工处于高控制时，工作要求（压力源）不会导致压力；当员工处于低控制时，压力随压力源的增加而增加。这个模型意味着在工作中给予人们控制权是一个减少或缓冲工作压力源的消极影响的成功策略。

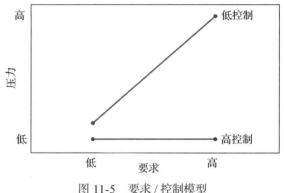

图11-5　要求/控制模型

对要求/控制模型的研究得到了不一致的结果，只有一些研究证实了其假设（Häusser, Mojzisch, Niesel, & Schulz-Hardt, 2010）。至少，结果不一致的部分原因可能与对工作要求和控制的测量有关，不同的研究所使用的测量方法并不相同。Wall、Jackson、Mullarkey 和 Parker（1996）指出，控制的本质在模型检验当中至关重要。他们发现，当测量的是员工对即时任务的控制，而非对更常规工作的控制时，结果能够支持这一模型。另一个可能的因素是大多数研究测量的是一般或典型的工作要求、控制和压力水平。George Bishop 及其同事（Bishop, Enkelmann, Tong, Why, Diong, Ang et al., 2003）每天重复多次评估了控制、工作要求和血压，发现与理论预期一致，高工作要求－低控制事件与血压升高有关。

11.3.4　酒精作为一种应对机制

员工可以采取各种各样的行为来应对工作压力源。一些行为可以直接消除或减少压力源，比如找出更有效的方法来应对繁重的工作；另一些行为则涉及如何应对工作压力源引发的工作压力。饮酒是应对压力性工作条件的一种方式（Frone，2015）。例如，Biron、Bamberger和Noyman（2011）调查了569名以色列工厂工人，发现饮酒与在空气污染、高温和繁重工作等不舒服的物理条件下工作有关。同样地，Bacharach、Bamberger和Doveh（2008）在对纽约市消防员的研究中发现，酒精是工作中应对压力的一种手段，比如应对自杀企图或死亡事件。

使用酒精作为工作压力源的应对方式可能会受到个人和组织因素的影响。例如，Wang及其同事研究了中国员工的饮酒情况，发现那些负性情感（体验负性情绪的倾向；见第9章）高的人比负性情感低的人更有可能用酒精来应对充满压力的工作环境（S. Liu, Wang, Zhan, & Shi, 2009）。此外，同伴规范对饮酒行为有影响，即如果同事认为饮酒可以接受，则人们更有可能饮酒（Wang, Liu, Zhan, & Shi, 2010）。

虽然适度饮酒可能对组织没有太大影响，但大量饮酒是一个严重问题。因为在工作场所醉酒会降低工作绩效，增加发生工作场所事故和受伤的风险，所以在工作场所饮酒会造成明显的问题。此外，下班饮酒也会给组织带来问题。例如，在家里大量饮酒与缺勤相关（Bacharach, Bamberger, & Biron, 2010），这可能是由与宿醉相关的疾病引起的。

11.3.5 恢复

无论是好是坏，无论是工作内外，压力都是日常生活的一部分。即便是在压力相对较低的工作岗位上，员工也可能因完成日常工作任务变得疲劳和紧张。为了减轻压力和保持工作绩效，员工需要时间去恢复。**休假**（respite）是一种短暂歇息，可以让人在心理上脱离工作或忘记工作（Fritz, Yankelevich, Zarubin, & Barger, 2010）。休假时间的长短存在差异，可以从一个晚上到整个假期。对假期的研究表明，休假在减少压力和恢复精力方面非常有效，但其影响相当短暂，工作几周之后压力又会回到基线水平（Fritz & Sonnentag, 2006）。此外，休假的有效性（无论是一个晚上还是整个假期）取决于个体休假时从事的活动类型。例如，有效的活动一定是允许员工从心理上脱离工作并令人放松的，这样才可以减少压力（Hahn, Binnewies, Sonnentag, & Mojza, 2011）。晚上下班后与家人或朋友一起的社交活动也可能是有效的（Bakker, Demerouti, Oerlemans, & Sonnentag, 2013）。

11.4 工作-家庭冲突

工作-家庭冲突（work-family conflict）是外部角色冲突的一种形式（见本章前面有关角色冲突的讨论）。它可能是工作要求和家庭要求相冲突，例如不得不在工作上花费时间以至于留给家庭的时间不足（Baltes & Heydens-Gahir, 2003）；也可能是家庭要求对工作产生妨碍，例如不得不带孩子去看病导致个体无法工作。这类问题对有孩子的双职工和单亲家长来说尤其突出。对于双职工父母或单亲来说，在家里照顾生病的孩子、参加学校联欢等问题必然会引发角色冲突。

一些因素会导致工作-家庭冲突。在组织方面，不得不长时间工作（Ford, Heinen, & Langkamer, 2007）和缺乏灵活性的工作安排会导致冲突（Major, Klein, & Ehrhart, 2002）。在员工方面，人格可能是一个因素。例如，研究表明，负性情感水平高的个体（体验负性情绪的倾向）报告了更多的工作-家庭冲突（Bruck & Allen, 2003; Wayne, Musisca, & Fleeson, 2004）。当然，这些人往往体验到的各种压力也比较大，并且心理压力会加剧工作-家庭冲突（Nohe, Meier, Sonntag, & Michel, 2015）。这可能是因为一个情绪不安的人由于度过了艰难工作的一天，所以在下班后担负家庭责任（如和孩子一起玩）的能力就会下降。

工作-家庭冲突对男性和女性都会产生许多消极影响。Allen、Herst、Bruck 和 Sutton（2000）关于工作-家庭冲突的元分析发现，工作-家庭冲突与工作满意度的平均相关系数为 -0.23。报告高工作-家庭冲突的个体，其工作满意度较低。工作-家庭冲突还和工作压力有关，包括高工作-家庭冲突与焦虑（Ford et al., 2007）、抑郁和躯体的健康症状（Major et al., 2002）、缺勤和迟到（Hammer, Bauer, & Grandey, 2003）、对日常生活不满（Michel, Mitchelson, Kotrba, LeBreton, & Baltes, 2009）。

尽管同时扮演家长角色和工作角色会有不利影响，尤其是女性通常还承担着照顾孩子的主要责任，但双重角色也会产生积极的影响（Langan-Fox, 1998）。工作能提供较强的自尊和来自他人的社会支持，这对有些人而言抵消了双重角色更为消极的影响。同样地，工作对家庭可能会有积极影响，家庭也可能会对工作有积极影响。Hanson、Hammer 和 Colton（2006）指出，同事可以帮助解决家庭事务，家庭成员可以帮助解决工作问题。

关注工作-家庭冲突的组织已经通过提供家庭友好型福利来帮助员工。两种最常用到的方法是弹性工作制和工作场所的儿童照顾。这就使得有孩子的员工履行家庭和工作职责都变得容易了。弹性工作制允许员工抽出时间去处理非工作要求，比如带生病的孩子去看医生。Scandura 和 Lankau（1997）针对弹性工时和工作态度，对男性与女性经理进行了调查。对于那些与孩子共同生活的男性和女性经理来说，弹性工作制与高工作满意度相关。现场儿童看护使父母可以带孩子一起工作，为他们提供了方便。不幸的是，尽管家庭友好型福利旨在减少工作-家庭冲突，但由于缺乏上司的支持，这些福利并不能得到充分利用（Shockley & Allen, 2010）。事实上，Butts、Casper 和 Yang（2013）发现，仅仅制定家庭友好型政策并不能减少工作-家庭冲突。为了让其发挥作用，组织必须运用这些政策。这些政策能够确保得到使用的一种方式为，组织应该让管理者成为家庭友好型上司，继而去鼓励员工使用这些福利（Kossek, Pichler, Bodner, & Hammer, 2011; Matthews, Mills, Trout, & English, 2014）。

11.5 倦怠

倦怠（burnout）是指员工长时期从事某种工作后可能会体验到的一种低落的心理状态。经受倦怠的个体会出现情感耗竭、工作动机降低、对待工作没有精力和热情等问题。最初，这一概念用于解释助人行业的员工的反应，如精神治疗师和社会工作者等。早期的倦怠研究者认为，倦怠是与他人热情打交道的结果，并且已有研究支持了这一观点。例如，Bakker、Schaufeli、Sixma、Bosveld 和 Van Dierendonck（2000）发现，病患的要求与医生的倦怠有关。最近这一观点已经延伸到各行各业中，甚至包括那些在工作中与他人很少接触的员工。

通过量表可以对员工的倦怠水平进行评估。最流行的量表是 Maslach 倦怠量表（Maslach Burnout Inventory, MBI）（Maslach, 1998），用于测量倦怠的 3 个成分：情感耗竭、人格解体、低个人成就感。

情感耗竭是指工作中的疲倦和虚弱感。人格解体是对待他人的冷漠和麻木感。低个人成就感是指员工感到在工作中没有完成任何有价值的事情。表 11-6 列出了每种倦怠成分的部分相关结果，例如情感耗竭将导致缺勤和疲劳。

表 11-6 倦怠的 3 个成分及其预期后果

成　分	后　果
情感耗竭	缺勤 疲劳

（续）

成　分	后　果
人格解体	冷淡地、漠不关心地对待客户和其他人 对他人有敌意
低个人成就感	低动机 低绩效

倦怠感已经被发现与许多工作压力源和工作压力反应的变量有关，并被认为是压力反应的一种。倦怠与压力源相关，如角色模糊、角色冲突（Beehr, Bowling, & Bennett, 2010）和缺乏控制（Fernet, Guay, & Senecal, 2004）。Hakanan、Bakker 和 Jokisaari（2011）的研究表明，高工作要求可预测 10 多年后的倦怠。从压力的角度来看，倦怠与缺勤、离职、低绩效（Swider & Zimmerman, 2010）以及躯体症状（Beehr et al., 2010）相关。此外，倦怠甚至与更高的心血管疾病风险有关（Melamed, Shirom, Toker, Berliner, & Shapira, 2006）。图 11-6 展示了一些与倦怠相关的工作压力源和压力反应。这些压力源可能是倦怠的原因。

图 11-6　与倦怠有关的工作压力源和压力反应

资料来源：From "A Review and an Integration of Research on Job Burnout," by C. L. Cordes and T. W. Dougherty, 1993, *Academy of Management Review*, 18, 621–656.

正如我们在工业与组织心理学的许多领域中看到的那样，倦怠的研究主要采用自我报告的调查方法。我们从这些研究中了解到许多与倦怠相关的变量，但是还不能明确倦怠产生的原因以及组织要如何防止倦怠的产生。现有研究为减少倦怠提供了两种方式。第一，正如我们在前面围绕休假讨论的那样，员工可以通过短时的歇息和暂时休假（Fritz et al., 2010）或长假期来降低倦怠水平（Fritz & Sonnentag, 2006）。第二，作为减轻倦怠的一种方法，组织应该鼓励管理者为员工提供积极的反馈并与员工讨论工作的积极方面，从而向员工提供情感支持（Kahn, Schneider, Jenkins-Henkelman, & Moyle, 2006）。

本章小结

对那些必须使用危险设备和物质的蓝领工人或是白领员工来说，工作场所都是一个危险的地方。许多危险会立即产生影响，比如在事故中受到伤害。但更多的情况是工作条件在许多年内都没有显现出影响，比如在致癌的化学物中暴露多年以后才会患癌症。

事故是劳动适龄人员死亡的一个主要原因。事故的原因包括员工和组织两方面的因素。通过消除工作场所的身体伤害和培育安全氛围以鼓励安全行为的方案可以有效减少事故的发生。

物理性工作条件产生的影响主要集中于生理方面。暴露于传染病中会感染疾病，暴露在巨大的噪声中会损害听力，重复动作和举重物可能会诱发肌肉骨骼疾病（MSDs），暴露于有毒物质中会导致受伤。非物理性的工作条件会产生生理和心理的双重影响。例如，工作时制与工作满意度和身体症状有关。

研究已显示职业压力是心理压力的原因之一。虽然许多研究是间接的，但越来越多的证据表明工作要求和控制对身体健康有重要影响。然而，工作压力源的部分影响可能是间接的。例如，研究已经把工作条件与诸如抽烟和饮酒等健康相关行为联系起来。

工作 - 家庭冲突关注工作场所和家庭之间的不相容要求，可以被认为是一种与生理和心理压力都有关联的压力源。男性和女性都会体验到工作 - 家庭冲突。组织采用包括弹性工作制和在工作场所看护儿童等大量管理措施来降低员工的工作 - 家庭冲突水平。

倦怠是一种包含疲劳和缺乏工作动机的心理状态。关于倦怠的研究已经发现倦怠与许多工作压力源和压力反应有关，可能其本身就是一种心理压力反应。

工业与组织心理学实践

本案例讨论了 Stacey Moran 博士是如何与组织一起为客户/顾客和员工改善组织中的安全措施的。Moran 博士 1991 年从宾夕法尼亚州立大学获得工业/组织心理学博士学位，现在是圣保罗旅客保险公司员工赔偿与成本控制部门的一名成员。她的任务是帮助组织应用心理学原理解决工作中的健康和安全问题。作为美国最悠久的保险组织，圣保罗旅客保险公司很有兴趣帮助顾客减少他们遭受事故的数量和程度。为实现这一目的，Moran 博士向投保人和公司代表提供咨询、开展安全培训项目，以及开展事故经历和安全实践的调查。她的工作涉及职业健康心理学所有领域的问题，包括事故、倦怠、压力和暴力等。

她的一个项目是对北美从事户外冒险行业的组织进行调查。这是一个快速增长的服务行业，旨在提供户外娱乐活动，如露营、攀岩和急速漂流。其中有许多组织处于非营利阶段，如男童子军和女童子军。因为顾客参与的许多活动都有致伤的可能性，所以这个行业十分关注安全问题。

该项目的目标是从大量的组织样本中收集他们关于安全关注事项和安全措施的信息。这将提供一幅关于该行业状况的图景，可以告诉组织为了提高安全应该朝哪个方向努力。Moran 博士与美国的 Outward Bound 合作，它是圣保罗旅客保险公司的客户以及世界上最古老和最大的户外冒险项目。她帮助设计了一个问卷，该问卷发放给遍及北美的 1 265 个组织，回收了 294 份有效调查问卷（近 25%）。她分析了调查的结果，并为这个行业撰写了一份报告。

结果表明，冒险行业的从业者是关注安全的，但他们关注的领域与他们付出努力的领域是不完全匹配的。例如，两个主要问题是司机安全和教练员判断培训。然而，大多数受访者报告说他们的组织未能在这些领域提供培训。研究的主要结论是，组织需要在三方面加以改进：培训、风险评估与追踪事故/伤害模式、以伤害预防为主要目标的安全文化的发展。有趣的是，顾客/客户受伤和员工受伤之间有高相关，即有其中一方的高受伤率的组织就有另一方的高受伤率。因而可知，降低任何一方受伤率的措施都能降低另一方的受伤率。

Moran 博士的报告在全行业内被广泛分发，以告知组织为了保障安全其应该采取的方法。这个项目表明心理学家能够为解决重要的组织问题提供有效行动的信息。

讨论问题：

1. 为什么保险公司要关注其投保顾客/客户的安全？
2. 除了提供培训，组织还能采取哪些措施来确保行车安全？
3. 组织应当如何改善它的安全氛围？
4. 一些上司会争辩说，员工安全不是他们关注的事，员工应该为他们自己的安全负责。请反驳这一观点，并解释为什么要在管理活动中关注安全问题。

做中学

工作场所中的安全

选一个你作为顾客、员工或访客的身份可以接近的工作场所。它可以是你自己所在的大学。在其中寻找使用安全程序的例子。这可能包括安全信息的张贴（比如请使用安全设备）、安全用具的佩带、安全设备的利用或使用，或其他安全措施的标志。记下你所发现的，可以在课堂上进行讨论或与其他学生的发现相比较。

工作场所中的压力

做一个有关职业压力的小型定性研究。要求你认识的5个人（熟人、家庭成员或朋友）讲述一件在过去30天内发生在他们身上的压力事件。让他们描述是什么导致了这个事件，发生了什么，他们是如何反应的。当你问完了这5个人后，逐一检查一下，看看事件的本质是什么。尤其是，看看与发生在工作之外的事件相比，有多少事件是发生在工作中的。看看这些事件是否涉及工作-家庭冲突问题。在所提到的工作场所事件中，看看它们是否属于我们已讨论过的某种压力源，比如角色模糊、角色冲突、工作负荷、缺乏控制或社会性压力源。对压力事件的典型反应是什么？

第五部分

工作的社会情境

Christopher Robbins/Getty Images, Inc.

第 12 章

工作群体和工作团队

第 12 章 概要

工作群体与工作团队
与群体和团队有关的重要概念
群体和团队绩效
群体多样性
对工作群体的干预
本章小结
工业与组织心理学实践
做中学

1988 年 7 月 3 日，美国海军 Vincennes 号导弹巡洋舰击落了一架伊朗客机，机上 290 人全部遇难。舰上的防空作战小组成员对这起致命的发射事故负有责任。这个团队本应能够正确识别敌机并只在受到威胁时才将其击落。很明显是某些环节出了问题，而其中多半应归咎于糟糕的团队合作。某位成员错误地将这架客机识别为敌机，并且在随后的几分钟内，居然没有人纠正这个错误。自这场悲剧发生以来，美国海军耗费了大量时间和精力来试图找出最优的方法来避免此类错误的再次出现。20 多年过去了，美国海军没有再发生过类似的错误。工业与组织心理学家参与了此项工作，并通过研究来改善团队效能（见本章的"工业与组织心理学实践"）。

美国海军并不是唯一一个需要团队合作的组织。无论是工厂、医院、学校还是商店，工作团队都无处不在。任何一个需要一人以上配合完成的工作都与团队有关。当然，并非组织中的所有个体都在团队中工作。在许多工作情境中，我们发现大量员工虽然都相对独立地工作，但是彼此之间仍会保持联系。大学教授、店员、保安和教师经常在没有同事协助的情况下完成大部分工作，但他们仍与组织中做相似工作的同事有联系。即便是最独立的员工也会受到同事行为的影响。

本章我们将从关注员工个体转向关注员工群体。我们会考察工作环境中其他人的行为是如何影响个体行为的。人们很少完全独立工作或完全不受他人的影响，所以我们如果忽视其他人的影响，就不能充分理解个体的行为。

我们先从工作群体和工作团队的区别开始讨论。我们将会分别讨论与工作群体相关的4个概念和与工作团队相关的3个概念：

- 角色
- 规范
- 群体凝聚力
- 过程损失
- 团队冲突
- 团队承诺
- 团队心智模式

随后，本章将探讨群体对工作绩效的影响，包括提升群体和团队绩效的方法。

目标
学习本章后，学生应能够：
1. 定义工作群体和工作团队，并了解二者之间的区别；
2. 解释工作群体相关的4个重要概念和工作团队相关的3个重要概念；
3. 总结群体绩效的研究结果；
4. 了解群体多样性的优势和不足；
5. 讨论可以提高群体和团队工作绩效的方法。

12.1 工作群体与工作团队

工作群体（work group）指两个或两个以上相互影响并拥有相互关联的任务目标的人组成的集合。相互影响和相互关联是工作群体区别于单纯一群人的两个特点。一所大学的院系可以看作一个工作群体。其成员之间经常相互影响，并且他们拥有教育学生这一相互关联的目标。所有成员所教授的课程总和构成了对学生的主要课程要求。然而，大学里的所有学生并不是一个工作群体。首先，虽然其中一部分学生会互相影响，但并不是所有的学生之间都相互影响；其次，他们也不拥有相互关联的目标，每个学生都有一个与他人无关的个人目标。

工作团队（work team）是工作群体的一种，但工作团队有3个特殊属性（West, Borrill, & Unsworth, 1998）：

1. 成员的行动必须相互依赖和相互协调
2. 每个成员必须拥有一个具体且明确的角色
3. 每个成员必须拥有共同的任务目标

例如，在一个外科手术的工作团队中，每个人都有一个明确的角色。外科医生实施切缝；护士协助外科医生并提供手术器具；麻醉师负责麻醉病人并监测其生命体征。这些人的行动是相互协调、配合的。在病人进入麻醉状态之前外科医生无法下刀。如果护士不给外科医生提供手术器具，外科医生就无法进行缝合。手术成功且病人安好是他们的共同目标。

区分工作群体和工作团队是很重要的。所有工作团队都是工作群体，但并不是所有的工作群体都是工作团队。工作群体由一群一起工作的人组成，但他们在没有他人存在的情况下也能独自完成工作。工作团队中的成员在缺少其他成员的情况下无法工作，或无法有效地工作。本章后面介绍的所有工作群体的原理都适用于工作团队，但是工作团队的原理并不一定适用于工作群体。

虚拟团队

正如我们在第10章中讨论的那样，技术（计算机支持协同工作）已经使得人们无须面对面接触就能开展团队合作。**虚拟团队**（virtual team）通过电子邮件、电话、短信、网络会议等技术进行交流，但是，虚拟技术的运用并不是一种全或无的现象。不同团队对电子邮件和电话等虚拟工具的使用是不同的（Kirkman & Mathieu, 2005），有些团队的成员因为身处异地而无法面对面沟通，而有些团队的成员虽然同处一地却仍然选择在某些时候以虚拟的方式交流。

对于面对面群体和虚拟群体的比较发现，前者通常可以更有效地发挥作用。一项对52个研究进行的元分析对比了面对面群体和虚拟群体的工作绩效，发现虚拟团队的任务绩效更差，完成同样任务需要花费的时间更多，成员的满意度也更低（Baltes, Dickson, Sherman, Bauer, & LaGanke, 2002）。其中一些研究得到这样的结果，可能是因为这些研究中的团队主要使用的是文本类虚拟工具。相对于纯文本，使用多媒体（例如使用语音和视频）交流可以获得更高的绩效（Martins, Gilson, & Maynard, 2004）。此外，正确的领导行为可以提高团队绩效，但有趣的是，对面对面团队有效的领导行为在虚拟团队中不一定有效。例如，Hoch和Kozlowski（2014）发现，组织和支持下属的领导行为对虚拟团队无效。一项针对软件开发团队的研究发现：团队成员和其领导经常进行交流的团队拥有更好的绩效（Gajendran & Joshi, 2012）。这表明，在虚拟团队中，领导的角色有所不同并且主要聚焦于促进交流和信息流动。

12.2 与群体和团队有关的重要概念

与群体相关的4个重要概念、与团队相关的3个重要概念可以解释群体和团队行为。前3个概念（角色、规范、群体凝聚力）描述了群体和团队的重要方面，有助于我们理解群体和团队是如何运作的。第4个概念（过程损失）关注的是工作群体和团体中发生的阻碍人们全力以赴投入工作的事情。相比于群体，团队冲突、团队承诺和团队心智模式对于强调协调努力的团队来说更为重要。

12.2.1 角色

角色（role）的概念意味着并非群体或团队中的每个人有同样的作用或目标。相反，不同的个体在群体或团队中有不同的任务和职责。在外科手术团队中，有人"扮演"外科医生的角色，有人"扮演"护士的角色，还有人"扮演"麻醉师的角色。一个运作良好的工作团队会明确定义每一个角色，并且所有团队成员都清楚地知道他们各自的角色是什么。

正式角色（formal role）由组织确立并且是正式工作描述的一部分。在外科手术团队中，每个人的职位（外科医生、护士或者麻醉师）是对其角色的正式定义。组织会通过书面的工作描述或工作分析类文件对角色进行定义。**非正式角色**（informal role）源于群体互动，而不是组织的正式规定和说明。群体可以自己创造出非正式的角色，并且这种非正式角色也可以取代正式角色。

"贺卡发送员"就是工作群体中非正式角色的一个例子。工作群体中的成员通常会在特定时间（例如生日或者结婚等）给其他人赠送贺卡。某个群体成员可能在某些时间扮演着购买和发送贺卡的角色。群体中有时会发生非正式角色取代正式角色的状况，例如某人是群体中的正式主管，而另一个人才是实际的、非正式的领导者。在部队中就可能会出现这种情况，即成员将一位军衔较低但经验丰富的中士视为领导，以此取代缺乏经验的中尉。

不同群体中各种角色的专门化程度有很大的差异。还是以外科手术团队为例，对于外科医生、护士和麻醉师等的培训和资格认证使得他们之间几乎没有角色重叠。但在有些群体或团队中，成员可以经常改变角色或轮换职责。比如在大学院系中，教职工轮流担任系主任的现象就很常见。

12.2.2 规范

规范（norm）是指工作群体成员普遍接受的不成文规定。这些规定可以涵盖从着装风格、言谈举止到每个人的工作方式等各方面的内容。由于群体的极力推崇，规范会对个体行为产生巨大的影响。如图 12-1 所示，群体会对违反规范的成员不断施压，首先会提醒他违反了规范，接着是对他进行指责，然后采用口头或身体上的暴力手段惩罚他。如果这些步骤都没有效果，该成员将会被排挤出该群体（Jackson & LePine, 2003）。在

Coch 和 French（1948）对一家睡衣制造厂的经典研究中可以找到一个关于规范的例子。这家工厂采用计件工资制，工人可以按照自己的节奏工作。然而，其中的工作群体会采用一定的产量规范来规定成员应该生产多少件睡衣。有一个工作群体的产量规范是每小时 50 件，Coch 和 French 记录了该群体中一名工人的产出，起初她每小时的产量超过 50 件，但是当其他成员向她施加压力时，她将自己的产量控制在大约每小时 45 件。不久后这个工作群体解散了，几天之内这名工人的产量翻了一番。

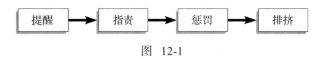

图 12-1

规范对群体成员行为的影响大于管理者或者组织政策的影响。在 Coch 和 French（1948）的研究中，即使实行计件工资制，工人的产量仍然受到规范的限制。工人们为了不违反所在群体的规范，不惜放弃赚更多钱的机会。很明显，如果得到适当引导，规范可以作为提高生产力的有力手段。不过对于组织的管理而言，改变工作群体的规范是一件十分困难的事情。管理者做出的改变必须符合工作群体的利益，只有这样，工作群体才会采纳新的规范。比如，群体激励机制可以成为一种让群体采用高产量规范的有效手段。在这个机制下，如果工作群体达到了某个既定的绩效水平，所有成员都会得到奖励，比如奖金。但是正如 Coch 和 French 所发现的那样，激励机制并不总能激励群体表现得更好。

12.2.3 群体凝聚力

群体凝聚力（group cohesiveness）是吸引群体成员并保持群体集聚在一起的各种力量的总和。高凝聚力群体的绝大多数或所有成员都有留在群

体中的强烈动机。高水平的群体凝聚力对群体行为有重要意义。高凝聚力的群体非常强调依照规范行事。违反规范的行为，尤其是重要规范，会对群体的存在造成威胁。如果群体持续存在对成员来说至关重要，那么严格遵守群体规范就是关键因素。在工作场所，人们往往依靠工作来维持生计，工作群体就像家庭一样重要。因此，群体成员会严肃审视威胁群体福祉的因素。

高凝聚力群体会有力地执行规范，工作群体可能会采取高生产力规范，也可能采取低生产力规范。因此，群体凝聚力与绩效的关系在不同研究中存在一定程度的不一致。一项元分析（Beal, Cohen, Burke, & McLendon, 2003）表明，高凝聚力更可能产生高绩效。例如，Man 和 Lam（2003）对一家在中国香港和美国都设有办事处的跨国银行的工作团队进行了研究，其中团队成员完成凝聚力问卷，而主管对团队绩效进行评分。结果显示，高凝聚力团队的团队绩效得分更高。

12.2.4　团队冲突

人们在团队中工作时，必须协调行动以实现任务目标。团队需要对采用什么程序、如何分配资源以及如何分配任务等问题做出决策。所有人都意见一致是不太可能的，这就可能导致在团队成员都重视的问题上发生冲突。总体而言，团队冲突通常会导致生产力下降和团队成员满意度降低（de Wit, Greer, & Jehn, 2012）。但是，并非所有的冲突都是有害的，而且在某些情况下关于资源分配或如何完成任务方面的冲突是无法避免的。团队如何处理冲突决定了其有效性的高低。冲突可以分为合作性的和竞争性的冲突（Hempel, Zhang, & Tjosvold, 2009）。**合作性冲突**（cooperative conflict）指个体开放地分享不同意见，尊重他人的观点并专注于寻找全体成员均可接受的解决办法。**竞争性冲突**（competitive conflict）指团队成员偏好宣传自己的意见，很少考虑他人的观点并试图让团队采纳自己的立场。已有研究表明，团队中的合作性冲突与团队绩效呈正相关，而竞争性冲突与团队绩效呈负相关（Hempel et al., 2009; Somech, Desivilya, & Lidogoster, 2009）。因此，对于团队成员来说，采用合作的方式让团队正常运作是非常重要的。

12.2.5　过程损失

工作群体成员的大部分时间和精力都用于实现组织目标，但也有一部分是用在与绩效无关的群体功能上，包括规范的强化和成员间冲突的解决等群体维系功能。此外，还包括一些可以增加群体凝聚力并且对群体运作发挥重要作用的社交活动，比如吃饭和聊天等。**过程损失**（process loss）就是指群体成员在与生产或任务完成没有直接联系的活动中所花费的时间和精力。

不同群体在维系活动上花费的时间存在很大差异。如果一些群体内存在违反规范和人际冲突问题，那么他们就要在处理这些问题上花费大量的时间和精力。而有的群体运作良好，成员间很少出现摩擦或问题。在随后关于群体绩效的部分，我们会看到群体的表现并不总如预期那么好。有时候，群体的低效率与过程损失有很大的关系，但存在一定的过程损失也是必要的，因为它可以促进群体绩效的提高。

12.2.6　团队承诺

组织承诺的概念已经延伸到了各种不同的实体中，其中就包括团队。**团队承诺**（team commitment）是指个体在团队中的卷入程度，包括个体对团队目标的认同、为团队努力工作的意愿和留在团队中的渴望（Bishop & Scott, 2000）。因此，我们可以预期高团队承诺与高团队绩效、低离职率和高团队满意度相关。研究至少支持了其中两个预期。Bishop、Scott 和 Burroughs（2000）在一家汽车零部件制造公司所做的研究发现，团队绩效与团队承诺存在正相关；Bishop 和 Scott（2000）发现缝纫机操作员的团队承诺与其对同事和管理者的满意度以及组织承诺呈正相关；Van Der Vegt、Emans 和 Van Der Vliert（2000）在荷兰的一项研究显示，团队承诺与总体工作满意度和团队满意度呈显著正相关。

团队承诺似乎与群体凝聚力非常相似，但前者是一个更宽泛的概念。凝聚力仅仅是指群体对其成员的吸引力，而团队承诺还包括对团队目标的接受、为团队努力工作的意愿。当然，所有这些概念之间都是高度相关的，所以在实际情况中，一个有较高凝聚力的团队也会是一个有较高团队承诺的团队。

12.2.7　团队心智模式

在团队中工作时，人们必须对他们正要做的事情有一个共同的概念。**团队心智模式**（team mental model）是指团队成员之间共享的对任务、团队、设备和情境的理解（Mohammad & Dumville, 2001）。根据 Smith-Jentsch、Mathieu 和 Kraiger（2005）的解释，团队心智模式是一个复杂的结构，并且可以分为两种类型：任务完成型和团队合作型。任务完成模式所关注的是需要完成的任务。在外科手术团队中，所有成员都需要对他们共同实施的手术以及在手术过程中所扮演的角色有统一的认识。这并不意味着他们的心智模式必须一模一样，而是只要能和谐共存即可（Canon-Bowers & Salas, 2001）。在这个团队中，护士可能不像外科医生那样了解病人的病情，但医生和护士都知道完成手术必须要做的事情以及各自的分工。正是因为他们有共同的理解，所以当外科医生需要某个手术器具时，护士就知道该做什么了。团队合作模式是指成员们共享了关于团队以及成员之间如何一同工作的概念。团队合作的共享心智模式有利于团队绩效的提高，因为成员们知道如何互相协调。

团队要高效，就必须拥有一个充分共享的团队心智模式。心智模式共享不足的团队会无法协调工作、效率低下且容易犯错。成员间的误解或因彼此间都认为某些任务对方该做却未做而产生的挫败感，都会增加成员之间的冲突。研究表明，团队心智模式的质量与团队绩效相关，团队成员间准确和协调的心智模式有助于绩效的提高（DeChurch & Mesmer-Magnus, 2010; Edwards, Day, Arthur, & Bell, 2006）。

12.3　群体和团队绩效

人们普遍认为，在多数任务上群体绩效要优于个体绩效。这种观点是基于这样一种理念：在人们的互动中会出现某种因素，从而使一个群体要优于单个成员的总和。换言之，人们的彼此激励可以使其比单独工作时更有效率。对于需要两人或更多人配合完成的任务来说，这种观点是正确的，因为个人无法单独完成这样的任务，例如建造一幢房子需要很多人配合。有些任务必须要多人共同完成，比如提起一个人无法提起的重物等。然而，在另外一些任务中，群体未必优于个体之和。这部分归咎于过程损失，即群体成员间会相互干扰，使得他们不能专注于手头的工作。在比较群体和个人绩效时，我们还将讨论其他原因。

12.3.1　他人在场时的绩效

在心理学上，最早被揭示的群体现象之一就是在他人在场的情况下，个体的绩效会受到影响。19 世纪末，Norman Triplett 指出与别人比赛骑车时的速度比独自一人骑车的速度要快（Triplett, 1897）。但是，随后的实验室研究结果并不总是支持这一观点。在一些研究中发现，绩效在他人在场时较高，而在另外一些研究中则较低。

Zajonc（1965）针对这种现象给出了最受认可的解释。他注意到，任务类型决定了在有他人在场的情况下绩效是升高还是降低。他认为他人在场提高了个体的生理唤醒水平，而唤醒水平会影响任务绩效。当任务比较简单或者个体较为熟练时（例如骑自行车），他人在场引起的高唤醒水平能够提高绩效，即出现**社会助长**（social facilitation）效应。相反，当任务较为复杂或者个体对任务不够熟悉时（例如解决复杂的数学问题），他人在场引起的高唤醒水平反而会降低绩效，即出现**社会抑制**（social inhibition）效应。这些结果表明，在完成复杂任务时，人们需要更多的私人空间以保证自己处于相对较低的唤醒水平；在完成简单任务时，他人在场引起的高唤醒水平能够提高绩效，但是他人在场也可能使人分心而导致绩效降低，结果是无法预测的。

在他人面前进行展示会提高唤醒度。

12.3.2 相加性任务中的群体绩效与个体绩效

在比较个体绩效和群体绩效时，研究者通常会关注**相加性任务**（additive task）。相加性任务的产出是可计算的，总产出等于每个群体成员的产出之和。一群超市收银员的产出是相加性的，因为总营业额等于每个收银员的营业额之和。群体过程在相加性任务绩效上的作用可以由互动群体和相同人数的非互动群体的比较得出。这种非互动群体称为**名义群体**（nominal group）。名义群体的产出反映了一定数量个体的产出。相比之下，互动群体的产出反映的是同等数量的个体在群体中的绩效。

19世纪以来的相关研究一致表明，名义群体的绩效等于甚至经常高于互动群体的绩效（Davis, 1969）。100多年前，法国农业工程师Maximilien Ringelmann就已经通过实验发现了这种现象。Kraritz和Martin（1986）认为Ringelmann的研究比较了群体绩效和个体绩效。Ringelmann发现个体绩效的总和往往会超过同样人数的群体绩效。表12-1总结并比较了群体和个体在推拉重物这项任务上的绩效。表中的第1列是群体的人数。第2列是根据平均个体绩效乘以群体人数得出的期望绩效，即一个2人群体所产生的绩效应该是单人个体绩效的2倍，一个4人群体的绩效应该是单人个体绩效的4倍。第3列是互动群体的实际绩效。如表所示，互动群体的实际绩效远低于期望绩效。随着群体人数的增多，互动群体的实际绩效和期望绩效的百分比不断下降（见表的第4列）。显然，在互动群体中存在某些因素抑制了绩效。

表 12-1 推拉重物的力量大小与群体规模的关系

群体人数	预期拉力（KGS）	实际拉力（KGS）	实际绩效对期望绩效的百分比
1	1	1	100
2	2	1.86	93
4	4	3.08	77
8	8	3.92	49

资料来源：From "Ringelmann rediscovered: The original article," by D.A. Kravitz and B. Martin, 1986, *Journal of Personality and Social Psychology*, 50, 936-941.

在相加性任务中，群体效应对任务绩效的影

响至少存在两种解释。第一种解释是可能存在过程损失。群体成员可能会干扰彼此的任务绩效，或者可能会花费时间和精力进行群体维系活动而非任务本身。这或许可以解释一些研究中绩效变差的情况，但是似乎不能解释拉绳任务中的情况。在这一任务中，所有群体成员都被要求在收到信号后用力拉绳子，在任务完成以前，群体成员无法做其他事情。

第二种更有说服力的解释是一种叫作**社会惰化**（social loafing）的现象，即人们在群体工作时付出的努力要少于其单独工作时付出的努力，并且群体规模越大，每个人付出的努力就会越少。Latané、Wiliams 和 Harkins（1979）发现这种现象在实验室和现实情境中都广泛存在。当群体成员相信其个人绩效会受到监测时，社会惰化现象就会消失。在一项现场研究中，当员工感到其他人可以看到其个人生产量时，社会惰化现象就会降低（Liden, Wayne, Jaworski, & Bennett, 2004）。也有可能这种现象只在澳大利亚、加拿大、英国和美国等个人主义文化盛行的国家中出现（见第9章关于文化价值观的讨论）。在这些国家中，人们更注重自我而不是社会。Earley（1989）发现中国的管理培训生没有表现出社会惰化现象，而中国是一个更强调群体和社会的集体主义国家。

12.3.3 头脑风暴

在产生想法或寻求问题解决方面，我们一般认为群体比个体更具优越性（Osborn, 1957）。其背后的原理是群体成员能彼此启发以产生新的想法。**头脑风暴**（brainstorming）是一种可以提高此类任务绩效的群体技术。在不受批判的情况下，群体成员首先在指导下自由地提出想法，然后才对这些想法进行评估和修正。

遗憾的是，研究没有发现进行头脑风暴的互动群体的绩效优于名义群体（McGlynn, McGurk, Effland, Johll, & Harding, 2004）。群体成员常常彼此抑制，而非互相启发。毫无疑问，这一结果要部分归咎于过程损失。群体不会像个体一样花费那么多时间来产生想法。也许更重要的是，群体成员可能由于害羞或社交焦虑而不愿意分享自己的想法。单独一个人也许会更有自信并且更放心地提出自己的想法。最后，当一个群体进行头脑风暴时，其成员大部分时间都用于倾听他人的想法而非思索自己的想法。

使用计算机进行的头脑风暴可以提高创意任务的绩效（Dennis & Valacich, 1993）。个体需要将想法输入计算机而不是写下来。采用这种方法进行头脑风暴的群体绩效等于甚至高于名义群体（单独工作个体的联合产出），并超过面对面的互动群体。在 Gallupe、Bastianutti 和 Cooper（1991）关于计算机头脑风暴的研究中，被试知道有若干个人同时在做同一个任务，并且当想法被输入计算机后可以被每一个人看见。在互动群体中，个体彼此不认识可以减少对绩效产生抑制的社交焦虑。然而，在一个类似的研究中，Valacich、Dennis 和 Nunamaker（1992）发现匿名对个体在计算机头脑风暴中的绩效表现没有影响。这一研究表明，社交焦虑并不是互动群体绩效较低的原因。

Gallupe、Cooper、Grisé 和 Bastianutti（1994）的一项研究表明，在某种程度上，电子头脑风暴能提高绩效是因为个体不用等待别人发言。当个体产生想法时，就可以立即将自己的回答输入计算机。当电子头脑风暴的成员不得不在计算机前轮流作答的时候，其绩效与互动群体几乎相同。这表明，与计算机或名义头脑风暴群体相比，过程损失是导致互动群体绩效较低的原因。

Paulus（2000）认为群体成员彼此启发这一基本思想可能是正确的，但是群体过程会对其产生妨碍。他指出，倾听他人的想法能够启发个体产生更多的想法。同时，他还提出了一个工作程序，那就是成员首先在群体中一起进行讨论，然后分头思考、产生想法。研究表明，最初的群体环节有利于后续的个体环节，进而促进绩效的提高（Paulus, 2000）。

12.3.4 群体问题解决

目前我们已经证明，在相加性任务和头脑风暴中，名义群体的绩效优于互动群体。但是，这并不意味着个体绩效总是优于群体。对于某些任务而言，人们之间的互动能够使任务被更出色地完成。问题解决任务涉及找到给定情境的解决方案，比如解决谜题。有些问题只有一个正确答案，而有些问题却有多种可行的解决方案。对于前者，绩效可以通过找到正确答案所用的时间来评估；而对于后者，绩效是通过找到合适答案（或高质量答案）所用的时间来评估。有关群体问题解决的研究通常将群体和个体进行比较，用群体问题解决的时间和表现最好的个体所花费的时间进行比较。群体问题解决的研究发现，群体绩效和最优的个体绩效一样好，甚至更好，这表明由群体来完成这类任务可能是更好的选择（Bonner, Baumann, & Dalal, 2002）。

12.3.5 群体决策

组织中的群体经常要进行决策，从无关紧要的小事（例如新信纸的颜色）到事关上千人生计和幸福的大事（例如关闭工厂并裁员）都需要进行决策。重要决策是由个别管理者（独裁式）决定还是由群体（民主式）决定，在不同组织中是存在巨大差异的。即便在最独裁的组织中，决策者也常常是在与群体或委员会协商后才做出决策。美国总统会向内阁咨询重要问题的决策，公司总裁也有为相同目标服务的"内线同盟"。

对决策质量的评估并不总是一项简单而直接的任务。评估通常取决于决策者的价值观和所选择的参照标准。如果一个政府决定发动战争，有人会因战争取得了胜利而认为这个决策很好，也有人会因许多人的死亡而认为这个决策很糟。比如，尽管当时很多美国人都支持布什总统2003年武力入侵伊拉克推翻萨达姆政府的决策，但是也有许多人认为这是一个错误的决策，因为战争牺牲了太多人的生命。同样地，如果一个公司的总裁决定缩小公司规模并裁减几千名员工，这对股票市值上升的股东来说可能是个好决策，但对可能失去工作的员工来说无疑是个坏决策。解决这一困境的方法是根据他们想要达到的目的来评估决策。由此，如果伊拉克战争的目的是推翻萨达姆政府，那它可能是一个好决策；而如果评判标准涉及人们的生命和财产损失，那么它就会是一个糟糕的决策。如果裁员能使公司的财政更稳健，那么裁员就是一个明智的决策；反之，裁员便是一个糟糕的决策。

在这一部分，我们会回顾群体决策的两个问题。第一个问题是群体决策比个体决策更冒险还是更保守。正如接下来我们对群体极化的讨论一样，我们无法对这个问题做出简单的回答。第二个问题是群体思维现象，也就是尽管大多数群体成员都知道这个决策不好，但群体还是会做出这一不适当的决策。

1. 群体极化

当一群人要在几种可能的行动方案中选择一种时，其所做的决策会比个体决策更冒险还是更保守？换句话说，在决策过程中，群体比个体更冒险还是更保守？数百项比较群体和个体决策的研究已经回答了这一问题，答案是群体决策通常不同于个体决策，但更冒险还是更保守取决于决策的性质。

典型的风险决策研究要求个体和群体在不同风险的方案中做出选择。例如，决策任务中可能涉及选择不同成功率的择期手术。表12-2是一个在风险决策研究中大量使用的两难选择（Kogan &

Wallach, 1964）。这样的研究首先要求被试进行个体决策,然后被试被分成几个小组进行群体决策。在大多数研究中,群体决策比个体决策的平均值更极端。例如,假设5个被试可接受的外科手术死亡率分别为20%、20%、20%、60%和80%,则他们选择的平均水平为40%。但是,当置身于群体时,他们的决策会选择更低的死亡率,即更接近大多数人选择的20%。

表 12-2　一项用于群体决策研究的风险决策任务

B先生是一位45岁的会计师,最近他的医生说他得了严重的心脏病。疾病已经严重到B先生不得不改变许多长久以来的生活习惯——减少工作量、彻底改变饮食、放弃业余爱好。医生建议他尝试一种精细的医疗手术,如果手术成功就可以彻底解除心脏的困扰,但无法确保手术能成功,实际上,手术的结果可能是致命的

资料来源：From *Risk Taking: A Study in cognitive and personality*, by N. Kogan and M. A. Wallach, 1964, New York: Holt, Rinehart, & Winston.

群体中多数派所占的比重会大于少数派,而且群体的观点倾向于与大多数人的观点相同。如果大多数群体成员做出一个冒险的选择,那么群体决策可能比个体的平均水平更冒险。如果大多数群体成员做出一个保守的选择,那么群体决策可能趋于保守。这种偏离群体平均值的现象叫作**群体极化**（group polarization）（Lamm & Myers, 1978）,意指群体比其个体的决策平均值更极端（更接近某一个极点）。

研究者对群体极化现象做出了一些解释。一种可能的原因是那些持有少数派观点的成员可能会服从多数,尤其是当一个成员的选择与其他成员大相径庭的时候。那些发现他人的决策和自己相同的成员可能更确信他们做出的决策是最优的。大多数群体讨论会演变成说服少数人采纳大多数人的"正确"观点。虽然多数关于群体决策转变的研究都关注风险决策,但是这种现象可能出现在任何类型的决策情境中。例如,决策转变可能发生在决定项目到底该花费多少资金的决策中。

2. 群体思维

公司和政府中高水平的决策群体通常由一些能做出正确决策的专家组成。遗憾的是,当人们聚集成一个群体时,决策过程中可能会出现一些问题,从而导致群体做出任何一个理智的知情者都不会做出的决策。Janis（1972）对决策失败进行了深入的分析并针对群体决策中可能存在的问题提出了一种理论。**群体思维**（Groupthink）指群体做出一个每位成员都知道存在问题的决策的现象（Janis, 1972）。例如,Janis指出,福特汽车公司生产Edsel汽车的决策使公司损失了3亿美元;肯尼迪政府从猪湾入侵古巴的决策是一场完全失败的入侵决策;约翰逊政府扩大越南战争的决策,最终美国也未获胜。Moorhead、Ference和Neck（1991）分析了在1986年发射"挑战者号"航天飞机的决策。尽管相关人员对天气寒冷可能导致严重的机械故障做过预警,但是美国宇航局仍然决定在极低的气温下发射航天飞机,结果导致了机组人员全部罹难的惨剧。

Moorhead、Ference和Neck（1991）认为,导致"挑战者号"灾难的决策很可能是由群体思维引起的。

根据 Janis（1972）的观点，在一个有强势领导者的高凝聚力群体中，当维持群体和谐一致的社会压力大于做出正确决策的呼声时，就可能会出现群体思维。当决策群体隔绝了外部观点和影响时，群体思维出现的概率也会增加。请注意下列事件：假设领导在一次会议中提出了一个不好的想法，每个成员起初可能都怀疑这个想法不好，但谁都不愿说出来。就像童话《皇帝的新衣》那样，没有人会自找麻烦去质疑领导的决策。当成员环顾四周发现人人都缄默不语时，每个人都开始怀疑自己最初的判断。毕竟，如果其他人似乎都能接受，或许这个想法并没有那么糟。随着群体过程的推动，即使最小的不同意见都会迅速被融合，并且压力会促使每个成员尽量迎合群体的观点。一些导致群体思维的因素详见图 12-2。

图 12-2　可能导致群体思维的几个因素

Janis（1972）提出了一些避免群体思维的建议，其中涉及两个重要的主题。第一，群体领导应当在群体会议中充当公正的主持者，而不应控制群体的思维方向，使其朝向领导推荐的方案。第二，群体成员在群体决策的每个阶段都应当批判性地评估各种可能的决策方案，并不断搜集能够支持或反对决策方案的信息。Janis 讨论了群体为保持批判性和客观性的思维模式而应采取的具体行动。例如，群体应该适时分散为更小的子群体讨论关键问题，而且决策群体中的成员应当与下属进行探讨。这些行动可以帮助群体避免陷入导致错误决策的群体思维的循环中。

Aldag 和 Fuller（1993）回顾了关于群体思维的研究并指出，很少有人对群体思维的命题进行较好的检验，而现有的研究也仅支持其部分理论。例如，群体凝聚力似乎并非群体思维出现的必要条件。然而，Janis（1972）建议通过征求各种不同观点来避免不良的群体决策，这是群体成员背景多样性的一个潜在优势。一个多样性的群体可能对一个问题及其解决方案有不同的观点。我们将在本章随后的部分中讨论群体多样性。

12.3.6　团队革新

瞬息万变和高度竞争的世界要求当今的组织不断适应和改变。许多改变都发生在工作团队层面，正是他们在工作场所中推动了新的变革。革新是指将新思想、新流程或新产品引入团队中（De Dreu, 2006）。革新与创新不同，团队成员没有必要去发明创造出他们采用的革新措施或工具。革新是将变化引入团队的过程，无论这一变化是发明的还是借鉴的。

团队根据内部因素（组织约束和工作负荷）和外部因素（动荡的外部环境）的迫切需要进行革新（Anderson, De Dreu, & Nijstad, 2004）。在快速发展的领域中，生产产品的高科技公司就面临着动荡且充满挑战的环境冲击。极端的竞争要求组织不断进行革新以维持市场份额和组织的生存。组织约束需要团队通过革新来克服阻碍，繁重的工作负荷也要求团队引入新方法来提高效率，因此团队需要进行革新。

团队革新的路径各不相同，那些花时间批判性地讨论如何完成工作以及如何更好地完成工作的团队是最好的革新者（Somech, 2006）。这样的讨论涉及不同见解的分享，而这些见解会在成员间引起与任务有关的冲突。中等水平的冲突被认为是促进团队革新的最佳方式（De Dreu, 2006），尤其是当这种冲突是合作性冲突时（见本章前面关于团队冲突的论述）。

12.3.7 团队胜任素质

对依靠团队完成重要工作的组织而言，一个重要的问题是，是否存在特殊的团队胜任素质来决定某个人是不是一名优秀的团队成员。也许更重要的是，团队成员的胜任素质水平是否与团队绩效相关。研究已经表明至少某一些预测个体绩效的胜任素质也可以预测团队的工作绩效。例如，团队中的平均认知能力水平（用团队成员的平均得分来计算）越高，团队绩效就可能越高（Stewart, 2006）。确定与团队绩效有关的团队胜任素质也会有利于成员的选拔和培训。

就像预期的那样，研究已经发现几种与团队绩效相关的团队胜任素质。其中有三种是特别重要的：

1. 要成为一名优秀的团队成员就要掌握有关团队合作的知识（Hirschfeld, Jordan, Field, Giles, & Armenakis, 2006）。团队合作的知识包括个体如何有效地在团队中一起工作以及如何与团队中的其他成员建立良好的工作关系。
2. 高效的团队成员应具有良好的社交技能（Morgeson, Reider, & Campion, 2005）。除了知道如何在团队中工作，个体还必须具有与人交流和对他人产生影响的技能。此外，至少有一项研究表明情绪智力（见第5章）可以促进团队合作（Farh, Seo, & Tesluk, 2012）。能够识别和影响他人的情绪有助于沟通和影响他人。
3. 拥有特定人格特质的人特别适合团队合作。Jackson、Colquitt、Wesson和Zapata-Phelan（2006）指出集体主义者比个体主义者在团队中的绩效更好（见第9章）。

综合来看，这些研究都表明最高效的团队成员都具备在团队中工作所需的知识和技能，同时他们的人格特征也适合与他人近距离地工作。

12.4 群体多样性

人口结构的变化使得工作场所中少数民族和女性越来越多，并且这一现象不仅存在于北美地区，在其他工业化地区也同样存在（Triandis, 2003）。同时，由于组织越来越依赖团队合作，所以群体多样性已经成为组织面临的一个重要问题（Mohammed & Angell, 2004）。多样性，或者说人与人之间的差异性，可以分成两种类型：认知多样性和人口统计学多样性（Van der Vegt & Janssen, 2003）。认知多样性涉及群体成员的知识、技能和价值观等。人口统计学多样性包括人们更外显的属性，诸如年龄、性别和种族等。由此产生了一个重要的问题，即工作群体多样性对成员绩效和反应有何影响。

Jackson、Joshi和Erhardt（2003）回顾了63项关注群体多样性影响的研究，即群体成员间的差异对群体的影响。他们指出多样性同时具有积极作用和消极作用，但不同研究的结果不一致。其中一个原因就是它们研究的是不同类型的多样性。此外，任务的不同也可能导致多样性具有不同的效应。例如，Mannix和Neale（2005）得出结论，认知多样性可能有助于团队革新，而人口统计学多样性则没有帮助。不过，如果群体在进行市场营销时需要了解多样化的潜在客户和潜在消费者的观点，人口统计学多样性就能起到积极的作用（Jackson & Joshi, 2004）。

组织情境对多样性也很重要，在一家荷兰的公司中，Van der Vegt和Janssen（2003）发现认知或人口统计学多样性与绩效没有关系。不过，当工作要求团队成员互相协调时，多样性群体的绩效最好；当工作可以独立完成时，多样性群体的绩效最差。另一项荷兰的研究发现，当考察多样性和群体目标的联合影响时，在工作满意度上也发现了相同的模式（Schippers, Den Hartog, Koopman, & Wienk, 2003）。总体上，多样性和工作满意度没有关系，但是，在有群体目标的团队中，多样性程度越大，成员的工作满意度越高；在有个人目标的团队中，多样性程度越大，满意度反而越低。综上所述，这些研究表明，当人与人的相处没有利害关系（可能因为工作相对独立，也可能因为目标无关联）时，群体多样性会产生负面效应。当需要互相合作时，多样性的消极作用不仅会消失，而且会在绩效和满意度中发挥巨大的优势。

12.5　对工作群体的干预

大多数组织都由相互联系的工作群体网络构成。为了使组织有效运转，工作群体成员之间必须相互协调、共同努力，而且工作群体之间也必须相互配合。在本节中，我们要讨论三种用来提高群体功能的手段：自主工作团队、质量圈和团队建设。自主工作团队可以为传统的工厂组织提供一个替代的方案。工厂的产品由多个较小的工作团队进行装配，而不是由所有员工一同完成。自主工作团队的理念同样适用于非制造业组织。质量圈是指为组织管理层提供改进生产建议的员工群体。团队建设是指用来提高团队功能的一系列程序。

12.5.1　自主工作团队

在传统的工厂中，一件产品的装配被分成许多道工序。这样的话，对于像汽车之类庞大而复杂的产品就会有上百甚至上千道工序，并且由每个工人负责一道工序。由于装配一件产品需要大量员工的协调合作，组织必须投入大量的资源用于监督管理。自主工作团队是另一种可选择的方式，即一个完整的产品由一个工作小组完成。一个工厂可以分为多个工作小组，并且每个小组都独自完成产品的装配。由于组装仅涉及团队成员的协作，因此监管所需的资源相对较少。自主工作团队依赖于团队的自我管理，对上级监管的要求更少。

不同组织中自主工作团队的运作细节各不相同。Hackman 和 Oldham（1980）描述了这样的一个自主工作团队：Butler 公司在其新建的一家谷物干燥机生产工厂中应用了自主工作团队系统。谷物干燥机是一种大型农用设备，由 3 000 多个零部件组成（见下图）。在 Butler 公司中，每个自主工作团队都装配整台谷物干燥机。每个团队负责自己的内部管理和生产组装。表 12-3 列出了这些团队的 10 大特点。如表所示，团队中每个成员都要学习每一项操作，因此在工作了 18 个月之后，每位员工都有能力装配整台干燥机。团队对自己生产的产品进行把关，并且每件产品在运出工厂前必须经过测试。如果某台干燥机在使用过程中出现故障，相应团队的成员必须致电服务并对其进行维修。在 Butler 公司，管理者的角色不同于其他组织。他们的管理者人数很少，并且主要任务是为团队成员提供建议和培训。他们实行参与型管理，包括经常召开员工会议，由不同团队的成员组成咨询委员会。

Butler 公司的自主工作团队组装整个谷物干燥机（图中被蒸汽包围的圆柱体）。

表 12-3　Butler 公司中自主工作团队的特点

1. 员工经常轮换职位
2. 工作 18 个月后，大多数员工都了解整个生产过程
3. 团队自己设计和购买工具
4. 团队成员负责接听报修电话并提供维修服务
5. 团队成员负责产品的质量检测
6. 组织的管理者很少
7. 团队成员参与员工的雇用和解雇
8. 管理者扮演教练的角色来提供咨询和培训
9. 每周举行团队内部会议，每月举行全体员工会议
10. 组织内存在由员工组建的管理顾问团队

资料来源：From *Work Redesign*, by J. R. Hackman and G. R. Oldman, 1980, Reading, MA: Addison-Wesley.

研究表明，自主工作团队对员工和组织都是有利的。自主工作团队的工作满意度有时比传统团队更高（Cordery, Mueller, & Smith, 1991）。在制造业组织中，自主性团队的绩效和传统团队的绩效相当（Wall, Kemp, Jackson, & Clegg, 1986），甚至更高（Banker, Field, Schroeder, & Sinha, 1996）。然而，即使在生产力相同的情况下，较少的监管人员也会使自主工作团队的整体工作效率更高（见"研究案例"）。尽管自主团队有很多优点，但它并非适用于任何情况。Langfred（2005）发现进入自主工作团队意味着个体要牺牲一些独立自主的权利。因此，这样的团队最适合需要团队成员之间高度依赖和配合才能完成的任务。

● 研究案例

在现场创造两个或更多实验条件并将被试随机分配到不同的实验条件中是几乎不可能的。于是，Wall、Kemp、Jackson 和 Clegg（1986）进行了一项接近实验研究设计的准实验研究。他们对代表两种实验条件的两个工厂进行了比较，但工人不是随机分配到两个工厂中的。因此，观察到的效应可能归因于两家工厂工人之间的差异，而非自主工作团队的设置。

本研究是在英国一家糖果公司进行的。公司管理层决定在一家工厂里试行自主工作团队来进行研究，于是召集研究者对新系统的效果进行评估。研究者将试行自主工作团队的工厂员工和对应的采用传统的流水线作业的工厂员工进行了比较。研究比较了他们的生产力、工作满意度和心理健康状况，在试行自主团队的第 6 个月、18 个月和 30 个月收集数据。

结果表明，自主工作团队员工比传统工厂员工的工作满意度更高，但是，他们的生产力却并不比传统团队高。实际上，在前 6 个月，自主团队的生产力令人失望。大部分的原因是员工需要熟悉新设备并且需要学习新的生产流程。到了第 30 个月，两家工厂的绩效相同，但是，由于自主工作团队有更少的管理者，所以具有更高的成本效益。

该研究也显示，从准实验研究中得出结论存在困难。相比传统的工作团队，自主工作团队的员工流动率较高。这一发现令人惊讶，因为自主工作团队中的员工比传统团队员工的工作满意度更高。研究者指出，试行自主工作团队的工厂所在地区的失业率低于传统团队工厂所在的地区。他们认为失业率的差异才是员工流动率差异的原因，而不是工厂类型。由于研究设计的限制，我们无法确定差异因何而来。这项研究提供证据支持了自主工作团队比传统工厂结构更具成本效益的观点，但组织应该意识到，成功施行自主工作团队系统需要付出额外的时间和精力。

资料来源：From "Outcomes of Autonomous Workgroups: A Long-Term Field Experiment," by T. D. Wall, N. J. Kemp, P. R. Jackson, and C. W. Clegg, 1986, *Academy of Management Journal*, 29, 280–304.

12.5.2 质量圈

作为一种群体干预手段，质量圈让员工有机会更深入地参与工作中的问题。**质量圈**（quality circle）是由一群定期举行会议讨论和解决工作问题的员工所组成的群体。这种群体一般由制造业组织中担任类似工作的员工组成，他们的讨论基本围绕产品质量和生产效率展开。与自主工作团队一样，在所有类型的组织中都有质量圈的存在。

理论上讲，质量圈对组织和员工都有好处。质量圈能让员工有更高的参与度，并且高参与度让员工感到更刺激、更愉快。同时，花时间与同事讨论工作问题也是一个受员工欢迎的远离工作的休息过程。对于组织而言，这意味着更好的生产流程，因为一线员工对工作中的问题以及如何解决这些问题总是最有发言权的。

关于质量圈的研究较少，所以我们也无法明确质量圈对组织和员工有何影响（Van Fleet & Griffin, 1989）。仅有的一些关于质量圈的研究结论并不一致（Bettenhausen, 1991）。Marks、Mirvis、Hackett 和 Grady（1986）比较了同一组织内参与质量圈和不参与质量圈的员工，发现参与者的产量和出勤率均高于非参与者。这个结论令人振奋，但是在我们判定质量圈的确能提高生产量和出勤率之前必须先到其他组织中进行验证。

经过调整后，质量圈的理念关注员工的健康问题而非工作绩效。德国的**健康圈**（health circle），即 Gesundheitszirkel，是一种通过讨论的方式增进员工的健康和幸福感的干预措施。Aust 和 Ducki（2004）总结了 11 项研究结果，发现绝大多数都表明健康圈具有积极作用。不仅有研究表明讨论中提出的许多建议得到了应用，还有研究发现员工健康状况和幸福感均得到了提高。

12.5.3 团队建设

团队建设（team building）是指任何旨在增强工作群体或工作团队功能的活动。有些团队建设是任务导向的，它们试图帮助团队成员改善他们完成团队任务的方式。有些是人际关系导向的，它们关注团队成员间的交流和互动。这种方法假定如果团队成员之间可以有效地进行交流和互动，团队的绩效就会更好（Buller, 1986）。

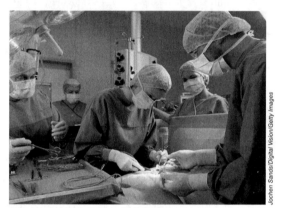

团队建设对各类团队都是有价值的。

团队建设没有什么特定的方法，但是团队建设具有 3 个要素（Buller, 1986）。第一，团队建设是一项有计划的活动，即团队建设包括一次或多次为实现目标而设计的练习或体验。第二，团队建设一般需要由咨询顾问或培训师完成或协助完成，并且他们应该是此类团队建设活动的专家。团队很难自己完成团队建设，因为培训师是开展团队建设的必要组成部分。第三，团队建设一般涉及一个现有的工作团队。在团队建设中，团队成员接受培训以增强其在工作中的团队技能。

团队建设经常需要成员们讨论问题并得出解决方案。团队培训师的角色是让团队成员互相交流、促进讨论。这可能涉及直接向个人提出问题，比如：

- "Tom，你在产品质量上遇到了什么问题？"
- "Ellen，为什么你好像得不到你需要的信息？"

或者总结和反馈小组讨论得到的结论：
- "听起来好像大家都担心有太多零件有瑕疵。"
- "我猜大家都对决策一无所知。"

培训师的职责是让参加团队建设的人提出问题、发现问题并讨论可能的解决方案。如果讨论引起了成员之间的争论，培训师也要调解冲突。

研究表明团队建设对团队和团队成员有积极影响。Klein、DiazGranados、Salas、Le、Burke、Lyons等人（2009）对20项团队建设研究进行了元分析并发现，团队建设可以提高团队绩效、团队协作效率、团队成员的团队技能和对团队的态度。可以预见，团队建设对团队成员（态度和技能）的影响大于团队绩效，因为这些团队建设的干预措施都是针对团队成员的。此外，尽管两种类型的干预都是有效的，但是任务导向的干预效果大于人际导向的干预效果。

本章小结

如今，组织中大多数工作都是由工作群体或工作团队来完成的。工作群体由一群在工作中互相联系且共享相关任务目标的个体组成。工作团队是工作群体的一种，但团队成员的任务是互相协调和互相联系的，他们在团队中扮演着不同的角色，并且拥有一个共同的目标。

有4个与工作群体有关的概念。角色对个体在群体或团队中特定的位置和职能做了区分。规范是群体成员的行为准则，并且在许多群体中都被严格执行。群体凝聚力是将群体成员聚拢到一起的各种力量的总和，高凝聚力的群体会严格执行该群体的规范。过程损失是群体成员在维持群体运转而非工作上所花费的时间和精力。对于团队来说，还有3个重要概念：团队冲突源于团队成员的分歧和争执。竞争性冲突会产生消极影响，而合作性冲突会对团队产生积极影响。团队承诺是成员对其所在团队的卷入程度。团队心智模式是团队成员们关于任务和情境的共同理解。

他人在场会影响个体的任务绩效。当个体完成简单或者熟练任务时，会因为他人在场而提高绩效；当个体完成复杂或不熟练任务时，会降低绩效。群体绩效常常低于相同人数的个体独立工作的绩效总和。对于相加性任务而言（总绩效是每个个体绩效之和）。社会惰化现象是指群体规模越大，每个人付出的努力就越少。

群体极化现象表明，根据情境的不同，群体决策可能比个体决策更为激进或更为保守。当优秀决策者被置于决策群体中却做出糟糕的决策时，就可能出现了群体思维。快速变化的环境需要团队采用新的工作方法来进行团队革新。最后，团队胜任素质是指让团队成员适应在团队中高效率工作的个体特征。

有3种干预措施可能会改善群体功能和群体绩效。自主工作团队承担整个工作的责任，比如装配整台电器或者整辆汽车等。质量圈是一群定期开会讨论工作中遇到的问题及其解决方案的员工。团队建设是一种旨在提升工作团队功能的干预措施。

工业与组织心理学实践

本案例涉及Janis Cannon-Bowers博士开发和实施的美国海军团队发展培训项目。Cannon-Bowers博士1988年在南佛罗里达大学获得博士学位。从毕业到2003年，她在中佛罗里达大学任教的同时也在佛罗里达州奥兰多市海军空战中心的培训系统分部担任心理学研究员。她的主要职责是对团队绩效和培训进行研究并开发更有效的新的培训方法。由于她的研究，她开始参与对海军军官团队发展的培训。

在20世纪80年代后期，美国海军发生的两场悲剧使得大量研究者对团队绩效进行了研究。1987年，美国Stark号军舰被一枚伊拉克导弹击中；1988年，*Vincennes*号击落了一架伊朗客机。对这两起事故原因的调查表明最主要的原因是糟糕的团队合作。美国海军由此开始极力寻求改善团队绩效的方法。Cannon-Bowers是这项研究工作中的一员，同时她的工作也涉及旨在提高海军军舰上团队绩效的干预措施。

在军舰上，许多不同的团队执行着复杂而危险的任务，同时也面临严重的战斗压力。这种情况导致没有时间进行群体审议，因为团队成员必须迅速而准确地做出决定，生死攸关的决策也都要在几秒钟之内完成。因此，将这些团队培养为功能完善且工作高效的单位是至关重要的。在军舰上，司令官必须确保各个团队都发展成为有效率的单位。为此，司令官必须具备团队发展的技能。

在海军水面作战学院中，Cannon-Bowers和她的同事为司令官们设计了一套团队发展培训项目。该项目旨在让司令官们深刻理解团队功能和掌握培训原理，包括如何：

1. 给予反馈
2. 接受下属批评
3. 创造学习氛围
4. 发展对团队功能的"共享心智模式"或共同理解
5. 避免群体思维

受训司令官们的反响很积极，他们认为培训项目信息丰富且有用。从受训者的反应标准来看，这套培训项目是成功的。但究竟这个项目能否提高军舰上的团队绩效还需要进一步确认，不过初步结果表明该项目具有此类作用。

问题讨论：

1. 你认为Cannon-Bowers的项目是否有效？
2. 美国海军可以采取哪些步骤来改善军舰上的团队绩效？
3. 是不是知道了群体思维的原因就足以让成员避免这种情况的发生？
4. 如果你是一艘军舰上的司令官，你会如何给你的下属提供反馈？

做中学

团队革新

找一位工作团队的成员（可以是朋友、熟人或者家庭成员），请他简述其所在团队采取新方法进行工作的案例，比如采用了新的设备或者新的工作流程。向他提出如下的问题：

1. 革新的本质是什么？
2. 是什么促使团队进行革新？
3. 谁提出了革新的建议（团队成员、团队领导或者是其他人）？
4. 有没有考虑过其他的革新方案？
5. 最初的革新想法是否针对本团队进行了修改？

第13章

组织中的领导和权力

第13章　概要

什么是领导

影响力和权力的来源

管理权的滥用

领导理论

领导岗位上的女性

领导的跨文化问题

本章小结

工业与组织心理学实践

做中学

是什么造就了一个好的领导者？克林顿总统是一个好的领导者吗？在他的两届任期内，媒体报道中充斥着关于他的流言和丑闻。他被弹劾，被控告性骚扰，在整个总统任期内一直是刑事调查的对象。他的对手们不断攻击他的品格，声称他在道德层面不适合这份工作。尽管对他不道德行为和做伪证的严厉指控无处不在，美国参议院也对他进行弹劾审判，但一个又一个的民意调查却显示美国人以压倒性的多数票（2/3）认可他在任期间的表现。美国的经济呈现出几十年间最强劲的势头，股市屡创新高，联邦预算平衡，重大犯罪的发生率下降，并且福利改革似乎也颇为成功。这些是他高效工作的标志还是纯属巧合？你如何确定他多有效力？出色的领导力是一种品格还是一种担当重任的能力？同一个人在所有情况下都会是一个好的领导者吗？这些问题对于政府组织和非政府组织来说都非常重要。这些问题的答案会告诉我们应该选谁做领导者，以及告诉领导者该怎样做才能发挥作用。

在本章中，我们讨论的是组织中的领导力这一重要领域。我们探讨领导力的本质以及领导者如何影响下属。我们总结了目前已知的高绩效领导者的个人特征以及领导行为对下属的影响，探讨了领导行为、领导特质和领导情境是如何造就出色的领导力的。最后，我们讨论了领导岗位上的女性和领导力的跨文化差异。

目标

学习本章后，学生应能够：

1. 定义领导；
2. 解释权力的 5 个来源及政治权力的 3 个来源；
3. 总结主要的领导方法和理论；
4. 比较和对比各种主要领导方法和理论；
5. 论述男女两性领导的异同。

13.1 什么是领导

你可能对什么是领导有一个直观的想法。一个领导者是负责人或者老板。然而，你是负责人并不意味着人们就会听你的或是按你说的做。正如我们本章讨论的一样，乍看很简单的东西其实很复杂。关于领导，学者们提出了许多不同的定义，但没有一种定义是被普遍接受的（Yukl, 1989）。贯穿不同定义的一个共同观点是领导涉及影响他人的态度、信仰、行为和感受。尽管非领导者也会影响他人，但是远不及领导者的影响力大，即领导者比非领导者更有影响力。

在一个组织内部，领导者们常常和管理岗位联系在一起；但管理者不一定就能影响他人。此外，许多组织中的领导者没有组织赋予的正式头衔。工作团队中常常会自发出现一些非正式领导者，并且可能比实际的管理者对团队成员的行为更有影响力。正式和非正式的领导者是我们在第 12 章中讨论的正式和非正式角色中的一个方面。组织赋予一个人领导角色（例如经理或主管）。个体也可以通过与其他同事的互动发展成为非正式领导。一个经验特别丰富的员工可能会发现别人向其寻求指导的次数或许超过了向自己的主管寻求指导的次数。一个人对他人的影响力大小取决于一些个人因素和组织因素，接下来我们就来讨论这些因素。

13.2 影响力和权力的来源

13.2.1 French 和 Raven 的权力基础

French 和 Raven（1959）描述了一个人对另一个人的 5 种权力基础，例如上级对下级的权力。**权力**（power）是一个人能影响他人去做某事的程度。表 13-1 列出的权力基础不仅涉及个人特征，还涉及组织环境，关注领导者和追随者或是管理者和下属之间的关系。尽管权力基础是管理者的特征，但是权力却源自上下级之间的互动。管理者尝试影响他人，但是决定其是否有效的是下属的行为。表 13-1 指出了管理者能够如何运用每种权力基础。

表 13-1　French 和 Raven 的 5 种人际影响力和权力基础及其应用

基础	应用
专家	提供信息
参照	使员工喜欢你
合法	获得高水平的职位或等级

（续）

基础	应用
奖赏	遵守即赏
强制	违反即罚

资料来源：From "The Bases of Social Power" (pp.150-167) by J. R. P. French, Jr., and B. Raven, 1959, in D. Cartwright (Ed.) *Studies in Social Power*, Ann Arbor, MI: Institute for Social Research.

专家权力（expert power）建立在管理者所拥有的知识和专长上。下属如果深信某人具有与他们手头要处理的事情有关的特殊知识或专长，就可能遵从此人的指示。必须注意的是，此处的专长是下级认为其上级拥有的专长，而并非上级实际拥有的专长。虽然实际拥有的专长会影响被感知到的专长，但是有些人比别人更擅长于表现得很专业。头衔（如医生）、文凭（如博士）、证书（如注册公共会计师）和荣誉称号（如诺贝尔奖得主）能增强一个人可被感知到的专家权力。专家权力是相当有效的，因为它可以使下级相信管理者知道正确答案，因而遵循管理者的指示是最好的选择。

参照权力（referent power）是下级对上级的喜欢和认同程度。通常，人们容易被他们欣赏或喜欢的人影响。这种权力来源可以从个人与他人的关系中发展而来。它也能够通过管理者地位的提高而得到增强。名人可能有更高水平的参照权力。一些企业的领导人同时也是具有参照权力的国内名人，如哈普娱乐集团的总裁奥普拉·温弗瑞（Oprah Winfrey）。

合法性权力（legitimate power）是管理职务所具备的固有权力。下级相信其上级有合法的管理权利或权威，管理者的合法性权力也就由此而生。这种权力的大部分效力源于下级对上级所拥有权力的价值评判。如果下级拒绝承认管理者的权威，那么管理者的头衔也就不再有效力了。

奖赏权力（reward power）是管理者用奖金、理想的工作任务、升职或加薪等方式来奖赏员工的能力。**强制权力**（coercive power）是管理者通过纪律处分、罚款、解雇或降薪的方式来惩罚员工的能力。管理者们能够给予奖惩的程度在各类组织中是不同的。在私营企业，一个管理者能够给员工加薪和升职并不稀奇。但在政府组织中，领导者个人也许不能这样做，因为这些奖赏是由立法行为决定的。

如果使用得当的话，所有这5种类型的权力都能够发挥效力。奖赏权力的主要局限在于员工可能会习惯奖赏，在有奖赏的情况下才会遵从，例如销售人员可能不愿意做除销售之外的任何事情。强制权力可能会产生有害的影响，因为员工或许会愤怒并以直接或间接的方式反击，例如员工可能会做出反生产工作行为（见第10章）。Aguinis、Nesler、Quigley、Suk-Jae-Lee 和 Tedeschi（1996）的研究表明专家权力、参照权力和奖赏权力与大学教授和学生之间的良好关系有关联。另一方面，强制权力与恶劣的人际关系有关。

13.2.2 Yukl 的政治行动

French 和 Raven 的权力基础关注的是在任何环境中一个人对另一个人的影响。Yukl（1989）的政治权力来源则明确指向组织中的权力。根据 Yukl 的理论，政治行动是一个过程，人们通过这个过程来获取和保护他们在组织内的权力。他概述了在组织中实现和维持政治权力的3种方法（图 13-1）。

图 13-1 Yukl（1989）探讨了政治权力策略如何成为组织中实现政治权力的手段

资料来源：From *Leadership in Organizations* by G.A. Yukl, 1989, Englewood Cliffs, NJ: Prentice Hall.

控制决策过程包括控制和影响组织中的重大决策，例如资源配置。这种权力可以通过在一个适当的委员会（例如财政部）任职，或完成适当的任务（例如预算编制）而获得。美国国会的影响力很大程度上是建立在最有权力的众议院或参议院委员会的基础上的。

结成同盟意味着与别人达成协议，相互支持彼此的立场。这种手段在立法机构中十分常见，不同派系之间达成协议互相支持彼此的立场。例如，那些希望通过移民改革法案的美国参议员们可能会与那些希望通过枪支管制立法的议员们达成协议，这样各方的议案都能得以通过。

笼络反对者通过允许反对派的成员参与决策来削弱该派系的反对势力，希望以此来动摇他们的反对立场。例如，一个希望采取措施来管控当地企业排放污染物的地方政府肯定会遭到企业方面的反对。一个减少或笼络反对者的政治方法是将该任务指派给一个委员会，该委员会包括企业代表，但是代表的数量不足以决定委员会的行动。

Yukl的政治行动涉及权力是怎样获得的，这不同于第11章中讨论的自利型的组织政治。这里讨论的政治权力可以用来做好事，并且在政府及非政府组织中都很普遍。在大型机构里获得影响力，更多的是实现政治权力而非个人权力。即使是美国总统也没有制定法律的个人权力，尽管那样或许能够解决国家最严重的问题。至少自20世纪初期以来，美国总统就一直在谈论医疗改革的必要性，但是直到2008年，巴拉克·奥巴马总统（Barack Obama）才获得足够的政治权力来实现这一目标。

13.2.3 政治技能

如果领导涉及影响他人，那么政治技能则是一个重要内容。**政治技能**（political skill）是一个人能够影响他人使其采取对影响者或组织有益的行为的程度（Zellars, Perrewe, Rossi, Tepper, & Ferris, 2008）。这种技能可能被用于服务个人利益（正如第11章有关组织政治所讨论的那样），但是也可能被用于为他人和组织谋利。Ferris及其同事将政治技能分为4个维度（Ferris, Treadway, Kolodinsky, Hochwarter, Kacmar, Douglas et al., 2005）。社交机敏性是对人及社会情境的理解能力。这个维度与情绪智力（见第5章）有点像，但是社交机敏性涉及的不仅仅是对情绪的理解。人际影响力是说服他人采取被期望的行动或接受特定立场的技能。人际网络建构能力涉及与他人建立广泛的关系并且管理这些关系从而实现目标。最后，外显真诚是那种表现出（并且最好真正是）诚实、公开、值得信赖的形象的能力。总之，这表明高政治技能的人能够理解社会互动、影响他人、建立能够信赖的盟友网以及散发出正直的气质。研究表明领导者的政治技能的确能够提高领导有效性（Ferris et al., 2005）。此外，政治技能不仅对管理者而言很重要，对所有员工也很重要，因为政治技能更娴熟的人由于能够与他人很好地共事，进而能够在工作中表现得更好（Blickle, von Below, & Johannen, 2011）。

13.3 管理权的滥用

如果使用得当，各种权力都能促进组织机能。它们也能用于帮助个人产生积极的工作感受并且出色完成工作任务，但是，权力也存在潜在的消极面。有些管理者会利用他们的权力来虐待下属。在某些情况下，管理者相信为了使下属表现好，惩罚性的措施是必要的；在另外一些情况下，管理者这么做只是因为他们享受对别人行使权力的过程。不幸的是，与来自同事或客户的虐待相比，上司的虐待对下属的危害更大（Chang & Lyons, 2012）。

我们将讨论下属可能遭受上司虐待的两种形式。首先，辱虐管理涉及一些管理者针对下属的冒犯和惩罚行为。在极端的情况下，管理者可能会上升到欺凌的程度。其次，性骚扰和种族骚扰是针对特定人群（基于性别、种族或性取向）的辱虐行为。

13.3.1　辱虐管理

一些管理者通过**辱虐管理**（abusive supervision）的形式来虐待他们的下属，这是一种持续的攻击性模式和对心理有害的行为（Tepper, 2000）。Tepper（2000）列出了15种辱虐管理的具体行为，例如：

- 辱骂下属
- 粗鲁
- 对下属撒谎
- 在别人面前贬低下属
- 嘲笑下属

辱虐管理是一种社会性压力源（见第11章），可能导致员工出现压力反应。通常，遭受辱虐管理会带来许多不良后果。辱虐管理与心理压力有关，例如倦怠、对工作不满和工作中的消极情绪（例如焦虑和抑郁）（Tepper, 2000）。遭受虐待管理的个体比没有遭受虐待的个体更有可能做出反生产工作行为，更不可能做出组织公民行为，工作表现也更差（Shoss, Eisenberger, Restubog, & Zagenczyk, 2013）。此外，即使个人不是受虐待对象，也可能会体验到负面后果。观察同事被辱虐和自己亲身体验可以产生相同的效果（Harris, Harvey, Harris, & Cast, 2013）。

研究表明，人格与下属报告的辱虐管理有关，高尽责性（Mary B. Mawritz, Dust, & Resick, 2014）和低情绪稳定性的个体（Garcia, Restubog, Kiewitz, Scott, & Tang, 2014）报告的辱虐管理更多。这些研究中出现的一个问题是，具有这些人格特征的个体是否只是倾向于报告辱虐管理，而不管它是否真的存在。Mary Mawritz 及其同事（Mary Bardes Mawritz, Mayer, Hoobler, Wayne, & Marinova, 2012）提供了反对这种可能性的证据。他们的研究表明，工作小组的成员们对其主管的辱虐行为的评定高度一致。除了人格，已有研究表明，只有当绩效牵涉到管理者的既得利益时，低绩效员工才更有可能遭受辱虐管理（Walter, Lam, van der Vegt, Huang, & Miao, 2015）。换言之，如果管理者要对下属的绩效负责，他可能就会使用辱虐策略让下属要么提高绩效要么辞职。

尽管人们可能会猜测，实施辱虐管理的管理者和遭受虐待的员工可能存在性别差异，但至少有一项研究发现该差异不存在。Hoobler 和 Hu（2013）在他们的美国样本中发现，男性和女性报告遭受了同样多的辱虐管理，而在下属眼中，来自男性或女性管理者的虐待是同等的。

13.3.2　性骚扰和种族骚扰

辱虐管理是一种对员工的普遍性的虐待，而骚扰是一种有针对性的虐待形式，即个人出于某种原因决定针对某个特定群体的成员实施虐待。一些管理者可能会针对不同性别或性取向的下属进行性骚扰。另一些管理者可能还会进行种族骚扰，即基于员工的种族或民族背景而虐待他们（Bergman, Palmieri, Drasgow, & Ormerod, 2007; Schneider, Hitlan, & Radhakrishnan, 2000）。Fox 和 Stallworth（2005）发现最常见的种族骚扰包括言论诽谤、种族玩笑和个人排挤。

或许最为熟知的一种骚扰是**性骚扰**（sexual harassment），它是一种性本能行为。这种行为：

- 是不受欢迎的
- 能够对一个人的就业造成负面影响

- 干扰一个人的工作表现
- 造成敌对的、具有威胁性的工作环境

构成性骚扰的行为包括：

- 不受欢迎的性示好和性请求
- 不受欢迎的身体接触和触碰
- 使用冒犯性语言
- 反复要求约会
- 请求得不到顺从就威胁说会有惩罚

性骚扰在美国以及其他许多国家都是违法的。在美国，性骚扰包含在民权法案中，并被视为一种歧视。很多案例都被诉诸公堂，而且公司必须支付员工超过10万美元的损害赔偿金。尽管性骚扰只是个人的行为，但是组织必须为其员工的行为负责。人们期望组织能去阻止其管理者或是其他人实施性骚扰。

很难确切地知道性骚扰有多么普遍。在美国（Schneider, Swan, & Fitzgerald, 1997）和其他国家（de Haas, Timmerman, & Hoing, 2009）进行的一些调查询问了男性和女性是否遇到过一次或几次诸如粗鲁的要求或笑话、不想答应的约会请求等性骚扰受害者可能遭遇的事例。Ilies、Hauserman、Schwochau和Stibal（2003）对55项此类研究进行了元分析，结果发现58%的女性报告在她们的工作中经历过这些行为。在将该结果解释为这意味着大多数女性曾是性骚扰受害者时必须谨慎（Fitzgerald, Drasgow, Hulin, Gelfand, & Magley, 1997）。许多此类行为只在其不受欢迎时，或是重复的次数多到造成敌意或有威胁的工作环境时，才被认为是骚扰。单独的一次评论、简单的一次约会请求不是骚扰，因此人们不应该根据这种调查就预测大多数女性是受害者。事实上，Ilies等人（2003）注意到，在那些声称自己经历过这种行为的女性中，不足一半的人觉得她真正被骚扰了。应该注意的是，尽管性骚扰的受害者经常被认为是女性，但是近来的研究发现男性也很可能成为性骚扰的对象（Berdahl & Moore, 2006）。

另一个问题是，人们对管理者和其他人的骚扰行为的感知程度不同（Timmerman & Bajema, 2000）。换言之，是否被感知为骚扰取决于旁观者的看法和员工对他人意图及动机的归因（Luthar & Pastille, 2000）。例如，Wayne（2000）让大学生阅读了一个真实的性骚扰案例，但是她对犯罪者和受害者的性别及在组织内的职位进行了控制。相比受害者职位较低（例如下属）的情况，当受害者职位较高（例如管理者）时，被试认为犯罪者的确实施了性骚扰的可能性更大。Wayne认为人们对情境的感知一定程度上取决于个人的行为是否有违期望。人们有一个基本的看法和预期，即与下属相比，管理者有更大的强制性，因此，管理者的行为被感知为性骚扰的阈限可能较高。

性骚扰和其他形式的员工骚扰是很严重的问题，因此，组织应该努力加以控制。这些骚扰行为通常反映了一种普遍的侮辱性风气，在这种氛围里，种族歧视、性骚扰或一般的骚扰行为都会发生（Berdahl & Moore, 2006）。此外，参与这些行为的不仅仅是管理者，同事、下属甚至顾客也可能会实施骚扰。当管理者或其他员工实施了某些骚扰行为时，他们会给组织带来法律上的麻烦。然而，组织为骚扰行为造成的内部隐患所付出的代价比其解决法律问题的成本大得多。性骚扰和种族骚扰可能会带来压力，导致对工作的不满、心理和躯体紧张（Raver & Nishii, 2010; Willness, Steel, & Lee, 2007）。值得注意的是，真实的性骚扰案例尚未界定清楚，而从横断调查中（见第2章）我们也不能确定骚扰是导致心理紧张的原因，很可能心理紧张的员工更容易把某些情况感知成骚扰。然而，对各类员工虐待行为的研究（见第11章关于社会性压力源的讨论）已经提供了足够的证据证明性骚扰和其他形式的虐待对个体有很严重的不利影响。组织应该明智地采取措施保护员工不受管理者或是其他滥用权力者的伤害。

13.4 领导理论

有许多用以研究和理解领导的理论。特质理论涉及对出色领导者个人特征的界定，它探讨了"谁会成为好的领导者"。

行为理论聚焦于找出哪些领导行为是有效的。它探讨了"好的领导者都做了什么"。

权变理论（费德勒的理论和路径－目标理论）认为有效领导是人、人的行为和环境的交互作用的结果。它探讨了"在给定条件下，谁会成为好的领导者，什么样的行为可能是有效的"。

领导－成员交换理论和魅力型/变革型领导理论关注的是下属和管理者之间的关系。它们探讨了"下属和管理者的相互作用如何影响下属的行为"。

所有这些理论都有助于我们理解领导力，我们将在本节进行讨论。我们还将介绍弗罗姆－耶顿模型（Vroom-Yetton model），该模型用以决定怎样在工作群体中处理决策任务。

13.4.1 特质理论

特质理论是最早的研究领导力的理论。它基于一个假设，即一些人比其他人能成为更好的领导者，并且我们有可能鉴别出优秀领导者的特质。该理论的一些支持者认为，高水平的领导力是个人特征，如果一个人在某一领域里是优秀的领导者，那么他在任何其他领域里也都会是好的领导者。由此可以认为，诸如亚历山大大帝、乔治·华盛顿、马丁·路德·金和温斯顿·丘吉尔之类的领导者，在其他的时代和情境下也会是伟大的领导者。然而，这似乎是不可能的，因为他们每一个人都有不同的特征，也采取了适合他所处环境的不同的领导方法。

试图发掘出优秀领导特质的大多数研究一般采用两种方法。第一种方法类似于第6章讨论过的员工选拔研究的方法论。研究者会选定一个领导者样本，他们通常由一个组织中的各级管理者组成。他们还要选择一个领导绩效的效标（通常是工作绩效）。对管理者的绩效标准和特定的个人特质进行评价。其中特质包括各种能力、工作经历、动机和个性的测量。个人特征和绩效之间的关系表征了特质对领导绩效的影响。

各种研究在测量个人特征和绩效方面使用了许多不同的方法。例如，Randle（1956）评估了管理者的大约100种特质。尽管许多研究采用的是得到了充分验证的测量方法，但是也有很多研究使用了一些为特殊研究而开发的未经检验的测量方法。这些测量中有一些质量不高，特别是那些在我们完全理解影响心理测量的偏差之前所做的早期研究。这导致了预测领导绩效的研究结果不甚一致。然而，对领导者的研究已经证实了诸如认知能力这样的个人特质可以预测管理绩效（Hogan, Curphy & Hogan, 1994）。

第二种方法与领导者的自然产生有关，即在一个小组中谁将成为领导者。这些研究让若干组人员进行实验任务，效标是谁会自然成为小组的领导者。此类研究通常不评定领导绩效。当然，很可能使一个人成为领导者的个人特征（例如外表吸引力）不一定会使其成为一个出色的领导者。

许多此类研究的结果不一致并不奇怪。有些研究发现某些特性与领导自然产生及领导绩效都有关，另一些研究则没有发现。为了从不一致的文献中得到启发，Judge、Bono、Ilies和Gerhardt（2002）进行了一项元分析，从统计上来整合不同研究的结果。他们发现高效的和自然产生的领导者在大五人格中的情绪稳定性、外向性、经验开放性和尽责性上得分较高。

13.4.2 领导行为理论

领导行为理论关注的是领导者做了什么，而非领导者可能具有的个人特征。虽然领导行为研究对应的是具体行为，但大多数研究关注的是领导风格。领导风格是反映某种对待下属的方式的一组相关行为。例如，有些主管会让下属对与他们有关的决策给出意见和建议。这种寻求建议和讨论问题的领导风格即参与型风格。另一些领导不让下属参与决策，而是领导自己做出决定并向成员公布。这种下属几乎不参与的风格被称为专制型风格。

最有影响力的领导行为研究项目是始于1945年的俄亥俄州领导力研究（Stogdill, 1963）。这一系列研究被设计用来探寻特定的管理行为对下属的影响。俄亥俄州的研究者最初收集了约1 800个代表很好或很差的管理行为的关键事件。以这些事件为基础，研究者开发了包含150个题目的领导行为问卷。他们用该问卷调查了一些员工样本，被调查者根据其领导的行为回答每个问题。研究者使用了一种叫作因子分析的复杂统计方法来分析这150个题目，看其是否可以落到较少的潜在维度上。基于这150个题目的内在相关，研究者发现存在两个有代表性的领导行为维度，分别被称为关怀和定规。

关怀（consideration）是管理者关注下属幸福和福利的程度，包括那些使下属的工作环境舒适的友好和支持性行为。**定规**（initiating structure）是管理者定义自身角色并且明确对下属的期望的程度，它包括将任务分派给下属和安排工作。俄亥俄州领导研究的重大贡献之一就是开发了评定这些维度的量表。最为常用的是**领导行为描述问卷**（Leader Behavior Description Questionnaire, LBDQ），由下属根据其上司的行为来填写完成。表13-2包含了评估关怀的4个题目和评估定规的4个题目。

表13-2 领导行为描述问卷（第12版）中关怀和定规分量表的8个题目

关怀题目
他友好、亲切
他很少做那些让团队中的成员感到愉悦的事情
他将组员建议付诸实施
他对待所有成员像对自己一样平等

定规题目
他让组员知道对他们的期望是什么
他鼓励使用统一的规程
他努力在组内推行自己的观点
他向组员阐明自己的态度

资料来源：From *Manual for Leader Behavior Description Questionnaire—From XII* by R. M. Stogdill, 1963, Columbus, OH: Ohio State University.

许多使用了领导行为描述问卷的研究试图揭示领导行为对下属的影响。Fleishman 和 Harris（1962）对卡车制造厂生产工人的研究就是一个很好的例子。他们用领导行为描述问卷收集了57名主管的下属数据，同时收集了每个主管所属工作群体的申诉率和离职率。申诉可以被认为是对工作环境不满的行为测量，并且研究表明，关怀与工作满意度相关（Derue, Nahrgang, Wellman, & Humphrey, 2011）。在有工会的组织和政府部门，申诉就需要举行听证会，而这会占用员工大量时间。过高的申诉率会降低工作团队的效率，因为人们的时间花在了非生产行为上。

Fleishman 和 Harris（1962）发现对主管的领导行为描述问卷的平均得分与部门的申诉率和离职率有关。与高关怀低定规的主管相比，那些低关怀高定规主管的下属有更高的离职率和申诉率。关怀维度上得分最低的主管，其下属的离职率比得分最高的主管要高大约4倍（见图13-2和图13-3）。

尽管人们很容易把上述结果解释为领导行为影响下属行为的证据，但这样做就会出现两大难题。第一，领导行为描述问卷也许不能很好地测量领导行为，并且可能在反映领导行为的同时也反映了下属的许多行为。一些研究试图探明下属对领导行为的报告真正意味着什么。结果发现这些报告受下属偏见和刻板印象的影响。在一系列研究中，大学生被要求观看一个管理者和下属交流的录像。研究者随机告知所有看过同样录像的被试，这个管理者表现是好或坏。那些被告知该管理者是一个好的管理者的被试与那些被告知该管理者是一个差的管理者的被试在领导行为描述问卷中对该管理者的评价截然不同（Lord, Binning, Rush, & Thomas, 1978）。

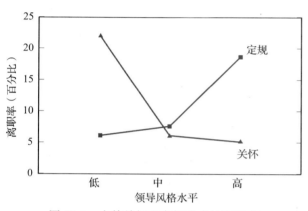

图 13-2　主管关怀和定规造成的离职率

资料来源：From "Patterns of Leadership Behavior Related to Employee Grievances and Turnover," by E. A. Fleishman and E. F. Harris, 1962, *Personnel Psychology*, 15, 43-56.

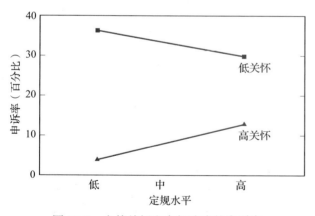

图 13-3　主管关怀和定规造成的申诉率

资料来源：From "Patterns of Leadership Behavior Related to Employee Grievances and Turnover," by E. A. Fleishman and E. F. Harris, 1962, *Personnel Psychology*, 15, 43-56.

第二个问题是关于用横断研究设计（见第2章）在同一个时间点上收集的数据来得出因果结论。我们不能仅依据一个研究（例如 Fleishman 和 Harris 的研究）就确定究竟管理者行为与申诉率和离职率，何者为因，何者为果。研究表明管理者的行为会受到下属的行为（Lowin & Craig, 1968），特别是下属的工作绩效的影响。Yukl（1989）推断管理者的风格和下属的行为之间可能存在交互关系。如果下属满腹牢骚，其上司可能会变得愤怒并减少关怀行为。这可能使下属更生气，进而产生更多的抱怨，而这又会导致更少的关怀，等等。这种交互的过程在工业与组织心理学中很少被研究。

在美国，参与管理和工作绩效、工作满意度都有关，但是这种关系并不总是很强（Wagner, 1994）。影响小的部分原因可能与员工可以参与的领域有关。Sagie 和 Koslowsky（1994）发现，当让员工参与决定怎样实施工作变革，而非是否实施变革时，感知到的参与和工作满意度之间的关系较强。他们得出结论：考虑适合下属参与的决策种类很重要。

一些研究已经表明参与是有作用的。然而，另一些则显示它没有积极影响。例如，Bragg 和 Andrews（1973）在一项研究中发现参与只在3个部门中的2个有效。在这个研究之初，一家医院洗衣部的管理者从专制型转变为了参与型。在接下来的18个月中出勤率、工作绩效（提高了42%）和工作满意度都有了积极的效果。之后医疗记录部门成功引进了这种管理方式，在护理部却不成功。参与型管理有时成功而有时失败的原因是复杂的，可能和他们尝试管理的情境有关。这就给我们带来了权变理论的基本观念：情境与领导特征和领导行为有交互作用。

13.4.3　费德勒权变理论

特质理论假设某些特征将会使个体成为好的领导者。行为理论假定不管在何种情境下，某些领导行为都会有效。**费德勒权变理论**（Fiedler's Contingency Theory）则认为领导力是人和情境共同作用的结果。领导者的一个特征和情境的3个特征决定了领导的有效性。

该理论始于领导特征，费德勒（Fiedler, 1978）将这些特征称作领导者的动机结构。通过一种名为**最难共事者量表**（Least Preferred Coworker scale，LPC）的自陈工具对动机结构进行评估。尽管这个量表的名字暗示了它评定的是同事，实际上这个量表测定的是领导者而非下属的特征。LPC要求领导者回想过去与自己最难共事的人，也就是他或她最不愿意一起工作的人。然后这些领导者使用语义差别形式量表来描述这个最不想与之一起工作的人（Osgood, Tannenbaum & Suci, 1957）。该量表包含18对两极的形容词题目，对于每个题目，领导者都应指出两个含义相反的单词中哪个最能描述某人，例如愉快相对不愉快、友好相对不友好（表13-3展示了LPC量表示例）。

表13-3　费德勒的最难共事者量表中的4个题目

愉快的	＿＿＿＿＿＿＿＿＿＿＿＿＿＿＿＿＿	不愉快的
友好的	＿＿＿＿＿＿＿＿＿＿＿＿＿＿＿＿＿	不友好的
拒绝的	＿＿＿＿＿＿＿＿＿＿＿＿＿＿＿＿＿	接受的
紧张的	＿＿＿＿＿＿＿＿＿＿＿＿＿＿＿＿＿	放松的

资料来源：From "The Contingency Model and the Dynamics of the Leadership Process" (pp.59-112) by F.E. Fiedler, 1978, in L. Berkowitz (Ed.), *Advances in Experimental Social Psychology*, (Vol. 11), New York, NY: Academic Press.

费德勒（1978）的理论还涉及领导情境控制这一情境变量。情境控制是指领导者对下属的权力和影响力的大小。它是管理者行动能够预见性地引发下属行为的程度。领导情境的3个特征组成了情境控制。领导-成员关系是下属与管理者相处融洽并且下属支持管理者的程度。任务结构是下属的工作任务被清晰界定的程度。职位权力是管理者拥有的权力和影响力，包括给予奖励和处罚的权力。一个领导-成员关系良好、下属任务高度结构化并且拥有高职位权力的领导者会有高情境控制。而一个领导-成员关系恶劣、下属任务结构化程度低并且职位权力较低的领导者对情境的控制程度也会较低。

根据费德勒（1978）的理论，管理者的LPC决定了他在何种情境中会有良好的表现。那些低LPC者在情境控制水平高和低的情况下都表现得很好。那些高LPC者在中等的情境控制情况下表现最好。例如，领导者和下属相处得不好，下属任务的结构化程度低，领导者也没有多少权力。这是一个不利的情境，低LPC领导者得被期望比高LPC领导者更有效。然而，如果情境的有利程度为中等，领导-成员关系不佳但任务结构化程度高且领导者有中等权力，那么高LPC者就应该比低LPC者更有效。图13-4阐明了领导者的绩效是怎样随着情境控制的变化而变化的（在高LPC和低LPC两类个体中）。

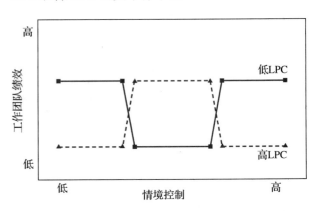

图13-4　情境控制和领导者LPC共同引发的团队绩效

资料来源：改编自"The Contingency Model and the Dynamics of the Leadership Process," by F. E. Fiedler, 1978, in L. Berkowitz (Ed.), *Advances in Experimental Social Psychology*, (Vol.11), New York, NY: Academic Press.

相关研究对权变理论的有效性莫衷一是。两项元分析结合了关于权变理论的许多测试结果（Peters, Hartke, & Pohlmann, 1985; Strube & Garcia, 1981）。尽管权变理论的预测没有得到完全支持，但两个元分析还是发现，领导者的绩效是LPC和情境控制共同作用的结果。现在还不明确的是究竟为什么 LPC 和情境控制存在交互作用。这中间主要的难题是，还没有人（费德勒自己也不清楚）知道 LPC 究竟代表了什么。LPC 所要测量的是有关领导者动机的东西，但是动机到底有没有被测量还不清楚。费德勒（1978）称，低 LPC 的领导者更关心的是完成任务而不是和下属搞好关系，而高 LPC 的领导者则有相反的动机，他们更关心与下属之间有良好的关系而不是将任务完成。现在我们所能肯定的就是 LPC 的确测量了领导的某些未知的但是很重要的特征。

虽然权变理论认为情境决定了最好的领导者特征，但是费德勒（1978）不认同管理者应该调整他们的风格来适应某个情境。他认为管理者应该改变环境来使它适合他们自己的领导风格。为此，他开发了一套称为**领导匹配**（Leader Match）的培训项目。费德勒总结了一些现场实验的结果，并对经过领导匹配培训的领导者与未经过培训的控制组的结果进行比较。结果发现，受训组的管理者有更好的团队绩效。然而，有人提出了一些问题，即是领导匹配培训使领导根据理论改变了情境还是其他因素导致了领导匹配研究的结果（Jago & Ragan, 1986）。

尽管费德勒的权变理论备受批评，但他仍旧是领导研究领域最有影响力的人之一。他的主要贡献在于向我们展示了领导力涉及领导者特征和领导情境的复杂交互作用。理论家们扩展了费德勒的理论，并发展出了更加复杂的权变理论。我们接下来所要讨论的路径－目标理论就是其中之一。

13.4.4　路径－目标理论

路径－目标理论（path-goal theory）（House & Mitchell, 1974）是一种比费德勒的理论更加复杂的权变理论。它认为下属的工作绩效和工作满意度是环境特征、下属特征和领导风格交互作用的结果。其基本思想是建立在期望理论（见第 8 章）的基础之上的，认为管理者可以通过对好的工作表现进行奖励和使下属能够更容易地完成任务目标来提升下属的动机和工作满意度。管理者可以采用 4 种领导风格，其有效性依环境和下属特征而定。

这 4 种领导风格是：

- 支持型风格。这种风格和俄亥俄州领导研究中的关怀风格类似。它强调对下属的需求和福利表示关注。
- 指导型风格。这种风格和俄亥俄州领导研究中的定规风格相似。它强调将下属的工作任务结构化并让他们知道要求是什么。
- 参与型风格。这种风格强调征询下属的意见和让他们参与决策。
- 成就型风格。此种风格强调成就和工作绩效。它包括设定挑战性任务目标以及强调高水平绩效标准。

下属特征包括人格变量，例如心理控制源和自我觉知能力。心理控制源（见第 9 章）是下属相信自己能够控制其所得回报的程度。内控者认为回报是受控于自己的。外控者认为回报是受控于他人或外力的。自我觉知能力是下属相信自己有能力出色完成任务的程度。它和第 8 章中讨论的自我效能感类似，但它是针对当前的具体任务。环境特征包括任务的各个方面，例如危险性、重复性和结构性。

House 和 Mitchell（1974）在其基本理论思想的基础上衍生了一系列假设。这些假设描述了特定的领导风格是怎样在特定条件下影响下属的。例如：

1. 当任务无聊、危险、压力大或者单调时，支持型风格是最合适的。必须面对这些情境的下属会因为有一个支持型的领导者而降低焦虑水平、提高自尊。

2. 当任务结构性不强、下属缺乏经验时，指导型风格是最合适的，因为下属不能确定该做什么。一个指导型领导者通过告诉下属要求是什么以及他们该做什么，可以提高下属的努力程度和工作满意度。

遗憾的是，研究者们只关注了少数几个假设，尤其是这里给出的第二个假设。尽管某些研究支持了该理论（Podsakoff, Mackenzie, Ahearne, & Bommer, 1995），但是很多的结果是不一致的（Wofford & Liska, 1993）。这种不一致性可能部分是由于一些研究的方法有缺陷，另一种可能是一些假设不太正确。

Keller（1989）注意到并非所有人都会因为工作缺乏结构化而感到困扰，事实上有些人还更喜欢这样。偏爱非结构化任务的人会对低结构化的工作更满意，并对指导型的领导风格产生消极反应。他对来自4个组织的员工样本进行了调查，测量了下属对结构化的需求、工作绩效、工作满意度和指导型领导风格（Keller, 1989），结果与预期相符，即对结构化有高度需求的下属偏爱指导型领导风格（见"研究案例"）。Keller 的研究表明，应调整这一个假设，将下属的人格考虑在内。

研究案例

路径－目标理论的假设之一是当任务结构化程度低时，管理者的定规行为会使下属感到满意。换句话说，当下属不确定要求是什么时，他们非常希望主管明确工作要求。Keller（1989）发现支持此假设的证据在各项研究中并不一致。他推测路径-目标理论的一个错误是假定所有员工都会对低结构化的工作感到不满。他假设下属对工作要求清晰性的需求决定了他们对低结构化工作中定规的反应。

本研究调查了来自组织研究和发展（R&D）部门的专业人士，因为此类工作涉及发掘新知识、新技术，研究与发展的工作结构化很低。被试完成了几个量表，用以评估他们在工作上对工作清晰度的需求及偏好、其上司的定规和他们自己的工作满意度。

数据分析显示 Keller 的假设是正确的。那些对工作要求清晰度需求高的员工对高定规风格更满意；那些对清晰度需求低的员工则对低定规更满意。这项研究说明领导者在决定最合适的领导方式时要考虑到每个下属的人格特征。

资料来源：From "A Test of the Path-Goal Theory of Leadership With Need for Clarity as a Moderator in Research and Development Organizations. By R. T. Keller, (1989). *Journal of Applied Psychology*, 74, 208-212.

未来的研究需要对 House 和 Mitchell（1974）最初的假设进行验证。考虑到 Keller（1989）的发现，未来似乎会发展出涉及环境、下属和领导者交互作用的新假设。Keller 的研究结果给了我们一个暗示，即不同的下属需要不同的领导方式。这就引出了领导－成员交换理论，它关注的是每一对下属和领导间的交互关系。

13.4.5 领导－成员交换理论

领导－成员交换（leader-member exchange, LMX）理论（Dansereau, Graen, & Haga, 1975）关注的是下属－领导的二元组合而不是领导者和工作群体。Dansereau 等人认为很多领导研究的主要局限之一是隐含地假定了每个领导者的下属群体都是充分同质的，可以将其作为一个整体进行研究，并且还隐含地假设了每个领导者采取相同的风格对待所有下属。相反，Dansereau 等人假设领导者会区别地对待不同的下属。

Dansereau 等人（1975）探讨了上下级之间发展出的两类关系。**骨干**（cadre）或**圈内人**（in-group）是工作群体中受信任、有影响力的成员。领导者对他们加以关怀并对其采取参与型领导风格。相反，**雇工**（hired hands）或**圈外人**（outgroup）受到的则是指导型风格的领导，并很少给予对决策发表意见的机会。这些关系随着时间发展而来，同时下属的特征影响了他们所处的类别。要成为骨干，下属就必须被认为是可靠而努力的。成为骨干的代价，就是下属必须准备好付出高于最低期望的努力。

Dansereau 等人（1975）的研究发现，在工作群体内部，管理者有两个按照参与权划分的不同群体。比起雇工，骨干成员对工作更满意，相信他们和上司的关系更好，并且离职的可能性更小。然而，在做出满意度和离职率的差异源于管理者的差别对待这一结论时必须谨慎。很可能管理者对待每位下属的行为与下属工作绩效之间互为因果（Bauer & Green, 1996）。

领导－成员交换理论的一个贡献是它关注每对领导者－下属二元的个性化关系的重要性。一项关于训练主管加强其与每名下属关系的干预研究就以此观点为基础。Graen、Novak 和 Sommerkamp（1982）在一个现场实验中对一群主管做领导－成员交换训练。训练的意图是帮助主管改善与下属的关系。每位受训者都和下属进行了单独面谈，讨论了工作问题和他们的工作关系。结果发现，受训者的下属比控制组中未受训主管的下属有更好的工作绩效和更高的工作满意度。

研究显示，下属感知到的领导－成员交换关系质量和一些重要的工作变量相关。例如，与报告领导－成员交换关系较差的下属相比，那些报告和上司有良好领导－成员交换关系的下属，被领导评价为有更高的工作绩效和更好的组织公民行为（Martin, Guillaume, Thomas, Lee, & Epitropaki, 2015; Walumbwa, Cropanzano, & Hartnell, 2009）。在对 79 项研究的元分析中，Gerstner 和 Day（1997）发现和上司关系好的个体比和上司关系差的那些人倾向于有更高的工作满意度、对雇主有更多的承诺以及感知到更小的工作压力。总的来说，这项研究显示上下级之间的良好关系是很重要的，因为这对员工和组织有利。

领导－成员交换理论有一定的局限性并受到了批评。首先，在一个工作群体中对下属的区别对待可能是具有破坏性的（Yukl, 1989）。第 8 章中讨论的公平理论就描述了员工对不公平待遇的消极反应。Dansereau 等人（1975）研究发现的员工较高的离职率和较低的工作满意度可以被解释为对不公平待遇的反应。其次，Schriesheim（1980）指出管理者通常是想要一次性影响整个工作群体，而不是分别对待每个人。她认为同时关注工作群体和领导－成员二元组合才是理解领导力的最有意义的方式。尽管领导－成员交换理论存在局限性，但它有助于聚焦到上下级之间的关系，还有助于理解管理者并非对所有的下属都同等对待。

13.4.6　变革型领导理论

变革型领导理论探讨的是对追随者有着相当重大且不同寻常的影响力的领导者，或者换句话说是**魅力型领导者**（charismatic leader）。从某些方面来说，这是对特质理论的回归，因为它关注的是与领导有效性相关的领导者特质。然而，它和先前那些理论的不同在于它除了将特质与绩效联系起来之外，还试图确定领导者如何影响其追随者。一个**变革型领导者**（transformational leader）会通过激励他人使其设定较高的目标并努力实现。这样的领导者明确地为追随者描绘愿景，并鼓励追随者不断追求该愿景。Gardner 和 Avolio（1998）解释说，某些领导者能够使追随者对其能力和愿景的重要性深信不疑。其行为使他们看起来具有创造性、变革性、强大且值得信赖。这类领导者的影响力很大程度上来源于追随者的信念——相信只有跟随这位领导者才能实现他们诸如让公司盈利之类的愿景。亚伯拉罕·林肯（Abraham Lincoln）、约翰·F·肯尼迪（John F. Kennedy）、马丁·路德·金（Martin Luther King Jr.）和温斯顿·丘吉尔（Winston Churchiu）就是变革型领导者的典范。马丁·路德·金对自由社会的理想就是一个很好的例子，这可以体现在他1963年8月28日于华盛顿发表的演讲《我有一个梦想》(I have a dream)。

马丁·路德·金博士（左图）和约翰·F·肯尼迪总统（右图）是捍卫美国公民权利的魅力型领导者。

Bass和Rigio（2006）认为变革型领导有4个组成部分。理想化的影响力是领导者通过言辞和高标准的行为示范对追随者起到的激励程度。感召力是给予一个愿景，例如马丁·路德·金的"梦想"。智力激发是激励追随者反思现状并思考更优的做事方法。个性化关怀是对追随者的发展和幸福给予关注。总体上，变革型领导者是通过明确描绘愿景、鼓励并支持追随者和以身作则来激励他人的。

研究显示，变革型领导与对组织功能至关重要的一些下属变量有关。例如，认为上级属于变革型领导的个体在工作绩效（Keller, 2006; Walumbwa, Avolio, & Zhu, 2008）、工作满意度、组织承诺（Kovjanic, Schuh, Jonas, Van Quaquebeke, & Van Dick, 2012）和组织公民行为（Den Hartog & Belschak, 2012）上表现出较高水平。此外，尽管变革型领导似乎是天生的，但是研究者们已经成功地训练人们表现出了这种行为。例如，Towler（2003）做了一项实验室研究，将商科学生们随机分配以接受变革型训练或控制训练。随后，让他们面对一群假想的员工发表了一段演讲。由训练有素的观察员进行评定的结果显示，变革型训练组被试的变革型领导得分高于控制组被试。Barling、Weber和Kelloway（1996）成功地将银行分行经理训练得更具变革性，并且该训练对他们所在分行的财务业绩产生了影响。

现有研究高度暗示了变革型领导在应用上的可观潜力。如果变革型领导者有更满意、更高产的下属，或者变革型领导能被训练出来，组织就能因提倡管理者采用此种方法而获益。我们需要更多类似Barling等人（1996）的研究来证实他们期望中的结果。

13.4.7 弗罗姆–耶顿模型

弗罗姆–耶顿模型（Vroom-Yetton model）（Vroom & Yetton, 1973）不同于我们之前探讨的领导理论。该模型是一个规定性理论模型，解释了在做决策时某种特定情境下最有效的管理方法应该是什么，而非描述领导过程是如何起作用的。要注意的是，该模型的设计仅用于决策，不涉及诸如问题解决或指导下属活动等其他方面的领导行为。该模型以相关心理学原理为基础，而这些原理能够帮助人们了解基于给定情境特征的最佳决策方式。管理者可以利用该模型在必须做出决策时选择处理问题的方式。

该模型具体说明了从独裁到民主的 5 种决策方法，如下所示：

1. 管理者独自决策
2. 管理者从下属那里搜集信息后进行决策
3. 管理者与部分下属讨论问题后进行决策
4. 管理者在会议上与所有下属讨论问题后进行决策
5. 管理者在会议上对所有下属交代问题，并请他们做决策

如你所见，管理者可以独立行动（方法 1），可以将问题交给团队（方法 5），也可以采取不同程度的共同决策过程，从仅仅获取信息（方法 2）到切实地讨论问题并考虑他人意见（方法 3 或 4）。

有 7 项与问题本身及下属有关的特征界定了决策情境：

1. 对结果质量的要求（做出正确决策是否重要）
2. 管理者拥有信息的充分性
3. 问题的结构（需要去做什么是否清晰，或情况是否含糊不清）
4. 下属接纳决策的必要性
5. 由管理者单独做出的决策被下属接纳的可能性
6. 下属对解决问题的承诺
7. 下属在问题解决方法上的分歧

每一项特征都被转化为一个是/否的问题（例如，问题是结构化的吗），回答的情况决定了最佳的操作方法。例如，如果质量并不重要（特征 1），而下属的接纳度是重要的（特征 4），并且下属不会接受管理者单方面做出的决策（特征 5），那么最好的方法就是让下属来做决策。另外，如果质量不是问题并且接受度也不重要，那么所有的 5 种方法应该是同等有效的。在多数情况下，比较民主的方法是合适的，仅仅在少数情况下，独裁更为高效。

弗罗姆和耶顿（1973）在他们模型的基础上提供了可以被管理者用来选择决策方法的工具。具体推荐何种方法取决于你是想尽量减少决策花费的时间还是想最大限度地提高团队接受决策的可能性。毫无疑问，独自进行决策往往是最快捷但未必是最有效的方法。可以通过纸笔材料（表格和决策树）来根据上述 7 个问题的答案得到推荐的决策方法。他们还开发了会显示问题的计算机软件，输入答案后软件就会给出应对该情况的建议。

检验弗罗姆-耶顿模型的研究不多，其中大部分结果支持了该理论的建议。弗罗姆和 Jago（1988）汇总了 6 项研究，这些研究对比了遵守和没遵守该理论所给建议的决策的有效性。根据该理论进行决策的成功率比违反该理论的成功率更高，分别为 62% 和 37%。另外，Field 和 House（1990）的研究并不完全支持该理论。他们让一组管理者及其下属对决策过程及决策有效性进行报告。虽然管理者的数据支持了弗罗姆-耶顿模型，但下属的数据并没有。Field 和 House 并未认定该理论无效，而是呼吁更多的研究对其进行检验。

基于管理实践的角度，弗罗姆-耶顿模型有成为最实用的领导理论的潜力，因为管理者希望使用基于证据的策略来指导自己的管理方法。该理论就如何管理提供了非常具体的建议，而其他理论只提供了一些原则，如何应用就需要人们自己去参悟了。在使用弗罗姆-耶顿模型一段时间后，管理者就会学会那些基本原理，在遇到新的

决策情境时，就没有必要每次都去查阅表格或软件了。目前，研究表明该理论颇有前景，但是极少有研究在现实情境下检验遵守该理论是否总能够在决策质量和决策速度方面达到更好的决策结果。

13.5 领导岗位上的女性

在世界上的大部分地区，女性已经在取得监督与管理岗位这方面获得了长足的进步。据估计，截至 1999 年，美国有大约 46% 的领导岗位为女性所占据（Powell, Butterfield, & Parent, 2002）。尽管在低层管理岗位上获得了成功，但是美国女性仍然没能进入组织的管理高层。不过高管中的女性人数在持续增加，到 2002 年，已有超过 15% 的公司高管职位由女性担任（Northhouse, 2004）。一项关于工商管理硕士（MBA）毕业生职业生涯发展的研究发现，男性比女性的起薪更高，并且随年龄的增长，男性的加薪速度会更快（Goldberg, Finkelstein, Perry, & Konrad, 2004）。然而，这些结果的代表性如何还不得而知，例如另一项对一家金融服务企业高管的研究发现，男女之间的薪酬不存在差异（Lyness & Thompson, 1997）。或许是一些行业在男女薪酬平等方面取得了进步，而其他一些行业仍然滞后。

虽然多数组织中的女性在获得高层职位上比男性要难得多，但并不是所有组织都存在这个问题。Powell 和 Butterfield（1994）发现，在美国公务员体系中，申请晋升的女性比男性更有可能（而不是可能性更小）进入最高管理层。女性候选人会将这种性别差异部分归因于更出色的工作绩效。对女性不再心存偏见或许是由于政府机构采用了更加公平的晋升机制并承诺提供平等的就业机会。

人们对天花板效应提出了多种解释，此处则是指女性很难突破低层管理岗位的限制。其中一些解释侧重于男性和女性在职业准备以及态度上的差异，另一些解释则关注于对女性担任高层管理者的偏见。例如，van Vianen 和 Fischer（2002）在荷兰所做的一项研究发现，与男性相比，女性在工作上的野心较小，对薪酬和地位的关注比较少，更关心工作-家庭冲突。这些因素也许解释了为什么很少有女性寻求晋升到高级管理岗位的机会，但这并不能解释为什么那些想要达到更高层次的女性会在实践中遇到更大的困难。

这两位女性有什么共同之处？以色列的果尔达·梅厄（左图）和英国的玛格丽特·撒切尔（右图）都是他们国家选举出的首相。

关于偏见的解释与组织中掌握雇用决定权的高层人士的态度和刻板印象不无关系。Schein 及其同事（Schein, Mueller, Lituchy, & Liu, 1996）所做的研究证实了对男女两性特质的微妙刻板印象如何使女性在管理人员的选拔中处于劣势。研究者要求人们对管理者、男性和女性的特质进行描述，发现对管理者的描述与对男性的描述有部分重叠，但和对女性的描述没有交叉。因而可以推论，女性晋升困难的原因是她们被认定缺乏岗位所需特征。这并不是决策者有意识地歧视女性，而是男性候选人似乎比女性候选人更符合职位的要求。因此，要想在高层管理职位招聘中做到性别公平，就必须要改变招聘者的态度。此外，这个现象似乎是很普遍的，因为他们在中国、德国、日本、英国和美国都发现了类似的结果。

另外，来自决策者的偏见也无法完全解释这个问题。Lyness 和 Thompson（2000）对一批配对的中、高层男女管理者样本就职业生涯发展情况做了调查。他们发现女性比男性更易报告她们与同事相处不顺。这种情况究竟是反映出女性难以适应管理岗位，还是她们发现自己未被同事和上司接受，或者仅仅是感到和同事不易相处，目前尚不清楚。不过，即使这仅仅是一种感觉，感觉到格格不入也会影响自信心和行为，从而对职业发展产生负面影响。

Powell 和 Butterfield（1994）建议美国联邦政府可以作为消除天花板效应的一个典范。管理层承诺提供平等雇用机会和使用统一选拔程序以减少决策中的主观性是消除此种天花板效应的重要因素。

性别和领导风格

处于领导岗位的男性和女性在领导风格上有什么不同吗？基于对男性和女性的刻板印象，我们认为女性可能更关注下属的感受和情绪健康（关怀），男性可能更关注工作的完成（定规）。对领导的性别差异研究显示，这个问题的答案没那么简单。

Eagly 和 Johnson（1990）对男女两性领导风格的对比研究做了元分析。他们综合了超过 160 项领导力研究的结果并得出了一些结论。其中之一是，男性侧重定规和女性侧重关怀的刻板风格只出现在被试为学生的实验室研究中，但在实际领导者的现场研究中并没有发现。对此结果他们有两种解释：第一，在组织环境中，环境约束和要求可能使得男性和女性的管理者采取相似的领导风格。第二，组织可能会选择领导风格与男性相似的女性来担任管理者。在实验室研究中，对被试的选择更为随机，并且对被试采取的领导行为的约束更少。因此，尽管女性可能会倾向于和男性采用不同的领导方式，但组织环境并不允许她们显示出这种倾向。

此外，对男性和女性的独裁或民主倾向进行比较时，无论是实验室研究还是现场研究都发现了性别差异。结果显示，男性更为独裁，而女性则更加民主。Eagly 和 Johnson（1990）指出，每一种领导风格在不同组织环境中都可能是有效的。

研究者对男性和女性在下属眼中的变革程度也进行了比较。Bass、Avolio 和 Atwater（1996）在对三个样本的研究中发现女性的变革型领导力和男性相比不相上下甚至更高一筹。此外，Paustian-Underdahl、Walker 和 Woehr（2014）的元分析显示，总体而言男性和女性的领导绩效评分没有差异。然而，当对自我评价与他人评价（观察者或上司）分别进行考察时，男性给自己的评价往往高于女性，而其他评价者给女性的评价往往高于男性。这项研究清楚地表明，在领导岗位上女性与男性同样成功甚至可以比男性更成功。

13.6 领导的跨文化问题

想当然地认为本章中探讨的理论和发现适

用于所有的国家和文化就错了。如何看待领导者以及什么可能是有效的领导行为在各国未必相同。例如，与有效领导有关的特质是受文化决定的。对该问题最全面的研究是在 62 个国家进行的全球领导力及组织有效性（GLOBE 计划）研究项目（House, Hanges, Ruiz-Quintanilla, Dorfman, Javidan, Dickson et al., 1999）。该项目的发现之一是，管理者的很多特定的属性具有普遍性，但也有一些属性因国家而异。例如，聪明和可靠普遍被认为是积极特征，而某些国家（相比于其他国家）会认为个人主义（关注自身而非他人）和冒险精神是更加积极的特征。

类似地，Ensari 和 Murphy（2003）分别要求来自集体主义国家（土耳其）和个人主义国家（美国）的学生们阅读关于管理者的行为和绩效的各种描述，然后评价该领导者的变革性程度。土耳其学生的评定大多受到管理者绩效的影响，而美国学生则主要依据管理者的行为。在某种程度上，对变革型领导的感知会影响员工的态度和行为，因而结合上述研究结果，管理者的具体行为在美国更重要，而其行为结果在土耳其更重要。当然这一结果还需要在拥有领导者的实际组织环境中进行验证。

还有一个重要的问题是不同领导行为的有效性的跨文化差异。Scandura、Von Glinow 和 Lowe（1999）通过对比来自美国和来自约旦、沙特阿拉伯等中东国家的员工研究了这个问题。他们发现，在美国，领导有效性与关怀的相关比与定规的相关要高，而在中东情况则相反。在对领导-成员交换理论的元分析中，Rockstuhl 及其同事（Rockstuhl, Dulebohn, Ang, & Shore, 2012）发现在西方国家中领导-成员关系质量与工作满意度和公平感等变量的相关比在亚洲更高。亚洲人和西方人对上下级关系的看法似乎不同。这两项研究都表明，在文化不同的国家中采用美国的领导方式不一定有效。

不同国家对指导型管理和参与型管理的偏好可能也不同。Narayanan、Menon 和 Spector（1999）要求印度和美国的文职人员描述上个月在他们的工作中发生的最有压力的事件。训练有素的评价者分析了这些事件的内容并加以归类。在美国，缺乏控制感是第二大被频繁提及的压力事件，大约 1/4 的被试都提到了它。在印度，最多被提到的压力事件是上司所给任务的结构化不足，略多于 1/4 的被试提到这点。没有美国人提到结构化不足，也没有印度人提到缺乏控制感。在另一项研究中，Euwema、Wendt 和 van Emmerik（2007）对 33 个国家（包括印度和美国）的员工就其主管的领导风格进行了调查。研究者发现，指导型管理对个人主义国家的员工比集体主义国家的员工有更多的负面影响。这两项研究的结果表明，不同国家的领导风格偏好和有效性可能有所不同。

尽管对领导风格的偏好和有效性上存在这些差异，但领导的某些方面具有跨文化一致性。研究显示，变革型领导和工作绩效的相关程度在新加坡和西方国家是相同（Lim & Ployhart, 2004）。除此之外，在中国和印度，变革型领导和积极工作态度有关（Walumbwa, Wang, Lawler, & Shi, 2004）。总的来说，这些结果表明，领导者可能具有一些普遍的特质，这些特质在各国都是有效的。当然，这并不意味着不同国家的变革型领导者都有着完全相同的行为方式，因为变革所需的条件可能在很大程度上取决于组织所处的文化背景。

本章小结

在需要对许多个体的工作进行协调和引导的组织中，领导是一项重要的职能。领导力是一个人对其他人超乎寻常的影响，在组织中，它常常和管理及监督岗位联系在一起。领导者对其追随者的影响力是建立在许多因素上的。French 和 Raven（1959）给出了 5 项权力和影响力的基础：

- 专家权力
- 参照权力
- 合法性权力
- 奖赏权力
- 强制权力

Yukl（1989）又补充了政治影响策略：

- 控制决策
- 结成同盟
- 笼络反对者

一些管理者通过辱虐管理或进行性骚扰、种族骚扰来虐待其下属。辱虐管理是一种反复出现的、具有攻击性和伤害性的行为和言论模式。性骚扰和种族骚扰包括基于性别、种族或性取向的虐待。在美国和其他许多国家，骚扰被视为一种歧视，是违法的。

对领导力的研究有许多理论。特质理论试图找出使人成为优秀领导者的特质。以俄亥俄州领导研究为代表的领导行为理论从行为是否有效的角度来审视领导。诸如费德勒权变理论和路径－目标理论之类的权变理论认为领导力是领导者特质和领导情境的复杂交互的结果。领导－成员交换理论指出只有聚焦于领导者与每一名员工的独特相互影响上，才能对领导力有充分的理解。变革型领导理论考察的是一些领导者之所以能够对下属的态度、信念、行为和价值观造成深刻影响的方法。最后，弗罗姆－耶顿模型是告知管理者如何最好地处理决策情境的规范理论。

尽管女性在工作场所中已然获得了长足的进步，但她们依然要面对天花板效应，相比男性，她们更难获得高层领导职位。对此现象的一种解释是，它与对女性行为的刻板印象有关。有趣的是研究没有发现男性和女性管理者在关怀和定规风格上存在差异，但女性似乎比男性更民主。

本章讨论的理论主要是在西方发达国家提出并检验的。目前尚不清楚它们在不同文化的国家中的有效性程度。研究表明，领导力的有些方面可能具有普遍性，有些方面并不普遍。例如，对指导型领导风格的看法因国家而异。

工业与组织心理学实践

本案例探讨的是开发一种培训项目来培养公司经理们的变革型领导技能。Steve Cohen 博士带领了一个顾问团队实施这个项目。Cohen 于 1971 年在田纳西大学获得了工业与组织心理学博士学位。他以一名大学教授的身份开始了自己的职业生涯，但在获得终身职位后不久，他就决定投身咨询业。在之后的 25 年里，他在为一家咨询公司工作和经营自己的咨询公司之间交替地忙碌着。在进行这个案例时，他是明尼阿波利斯市的德夫（Dove）咨询公司学习解决方案部门（Learning Solutions Group）的总经理。德夫是一家拥有 110 名员工的国际战略和组织效能公司。学习解决方案部门专门开发培训项目和员工绩效改进系统。

Cohen 参与过的最有趣的一个项目包含了一项挑战性任务：将合格的管理者训练为变革型并且有远见卓识的领导者。一家总部设立在美国、在 170 个国家有分支机构的重要全球食品和饮料公司联系了德夫，要求对其麾下 7 500 名经理进行训练，改变他们的管理方法。这家公司已经成功经营了数十年，公司高层觉得各级员工都变得安于现状了。经理们在日常业务上做得不错，但是他们关注的是短期目标，倾向于回避风险，并对未来缺乏愿景。正如本章所描述的，变革型领导恰恰与这些现状相反，他们通过向下属展示未来愿景来激励下属们做得更好。

该项目始于一个领导胜任力模型的开发，用于刻画对未来业务而言理想的经理形象。该项目的终极目标是将现有的经理们转变为理想型经理。接下来的工作就是课程的开发。首先研究者进行了一项需求评估，用以确认经理们现有的技能水平和不足之处。接着 Cohen 的团队针对需求评估中所识别出的技能设计开发了培训材料。他们对材料进行了初步试验，然后训练了一批培训师（并非心理学家），这些培训师最终会被派去培训遍布全球的 7 500 名经理。最后，研究者使用 360 度反馈对该项目进行了评估。下属、同事和上级完成了包含变革型领导行为项目在内的评定量表。

用来训练的方法不拘一格，一些是给培训师和受训者提供传统的纸-笔材料，还有一些训练内容是在课堂环境中完成的。不过，Cohen 是使用电子技术进行培训的领跑者，大量的材料是在线提供的。经理们可以登录公司网站，找到他们自定进程的材料和用于管理他们自身的发展情况的资源。这种方式不仅提供了使用最少培训师开展培训的高效方法，还允许通过个性化的方法帮助受训者制订自己的计划并追踪完成进度。

讨论问题：
1. 为什么 Cohen 训练培训师而不是自己亲自做培训？
2. 基于网络的课程有哪些优势和劣势？
3. 为什么有必要首先进行一项需求评估？
4. 让公司里所有的领导者都采用变革型领导有哪些好处和坏处？

做中学

变革型领导

选择一位你认为是变革型的公众领袖，如国家元首。从该领导者的一次或多次演讲中找出证明其是变革型领导者的证据。该证据反映了变革型领导的四个组成部分中的哪一个？找出一个该领导者曾经使用过的愿景描绘的例子。

权力的滥用

Helen Green 是谁？她在哪家公司工作？她和权力滥用有什么关系？解释她的经历是如何对她以及她工作的公司产生负面影响的。

第14章

组织发展和组织理论

第14章 概要

组织发展
组织理论
本章小结
工业与组织心理学实践
做中学

目前为止，本书都聚焦于组织情境中的个体或者员工群体。在最后一章里，我们把视角从个体转向组织。我们将探讨两个重要的主题：组织发展和组织理论。

在现代工业社会中，急剧变化的外部环境迫使组织进行结构和功能上的变革或调整。组织发展领域的知识帮助组织合理计划和实施变革。但组织的变革经常由无法控制的外部环境和危机引发。为了应对紧急情况，组织不得不快速实施变革。例如，2008年金融危机中的美国国际集团，2010年夏天发生墨西哥湾漏油事件的英国石油公司，它们很可能没有足够的时间在组织变革之前进行计划，以确定实施变革的最佳方法。这些突如其来的变化会带来意想不到的后果，从长远上来看可能对组织有害。

例如，在当今社会中，很多组织正在进行规模缩减（减少员工数量）。尽管裁员通常是必要的，但人们往往只从一个纯经济学的视角去实施裁员，而不考虑它对员工和组织自身带来的影响。通过裁员来节省开支往往是不可能实现的，因为裁员给工作带来的社会破坏会损害生产力。留下来的员工可能会因为士气低落而无法继续保持高效地工作；很多优秀的员工可能已经离开了组织，留下来的则是技能水平较低的员工。组织发展关注组织变革中人的因素，致力于寻找实施组织变革的最佳方法，以使组织持续有效运转。本章我们会探讨组织发展如何帮助组织实施变革，并介绍组织发展的具体技术。

组织理论描述了组织是如何运作的。一些理论关注组织的结构，包括组织的各种成分以及它们是如何相互联系的。另一些理论与组织的人际层面相关，包括沟通和人们彼此之间如何联系。还有一些理论关注组织中人际层面和技术层面的相互作用，换句话说就是组织中的人们是如何影响技术的，技术又是如何影响人们的？本章主要介绍4个重要的组织理论，它们涵盖了上述3种视角。

目标

学习本章后，学生应能够：

1. 解释组织发展的概念以及如何应用它；
2. 描述本章提到的组织发展技术，并指出每种技术的有效性；
3. 讨论本章所提到的组织理论；
4. 指明四种组织理论之间的联系。

14.1 组织发展

组织发展（organizational development，OD）是旨在提高组织运作水平的一系列技术的综合。这些技术运用行为科学的原理和方法帮助员工改善绩效，提高与同事交流的效率。组织发展可能会涉及整个组织或该组织的某个大的部门，意在引发组织运作的重大变革。这些变革可能涉及诸如设立新部门或裁撤旧部门等组织结构重组，随之也会产生组织职能在领域和人员上的变动。然而，组织发展所涵盖的范围明显大于组织重组，甚至经常不涉及组织重组。组织发展通常包括改变人们的工作、沟通和合作等方式。

组织发展或组织发展项目会涉及组织各个层面的员工，它通常是由组织里称为变革代理人的某一个人或者几个人来实施。**变革代理人**（change agent）是组织内变革的催化剂，是和组织一起改善组织运作的专家。变革代理人有可能是组织的员工，如本章最后的例子，但是在大多数情况下，变革代理人是外聘来帮助实施组织发展项目的咨询顾问。全世界有很多咨询公司专门提供组织发展服务。

在组织发展过程中，变革代理人担任指导者或者培训师的角色。他们开展培训课程，以使员工习得用于组织内部的新的沟通方式和工作方法。他们还可以帮助召开群体会议，在会议中组织成员制定变革计划、改善组织运作。在这些会议中，变革代理人担任组织变革的推动者或者协调者，以使每一个成员都关注当前的任务，同时帮助协调成员内部的冲突。简而言之，变革代理人协助组织成员致力于他们的组织发展工作。通常，变革代理人不会给组织提供现成的变革计划，而是给员工提供方法对组织进行再设计。

组织发展和变革实施起来并不容易。Armenakis和Bedeian（1999）指出，要想成功进行组织变革，组织需要经历几个阶段。首先，员工要认识到组织需要做出变革，多数情况下这会导致焦虑和不信任。然后，要决定组织变革的具体形式，这往往需要相关员工的参与。计划形成之后，变革就可以开始实施。通常情况下，变革的实施会遇到一定程度的阻力，这些阻力必须得到克服。最后，必须对新的运作方式加以巩固，使之成为组织内成员所接受的工作的一部分。

14.1.1　员工对变革的接受度

管理层意欲引发变革并不能保证变革的成功实施。在变革中，员工需改变行为方式、有效使用新设备和新技术，他们必须乐于接受变革而非抵制变革，并且对变革的成功实施有所承诺。变革可能是充满压力的，伴随而来的消极情感和不确定性会影响员工的接受度（Fugate, Kinicki, & Prussia, 2008; Rafferty & Griffin, 2006）。员工个人和组织因素共同决定了人们接受变革的意愿。在个体层面上，人们接受或抵制变革的倾向各不相同（Oreg & Sverdlik, 2011）。那些灵活的、愿意尝试新事物的个体更愿意接受变革（Choi & Price, 2005）。高组织承诺的员工也很可能支持变革（Seo, Taylor, Hill, Zhang, Tesluk, & Lorinkova, 2012），因为这些员工希望组织成功，并且愿意为组织的利益而将自己的顾虑放在一边。此外，那些过去对变革有着积极体验的个体在未来更可能接受变革（Cunningham, Woodward, Shannon, MacIntosh, Lendrum, Rosenbloom et al., 2002）。

在组织层面上，领导是影响员工对变革接受度的重要因素（Furst & Cable, 2008）。变革型领导者能够有效地鼓励追随者接受变革（Bommer, Rich, & Rubin, 2005; Oreg & Berson, 2011）。其中尤为重要的是领导者应该表达与变革一致的愿景。换句话说，高效的变革型领导者会向下属解释变革怎样能使他们更容易地达到重要目标，会说服他们积极地接受变革。在为期14个月的对美国政府机构的研究中，Wanberg和Banas（2000）指出员工对变革的接受度与变革信息的充分性及员工的变革参与度均有关(见"研究案例"）。Klein、Conn和Sorra（2001）对39个美国制造企业进行研究的结果表明，充足的财务资源和来自管理层的支持有助于变革的成功。

● 研究案例

即使是设计得最好的组织变革计划也会遭受员工一定程度的抵制。我们感兴趣的是哪些因素会减少这类阻力。Wanberg和Banas（2000）研究了美国住房与城市发展部（HUD）所辖公共住房组织的组织变革。在对住房与城市发展部的结构和运作方式进行彻底变革的中期，他们实施了调查以确定哪些因素可能导致员工对组织变革的积极反应。

被试是来自两个州的美国全国住房和再开发公务员协会（NAHRO）的成员。研究共对173名参加了所在州NAHRO会议的员工进行了调查，通过一系列量表测量了员工的个人特征及其对组织情况的感知。个人特征方面测量了心理弹性，包括高自尊、对生活的乐观态度和控制感。组织感知方面测量了信息透明度（员工对变革信息的了解程度）和员工的变革参与度。2个月后，被试会收到一份邮寄的调查问卷，测量他们对于组织变革的接受度、工作满意度和离职意向。一年之后，研究者与组织联系以确认每一个参与调查的员工是否已经离职。

结果表明，影响员工对变革的接受度的最重要的两个因素是员工感知的信息透明度和员工的参与度。人格特质中的心理弹性也与员工对变革的接受度有关。此外，接受度与工作满意度及离职意向有关，而后两者与实际的离职行为相关。这也表明，强制的变革会导致员工的不满和离职意向，进而导致后续离职行为的发生。

该研究表明不同个体对组织变革的接受度是不同的，高心理弹性的员工更有可能赞成而非抵制变革。此外，这些结果表明，就即将发生的变革提供充足的信息和允许员工参与变革的计划和实施，对提高员工对变革的接受度和减少变革阻力大有裨益，从而能够促进组织的有效变革。

资料来源：From "Predictors and Outcomes of Openness to Changes in a Reorganizing Workplace," by C. R. Wanberg and J. T. Banas, 2000, *Journal of Applied Psychology*, 85, 132–142.

14.1.2 目标管理

目标管理（management by objectives，MBO）是基于目标设置（见第8章）发展而来的一种组织变革技术。每个员工的个人目标都与他对应的上级和下属的目标相协调。在一个典型的目标管理项目里，目标设置始于组织高层为整个组织设立清晰的目标。然后，目标设置过程逐级下放，最终所有员工的目标都与他们上级的目标相连。目标是引导员工努力的激励工具，是评价员工绩效的标准以及协调所有成员朝向组织目标努力的方法。

目标管理项目的实施通常开始于变革代理人与组织高层的会谈，在会谈中他们会对组织的整体目标进行设定。这些目标必须尽可能具体、可量化，因为它们是全体组织成员进行目标设置的基础。例如，"改善组织的运作效能"这样的目标是有价值的，但由于它太模糊，因此对引导员工的共同努力帮助并不大。一个更好的目标应该是"销售量提高20%"。这个目标具体、可量化，并且能够使组织内的每个成员都明确知道应该做什么以及何时需要完成目标。

下一步，变革代理人与组织管理者会面，并就目标设置过程对他们进行培训。只有当管理者知道怎样提出可量化的目标，清楚怎样同他的上级和下属一起设定目标时，目标设置项目才能顺利进行下去。之后，变革代理人会召开一系列会议，让组织内每一对上下级一起参与，通常从高层开始，然后逐级向下推进。下属需要积极参与会议，并与上级协商自己的目标，最终，下属的目标要与上级的目标协调一致。一旦所有目标设置完成，员工便开始努力去实现目标。6~12个月的一个周期结束后，组织会根据员工的目标完成程度来评定其工作绩效。完整的目标管理过程见图14-1。

图14-1　实施目标管理项目的5个步骤

对目标管理的研究证明它是一种有效的提高组织绩效的方法。Rodgers 和 Hunter（1991）对目标管理的有效性进行了元分析，结果发现在 70 个研究中有 68 个研究表明目标管理对员工生产率有正向影响。综合其中 23 项研究的结果表明，目标管理项目平均提高生产率达 39%。此外，Rodgers 和 Hunter 根据组织高层对目标管理项目的承诺程度将这 23 个研究分为 3 组。研究结果见表 14-1，高承诺的组织的产能增长率要远高于低承诺的组织（生产率增长分别是 57% 和 6%）。

表 14-1　实施目标管理后管理层承诺对产能增长的影响

承诺水平	生产率的增长百分比（%）
高	56.5
中	32.9
低	6.1

资料来源：改编自 "Impact of Management by Objectives on Organizational Productivity," by R. Rodgers and J.E. Hunter, 1991, *Journal of Applied Psychology*, 76, 322-336.

Rodgers 和 Hunter（1991）的研究可能高估了目标管理在组织中应用的成效，实际结果并没有研究所报告的那么成功。他们在元分析中所用的研究可能代表了目标管理实施中比较成功的例子。很多组织在没有充分的管理层承诺或者缺乏足够资源的情况下进行了目标管理尝试。这种三心二意的尝试对组织产生的影响很可能微乎其微，因为员工会倾向于设定简单的目标，并且为实现目标付出的努力也很少。

14.1.3 调查反馈

调查反馈（survey feedback）是一种对员工态度和意见进行调查并将调查结果反馈给整个组织的组织发展技术。其理念是，员工可以通过匿名或保密问卷的形式，在没有任何威胁的情况下表达他们的观点和意见。调查所得数据可作为探讨组织所需变革的出发点。

调查反馈项目由两个主要阶段组成。第一个阶段，变革代理人设计问卷并向组织的所有员工发放问卷。员工需要回答的内容包括工作满意度、对工作条件的感受和工作中遇到的问题。一些标准化的量表可用于测量这些变量，比如用于测量工作满意度（见第9章）的工作描述指数（Smith, Kendall, & Hulin, 1969）。变革代理人也可通过对员工的访谈为组织量身定做个性化的量表。使用标准化量表的好处是，测量结果可用于组织间的比较。比如我们可以了解到，与其他同类组织相比，员工的工作满意度是偏高还是偏低。使用定制化量表的好处是量表设计更有针对性，可以关注到特定组织中才会存在的特定问题。也就是说，标准化量表可以使我们了解在总体水平上员工对他们的薪资感觉如何，但若想知道员工对某一特定的薪资政策有何看法，就需要使用定制化量表。

调查反馈项目的第二个阶段是向员工提供结果反馈。调查结果通常以报告的形式在一系列群体会议上呈现给全体员工。变革代理人可以主持会议，引导员工讨论调查结果和对调查所揭示问题的潜在解决方法。一个成功的调查反馈项目将形成可实施的对组织问题的解决方案。

对调查反馈有效性的研究表明，它通常会产生一些积极结果。Bowers（1973）报告了一项涉及23个组织的1.4万多名员工的大规模纵向研究。结果表明在调查反馈实施后，员工报告的工作满意度和对工作条件的感受发生了积极改变。一个有关组织发展研究的元分析发现，调查反馈对参与员工的工作满意度有中等程度的正向影响（Neuman, Edwards, & Raju, 1989）。它为员工表达不满提供了一个建设性的环境，亦能提高员工对影响整个组织的政策决策的参与度。如果实施得当，调查反馈可以帮助组织解决问题，使员工对组织有更强的参与感。

14.1.4 团队建设

团队建设（team building）是指用来提高工作团队运作效能的相关技术。如第12章所述，团队建设可以着眼于任务，比如工作的顺利协调；也可以着眼于人际关系问题，比如沟通。在任务导向的方案里，变革代理人通过让成员学习如何有效合作共事来帮助工作团队提高任务绩效。在人际导向的方案里，变革代理人帮助工作团队成员改善彼此之间的沟通和交流，从而减少人际冲突。

团队建设是组织发展必不可少的一部分，因为组织中很多任务是由工作团队而非个人完成。一个工作团队运作不佳的组织很难做到高效。提高团队的运作效能对于改善整个组织来说意义深远。在第12章中，我们看到美国海军是如何致力于寻找方法，以通过培训改善团队运作效能的。第12章还提到了一个元分析研究，该研究发现团队建设往往对团队功能和团队绩效有积极的影响（Klein, DiazGranados, Salas, Le, Burke, Lyons et al., 2009）。Neuman 等人（1989）在元分析中发现团队建设对工作满意度有积极影响。

14.1.5　T 小组训练法

T 小组训练法（T-group）或者说敏感性训练，是一种通过特定的群体训练来提高员工的沟通和人际交往技巧的干预方法。T 小组训练法形式多样。多数是在工作之外的场所开展，历时三天到两周，并且参与的人事先互不相识。其基本理念是，由一个培训师或者带领者指导群体内互不熟悉的成员通过一系列人际交往技巧的练习进行学习。

T 小组训练法鼓励参与者在无对错评判性反馈的情境中试验其人际行为。这就使参与者得以了解自己的行为对他人产生的影响以及他人是如何看待自己的。其目的在于提高组织内成员（通常是管理者）的人际交往技巧，使其工作更有效。

T 小组训练法一度是一种被组织广为采用的干预措施，许多大型组织都把自己的管理层送到工作场所之外的某一地点接受培训。如今 T 小组训练法变得不那么受欢迎了，对此至少有两个原因可以探讨。第一，有关 T 小组训练法的研究发现，尽管个体可以从这段经历得到积极影响，但它实际上对工作场所没有影响或者有负向影响。例如，Bowers（1973）发现，参与 T 小组训练后员工报告的工作条件和工作满意度下降了。第二，T 小组训练的经历与群体心理治疗非常相似，群体内成员会对某些敏感的、对个体来说具有潜在威胁的方面进行探索。有个体报告参与 T 小组训练让他们感觉受伤或者情绪低落。有人指出，组织要求个体必须参与 T 小组训练是不符合伦理道德的。

尽管 T 小组训练法风光不再，但改善员工的人际沟通技能仍然是组织十分关心的问题。为了提高沟通技巧，组织可以用一系列其他方法来代替 T 小组训练法。例如（如第 7 章所述），研究发现行为模仿在培训人际技能方面是非常有效的。员工首先观察人们在工作上如何与他人恰当地交流，然后在培训师的指导下对他们所观察到的内容进行练习。这种方法在提高人际技能方面非常有效，而且没有 T 小组训练法所具有的潜在伤害性。可见，组织在提高员工的人际交往技能方面有多种选择。

14.1.6　组织发展项目的有效性

组织发展方法的多样性使我们很难去精确定义一个真正的组织发展项目到底是什么。很多组织发展项目不止使用一种技术，且常常会联合使用我们上面所讨论的 4 种技术。组织发展项目可能首先通过调查反馈来明确问题。如果调查反馈的结果表明目标管理或团队建设是合适的干预措施，那紧接着就会将其付诸实践。方法的多样性和项目本身的复杂性使我们很难确定某种特定组织发展技术的有效性。

另外一个问题是很难实施针对组织整体的组织发展研究。如果一个组织实施了组织发展项目，并试图对结果进行评估，那么控制组在哪里呢？一个理想的组织发展研究应该把一些组织（与个体被试相对应）随机分为 2 组：实验组和控制组。这种设计需要很多组织的合作参与，一般而言是不可行的。大多数组织发展研究都是在单个组织内进行，然后对组织发展项目实施前后的状况进行比较。例如，我们可以对组织发展项目实施前和实施后员工的绩效进行比较。但是我们并不能够确定到底是什么导致了前后的差异。在项目实施的过程中，很多与组织发展项目无关的事情可能发生，而其中一些可能是造成绩效差异的真正原因。

也许我们所能得到的最合理的结论是，如果组织发展项目能够恰当实施并得到高层管理者的支持，那么它应该是有效的。已有元分析研究发现很多组织发展技术是有效的（Guzzo, Jette, & Katzell, 1985; Neuman et al., 1989）。除了 T 小组训练法，很少有研究报告组织发展项目对组织有不良影响。美国的大公司大部分都相信组织发展的价值所在。在对《财富》500 强公司的调查中，McMahan 和 Woodman（1992）发现大多数公司内部都有组织发展的专业人员，他们积极致力于改善组织运作。其中，38% 的公司有 6 人及以上的组织发展员工，14% 的公司有 21 人及以上。这些研究结果有可能是对美国大公司中组织发展活动开展情况的高估，因为真正符合条件的公司只有 1/5 参与了这项研究，而且在组织发展上积极投入的公司似乎更有可能参与这项研究。尽管如此，这些结果仍然表明，在很多大型组织中，组织发展是一项重要的活动。

14.2　组织理论

组织理论描述了组织的结构和功能，主要涉及下列问题：

1. 组织的典型特征
2. 组织的结构
3. 组织中人与人之间的相互关系
4. 组织中人与技术的相互作用

描述性理论（descriptive theory）解释现存的组织如何运作。一个好的描述性理论会为我们提供组织是如何建构和运作的精确图景。**规定性理论**（prescriptive theory）指明了组织应该如何运作。恰当地运用一个好的规定性理论将造就一个高效的组织。

在实践中，对描述性理论和规定性理论的划分并非完全清晰。在某个给定的理论中可能同时包含两者的要素。事实上，那些告诉我们要去做什么的规定性理论，对某些特定类型的组织而言可能是描述性理论。我们将要讨论的第一个理论——科层制，描述了一种特定类型的组织，但其提出者的意图本是将其作为一种规定性理论。

在本节中，我们会讨论理解组织的 4 种不同理论方法。科层制是最古老的理论，可以追溯到 19 世纪。它描述了在过去一个世纪里非常盛行的一种特定类型的组织结构。X 理论／Y 理论与组织的人际层面有关。它并不是一个全面的理论，而是主要描述了管理者对下属的态度如何决定其所采用的组织管理策略。开放系统理论描述了对所有一般系统（包括组织在内）都很常见的 10 种成分。社会技术系统理论关注的是组织内人与技术的相互作用。

14.2.1　科层制

科层制理论（bureaucracy theory），最早是由马克斯·韦伯（Max Weber）在 19 世纪晚期发展起来的，是有关组织结构的一个经典理论（Weber, 1947）。在大型组织发展的早期，人们对于如何使用有效的技术去建构和管理组织知之甚少。韦伯的理念是通过建立合理的结构和发展有效的指导原则确保组织有序、高效地运转。尽管今天我们倾向于认为科层制是效率低下和反应迟钝的，但是它是对当时已存的多种组织结构的改善。早期的组织通常是无序和低效的，科层制理论提供了被认为对于一个有效组织至关重要的典型特征和指导原则。我们将会谈到其中的 4 个方面：

劳动分工、授权、控制幅度、生产职位与职能职位。

这些原则对于描述大部分组织的运作方式非常有用,包括那些本质上并不是科层制的组织。

1. 劳动分工

劳动分工(division of labor)是指组织专门化的工作职位,每个职位都负责不同的工作任务。对于一道复杂的工序,比如说制造一辆汽车,工作会被划分成许多单独的部分。对于整个制造企业,产品的设计、生产、销售和运输是由不同部门的人员分别负责的。

劳动分工的好处在于每一项工作都只需要相对少的技能。因此组织可以相对容易地找到具有某一工作所需胜任素质的人选,且培训他们花费的时间比较短,个体也会相当精通自己的工作,因为他们要完成的任务非常少。劳动分工的主要缺点是需要资源来协调不同专业化人员的活动。例如,在一个工厂中,经理和管理者需要监督以确保所有的员工都在正确地做自己的工作,且所有的工作都能协调一致。这就引出科层制的另外一个典型特征——授权。

2. 授权

大多数组织都是按照层级结构建立起来的,处于金字塔顶层的那个人拥有终极的权力和控制权。向顶层人员报告的有一个或者几个人,这些人对在层级结构中处于他们之下的人员拥有控制权。在每一层级(除了最上层),所有的人都向他们的上级汇报工作。最下层的人员则是只需要向他们的上级汇报工作,但没有人向他们汇报工作。层级结构的组织结构示例见图 14-2。

劳动分工意味着组织中的任何一个人都不会负责所有工作。因此,处于最顶层的人就必须依赖所有下层员工为组织生产产品和提供服务。为了完成这一组织的整体任务,每一个人都必须给自己的下属**授权**(delegation of authority)以完成特定的工作。因而,公司的总裁会将产品的研发授权给研发经理,将公司的运营授权给运营经理,将产品销售授权给销售经理,将产品的配送授权给配送经理。而向这些经理们报告的人将会被授权去做他们工作职责之内的任何事情。不同个体的工作将通过层级管理网络,或者说**指挥链**(chain of command)加以协调。每一个人都要对自己授权范围内的任务和职能负责。

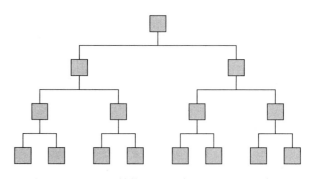

图 14-2 以层级结构组织起来的一个组织结构图

3. 控制幅度

控制幅度(span of control)是指向每个上级汇报工作的下级数量。在任何一个给定的科层制组织里,都会有一个最佳的控制幅度。因为,除了最顶层人员以外每一个人都有一个上级,控制幅度太小会导致需要设置太多的管理职位。控制幅度太大会造成混乱,因为一个人无法充分管理很多人的工作。一个人能够充分管理的人员数量取决于两个因素。第一,下属的工作熟练度越高,管理所花费的时间越少。一个不太熟练的员工需要持续的帮助和指导。一个对工作非常了解的员工只需要偶尔的留意和关注。第二,上级的管理风格也决定了最佳的控制幅度。指导型风格需要对每一个下属都投入大量的时间。每当有决策生成或者问题发生时,管理者都必须花费时间去处理。参与型风格允许有较大的控制幅度,因为下属可以处理他们工作中的大多数问题并做出决策，这就解放了上级的时间。

4. 生产职位与职能职位

组织中的每一个职位都可以被划分为生产职位或者职能职位。生产职位是与组织的主要目标直接相关的职位。在军队里生产职位是战斗士兵，教育行业里是教师，制造企业里是装配工，在零售企业里是销售员。生产职位也包括在这些职位之上各个层级的管理者。职能职位保障生产职位上活动的顺利进行。薪酬和福利的管理、员工选拔和培训都是职能岗位的员工所履行的职能职责。

14.2.2 X 理论／Y 理论

麦格雷戈（McGregor, 1960）的 **X 理论／Y 理论**（Theory X/Theory Y）是一个有关管理者与下属相互作用的人际关系理论。其基本观点是管理者对下属的态度和信念决定了其管理方法，管理方法随之又会影响下属的行为。这是一个自证预言，管理者根据他们预期的下属表现去对待下属，这种对待方式又会造成下属按照管理者所预想的方式去表现。例如，管理者如果认为下属只有在严密监督下才能做好工作，那么他就有可能真的对下属进行严密监督。毫无疑问，被严密监督的下属会认为上级对他们是不信任的，因此很有可能当上级不在的时候就不好好工作。尽管管理者可能认为严密监督是源于下属的行为，但情况也可能刚好相反。

麦格雷戈（1960）认为 X 理论代表了关于管理者角色和下属人性本质的传统观点。他把管理者们广泛持有的信念总结为 8 句话（表 14-2），其中包括管理者们要负责管理组织的人力和非人力因素（设备、资金、供给和工具）以及他们应指导和激励下属等。员工们被认为是对组织的需要漠不关心的、懒惰的、缺乏动力和不聪明的。这种信念导致管理者会采取以下两种策略对待下属。硬性策略是使用强迫和威胁以及严密监督，这种方法会导致员工的抵制行为，包括反生产工作行为或者产量限制行为。柔性策略是比较宽容的，并且会尽量避免与下属的冲突，这会导致组织效率低下。

表 14-2　麦格雷戈的 X 理论／Y 理论观点

X 理论
管理者要负责组织各种组织要素
管理者应当指导下级的活动
员工对组织的需要是抵制的
一般的员工都是懒惰的
一般的员工缺乏雄心和责任心
一般的员工只考虑自己的利益，不考虑组织的利益
一般的员工对变革是抵制的
一般的员工是容易受骗而且不太聪明
Y 理论
管理者要负责组织各种组织要素
员工在本质上并不抵制组织的需求，他们之所以会变得如此是因为先前的组织经历
管理者应当为下属认识和发展自己的组织能力创设条件
管理者应创设组织条件，使得下属能通过达成组织目标来实现个人目标

资料来源：From *The Human Side of Enterprise*, by D. M. McGregor, 1960, New York, NY: McGraw-Hill.

Y 理论是麦格雷戈更为认同的管理理念，他相信 Y 理论的应用会产生更满意的员工和更有效的组织。Y 理论主要有 4 个观点（见表 14-2），涵盖了管理者的角色和下属的人性本质。根据 Y 理论，管理者的职责是组织而非主导公司中各类人力和非人力因素。下属是有能力的，他们并非天生缺乏动力或对组织的需要漠不关心。管理者的职责是创设条件，使员工能通过达成组织目标而实现个人目标。最后一点与路径－目标理论的观点非常相似（见第 13 章），领导者应当提供方法使下属通过良好的工作绩效来获取相应的个人奖励。持 Y 理论观点的管理者所采用的管理方法与持 X 理论观点的管理者有很大的不同。相比于依赖指导型方法，持 Y 理论的管理者强调员工的自主性和发展。其重点是员工的目标设置，管理者应为目标实现消除约束和提供指导。

麦格雷戈相信 Y 理论的推广将会是一个缓慢的过程，因为大部分人的认知还停留在 X 理论上。今天我们能够看到许多 Y 理论应用的例子，比如，自主工作团队就是建立在"下属有自我管理能力"的哲学理念之上的。既然组织一直承受着通过裁员而降低成本的压力，那么让下层员工担负起更多的责任就变得非常必要，这就需要管理者采用 Y 理论的管理方法。

X 理论和 Y 理论并不是管理员工唯一可行的方法。Ouchi（1981）基于日本的管理实践向管理层提出了一种新观点。**Z 理论**（Theory Z）假设长期雇用制是形成有效组织的基础。那些期望在同一个组织里度过自己整个职业生涯的人们将会有高水平的承诺。他们愿意付出更多的努力来帮助组织获得成功，因为他们的个人利益与雇主的长期成功息息相关。

14.2.3 开放系统理论

根据 Katz 和 Kahn（1978）的**开放系统理论**（open system theory），组织可以被视为某种类型的开放系统。这种观点来自自然科学，自然科学把生物有机体，例如植物、动物、细菌和病毒都视为开放系统。尽管组织与生物有机体是不同的，但在很多方面它们确实拥有共同点（见图 14-3）。

表 14-3 列出了 Katz 和 Kahn（1978）总结的开放系统的 10 个特征。开放系统（比如组织）会输入能量，将能量转换成其他物质，然后输出产品或者服务。对应的，所有的组织都会投入人力和物力，产出商品和服务，最终将商品和服务交付给客户。即使是政府组织也会向市民提供服务，包括教育、医疗保健、安全和运输。

图 14-3

注：组织与生物有机体有很多相同点，因此可以被视为开放的系统。

表 14-3　开放系统理论中 10 个典型的组织特征及其各自的组织实例

特　　征	例　　子
输入能量	雇用员工
转换能量	生产产品
输出产品	销售产品
事件循环	工作轮班
避免熵效应	保持盈利
输入信息	进行市场调研
内部平衡	平衡年度预算
专门化	创造专门化的工作头衔
协调和整合	管理员工
等效性	运营组织有很多行之有效的方法

资料来源：From *The Social Psychology of Organizations* (2nd ed.), by D. Katz & R. L. Kahn, 1978, New York: John Wiley.

开放系统会经历事件循环，组织也不例外。大多数组织都要按照会计年度进行财务管理；员工们有每周的工作日程表；对于多数组织，一天被分成两班或者多班轮换。大学按照学期组织教学，学期组成学年。很多员工的雇用合同是有年限的，尤其是在职业体育组织，比如职业棒球、篮球、足球和橄榄球队。

开放系统必须以某种方法避免熵效应（系统的衰落和毁灭）。对于一个生物有机体，熵效应会导致死亡。对于一个组织而言,熵效应也会导致失败,尽管通常情况下"垂死"的组织会被其他组织吸收合并。对于私营的部门组织,熵效应可以从公司的经济健康状况上看出。那些能够有效地将自己的输入转化成产品和服务并以合理利润卖出的组织可以继续存活。那些不能产出可盈利的产品和服务的组织将会经历财务衰退,直到它们不再能支付出员工的工资或输入能量。一旦发生了这种情况,组织将停止运转,除非有额外的能量可用,比如系统外部的实体提供了继续运转的资金。2008年的克莱斯勒公司和通用汽车公司便是这样的情况,当时美国政府给他们提供了借款以维持业务。

除了能量之外,开放系统还必须输入有关环境的信息。组织中有很多人是各种类型的信息专家。组织有会计去处理财务问题,律师去处理法律问题,从而帮助组织维持其内部平衡。就像室内的恒温计使温度保持不变一样,组织中的系统也要维持某种特定的状态。一个组织必须维持适当数量的员工,拥有合适的在正常运转状态的机器,有必需的材料,以及能够平衡预算,这样才能维持组织的内部平衡。

随着开放系统的不断成长,它们变得更为复杂并会逐渐发展出专门化的功能。随着组织的不断发展壮大,它们会将工作划分为越来越多的专门化职能。小型组织可能只由一个单独的个体来负责所有的会计、人力资源和法律事务。而大型公司将会有几个整体的部门来分担这些职能。随着功能变得越来越专门化,开放系统发展出了专门用于协调和整合的功能结构。在组织中,这一功能是由管理和指挥系统来实现的。

开放系统的最后一个典型特征是等效性,即一个系统可以从不同的起点出发用不同的方法达到某个特定的状态。根据开放系统的观点,并没有唯一正确的方式来构建和运营一个组织。成功的组织可以以多种方式运作。例如,一件商品可以通过自主工作团队来生产,也可以通过传统的生产线来生产。

开放系统理论是描述性的,它提供了用于理解组织典型特征的框架。和麦格雷戈的X理论/Y理论不同,它并没有提供有关组织应该如何运转的规定性见解。

14.2.4 社会技术系统理论

社会技术系统理论(sociotechnical system theory)从组织环境中人与技术相互关系的视角来看待组织。人包括组织中的员工以及他们之间的相互关系。技术由设备、材料、工具和组织中其他非人类物体构成。环境是组织得以运行的物理和社会条件。社会技术系统理论研究的是人如何影响技术以及技术如何影响人。该理论是规定性理论,它利用研究结果为良好的组织设计提供指导性原则。

我们能够在Trist和Bamforth(1951)的一篇文章中发现社会技术系统理论的起源,在这篇文章里他们描述了技术变革给英国煤矿工业带来的影响(见图14-4)。在变革发生之前,煤矿开采是由小型工人群体根据他们自己的工作步调进行的。在危险的矿井环境中,每一小组的成员都紧靠在一起工作。机器的引入导致了工人间工作群体关系的改变,工人们也无法控制他们的工作步调了。工人们现在独立操纵着大型的工作机器,也没有了同伴的紧密协助,这导致了矿工们的缺勤和健康问题。Trist和Bamforth的文章非常清晰地说明了组织中人力和技术层面的联系。

自从Trist和Bamforth(1951)的文章发表后,社会技术系统理论获得了发展并被广泛应用(Winterton, 1994)。Cooper和Foster(1971)

总结了该理论的一些指导原则。**联合优化**（joint optimization）是指组织的社会和技术系统应该尽可能地相互匹配。机器和设备应该便于人们使用，人们应该分工合理以使机器和设备能够良好运转。这意味着不仅机器设计中应该考虑人的因素，组织在进行人员设计时也应该考虑现存的技术因素。20世纪80年代在办公室个人电脑上引入的文字处理系统就是该原则的一个例子。使用这项技术的员工并不是计算机专家，因此软件和硬件都必须被设计得足够简单好用。为了充分利用文字处理的优势，不能将电脑仅仅设计为替代打字机。而额外功能的使用就使其操作与打字机有所不同。相应地，就需要对电脑知识有限的办公室员工进一步培训。然而，很多组织的管理者违背了社会技术系统理论的原则，他们认为自己所要做的就是去订购电脑，然后把电脑放在员工的办公桌上。

图 14-4

注：煤矿业的技术变革有时使矿工的社会系统遭到破坏，从而导致员工问题的发生。

单位控制（unit control of variances）关注当工作中出现问题时谁来处理的问题。在很多组织中，每一个员工仅仅负责处理日常被委派的任务。当工作中出现一个异常问题，例如机器损坏或者客户有问题，专家和管理者会出面解决。单位控制的理念是谁遇到问题，谁就应当解决问题。这就意味着，机器的操作者也应当会修理机器，销售人员也应当学会解决客户问题。在办公室里，使用文字处理系统的员工应当能够解决所有他们遇到的不太困难的问题。这种方法提高了员工的动机、自我效能和技能水平，也节省了专家和管理者的时间。

社会技术系统理论的实施会导致个体员工或者群体员工的自我调节。因此，自主工作团队是这一理论被引入组织的主要方式之一（Majchrzak & Borys, 1998）。自我调节或者自我管理单元的存在意味着管理功能的改变。管理者不再指导员工的工作活动，而是为各工作单元的活动提供咨询和支持，并促进他们之间的相互配合。

社会技术系统理论的观点已经在组织中被广泛应用，并将有可能继续传播，原因至少有以下两点。第一，正如本章前面所提到的，通过对管理层进行裁员进而缩小组织规模已是世界范围内的趋势（Kozlowski, Chao, Smith, & Hedlund, 1993）。管理者的减少就意味着员工要更独立地进行工作。第二，当今的组织发现自己正处于一个快速变化的环境当中，这就需要灵活性以适应变化的需求。社会技术系统理论描述了组织在这样的条件下如何良好运作（Liu, Shah, & Schroeder, 2006）。

关于社会技术系统理论应用的研究也为其提供了支持性的证据。例如，在英国进行的两项研究发现，单位控制原则对生产率有积极影响。Wall、Corbett、Martin、Clegg和Jackson（1990）假设，基于社会技术系统理论，允许工厂工人自己处理机器故障会减少机器因进行调试或者维修而处于"无法运转状态"的时间。研究结果发现，这种形式的单位控制实施不仅减少了停工期，而且降低了员工的工作压力，增加了工作满意度。在另一家英国工厂的类似研究中，Wall、Jackson和Davids（1992）发现，当工厂工人承担起修理机器故障的责任时，由于机器故障引发的停工期减少，进而导致生产率提高。

元分析表明基于社会技术系统理论的干预措施是相当成功的。Pasmore、Francis、Haldeman 和 Shani（1982）分析了 134 项研究的结果，发现大部分的此类干预对生产率、成本、员工退缩、员工态度、安全、不满和工作质量都有积极影响（表 14-4）。Guzzo 等人（1985）的研究也发现了社会技术系统干预对生产率和离职的积极效应。

表 14-4　报告社会技术系统理论干预措施的各种积极影响的研究比例

效果	成功比例（%）
生产率	87
成本	89
缺勤	81
离职	65
态度	94
安全	88
不满	89
质量	97

资料来源：改编自"Sociotechnical Systems: A North American Reflection on Empirical Studies of the Seventies," by W. Pasmore, C. Francis, J. Haldeman, and A. Shani, 1982, *Human Relations*, 12, 1179-1204.

14.2.5　理论间的比较

上述所介绍的 4 个理论之间各有不同，每一个都倾向于关注组织的不同方面。但它们之间也有一些共同的观点和联系。僵化的科层制组织结构会导致它自身变为 X 理论风格。在科层制组织中，每一个人的工作都被明确定义，这就导致个体有相对较少的自主权或自由裁量权。这与 X 理论定义的领导风格很像，包括密切的监督和非参与式管理。

社会技术系统理论的应用与 Y 理论的观点相一致。社会技术系统理论中一个主要的方法是自主工作团队（见第 12 章），它是指要给予员工自主权和自由裁量权来决定如何完成工作。这就假定管理层对员工是信任的。如果不相信员工能把工作做好，管理者就不可能允许该员工自行决定工作事务。因此，社会技术系统理论的应用需要 Y 理论的哲学基础，即可以信任员工完成工作。

开放系统理论则非常不同。它以 10 个高度概括的原则来描述组织功能，并没有提及具体的实践过程。我们可以在其他理论的基础上使用这些原则来描述某个组织的实践过程。例如，我们可以用协调和整合原则来描述组织管理员工的方式，但这个理论并没有告诉我们应当如何协调和整合。当然，等效性原则告诉我们运作一个组织有很多行之有效的方法，这一点与社会技术系统理论的原则是一致的（Walker, Stanton, Salmon, & Jenkins, 2008）。

以上理论为组织及其运作方式提供了广阔的视角。其中的某些已被用于具体的组织实践中，例如基于社会技术系统理论的自主工作群体。另外一些理论对管理者的管理理念产生了一定的影响，而非提供了某种特定的技术。例如，X 理论／Y 理论为管理者所熟知，并对其实践产生了一定的影响。

本章小结

在本章中，我们从组织的视角出发，简要回顾了组织发展和组织理论这两个领域。组织发展是指应用行为科学的原理去改善组织的运作。我们介绍了4种具体的技术，它们可以在组织发展中单独使用，也可以联合使用。目标管理（MBO）在整个组织内设置相互联系的目标。调查反馈利用员工调查的结果作为群体讨论和组织改善的基础。团队建设是可以应用于工作团队以改善其运作效能的一系列技术的综合。T小组训练法是用来提高个体沟通和人际交往技能的一系列群体训练方法。

现有的证据表明目标管理、调查反馈和团队建设是有效的干预措施，它们对员工和组织都有积极正向的影响。另一方面，T小组训练法并没有被证明是有效的，并且与一些负面影响相关。

组织理论描述了组织是如何运作以及应当如何运作。科层制理论是一个关注组织结构成分的古典理论。X理论／Y理论是一个关注管理理念如何影响员工行为的人际关系理论。开放系统理论以10个开放系统的典型特征来描述组织。社会技术系统理论则与组织中人与技术层面的相互关系有关。这一理论也发展出了很多干预措施，而且研究文献中报告的大部分干预措施都是成功的。

工业与组织心理学实践

本案例是帮助员工应对公司裁员所带来的组织变革的一个实例。Tom White博士是这个组织发展项目的设计师和首席变革代理人。White于1985年在南佛罗里达大学获得工业与组织心理学博士学位。一毕业他便移居到澳大利亚，此后一直从事工业与组织心理学方面的工作。接手这个项目时他是澳大利亚康柏电脑公司的组织发展经理，那个时候，康柏公司还没有同惠普公司合并。

White博士的工作职责之一是促进组织变革和发展，他也负责员工间的冲突解决、领导力发展、未来规划和团队建设。他的角色主要是内部的顾问和促进者。这就意味着他以变革代理人的身份帮助组织应对计算机行业急剧的技术发展所带来的频繁变革。

White博士承担的一个重要项目就是帮助员工应对为了在竞争激烈的计算机行业里保持公司利润而必须进行的公司裁员。尽管公司以体恤员工著称，但近年来的严重亏损要求公司采取激进的措施来节约成本。在某些领域多达30%的员工必须要离开。这次规模缩减对于幸存者来说是痛苦难忘的经历，他们中的许多人失去了工作上的好朋友。整个公司面临着混乱，因为人们发现很难有效地进行工作。White博士的工作就是帮助幸存者们找到处理眼前局面的办法。

最终采用的方法是基于帮助人们应对家庭成员死亡时使用的技术。组织召开了一系列为期两天的会议，每次会议由100个或者更多的员工参与。这些会议由管理者主持，通过一系列小组活动来帮助员工缅怀损失，同时专注于规划未来。会议的两个主题即放下过去、面向未来。White博士的角色是组织这一全公司范围的活动并指导管理者如何开展会议。这是变革代理人的典型角色，管理者必须亲自实施变革。心理学家的作用是促进变革，为实施变革的人们提供资源和帮助。

为期一个月的整个项目完成后，评估随之进行以确定其有效性。结果表明，员工更能接受变革且更信任管理层了。员工的工作绩效和公司整体的生产率也提高了。总体来说，这次组织变革实践对员工和组织来说都是有益的。

讨论问题：

1. 为什么White博士不以一个更积极的角色去主持会议？
2. 如果管理者拥有组织的全部权力，变革代理人怎样才能促进变革？
3. 实施组织发展的人需要怎样的胜任素质？
4. 为什么对此类项目（比如White博士的）的评估是非常重要的？

做中学

组织发展

访问一家提供组织发展服务的公司网站,回答下列问题:

1. 公司中员工的背景如何?
2. 公司提供什么样的服务?
3. 你能找出该公司是否使用了本章所讨论的4种技术中的任意一种吗?
4. 它是否适用于某个特定的行业?

开放系统理论

找到一个你所熟悉的组织(可以是你的学校)。在这个组织中,分别给出开放系统理论中10个典型特征的例子。

术 语 表

A

360-degree feedback 360度反馈 由同事、下属、上级和自身等多方面提供反馈的一种绩效评估技术。

Ability 能力 发展技能或学习任务的可能性；个体学习的才能。

Ability test 能力测验 用于评估个体能力或才能的测验。

Abusive supervision 辱虐管理 破坏型领导的一种，它是指下属感受到的来自上级的持续性敌意对待

Achievement test 成就测验 评估个体知识或技能水平的一种心理测验，也称为知识与技能测验。

Action process 行动过程 来自行动理论，是指个体将需求转化为某种行为的一系列步骤。

Action theory 行动理论 将人的目标与其行为之间建立联系的动机/激励理论。

Action versus state orientation 行动/状态导向 个体通过一系列活动来达到目标的能力，是一个人格变量。行动导向的个体能够通过自我调节行为来达成目标，而状态导向的个体很难做到。

Actual criterion 实际准则 量化绩效之理论准则的方法；是对理论概念的操作化。

Additive task 相加性任务 以各成员绩效的总和作为群体绩效的任务。例如，商场中销售人员的总销售额是每个人销售额的总和。

Adverse impact 负面影响 不公正地对待少数民族或受保护群体。当招聘中发现受保护群体的中选率低于非保护群体中选率的4/5时，即被认为存在负面影响。

Affective commitment 情感承诺 个体对组织的情感依恋，是组织承诺感的一种类型。

Affirmative action 反歧视行动 致力于在组织中增加少数民族或受保护群体成员人数的计划。

Analysis of variance, ANOVA 方差分析 用于比较组平均数的统计方法。

Application form 申请表 由求职者自己填写的表格，用于收集背景信息。

Apprenticeship 学徒制 一种在职培训方法。受训者通过协助经验丰富的员工来学习，最常用于技术性行业，例如木工或装置水管。

Arithmetic mean 算术平均数 分数总和除以个数。

Assessment center 评价中心 用于评估个体工作潜能的一系列评价活动，如工作情景模拟。最常用于决定员工晋升到管理岗位的适宜性。

Audiovisual instruction 视听教学 图音并茂地展示材料的一种培训方法。

Autoinstruction 自主教学 自我教导的培训方式。

Automaticity 自动化 面对某项技能或任务，个体几乎不需要意识监控或思考就能自动做出反应。专业运动员通常能在执行任务时达

到这一层面。

Autonomy 自主性 员工能够自己决定如何工作的程度。

B

Baserate 基础比率 事件发生的频率。在选拔中受雇人群中能在工作上取得成功的比例。

Behavior criteria 行为标准 通过评价受训者在工作中的行为变化来评估培训效果。

Behavior Observation Scale, BOS 行为观察量表 是一种基于行为的工作绩效评估方法。要求评估者根据给出的一系列行为，指出被评估者做出每项行为的频次。

Behaviorally Anchored Rating Scale, BARS 行为锚定等级评价法 是一种基于行为的工作绩效评估工具。要求评估者从已被评分度量的多项行为中指出最符合被评估者绩效的一项。

Big Five 大五 代表人格主要方面的五大维度。

Biographical inventory 履历调查表 使求职者提供广泛背景信息的一种选拔工具。

Blended learning 混合式学习 将数字化学习与传统课堂式教学（如讲座）相结合的一种培训课程。

Brainstorming 头脑风暴 个体聚集在一起合力解决问题的一种群体方法。

Bullying 欺凌 针对一个或多个人的恶意行为模式。

Bureaucracy 科层制 马克斯·韦伯的科层制理论中所论述到的高度结构化的组织形式。

Burnout 倦怠 由工作压力导致的令人不愉悦的情绪状态，其特征是个体对工作缺乏热情并丧失了工作价值感。

C

Cadre 骨干 领导-成员交换理论中的术语，是指受领导青睐的个体。

Cafeteria benefits 自助福利 是一项员工福利计划，员工可从一系列福利选项中自主定制专属的额外福利，比如不同种类的保险计划。

Career ladder 职业梯 个体在组织中晋升的一系列职位系统，例如军队中的等级。

Carpal tunnel syndrome 腕管综合征 长时间做相同动作导致的腕关节反复性张力受损。

Categorical measurement 类别测量 用数字表示特定的变量类别而不是某一连续体上的位置的测量技术。

Central tendency error 中心化倾向误差 评估者倾向于在所有绩效维度上给每个被评者中间等级的评定。

Chain of command 指挥链 在科层制理论中是指各种指令在组织中得以传递的由上至下的指挥系统。

Change agent 变革代理人 在组织发展计划中贯彻变革的人（们）。

Charismatic leader 魅力型领导者 对其追随者具有非凡的影响力并能够改变他们的态度和信念的领导。

Circadian rhythms 昼夜节律 一天中的生理变化，包括荷尔蒙水平和温度的变化。

Classical measurement theory 经典测量理论 认为测量是由真分数和误差成分组成的。

Closed-end test 封闭性测试 要求测试者从2个或更多选项中进行选择的测试。

Coercive power 强制权力 以运用惩罚为基础的权力。

Cognitive ability tests 认知能力测验 用于测评认知和心理能力的测验，如数学与言语推理。最常用的认知能力测验是智力测验。

Collectivism 集体主义 关注群体而非个人的文化价值观，与之相对的是个人主义。

Combination Job Analysis Method，C-JAM 整合性工作分析法 采用包括访谈和问卷等多种方法的工作分析方法。

Comparable worth 可比价值原则 对组织具有相等价值的工作应该享有相同的报酬；即使是对那些分别由男性主导和女性主导的工作，只要其贡献对组织有同等的价值，也不例外。

Compensable factors 报酬因素 在工作评价中作为分析基础的变量，用来认定有价值的工作特征，企业依据这些特征来确定某一职位的工资水平。

Competency system 胜任力系统 界定胜任工作的关键能力（胜任素质）并评价员工在发展这些能力方面之进步的组织实践。

Competitve conflict 竞争性冲突 一种团队冲突，团队成员提出自己的观点，试图采用自己的立场方法而很少考虑他人的意见。

Computer adapted testing, CAT 计算机自适应性测验 计算机根据受测者正确回答先前题目的能力来决定如何依据难度对测验题目进行管理。

Computer-supported cooperative work，CSCW 计算机支持协同工作 彼此远离的两人或多人通过使用电脑和其他技术共同工作。

Concurrent validation study 同时效度研究 预测变量和效标能同时获得的效度策略。

Conference 讨论会 受训者聚集在一起共同讨论材料的一种培训方法。

Confounding 混淆 两个或多个变量混合出现，使得其中任一变量的结果都不能确定。

Consideration 关怀 关注下属幸福度的一种领导风格，是俄亥俄州立大学研究者所编制的领导行为描述问卷中的一个维度。

Construct validity 结构效度 准确解释测量工具意义的能力和推断该测量工具测到了其实际所要测的东西的能力。

Content validity 内容效度 指测题应涵盖所有领域的测验特征。在期末测验中，内容效度意味着所有的课程都应囊括在内，而不仅是其中一部分。

Contextual performance 关系绩效 是一种不被组织要求但对组织有益的员工行为，也被称为组织公民行为。

Continuance commitment 继续承诺 基于个体在组织中的投入（如退休金、资历）而形成的组织承诺类型。

Continuous measurement 连续测量 以数字来表示特定变量从低到高的连续体的测量技术。

Control 控制 尽量减少无关变量影响结果的可能性的一系列研究程序。

Control group 控制组 实验中的对照组；通常是不接受任何处理的组别。

Control group design 对照组设计 一种研究设计方案，将一组接受处理的被试与一组未接受处理的被试（对照组）进行比较。

Control theory 控制理论 一种关注反馈如何影响目标设定过程的动机理论。

Cooperative conflict 合作性冲突 一种团队冲突，每个人公开分享不同的意见，尊重彼此的意见，共同寻找团队成员可接受的解决方案。

Correlation 相关 两个变量之间的关联程度。

Correlation coefficient 相关系数 表示两个变量相关强度的统计量。

Counterproductive work behavior, CWB 反生产工作行为 不利于组织或组织成员的员工行为。

Criterion 准则/效标 用于比对的标准。对绩效评估来说，它是高绩效的定义；在回归方程中，它是方程等式左边的被预测变量所预测的效标变量。

Criterion contamination 准则污染 实际准则分数测量了理论准则定义以外的内容的程度。

Criterion deficiency 准则缺陷 理论准则未被实际准则所反映的程度。

Criterion relevance 准则相关 实际准则能够反映理论准则的程度。

Criterion-related validity 效标关联效度 测验的分数与理论上相关的效度准则间的相关程度。

Critical incident 关键事件 高或低绩效的样例；常用于工作分析。

Cross-sectional design 横断设计 所有数据同时被收集的研究设计。

Cross-validate 交叉效度检验 将一个样本的研究结果在其他样本中再次重复。

Cutoff score 录用分数线 作为选拔阈限的分数。达到录用分数线即被雇用，低于分数线的则被淘汰。

CWB 参见反生产工作行为

D

Delegation of authority 授权 来自科层制理论，即每个主管都必须将部分工作职责下放给下属的原则。

Demand/control model 要求/控制模型 阐述控制是如何降低工作压力源的消极影响的工作压力模型。

Dependent variable 因变量 在实验中，随着对自变量的操纵而发生变化的变量。

Descriptive statistics 描述性统计 描述分数分布的统计量，如平均数和标准差。

Descriptive theory 描述性理论 解释组织如何运行的组织理论。

Dictionary of Occupational Titles, DOT 职业名称词典 涵括了美国超过20 000个岗位的工作描述的书。

Distal motivation theory 远端动机理论 涉及与行为关系不大的变量（如需求）的动机理论。

Distributive justice 分配公正 报酬数量上的分配公平性。

Division of labor 劳动分工 来自科层制理论，是指工作应该按照不同的任务分配给不同个体。

Dynamic criterion 动态准则 工作绩效是随着时间变化而改变的。

E

E-learning 数字化学习 使用电子技术，如网络来传递培训课程。

Emotional dissonance 情绪失调 个体的实际情绪和不得不要表达的情绪间产生冲突时的状态，如悲伤时仍要表现出快乐的样子。

Emotional intelligence，EI 情绪智力 对自身和他人的情绪控制和识别能力。

Emotional labor 情绪劳动，又称作情绪工作 因工作要求所必须表现出来的特定情绪，而这些情绪通常是积极愉快的。常见于服务性行业中，如销售工作。

Empirical biographical inventory 实证性履历调查表 通过统计分析大量项目以辨别哪一个可以预测绩效表现的履历调查法。

Engineering psychology 工程心理学 心理学中一个与人-机交互有关的分支学科，也可以称之为人类工效学。

Equity theory 公平理论 该理论认为工作动力来自个体感知到的贡献（投入）与回报（产出）之间的平衡。

Ergonomics 人类工效学 心理学中一个与人机交互有关的分支学科，也可以称之为工程心理学。

Error 误差 根据经典测量理论，观测值中未反映理论概念的部分。

Error variance 误差方差 在同样的实验条件下，不同被试之间的变异。

Essential function 基本职能 对员工来说，某些特定任务是必须履行的。

Executive coaching 高管教练术 是一种培训技术，在这种培训中，一位高层主管或者经理同一位咨询顾问结成对子，由咨询顾问向高管们提供一对一的培训以增强其管理技能。

Expectancy 期望 对努力是否可以促成好的工作绩效的信念。

Expectancy theory 期望理论 该理论认为人们工作的动力来自自身对工作的期望。

Experience sampling 经验取样 一种研究设计方案，每个个体样本在一段时间内被重复评估，通常每天3-4次，持续一周或多周。

Experiment 实验 一种被试被随机分配到由研究者设计的不同实验条件或处理中的研究设计。

Expert power 专家权力 个体由于被下属认为其具有某种专业技能而产生的影响力。

F

Face validity 表面效度 人们主观上认为测验是否测量了所要测量的心理特性。

Facet 方面 工作满意度的一个维度，例如报酬或监督。

Factorial analysis of variance，ANOVA 多因素方差分析(Multi-way ANOVA) 一种统计分析技术，用于分析实验设计中的多个自变量的实验数据。

Factorial design 多因素实验设计(Multi-factor design) 一种用于研究两个或多个自变量的实验设计。

Fairness theory 公正感理论 该理论认为，人们依据消极结果来判断公平与否是自觉、不理智的。

Feedback 反馈 告知员工他的工作表现的行为。

Fiedler's contingency theory 费德勒权变理论 该理论认为领导有效性是领导者和情境因素合力作用的结果。

Field experiment 现场实验 研究问题中的行为是在自然情况下发生的实验。

Field setting 现场情境 行为自然发生的研究场景。

Flextime 弹性工时 允许员工自行选择工作时间的工作制度。

Force 激励力 期望理论中的一个概念，反映了愿意产生某种行为的动机水平。

Formal role 正式（组织）角色 组织中所确立的角色，如主管。

Four-fifths rule 五分之四规则（80%规则） 负面影响的界限。

Frame of reference training 参照框架培训 对评价者进行的培训。通过这种培训，使评价者能够在绩效评估中根据统一的参照准则进行判断。

G

Galatea effect 加拉蒂亚效应 是自我实现预言的一种，即个体对于自己能做好某事的信心导致了他的高绩效。类似于自我效能感。

General principles 一般原则 对受训者进行培训的一个总体框架和概要。

Generalizability 可推广性 研究结果可以推论到其他情境中的程度。

Goal orientation 目标定向 包括学习定向和绩效定向，前者指个体关注于增强知识和技能，后者指个体关注于改善自己的工作表现。

Goal-setting theory 目标设置理论 认为通过设定目标可以增强动机的激励理论。

Graphic rating form 图尺度评定法 基于多个绩效维度，如工作质量、数量等对员工进行评定的绩效评估技术。

Group cohesiveness　群体凝聚力　参见凝聚力。

Group polarization　群体极化　决策时，群体往往会采取比所有个体的平均倾向更极端的立场的倾向。

Group test　团体测验　同时对一群被试进行测量的心理测验。

Groupthink　群体思维　指在决策过程中，特定的群体过程会导致决策失误。

Growth need strength, GNS　成长需要强度　工作特征理论中的一个人格变量，是指个体对可以从复杂工作中获得满足的需要的需求程度，诸如认可、成就感等。

H

Halo error　晕轮（光环）误差　评价者在不同维度上对个体都给出同样评价的倾向性。

Hawthorne Effect　霍桑效应　由于被试认识到他们是实验的参与者从而对实验的结果产生影响的效应。

Health circle　健康圈　为规划、构想改善员工健康和福祉而组织起来的员工团队。

Hired hands　雇工　在领导-成员交换理论中，指不被领导青睐的个体。

Human factors　人因工程学　心理学中一个与人-机交互有关的分支学科，也可以称之为工程心理学或人类工效学。

Humanitarian work psychology　人道主义工作心理学　工业与组织管理心理学中的一种协助人道主义工作的运动。例如，与贫困作斗争。

Hygiene factors　保健因素　双因素理论中，保健因素是指超出工作本身的特点以外的因素，如报酬和其他奖励。

Hypothesis　假设　研究者关于研究结果的猜测。

I

Identical elements　一致性要素　培训所促成的行为与实际工作中所必需的行为之间的一致性。

Illegitimate task　不合规任务　一种有压力的工作条件：给员工提供的任务违反了他的岗位要求，要么是因为该任务应该由其他人来完成（不合理任务），要么是因为该任务根本不必完成（不必要任务）。

In-basket exercise　文件筐练习　评价中心中的一种情景模拟练习；让被评者对管理者的文件筐中的一系列文件给出处理意见。

Incentive system　激励机制　员工按劳支付报酬的补偿系统。

Incivility　无礼行为　员工贬低或无礼地对待他人时的状态，滋扰和欺负行为的轻度表现。

Independent variable　自变量　实验中由研究者操控的变量。

Individual test　个别测验　一次只对一名被试施测的心理测验。

Individualism　个人主义　自我中心的一种文化价值观，与集体主义相反。

Industrial/organizational (I/O) psychology　工业与组织心理学　心理学的一个应用分支，主要关注于理解组织中的人。

Inferential statistics　推断统计　统计学的一个分支，关注于将现有数据的结果推论到所有可能的情形中去。它依赖于以概率为基础的统计检验。

Informal role　非正式角色　工作群体中发展起来的不是被组织所正式规定的角色。

Informed consent form　知情同意书　被试表明自愿参加某一实验的书面说明。

In-group　圈内人　参见骨干。

Initiating structure　定规　关注任务完成结果的领导风格；是俄亥俄州立大学研究者所编制的领导行为描述问卷中的一个维度。

Inputs 投入 在公平理论中，员工做出的贡献。

Instrumentality 工具性 在期望理论中，指员工对某种工作行为是否会使其得到某种报偿的信念。

Integrity test 诚信度测验 用于预测员工反生产行为的纸笔测验。

Internal consistency reliability 内部一致性信度 某一测验多个条目之间或不同评价者的多项评定间的一致性。

Inter-rater reliability 评估者一致性信度 对同一被试的同一变量由两个（或多个）评价者评定，结果间的相关性。

Interview 面谈/面试 两人或多人间面对面共享信息；用于收集数据和员工选拔。

J

Job analysis 工作分析 描述工作和工作所需特征的方法。

Job characteristics theory 工作特征理论 一种将员工动机和满意度与工作特征相联系的理论。

Job Components Inventory，JCI 职务因素调查表 将工作要求与个体特征进行匹配的工作分析方法。

Job Descriptive Index，JDI 工作描述指数 对工作满意感的五个方面进行测量的工具。

Job evaluation 工作评价 确定某个工作对组织的相对价值的数学程序。

Job in General (JIG) scale 工作满意度通用量表 总体工作满意度的测量工具。

Job satisfaction 工作满意度 个体对其工作和工作各方面的态度与情感。

Job strain 工作压力 对有压力的工作情景的身心反应。

Job stressor 工作压力源 一种充满压力的工作情景。

Job-oriented job analysis 工作导向的工作分析 关注工作内容的工作分析方法。

Joint optimization 联合优化 来自社会技术系统理论，指组织的社会系统和技术系统必须相辅相成。

Justice climate 组织公平氛围 员工认为他们受到的对待是否公平的一致观点。

K

Knowledge 知识 职位要求个体必须了解的内容。

Knowledge and skill test 知识技能测验 旨在评估个体知识或技能水平的心理测验，又称作成就测验。

KSAOs 胜任素质 获得高工作绩效所必需的知识、技能、能力和其他个人特征。

L

Laboratory setting 实验室情境 特定行为并非自然发生的研究场景。

Leader Behavior Description Questionnaire，LBDQ 领导行为描述问卷 评估领导风格的问卷，包括关怀维度与定规维度。

Leader Match 领导匹配 来自费德勒权变领导理论，指培训领导改变环境来匹配自身特征的过程。

Leaderless group exercise 无领导小组练习 将被评估者置于无领导的群体中观察其人际互动行为的评价中心技术。

Leader-member exchange (LMX) theory 领导-成员交换理论 从领导与下属配对的视角研究领导力的理论。

Learning criteria 学习标准 测量受训者从培训中受益的程度大小。

Learning orientation 学习定向 强调知识和技能水平提高的目标定向。

Least Preferred Coworker (LPC) scale 最难共事者量表 用于评估领导者人格特征的测量方法。该量表是费德勒权变理论的重要组成成分。

Lecture 讲座 受训者听课的一种培训方法。

Legitimate power 合法性权力 领导者被追随者认为有权要求他人顺从时所产生的影响力,这种权力通常源自职位或工作头衔。

Leniency error 宽大误差 评估者倾向于在绩效的各个维度上都给予每个人高分。

Life satisfaction 生活满意度 个体对其生活总体的态度。

Locus of control 心理控制源 人们倾向于将奖励归因于自己（内部）或他人或事物（外部）的人格特征。

Longitudinal design 纵向设计 跨时间收集数据的一种研究方法。

M

Management by objectives, MBO 目标管理 在整个组织中设定相互关联的目标的一种组织变革技术。

Masculinity 男子气 强调成就而非他人幸福的一种文化价值观。

Massed training 集中培训 某一时间进行完所有课程的培训,与它相反的是分段培训。

Mean 平均数 参见算数平均数。

Measurement 测量 将数字指派给人或事的特征的过程。

Median 中位数 对一个分布的中值的测量；在等级排列的观察数值中位于中间。

Mediator variable 中介变量 介入两个变量的相关关系中并解释这种相关关系的变量。

Mental model 心智模式 个体对事物（如怎样操作电脑）的概念或认知表征。

Mentoring 督导 在职业发展上有经验的员工援助支持经验较少的员工的一种工作关系。

Merit pay 绩效工资 基于工作绩效给予的报酬。

Meta-analysis 元分析 将研究同一现象的各样本或研究的结果进行数学汇总。

Minnesota Satisfaction Questionnaire, MSQ 明尼苏达满意度问卷 由20个方面构成的工作满意度量表。

Mixed Standard Scale, MSS 混合标准尺度法 基于行为的绩效评估方法。

Mobbing 滋扰行为 一个或多个员工在工作场合骚扰或虐待他人,类似于欺凌。

Modeling 模仿 受训者先观察他人行为再进行练习的培训方法。

Moderator variable 调节变量 影响另两个变量相关关系的变量。

Motivation 动机 用于解释为什么人们采取某种行为的潜在力量。

Motivation Potential Score, MPS 激励潜力分数 来源于工作特征理论,是指工作的整体复杂性或工作范围。

Motivator factors 激励因素 在双因素理论中,工作本身具有的工作因素。

Motor task 动作任务 涉及身体运动（如在洞中钉木钉或步行）的任务。

Multiple hurdles 多重跨栏模式 申请人必须达到每项指标的特定分数才能被雇用的一种选拔方法。

Multiple regression 多元回归 以多个预测变量预测效标的统计方法。

Musculoskeletal disorder, MSD 肌肉骨骼疾病 由突然用力（如举重物）或劳肌损伤造成的肌肉、骨骼和结缔组织的损伤性疾病。

N

Need hierarchy theory 需要层次理论 给予人类五个基本需要层次的激励理论。

Negative affectivity, NA 负性情感 在多种情景中更容易体验到消极情绪倾向的人格变量。

Nominal group 名义群体 在群体研究中与交互影响群体相对的由几个之间无相互影响的人员组成的群体。

Norm 规范 群体成员的行为准则。

Normative commitment 规范承诺 员工出于义务感和价值观而认为自己有义务和责任继续留在组织中，是组织承诺的一种类型。

O

Observational design 观察设计 在工作中观察个体行为的一种研究设计。

Obtrusive method 公开性观察法 指被试知道自己正在被研究的数据收集方法。

Organizational citizenship behavior, OCB 组织公民行为 未被要求但对组织有益的员工行为，又被称作关系绩效。

Occupational commitment 职业承诺 对职业或专业的依恋感，而非对雇主或组织的依恋感。

Occupational Information Network, O*NET 职业信息网 美国劳工部关于岗位和对工作者要求的数据库。

Occupational health psychology, OHP 职业健康心理学 心理学中关注员工健康、安全和幸福感的跨学科分支。

On-the-job-training 在职培训 让受训者边做边学的培训方法。

Open system theory 开放系统理论 将组织看作具有开放系统的全部特征的理论。

Open-ended test 开放式测验 要求考生写出答案的考试方法，如作文考试。

Organizational commitment 组织承诺 个人对工作的依恋感。参见情感、继续和规范承诺。

Organizational constraints 组织约束 组织中束缚员工绩效水平的情景因素。

Organizational development, OD 组织发展 提高组织运行水平的方法之一。

Other 他人 在公平理论中是指用于比较投入和产出的个体。

Other personal characteristics 其他个人特征 除去知识、技能或能力外，与工作相关的个人特征。

Outcomes 产出 在公平理论中是指个人从工作中获得的报酬。

Out-group 圈外人 参见雇工。

Overlearning 过度学习 在受训者第一次达到学习技能标准之后继续学习。

P

P hacking p值篡改 对相同的数据进行一系列统计分析，直到达到统计显著性

Paper and pencil test 纸笔测验 要求从诸多选项中选出正确答案或对开放式问题进行回答的书面测验。

Part training 局部培训 一个时期对一项子任务进行培训，与它相反的是整体培训。

Path-goal theory 路径－目标理论 强调领导者通过明确行为与奖励之间的通路来增强下属动机的领导理论。

Pearson product–moment correlation coefficient 皮尔逊积矩相关系数 最常用于两组连续变量相关的统计方法。

Performance appraisal 绩效评估 组织所采用的评估员工工作表现的正式程序。

Performance orientation 绩效定向 关注提高特定工作任务的绩效的目标定向。

Performance test 操作测验 要求受测者通过操纵对象来完成任务的测验。

Performance-level criteria 绩效水平的标准 表明在工作中培训迁移发生程度的测量。

Personality test 人格测验 评估个体行为或情感模式的测验。

Personality trait 人格特质 个人采取某种行为以

及在特定情景下按照特定方式反应的倾向性。

Person-oriented job analysis　个人导向的工作分析　关注工作必要特征的工作分析法。

Piece-rate system　计件工资制　根据员工的产量支付报酬的制度。

Political skill　政治技能　影响他人完成个人或组织目标的技能。

Position Analysis Questionnaire, PAQ　职位分析问卷　用于描述职位和必要工作特征的工作分析法。

Positive affectivity, PA　正性情感　一种反映个体体验积极情绪（如热情或快乐）的倾向的人格特质。

Power　权力　影响他人的能力。

Power distance　权力距离　对组织各水平权力和地位差异的文化容许度。

Power test　难度测验　不限时的测验。

Predictive validity study　预测效度研究　预测变量信息用于预测随后被评估的效标的研究。

Predictor　预测因素　用于预测效标的变量。

Prescriptive theory　规定性理论　解释组织应该如何运行的理论。

Pretest-posttest design　前-后测设计　在处理前后对同一效标进行测量的研究设计。

Procedural justice　程序公正　奖励分配程序的公平感。

Process loss　过程损失　团队成员所投入的对任务完成没有贡献的时间。

Programmed instruction　程序教学　受训者自己决定步调的培训方法。

Protected classes　受保护群体　因过往所遭受歧视而被给予特殊法律保护的人群。

Proximal motivation theory　近端动机理论　涉及与行为密切相关的变量（如目标或意图）的动机理论。

Psychological test　心理测验　在标准化情境中对行为样本进行评估，从而测量个体特征。

Psychomotor ability test　心理运动能力测验　旨在评估生理能力（如眼-手协调能力）的心理测验。

Q

Qualitative method　定性方法　将对定量和统计方法的使用减到最少的研究。

Quality circle　质量圈（质量管理小组）　聚在一起共同讨论改进工作的方法的员工群体。

Quasi-experimental design　准实验设计　并非完全具有实验特征的研究设计。例如，被试可能无法被随机分配到不同的情境中。

Questionnaire　问卷　用于收集信息的纸笔测验；由回答者自己完成。

R

Random assignment　随机分配　在实验中将被试分派到不同的处理情境中，使得每个被试分派到每种情景下的机会均等。

Random selection　随机选择　为研究随机选择项目，使每个可能的项目都有相同的被选择的机会。

Rater error training, RET　评估者误差培训　是一种旨在使绩效评价者熟悉评估误差和避免误差的技术的培训程序。

Rational biographical inventory　推理性履历调查表　基于关于与工作绩效相关的过去经验的理论和研究的一种履历调查法。

Reactions criteria　反应标准　对受训者对培训的反应的测量。

Realistic job preview, RJP　现实工作预览　给职位申请人的信息，使他们了解工作职位和组织的真实状况。

Reasonable accommodation　便利条件　《美国残疾人法案》中要求组织对工作或工作场所

提供合理的辅助或修缮，以使残疾人能够完成工作的原则。

Referent power　参照权力　由于下属对上司的好感程度而产生的影响力。

Regression equation　回归方程　使得另一个变量来预测某一变量的数学方程。

Reinforcement theory　强化理论　认为行为的产生是奖励的一种功能的动机理论。

Reliability　信度　测量的一致性；对同一变量重复测量结果间的一致性。

Repetitive strain injury　重复性劳损　由于持续做相同动作（比如敲击电脑键盘）造成的损伤。

Research design　研究设计　研究的结构。

Respite　休假　工作以外的休息，如假期。

Response rate　反应率　参与调查的被试中最终保持联系的人员的百分比或比例。

Results criteria　结果标准　对培训对组织的影响的测量，比如效益。

Reward power　奖赏权力　基于给予奖励的影响力。

Role　角色　个体在群体或团队中所处的位置。

Role ambiguity　角色模糊　员工对工作角色的期望缺乏明确的理解和认识。

Role conflict　角色冲突　对员工的相互矛盾的要求。

Role play　角色扮演　要求受训者假装执行一项任务的一种培训技术。

S

Salary survey　薪资调查　雇主为决定某职位薪资水平进行的调查。

Sample　样本　被选择参与研究的被试。

Schemata　图式　认知分类或参考结构。

Scientific management　科学管理　管理个人工作绩效的科学原则的应用；由弗雷德里克·温斯洛·泰勒创立发展。

Scope　工作幅度　工作的复杂性。

Selection ratio　选拔率　最终被雇用的职位申请人比例。

Self-efficacy　自我效能感　个体对自己出色完成任务的能力的信念。

Self-efficacy theory　自我效能感理论　是一种动机理论，认为当人们相信他们有能力做某项工作时，他们的确会表现良好。

Severity error　严格误差　在绩效评估中倾向于对所有被评者给予低分。

Sexual harassment　性骚扰　不利于工作能力发挥的性举动。

Simulation　情景模拟　使个体在人工和控制环境中实践某项技能的培训方法。

SIOP　参见工业与组织心理学会。

Skill　技能　个体完成任务的能力大小。

Skill variety　技能多样性　工作特征模型的维度之一，指的是工作所需的技能数。

Social facilitation　社会助长　有时在他人在场的情况下个体绩效水平提高的现象。研究显示在他人在场的情况下，简单或熟练任务的绩效会提高，而复杂或新任务的绩效会下降。参见社会抑制。

Social inhibition　社会抑制　有时在他人在场的情况下个体绩效水平降低的现象。研究显示在他人在场的情况下，复杂或新任务的绩效会下降，而简单或熟练任务的绩效会提高。参见社会助长。

Social loafing　社会惰化　组织越大，每个成员对任务的投入量越小的群体现象。

Social stressor　社会性压力源　由人们之间的互动（如欺凌或人际冲突）引起的压力性的工作条件。

Society for Industrial and Organizational Psychology，SIOP　工业与组织心理学会　是美国心理学会

的分支，是世界上最大的 I/O 心理学家的学会。

Sociotechnical systems theory 社会技术系统理论 该理论认为在设计工作环境时组织要同时考虑人和任务的技术要求。

Spaced training 分段培训 在不同时间里分段进行的培训，与之相反的是集中训练。

Span of control 控制幅度 也称管理幅度，科层制理论中的重要原则，指一个上司能够管理的人员数。

Speed test 速度测验 限时测验。

Standard deviation 标准差 分数分布的离差测量；是方差的平方根。

Statistical significance 统计显著性 评估统计检验结果的经验法则。

Statistical test 统计检验 基于概率来解释研究结果的定量程序。

Stress 压力 当感知到挑战和威胁时，个体对应对要求的身心反应。

Structured interview 结构化面谈 所有面谈者都使用同样的标准化问题程序的面谈。

Subject matter expert 领域事务专家 通晓某领域知识的人。

Survey design 调查设计 要求被试回答问题的调查方法，通常以面谈或问卷形式出现。

Survey feedback 调查反馈 对员工进行调查并且将调查信息反馈到组织各层面的组织变革技术。

T

Task identity 任务同一性 工作特征模型的维度之一，指个体所做的整个工作的广度。

Task inventory 任务清单 采用工作任务的明细表的工作分析技术。

Task significance 任务重要性 工作特征模型的维度之一，指某一工作对其他人的影响程度。

Team building 团队建设 提高工作团队运行能力的程序。

Team commitment 团队承诺 个体对所属团队和成员的依恋。

Team mental model 团队心智模式 团队成员对团队中每个人承担的任务以及这些任务之间的内在联系的认知概念。

Telepressure 通信压力 参见职场通信压力。

Test-retest reliability 重测信度 隔了一段时间对同一测验再次进行测量，两次结果的一致性程度。

T-group T 小组训练法（敏感性训练） 是一种组织变革技术，员工参加一段时间的培训课程来学习人际交往技巧。

Theoretical criterion 理论准则 高绩效的概念性定义。

Theory X/Theory Y X 理论/Y 理论 管理者对下属特征的看法将影响其采用的管理方法。

Theory Z Z 理论 假定员工将终身供职于某组织的日本大型组织管理风格。

Time and motion study 时间与动作研究 通过观察和动作计时分析任务表现。这样做的目的是减少或改进动作，进而使工作更有效。

Training-level criteria 培训水平的标准 评价受训者在培训中的表现的测量。

Transfer of training 培训迁移 将培训中的所学应用于工作中。

Transformational leader 变革型领导者 参见魅力型领导。

True halo 真实光环 个体在不同方面的表现处于同一水平的程度。

t-test t 检验 用于比较两组均值的统计方法。

Turnover 离职 员工辞去工作。

Two-factor theory 双因素理论 认为工作满意度和不满意度是两类不同的因素，而非同一连续体上的两个极端的理论。

U

Uncertainty avoidance 不确定性规避 文化价值中对模糊和不确定性的容忍程度；反映的是按照规则做事的倾向。

Underemployment 不充分就业 个体从事的工作的质量低于其能力的情况。经济上的不充分就业是指工作报酬低，而技能上的不充分就业则是工作任务低于个人技能水平。

Uniform Guidelines on Employee Selection Procedures 员工选拔程序的统一指导方针 由美国政府制定的法律文件，该指导方针描述了适当的且合法的选拔程序。

Unit control of variances 单位控制 社会技术系统理论的原则在于提倡员工自主解决问题。

Universal Precautions 普及性预防守则 对健康服务工作者降低传染性疾病（如 AIDS/HIV 或乙肝）感染率所建议的安全程序。

Unobtrusive method 隐蔽性观察法 被试对被研究不知情的研究方法。

Utility analysis 效用分析 对采取某种行动（如执行某种选拔系统）能带给组织经济效益的分析。

V

Valence 效价 在期望理论中，个体认为的某一结果对自己的价值。

Validation study 效度研究 决定预测变量是否与效标相关的研究。

Validity 效度 对某一测量的解释力。

Validity generalization 效度的可推广性 如果预测变量在特定情境中对效标是一个有效的预测指标，那么该预测变量在其他相似情境中同样具有预测力。

Variable 变量 人或事变化的特征。

Variance 变异 人群中分数分布的差异程度。

Violence prevention climate 暴力预防氛围 组织中员工共同认为组织采取的政策和做法能够保护他们免受职场暴力。

Virtual team 虚拟团队 两个或更多的个体通过电子邮件、电话和其他技术联系彼此，扮演不同相关任务角色的工作组。

Vocational interest test 职业兴趣测验 将被测者的兴趣与不同职业相匹配的测验。

Vroom-Yetton model 弗罗姆－耶顿模型 认为下属参与是做决策的最佳途径的模型。

W

Whole training 整体培训 关注某一时期任务的整体而非局部的培训，与之相反的是局部培训。

Work group 工作群体 由具有共同任务目标、相互影响的两个或多个个体组成。

Work sample 工作样本 以工作任务作为内容的测验。

Work team 工作团队 每个人相互依赖并扮演各自任务角色的工作群体。

Work-family conflict 工作－家庭冲突 家庭要求和工作要求相互矛盾的一种角色冲突形式。

Workplace telepressure 职场通信压力 在非工作时间仍必须时刻监控和回应工作有关的邮件或其他通信方式所带来的压力。

参考文献

Adams, J. S. (1965). Inequity in social exchange. In L. Berkowitz (Ed.), *Advances in experimental social psychology* (pp. 276–299). New York: Academic Press.

Aguinis, H., Nesler, M. S., Quigley, B. M., Suk-Jae-Lee, & Tedeschi, J. T. (1996). Power bases of faculty supervisors and educational outcomes for graduate students. *Journal of Higher Education, 67*, 267–297.

Akerstedt, T., & Theorell, T. (1976). Exposure to night work: Serum gastrin reactions, psychosomatic complaints and personality variables. *Journal of Psychosomatic Research, 20*, 479–484.

Aldag, R. J., & Fuller, S. R. (1993). Beyond fiasco: A reappraisal of the groupthink phenomenon and a new model of group decision processes. *Psychological Bulletin, 113*, 533–552.

Allen, J., & Sanders, K. (2002). Gender gap in earnings at the industry level. *European Journal of Women's Studies, 9*, 163–180.

Allen, T. D., & Eby, L. T. (2003). Relationship effectiveness for mentors: Factors associated with learning and quality. *Journal of Management, 29*, 469–486.

Allen, T. D., Eby, L. T., & Lentz, E. (2006). The relationship between formal mentoring program characteristics and perceived program effectiveness. *Personnel Psychology, 59*, 125–153.

Allen, T. D., Eby, L. T., Poteet, M. L., Lentz, E., & Lima, L. (2004). Career benefits associated with mentoring for proteges: A meta-analysis. *Journal of Applied Psychology, 89*, 127–136.

Allen, T. D., Herst, D. E., Bruck, C. S., & Sutton, M. (2000). Consequences associated with work-to-family conflict: A review and agenda for future research. *Journal of Occupational Health Psychology, 5*, 278–308.

Allen, T. D., McManus, S. E., & Russell, J. E. (1999). Newcomer socialization and stress: Formal peer relationships as a source of support. *Journal of Vocational Behavior, 54*, 453–470.

Alliger, G. M., Tannenbaum, S. I., Bennett, W., Jr., Traver, H., & Shotland, A. (1997). A meta-analysis of the relations among training criteria. *Personnel Psychology, 50*, 341–358.

Ambrose, M. L., & Kulik, C. T. (1999). Old friends, new faces: Motivation research in the 1990s. *Journal of Management, 25*, 231–292.

Anderson, N., De Dreu, C. K., & Nijstad, B. A. (2004). The routinization of innovation research: A constructively critical review of the state-of-the-science. *Journal of Organizational Behavior, 25*, 147–173.

Antonioni, D., & Park, H. (2001). The relationship between rater affect and three sources of 360-degree feedback ratings. *Journal of Management, 27*, 479–495.

Armenakis, A. A., & Bedeian, A. G. (1999). Organizational change: A review of theory and research in the 1990s. *Journal of Management, 25*, 293–315.

Arthur, W., Jr., Bennett, W., Jr., Edens, P. S., & Bell, S. T. (2003). Effectiveness of training in organizations: A meta-analysis of design and evaluation features. *Journal of Applied Psychology, 88*, 234–245.

Arthur, W., Jr., Woehr, D. J., & Maldegen, R. (2000). Convergent and discriminant validity of assessment center dimensions: A conceptual and empirical reexamination of the assessment center construct-related validity paradox. *Journal of Management, 26*, 813–835.

Aryee, S., Lo, S., & Kang, I.-L. (1999). Antecedents of early career stage mentoring among Chinese employees. *Journal of Organizational Behavior, 20*, 563–576.

Ash, R. A., & Levine, E. L. (1980). A framework for evaluating job analysis methods. *Personnel Psychology, 57*, 53–59.

Ashkanasy, N. M., Hartel, C. E. J., & Daus, C. S. (2002). Diversity and emotion: The new frontiers in organizational behavior research. *Journal of Management, 28*, 307–338.

Atwater, L. E., & Brett, J. F. (2005). Antecedents and consequences of reactions to developmental 360° feedback. *Journal of Vocational Behavior, 66*, 532–548.

Augustine, M. A., & Coovert, M. D. (1991). Simulations and information order as influences in the development of mental models. *SIGCHI Bulletin, 23*, 33–35.

Aust, B., & Ducki, A. (2004). Comprehensive health promotion interventions at the workplace: Experiences with health circles in Germany. *Journal of Occupational Health Psychology, 9*, 258–270.

Bacharach, S. B., Bamberger, P., & Biron, M. (2010). Alcohol consumption and workplace absenteeism: The moderating effect of social support. *Journal of Applied Psychology, 95*, 334–348.

Bacharach, S. B., Bamberger, P. A., & Doveh, E. (2008). Firefighters, critical incidents, and drinking to cope: The adequacy of unit-level performance resources as a source of vulnerability and protection. *Journal of Applied Psychology, 93*, 155–169.

美国名校学生喜爱的心理学教材

书号	书名	作者	定价
978-7-111-56133-0	津巴多普通心理学（原书第7版·DSM-5升级版）	[美] 菲利普·津巴多 罗伯特·约翰逊 薇薇安·麦卡恩	129.00
978-7-111-53175-3	心理学入门：日常生活中的心理学（原书第2版）	[美] 桑德拉·切卡莱丽 诺兰·怀特	80.00
978-7-111-53148-7	心理学与你的生活（原书第2版）	[美] 罗伯特 S. 费尔德曼	60.00
978-7-111-60149-4	心理学史（原书第2版）	[美] 埃里克·希雷	85.00
978-7-111-55415-8	心理学导论：主题曲和变奏曲（原书第9版）	[美] 韦恩·韦登	125.00
978-7-111-60277-4	教育心理学：激发自主学习的兴趣（原书第2版）	[美] 莉萨·博林 谢里尔·西塞罗·德温 马拉·里斯-韦伯	110.00
978-7-111-50528-0	教育心理学：主动学习版（原书第12版）	[美] 安妮塔·伍尔福克	89.00
978-7-111-57783-6	发展心理学：探索人生发展的轨迹（原书第3版）	[美] 罗伯特 S. 费尔德曼	125.00
978-7-111-46812-7	发展心理学：桑特洛克带你游历人的一生（原书第2版）	[美] 约翰 W. 桑特洛克	70.00
978-7-111-49921-3	儿童发展心理学：费尔德曼带你开启孩子的成长之旅（原书第6版）	[美] 罗伯特 S. 费尔德曼	79.00
978-7-111-53964-3	人格心理学：全面科学的人性思考（原书第10版）	[美] 杜安·舒尔茨 西德尼·艾伦·舒尔茨	65.00
978-7-111-54968-0	变态心理学（原书第3版）	[美] 德博拉 C. 贝德尔 辛西娅 M. 布利克 梅琳达 A. 斯坦利	89.00
978-7-111-51666-8	变态心理学：布彻带你探索日常生活中的变态行为（原书第版）	[美] 詹姆斯·布彻 苏珊·米内卡 吉尔·霍利	85.00
978-7-111-57697-6	实验心理学：勘破心理世界的侦探（原书第6版）	[美] 伦道夫·史密斯 史蒂芬·戴维斯	65.00
978-7-111-47106-6	社会心理学：阿伦森眼中的社会性动（原书第8版）	[美] 埃略特·阿伦森 提摩太 D. 威尔逊 罗宾 M. 埃克特	80.00
978-7-111-46852-3	心理与行为科学研究方法（原书第11版）	[美] 保罗 C. 科兹比 著斯科特 C. 贝茨	60.00
978-7-111-54464-7	心理统计导论：理论与实践（原书第10版）	[美] 罗伯特 R. 帕加诺	80.00
978-7-111-50955-4	实证研究：计划与设计（原书第10版）	[美] 保罗 D. 利迪 珍妮·埃利斯·奥姆罗德	60.00
978-7-111-55903-0	生物心理学（原书第9版）	[美] 约翰·比奈尔	150.00
978-7-111-53391-7	认知心理学：理论、研究和应用（原书第8版）	[美] 玛格丽特·马特林	65.00
978-7-111-52418-2	认知心理学：认知科学与你的生活（原书第5版）	[美] 凯瑟琳·加洛蒂	65.00
978-7-111-47103-5	心理学与工作：工业与组织心理学导论（原书第10版）	[美] 保罗 M. 马金斯基	65.00
978-7-111-47198-1	工程心理学与人的作业（原书第4版）	[美] 克里斯托弗 D. 威肯斯	85.00

心理学大师经典阅读

  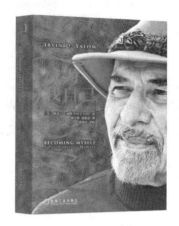

 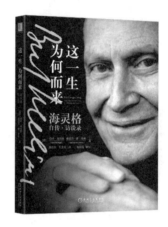